V&R

JOHANNES LÄHNEMANN

Weltreligionen im Unterricht

Eine theologische Didaktik für Schule, Hochschule und Gemeinde

Teil II

Islam

Mit acht Illustrationen
und einem Vorwort von
Klaus Goßmann

Zweite Auflage

VANDENHOECK & RUPRECHT
IN GÖTTINGEN

Meiner Frau

Die Deutsche Bibliothek – CIP-Einheitsaufnahme

Lähnemann, Johannes:
Weltreligionen im Unterricht : e. theolog.
Didaktik für Schule, Hochsch. u. Gemeinde/
Johannes Lähnemann. – Göttingen:
Vandenhoeck und Ruprecht
Teil 2. Islam. – 2. Aufl. – 1996.

ISBN 3-525-61257-5

2. Auflage 1996

Umschlag: Michael Rechl, Wanfried.

Gesetzt aus Garamond auf Linotron 202 System 3 (Linotype).
Satz: Gulde-Druck GmbH, Tübingen
Druck und Bindearbeiten: Hubert & Co., Göttingen.

Inhalt

Weltreligionen und ökumenisches Lernen: Ein Vorwort von Klaus Goßmann (Comenius-Institut) . . . 9

Vorbemerkung . . . 17

1. *Begegnung mit den Weltreligionen, Begegnung mit dem Islam* . . . 21

2. *Der Islam: Hingabe an den Willen Gottes* . . . 31

2.1 Eine Religion im Prozeß neuer Selbstfindung . . . 32

2.1.1 Nassers Vision und die neuen zentral-islamischen Instanzen . . . 32
2.1.2 Der Aufstand gegen koloniale Demütigung . . . 34
2.1.3 Der Islam angesichts neuer säkularer Entwicklungen . . . 37
2.1.4 Wege zum Dialog mit dem Christentum . . . 41

2.2 Das Fundament des Islam . . . 44

2.2.1 Zeit- und religionsgeschichtliche Hintergründe zum Auftreten Mohammeds . . . 45
2.2.2 Leben und Wirken Mohammeds . . . 53
2.2.3 Hauptlehren im Islam . . . 67
2.2.4 Die Ibada = Hauptpflichten des Moslem (Die »fünf Säulen« des Islam) . . . 79
2.2.5 Beispiele aus der islamischen Lebensordnung (Scharia) . . . 89

2.3 Aus der Geschichte des Islam . . . 99

2.3.1 Die Zeit der großen Eroberungen . . . 99
2.3.2 Die Zeit der politischen und kulturellen Weltgeltung . . . 103
2.3.3 Ausbreitung und Stagnation in der Neuzeit . . . 109
2.3.4 Ein Sonderfall: Die Schiiten im Iran – zum Hintergrund der »Islamischen Revolution« . . . 111

2.4 Religion im Vergleich: Gottesbild und Ethik bei Jesus und im Koran . . . 120

2.4.1 Die religiösen Volksgruppen zur Zeit Jesu und Jesu Verkündigung der Nähe Gottes . . . 123

2.4.2 Der altarabische Polytheismus und Mohammeds Lehre von Allah ... 130
2.4.3 Gottesliebe – Nächstenliebe – Feindesliebe, die ethischen Konsequenzen der Zuwendung Gottes bei Jesus ... 134
2.4.4 Unterwerfung unter den Willen Allahs – die Pflichten-Ethik Mohammeds ... 139

2.5 Perspektiven für die Begegnung mit dem Islam ... 143

2.5.1 Im Spannungsbogen von Konfrontation und Dialog ... 143
2.5.2 Christologische Besinnung im Felde der Religionsbegegnung ... 148
2.5.3 Ebenen der Begegnung ... 151

3. *Didaktische Bilanz* ... 161

3.1 Weltreligionen im Unterricht – die Aufgabenstellung für evangelische Religionsdidaktik ... 163

3.2 Unterrichtliche Intentionen ... 168

3.2.1 Gesamtziele im Bereich der Kenntnisse, der Einstellungen, der Handlungsmöglichkeiten ... 168
3.2.2 Vergleich mit vorhandenen Richtlinienentwürfen ... 171

3.3 Thematische Vorschläge für verschiedene Altersstufen ... 173

3.3.1 Grundlegende didaktische Literatur zu den Weltreligionen ... 176
3.3.2 Begegnung mit den Weltreligionen im Grundschulalter ... 177
3.3.3 Islam als Thema für die Orientierungs- bzw. Förderstufe (5./6. Schuljahr) ... 184
3.3.4 Islam und »Hinduismus« in der Sekundarstufe I (7.–10. Schuljahr) ... 188
Exkurs: Weltreligionen im Konfirmandenunterricht? ... 195
3.3.5 Auseinandersetzung mit Angebot und Anspruch der Religionen: Sekundarstufe II (11.–13. Schuljahr) ... 198
3.3.6 »Große lebende Religionen« als Themenangebot in der Erwachsenenbildung ... 206

3.4 »Begegnung mit dem Islam« – ein Unterrichtsentwurf für die Orientierungsstufe / Hauptschule ... 214

3.4.1 Die Situation in den Schülergruppen ... 214
3.4.2 Anknüpfungspunkte und Ziele für die Unterrichtseinheit ... 216
3.4.3 Aufbau der Unterrichtseinheit ... 218
3.4.4 Erfahrungen im Unterricht ... 220

3.4.5 Planungsskizze zum Unterrichtsentwurf 221
3.4.6 Unterrichtshilfen: M 1–13 224

4. *Die Bedeutung des Themas »Weltreligionen« für das Selbstverständnis evangelischer Theologie und Religionspädagogik* 247

4.1 Zur Verhältnisbestimmung von theologischer und religionswissenschaftlicher Arbeit 247

4.2 Für und wider »Religion« – aus der religionspädagogischen Kontroverse 251

4.3 Das Religionsverständnis bei Bonhoeffer, Tillich und Mensching – Erfahrungen und Anliegen aus der ersten Hälfte unseres Jahrhunderts 255

4.3.1 Die Erfahrungen der Religionslosigkeit bei Dietrich Bonhoeffer 255
4.3.2 Der universale Ansatz bei Paul Tillich 257
4.3.3 Anwalt der Religionen: Gustav Mensching 260
4.3.4 Korrespondenzen zwischen den Positionen von Bonhoeffer, Tillich und Mensching 263

4.4 Konsequenzen für den theologischen und religionsdidaktischen Umgang mit dem Religionsbegriff 264

4.5 Die weltweite Dimension des Evangeliums – das Christusgeschehen als Begründung dialogischer Theologie und Religionspädagogik 271

Literaturverzeichnis 283

Weltreligionen und ökumenisches Lernen

Ein Vorwort von Klaus Goßmann (Comenius-Institut)

I

In der Behandlung der Weltreligionen im Unterricht hat sich ein grundlegender Wandel vollzogen. In den zurückliegenden Phasen der Religionspädagogik wurden die Weltreligionen als Phänomene einer fernen und fremden Welt behandelt. Man näherte sich ihnen in religionspädagogischer, religionsgeschichtlicher und z.T. auch religionspsychologischer Betrachtungsweise. Die Auseinandersetzung vollzog sich auf einer abstrakt-theologischenen Ebene. Die Weltreligionen waren Medium zur Verdeutlichung der zentralen theologischen Gesichtspunkte und zur Festigung des eigenen Glaubens. Heute stehen die Länder Europas – wenn auch in durchaus unterschiedlicher Weise – in einer Phase des Übergangs von einer religiös und kulturell geschlossenen Welt zu einer religiös und kulturell pluralen Welt. Die Weltreligionen begegnen uns – wie der Verfasser dieser Didaktik in vielfältiger Weise beschreibt – in unmittelbarer und lebendiger Weise. Der Schule wächst die Aufgabe eines interkulturellen und interreligiösen Lehrens und Lernens zu. Damit wandelt sich auch die religionspädagogische Zielsetzung. Die bloße Kenntnis der Glaubenslehren und Frömmigkeitsformen der nichtchristlichen Religionen sowie die theologisch-kritische Auseinandersetzung mit ihnen reichen nicht mehr aus. Es geht um die Begegnung mit diesen Religionen in ihrem kulturellen, politischen und geschichtlichen Kontext, und es geht dabei zugleich um die Befähigung zur Begegnung, zum Dialog und zum Zusammenleben mit den Menschen, die diesen Religionen angehören und durch sie geprägt sind.

Damit ergibt sich eine unmittelbare Korrespondenz zu der Fragestellung des ökumenischen Lernens, die das Comenius-Institut in seinen Arbeitszusammenhängen verfolgt. Ökumenisches Lernen – nicht als Behandlung neuer Lerninhalte, sondern als grundsätzliche Perspektive des Religionsunterrichts und des pädagogischen Handelns der Kirche verstanden – hat eine doppelte Zielrichtung. Es meint ein Lernen im Horizont der Einen weltweiten Kirche, verstanden als das eine wandernde Gottesvolk, und geschieht im Modus des Mitglaubens, Mitlebens und Mitleidens mit allen Christen; es ist zugleich ein Lernen im Horizont der Einen Menschheit und geschieht im Modus der Mitverantwortung für die Zukunft und für das Zusammenleben und Überleben aller Menschen.

Als sich 1948 Kirchen aus allen Teilen der Welt zum Ökumenischen Rat der Kirchen (ÖRK) zusammenschlossen, bildeten die Kirchen, die in der abendländisch-europäischen Theologietradition stehen, die überwiegende Mehrheit. Heute dagegen gehört von den über 300 Mitgliedskirchen des ÖRK die Mehrheit den inzwischen selbständig gewordenen Kirchen aus allen Teilen der Dritten Welt an. Die Kirchen haben in den letzten beiden Jahrzehnten in völlig neuer Weise lernen müssen, was das Leitwort der *einen Kirche* meint: die Zusammengehörigkeit von Christen, die durch verschiedene Kulturen und durch verschiedene politische und wirtschaftliche Lebensbedingungen geprägt sind und die die Identität ihres Glaubens in eigenständigen Theologien und Frömmigkeitsformen ausdrücken. Auf den Vollversammlungen des ÖRK 1975 in Nairobi und 1983 in Vancouver stellte man gemeinsam fest: Obwohl die westlichen Missionare die Kulturen, die sie vorfanden, im großen und ganzen als heidnisch und dem Evangelium feindlich ansahen, »haben wir heute einheimische oder lokale Ausdrucksformen des christlichen Glaubens in vielen Teilen der Welt, die deutlicher verschiedene Formen des Christentums darstellen. Die Botschaft des Evangeliums wird zu einer verwandelnden Kraft im Leben einer Gemeinschaft, wenn sie im Einklang mit der Kultur verkündigt wird, mit der sich die Gemeinschaft identifiziert.«[1] Christus selbst wird als der Handelnde gesehen, der jeden Menschen, jedes Volk und jede Kultur dazu befreit, ihn auf eigene Weise zu bekennen. »Wenn auch unser Lesen und unsere Auslegung der Schrift bis zu einem bestimmten Grad kulturell bedingt sind, glauben wir, daß es ein Teil des Geheimnisses Christi ist, daß er es ist, der uns zusammenführt, selbst wenn wir ihn auf verschiedene Weise bekennen.«[2] Damit stellt sich die Aufgabe interkultureller Verständigung und interkulturellen Lernens für die Kirchen selbst. »Wenn wir so miteinander austauschen, werden wir alle verändert, und unsere Kulturen werden verwandelt.«[3]

Zugleich bekam in einer Kirche, in der jetzt alle Teile der Welt unmittelbar vertreten sind, die Frage nach der *Einheit der Menschheit,* die die ökumenische Bewegung in unserem Jahrhundert von Anfang an verfolgt hat, neue Bedeutung. Auf der Vollversammlung des ÖRK 1968 in Uppsala stellte man den unmittelbaren Zusammenhang zwischen den Bemühungen um eine Einheit der Kirche und um die Einheit aller Menschen her: »Christus will, daß seine Kirche jetzt schon ein Zeichen und die Ankündigung einer erneuerten menschlichen Gemeinschaft ist.«[4] »Welt« steht nicht mehr als Chiffre für »Verlorenheit« und »Hilflosigkeit«, sondern für den ganzen bewohnten Erdkreis, der allen Menschen gegeben und von

---

[1] *W. Müller-Römheld* (Hg.): *Bericht aus Vancouver 1983.* Frankfurt (Lembeck), 1983, 59.

[2] *H. Krüger u. a.* (Hg.): *Bericht aus Nairobi 1975.* Frankfurt (Lembeck) 1976, 9.

[3] Ebd.

[4] *N. Goodall* (Hg.): *Bericht aus Uppsala 1968.* Genf (ÖRK) 1968, 1.

ihnen zu bewahren ist. Damit wird der eschatologische Vorbehalt, d.h. die Unterscheidung zwischen dieser Welt und der verheißenen künftigen Welt Gottes, nicht nivelliert oder gar aufgegeben. Wohl aber wird es als eine neue Aufgabe der Kirchen begriffen, »die die Menschen trennenden Schranken niederzureißen und das Zusammenleben der menschlichen Familie in Gerechtigkeit und Frieden zu fördern«, wie es in der Verfassung des ÖRK heißt. Dies aber betrifft nicht nur die Vielgestaltigkeit der Nationen, Kulturen und Rassen, sondern auch die Vielzahl der nichtchristlichen Religionen. Das Bemühen um die Einheit der Menschheit fordert die Kirchen dazu heraus, ihre Beziehung zu den nichtchristlichen Religionen neu zu sehen und neu zu gestalten.

In den 60er und 70er Jahren wurden dafür die institutionellen Voraussetzungen geschaffen. Die katholische Kirche richtete 1965 im Zusammenhang des II. Vatikanischen Konzils vatikanische Sekretariate »für die Nichtchristen« und »für die Nichtglaubenden« ein, und der ÖRK errichtete 1971 eine Abteilung für den »Dialog mit Menschen anderer Religionen und Ideologien«. Auf der Weltmissionskonferenz 1973 in Bangkok formulierte man die Voraussetzungen, unter denen dieser Dialog geführt werden sollte: »Wir sind hineingenommen in den Dialog, weil wir menschliches Streben und menschliche Verantwortung mit unseren Mitmenschen teilen. Im Dialog mit Anhängern der Religionen unserer Zeit begegnen wir Personen, die von besonderen religiösen und kulturellen Traditionen geprägt sind und die eine echte Beziehung zu dem Letztgültigen, zu dem sie sich bekennen, für sich in Anspruch nehmen. Wir müssen unsere Gesprächspartner so anerkennen, wie sie ihre Existenz und die Welt als religiöse Personen auffassen und erfahren, die sich zu einer bestimmten Religion bekennen. ... Unser Dialog soll offen und frei sein mit der Bereitschaft, zu fragen und in Frage gestellt zu werden.«[5] Im Jahr 1979 legte dann der ÖRK »Leitlinien zum Dialog mit Menschen verschiedener Religionen und Ideologien« vor, die auf einer theologischen Konsultation des ÖRK in der nordthailändischen Stadt Chiang Mai erarbeitet worden sind[6]. Sie spitzen die Grundgedanken, die in Bangkok formuliert wurden, zu: Es geht nicht um einen Dialog auf der abstrakten Ebene theologisch-religiöser Lehre, sondern um einen »Dialog in Gemeinschaft«. Das bedeutet: In diesem Dialog treffen Menschen gemeinsamer Interessen, Erfahrungen und Konflikte aufeinander, man denke z.B. an deutsche und türkische Eltern, die durch ihre Absprache erreichen, daß ihre Kinder gemeinsame Klassenfahrten unternehmen oder gemeinsame

---

[5] *Ph. Potter* (Hg.): *Das Heil der Welt heute.* Dokumente der Weltmissionskonferenz Bangkok 1973. Stuttgart (Kreuz) 1973, 187.

[6] Diese *Leitlinien zum Dialog* sind als Arbeitstext 19/1979 von der Ev. Zentralstelle für Weltanschauungsfragen (7 Stuttgart 1, Hölderlinstr. 2A) zu beziehen.

Klassenfeste feiern können. Zugleich aber repräsentieren die einzelnen Religionen »hochentwickelte Gruppensysteme mit Interesse an der eigenen Identität, in der sich oft die Interessen eines bestimmten Volkes, von Rassen oder sozialen Gruppen spiegelt«[7]. Damit geht es, global gesehen, um die »Gemeinschaft der Gemeinschaften«, d.h. um die Rolle, die die bestehenden Gemeinschaften, die Kirchen und die Religionen, für die Entwicklung der Gesamtheit der Menschheit spielen, und um ihre gemeinsame Verantwortung für eine weltweite Gerechtigkeit, für den einen unteilbaren Weltfrieden und die Bewahrung der Schöpfung. Dies aber verändert die Richtung und Zielsetzung des Dialogs. Bisher stand einseitig die Frage im Vordergrund, ob die Lehre wahr ist oder nicht. Jetzt tritt als neue Fragerichtung hinzu, »ob sie das Vermögen hat, Gemeinschaft zu stiften über die eigene Gruppe hinaus, oder ob sie die Menschen füreinander verschließt, und zwar jetzt unter religiösem Vorzeichen. Das ist kein nebensächliches Kriterium bei der Lehre, sondern berührt die Essenz: es gibt keine Liebe zu Gott ohne Liebe zu dem Bruder.«[8] Für die Christen schließt der Dialog ein, daß sie den Glauben an Christus im Dienst an dieser Gemeinschaft leben und bezeugen. So stellen die Leitlinien ausdrücklich fest: »Aus diesem Grund sehen wir zwischen Dialog und Zeugnis überhaupt keinen Widerspruch. Mehr noch, wenn Christen mit ihrer Bindung an Jesus Christus in den Dialog eintreten, dann wird ihnen die dialogische Beziehung immer wieder Gelegenheit zu glaubwürdigem Zeugnis geben.«[9]

Ist diese Aussage, die Dialog und Zeugnis in dieser Weise einander zuordnet, aufrechtzuerhalten? Schließt sich nicht beides aus? Wie verhält sich der interreligiöse Dialog zur Wahrheitsfrage?

Wir erörtern diese Frage anhand einer zentralen Aussage der letzten Vollversammlung des ÖRK 1983 in Vancouver: »Dialog kann als die Begegnung beschrieben werden, in der sich Menschen mit unterschiedlichen Überzeugungen über die letztgültige Wirklichkeit treffen, und wo sie diese Überzeugungen in einer Atmosphäre gegenseitigen Respektes ausloten können. Vom Dialog erwarten wir, mehr darüber zu erkennen, wie Gott in unserer Welt wirkt, und die Einsichten und Erfahrungen, die Menschen anderen Glaubens von letztgültiger Wirklichkeit haben, um ihrer selbst willen zu würdigen.

Dialog ist weder ein Mittel zum christlichen Zeugnis noch zu dessen Verleugnung. Es ist vielmehr ein auf Gegenseitigkeit beruhendes Unter-

---

[7] *A. Geense:* Der *Dialog der Religionen* und das Bekenntnis der Kirche. Kerygma und Dogma 26/1980, 264–276, 270.

[8] Ebd.

[9] Leitlinien zum Dialog 11.

nehmen, Zeugnis voreinander und vor der Welt abzulegen im Blick auf verschiedene Vorstellungen von letztgültiger Wirklichkeit.«[10]

Das Wort »Begegnung« läßt sich hierbei in einer zweifachen Weise verstehen. Es meint zunächst die Gesprächsbegegnungen zwischen Christen und Angehörigen nichtchristlicher Religionen, die erfreulicherweise zunehmen. »Überzeugung von der letzten Wirklichkeit« bedeutet für den Christen, die ganze Wirklichkeit der bewohnten Erde in der zeitlichen Dimension von Vergangenheit und Zukunftshoffnung auf Gott zu beziehen und von ihm das Heil zu erwarten. Dies ist für ihn der Bezugspunkt in diesem Dialog. Der Dialog wäre hierbei durch eine Gesprächshaltung bestimmt, die ebenso christliche Überheblichkeit wie die Abschwächung christlicher Wahrheit zugunsten gemeinsamer Verständigungs- und Handlungsmöglichkeiten ausschließt.

Eine sehr viel tiefere Deutung von Begegnung ergibt sich, wenn man das ökumenische Stichwort des »Dialogs in Gemeinschaft« im wörtlichen Sinn realisieren kann. Die Begegnung erwächst dann nicht allein aus dem gemeinsamen Gespräch, sondern aus gemeinsamen Erfahrungen des Zusammenlebens, vielleicht sogar aus gemeinsamen Lebensvollzügen. Hierzu liegen erst wenige Erfahrungen vor. Sie weisen in folgende Richtung: Da wird z.B. beschrieben, wie jemand, der an solchem Dialog beteiligt ist, seinen Glauben neu sieht:

»Ich gewinne im Zusammenleben mit Menschen anderen Glaubens eine ununterbrochene Rückfrage nach meinem eigenen Glauben, nicht nur nach den gewohnten und übernommenen Glaubensvorstellungen, sondern nach dem Glauben, der in mir lebendig geworden ist. Es ist nicht mehr die Frage nach der Tradition meines Glaubens. Es ist die Frage nach der aktivierenden Quelle meines Glaubens; die Frage nach der Wahrheit, in der mein Herz verwurzelt ist. Für mich ist es die Frage nach Gott selbst, ohne den ich nicht einmal diese Frage stellen könnte.«[11]

Oder es wird die Fehlsamkeit des eigenen Glaubens neu bewußt, wenn sie im Spiegel des anderen und seiner historischen Erfahrungen gesehen wird. Hans Jochen Margull hat in diesem Zusammenhang von der Verwundbarkeit als einem Signum des Dialogs gesprochen und gefragt, ob diese Verwundbarkeit nicht ihre Entsprechung findet im biblischen Gottesbild, das von der Verwundbarkeit Gottes weiß[12]. Oder die bereits genannte Frage nach der verbindenden Kraft des christlichen Glaubens bekommt ihre eigentliche, ökumenische Dimension:

---

[10] Müller-Römheld, Bericht aus Vancouver 1983, 67.

[11] *R. v. Kirchbach:* Welche Bindungen und welche Freiheiten verändern sich im *Dialog* mit Menschen anderen Glaubens? Unveröffentl. Manuskript 1984, 12.

[12] *H. J. Margull: Verwundbarkeit.* Bemerkungen zum Dialog. Evang. Theologie 34/1974, 410–420.

»So verstärkt sich in dem Zusammenleben mit meinem Nächsten aus einer anderen Religion auch die Ausschau nach der Zone, in der wir durch das göttliche Erschaffen, Wohltun und Freisetzen schon längst zusammengehören.

Die Unterschiede und Differenzierungen, die unseren Glauben und unser Leben mit dem eines anderen *nicht* identifizierbar machen, bleiben bestehen. Ja, sie steigern sich in dem Maß, in dem unser Zusammenleben konkrete Gestalt annimmt. Aber sie ordnen sich in einen erweiterten Zusammenhang ein. Sie dienen den Möglichkeiten einer neu sich profilierenden Kommunikation. Mein Leben und das Leben meines Nächsten – das Leben der Gruppe, in der mein Nachbar geboren ist, und in der ich geboren bin, bekommen füreinander und im Zusammenleben miteinander einen neuen Sinn und ein neues Profil in einem für uns noch nicht einsehbaren neuen Gefüge.«[13]

Oder das Christuszeugnis wird unter dem Blickwinkel von Widerstehen, Nachfolge und Leiden neu gesehen, und Christus erscheint als der Befreier und auch als der Entzweier, wie dies im ökumenischen Gespräch ausgesprochen worden ist. Damit sei angedeutet, daß das Zeugnis hier seine monologische Struktur verliert, sich an beide Gesprächspartner, Christen wie Nichtchristen, richtet und so den Dialog in Gemeinschaft ermöglicht.

II

Welche Konsequenzen ergeben sich damit für die Behandlung der Weltreligionen im Unterricht?

1. Es geht um das Ziel, *junge Menschen im Blick auf die nichtchristlichen Religionen dialogfähig zu machen.* Diese Zielsetzung enthält eine doppelte Voraussetzung. Zum einen setzt der Dialog voraus, daß sich beide Partner einander als Subjekte verstehen und sich daher gleichberechtigt am Gespräch beteiligen können. Wenn Christen von dieser Voraussetzung ausgehen, so nehmen sie damit Abschied von den Versuchen während der bisherigen Kirchen- und Missionsgeschichte, die nichtchristlichen Religionen zu überwinden und die Religionsgeschichte christlich abzuschließen. Das bedeutet nicht, daß der Christ, für den Jesus Christus die Wahrheit ist, nicht von dem Wunsch beseelt sein dürfte, daß die anderen zu eben dieser Wahrheit gelangen. Er wird diesen Wunsch aber nicht anders ausdrücken als in dem gelebten Zeugnis seines Glaubens. Zum anderen wird er hier die ökumenische Perspektive der Einheit der Menschheit bedenken. Ökumenisches Lernen, verstanden mit Ernst Lange als das Sich-Einleben des christlichen Gewissens in den Haushalt der ganzen bewohnten Erde, schließt dialogbezogenes interreligiöses

[13] v. Kirchbach, Dialog 13.

Lernen ein. Es bedeutet, daß die Religionen in ihrer Vielfalt, Fremdheit und auch Gegensätzlichkeit umgriffen werden von dem ökumenischen Bild der Menschheit als einer Familie. Dialogbereitschaft und Dialogfähigkeit bedeuten, daß der einzelne in seinem Lebensbereich dazu beitragen kann, dieses Bild Wirklichkeit werden zu lassen.

2. Dialogbezogenes interreligiöses Lernen sollte durch das Ethos bestimmt sein, *»das Bild unseres Nächsten, der einer anderen Religion oder Ideologie angehört, nicht zu entstellen«*[14] bzw. positiv formuliert: den anderen so zu verstehen suchen, wie er sich selbst versteht. Bei diesem Versuch wird erfahrbar, daß interreligiöses Lernen zugleich auch heißt, sich dem Fremden, Befremdlichen und Unverständlichen auszusetzen, dieses auszuhalten und die Grenzen eigenen Verstehens zu akzeptieren. Das bedeutet, Einzelerscheinungen nicht als exotisch oder absonderlich einzustufen, sondern sie – wie dies auch in der Darstellung der Weltreligionen in dieser Didaktik immer wieder deutlich wird, – aus dem gesamten Lebenszusammenhang einer Religion heraus zu verstehen und in ihrer spirituellen und sozialen Bedeutung zu sehen.

3. Dialogbezogenes interreligiöses Lernen ist – wie auch ökumenisches Lernen – *grenzüberschreitend.* Es überschreitet die Grenzen der Herkunft, der Biographie, des bisherigen Verstehens anderer Konfessionen und Religionen – und eröffnet dadurch auch ein neues Verstehen eigenen Glaubens und eigener Frömmigkeit. Es gehört zum Wesen eines gelingenden Dialogs, daß er das Trennende nicht nivelliert und die Unterschiede im Denken, Glauben und Handeln nicht überspringt. Das hier vorgelegte Werk ist bewußt so angelegt, daß aus dem Vergleich mit der biblischen Botschaft und der christlichen Tradition aufgezeigt wird, wo Christen anders denken und handeln. Doch genau an dieser Stelle liegt der Unterschied zwischen einem apologetisch sich abgrenzenden Dialog und einem Dialog, der sich für den anderen öffnet. Das würde bedeuten, daß der Dialog hier eigentlich erst recht beginnt. »Dann beinhaltet die Beschäftigung mit dem Andersartigen, jenseits der eigenen Glaubensüberzeugung Liegenden die Chancen immer neuer und immer weitergehender Bereicherung. Denn im Spiegel der anderen Religion, Kultur oder Ideologie kann die eigene Überzeugung immer weiter entwickelt werden. Sie wird dann weniger isoliert und abstrakt bleiben. Sie wird vielmehr an Lebendigkeit gewinnen, immer mehr Antwortcharakter annehmen, Grenzen werden damit keinesfalls aufgehoben, aber immer mehr durchlässig«.[15]

---

[14] Leitlinien zum Dialog 11.

[15] *H. Schultze: Unterricht über Religionen* als Herausforderung des Religionsunterrichts. In: *R. Lachmann* (Hg.): *Religionsunterricht* als religionspädagogische Herausforderung. Festschr. H. Angermeyer. Aachen 1982. = Religionspädagogik heute 9, 129–139, 133.

4. Dialogbezogenes interreligiöses Lernen ist durch eine *handlungsorientierte Intention* bestimmt. Es will den jungen Menschen darauf vorbereiten, in seinem künftigen Leben Menschen anderer Religionen und Ideologien unbefangen und ohne Vorurteile zu begegnen, fair mit ihnen umzugehen und mit ihnen zusammmenzuarbeiten, wo es im unmittelbaren oder weiteren Lebensbereich um Menschenwürde, Gerechtigkeit und Frieden und um die Beseitigung von sozialem Elend, von Hunger und Krankheit geht. Solche Verhaltensweisen und Handlungsziele wären mißverstanden und unzureichend, wenn man sie nur mit Toleranz und allgemeinen ethischen Grundeinsichten begründen wollte. Sie sind soweit glaubwürdig und tragfähig, als sie Ausdruck persönlicher Glaubensüberzeugung sind.

Dialogfähigkeit ist deshalb in einem doppelten Bezug zu sehen. Es ist einerseits die Fähigkeit, *den anderen* in seiner religiösen Prägung zu verstehen und sich mit seiner Sicht letztgültiger Wirklichkeit auseinanderzusetzen. Das schließt Wissen um den Dialog-Partner und um die eigenen Voraussetzungen wie auch den verstehenden Umgang mit diesem Wissen ein. Dialogfähigkeit ist zugleich die Fähigkeit und Bereitschaft, dem anderen seinen Glauben zu bezeugen, sich ihm in der persönlichen Glaubensüberzeugung auszusetzen und *sich selbst* im Spiegel seiner Sicht und auch seiner Kritik neu zu sehen. Letztlich reicht solche Dialogfähigkeit in Bereiche der Gesprächskunst hinein, die Kunst, im Zusammenklang von Wahrheit und Liebe die Situation des Miteinander-Redens, Miteinander-Schweigens und Miteinander-Meditierens zu erkennen und wahrzunehmen.

Vorbemerkung

Die Begegnung mit dem Islam stellt für den Entwurf einer »theologischen Didaktik der Weltreligionen« eine besondere Herausforderung dar: Nähe und Fremdheit liegen hier besonders dicht beieinander. Die gemeinsamen Wurzeln im Glauben Abrahams, der Monotheismus verbinden den Islam mit Judentum und Christentum. Der Anspruch, durch die Sendung Mohammeds der endgültigen Offenbarung teilhaftig zu sein, der dem Glauben an Jesus als den Christus, als das endgültige Heil Gottes widerstreitet, scheidet die beiden großen Religionen. Gleichzeitig stehen sie – nach einer langen Geschichte der Konkurrenz, gegenseitiger Bekämpfung und immer wieder auch der Befruchtung – in der Gegenwart vor der Notwendigkeit, ihre gemeinsamen Aufgaben für die Zukunft zu entdecken: Wie glaubwürdig ist ihr Gotteszeugnis in einer sich weithin ohne religiöse Dimensionen darstellenden Welt? Wie bieten sie sich dar angesichts der globalen Bedrohungen durch Rüstung und Kriege, durch die ökologische Krise, durch bittere soziale Not in vielen Ländern? Was tun sie für eine Erziehung zu gegenseitigem Verstehen und gemeinsamer Verantwortung? Wer verantwortet Christ sein will, wer die weltweite Dimension des Evangeliums ernstnimmt, der kann an diesen Fragen nicht vorbeigehen. Wurden sie in Teil I dieses Werkes im Lichte der großen fernöstlichen Religionen »Hinduismus« und Buddhismus mit ihrer in vieler Hinsicht »alternativen« Weltsicht gestellt, so steht in diesem Band der Islam in seiner auch politisch, rechtlich und sozial durchgreifend wirksamen Gestalt im Vordergrund.

Die vorliegende Arbeit ist die vollkommen überarbeitete und um eine grundsätzliche Besinnung zur Bedeutung des Themas Weltreligionen für das Selbstverständnis evangelischer Theologie und Religionsdidaktik erweiterte Fassung des 1977 (in der »Handbücherei für Religionsunterricht« bei G. Mohn/Gütersloh) erschienenen Bandes »Nichtchristliche Religionen im Unterricht. Beiträge zu einer theologischen Didaktik der Weltreligionen. Schwerpunkt: Islam«. Er enthält neben der Einführung in die Begegnung mit dem Islam eine »didaktische Bilanz« zum Thema Weltreligionen für den schulischen Unterricht, aber auch für die außerschulische Bildungsarbeit. Hier wird der gegenwärtige Stand der religionspädagogischen Angebote dargestellt, gesichtet und in konstruktive Hinweise für den Unterricht überführt.

Ich wiederhole gerne den Dank, den ich 1977 meinen theologischen und religionspädagogischen Lehrern ausgesprochen habe: Prof. D. Helmuth Kittel und Prof. Dr. Werner Kohler, die ihren Lebensweg schon vollendet haben, Prof. Dr. Klaus Wegenast und Prof. Dr. E. Zbinden/Bern, die die Arbeit damals als Habilitationsschrift betreuten. Prof. Dr. Dr. Peter Antes/Hannover und Prof. Dr. Udo Tworuschka/Köln bin ich weiterhin im Aufgabengebiet »Weltreligionen im Unterricht« durch viele gegenseitige Anregungen verbunden.

Die Erfahrungen, die ich nach 1977 neu machen durfte und die in der Neubearbeitung ihren vielfältigen Niederschlag gefunden haben, sind vor allem aus der persönlichen Begegnung mit Muslimen und mit Christen, die in der Dialogaufgabe engagiert sind, gewonnen. Durch die Mitgliedschaft in der Arbeitsgruppe »Zusammenleben mit Muslimen« der Evangelischen Kirche in Deutschland, durch die Mitarbeit in der nordrhein-westfälischen Richtlinienkommission »Religiöse Unterweisung für Schüler Islamischen Glaubens« und durch drei weitere Reisen in die Türkei ist das Bild vom Islam (wie auch vom christlichen Glauben in seiner Begegnung mit dem Islam) zunehmend lebendiger, konkreter und differenzierter geworden. Als besondere Gesprächspartner darf ich auf muslimischer Seite Imam Mehdi Razvi/Hamburg, Prof. Dr. Abdoldjavad Falaturi/Köln und Dr. Smail Balić/Wien nennen, die den theologischen und religionspädagogischen Austausch bereichert haben, ebenso wie auf christlicher Seite Oberkirchenrat Michael Mildenberger vom Kirchenamt der EKD/Frankfurt, Pater Vöcking/Frankfurt, Privatdozent Dr. Christoph Elsas/Berlin und – unter meinen Kollegen an der Universität Erlangen-Nürnberg – Prof. Dr. Wolfdietrich Fischer und Dr. Hartmut Bobzin.

Besondere Förderung und besonderes Interesse an dieser Arbeit verdanke ich auch dem Comenius-Institut/Münster mit seinen Direktoren Klaus Goßmann, Prof. Dr. Hans B. Kaufmann und Dr. Herbert Schultze, der mir besonders geholfen hat, den europäischen Horizont der Bemühungen um »Weltreligionen im Unterricht« zu erschließen.

An der Erstellung des Manuskripts und des Literaturverzeichnisses hat wiederum Frau Gertraud Kraft, unterstützt durch die studentischen Mitarbeiter Kornelia Martin, Isolde Ascher, Monika Götz und Gabriele Heller, mit viel Umsicht mitgewirkt.

Die Widmung gilt wie 1977 meiner Frau Susanne, die mich in die vielfältigen Begegnungen hinein begleitet hat und als ständige engagierte Partnerin im Gespräch, im Beruf und im familiären Alltag immer wieder ermutigt und bereichert und den Freiraum geschaffen hat, der für dieses Vorhaben nötig war.

Ich hoffe, daß dieses Buch vielen Lesern Freude zur Entdeckung neuer Horizonte vermittelt, die mir selbst in der Arbeit an ihm zuteil wurde, und daß es für die großen pädagogischen Aufgaben, die in der Begegnung mit den Weltreligionen vor uns liegen, Anregungen und Hilfen bietet.

Nürnberg, im Oktober 1985 Johannes Lähnemann

1. Begegnung mit den Weltreligionen, Begegnung mit dem Islam

In den Lebensraum des westeuropäischen Christentums sind die großen nichtchristlichen Religionen in einem Maße eingedrungen, wie es in früheren Generationen nicht abzuschätzen war: Industrialisierung und explosionsartig angewachsener Weltverkehr haben zu einem völlig neuartigen Aufeinandertreffen der Völker – in Wirtschaft, Tourismus, Kultur und auch im religiösen Bereich – geführt.

Die fernöstlichen Religionen bieten sich dem Europäer in erster Linie als Alternative oder wenigstens als notwendige Ergänzung zur säkularen, technisierten Zivilisation des Westens an.

Der *Islam* ist demgegenüber vor allem in zweierlei Hinsicht vertreten:

1. Die wirtschaftlich bedingte Wanderung hat eine große Zahl muslimischer Arbeitnehmer in die europäischen Industrienationen geführt. Insgesamt befinden sich etwa 6 Millionen Muslime in West- und Mitteleuropa; in der Bundesrepublik Deutschland und West-Berlin sind es weit über 1 ½ Millionen, von denen der ganz überwiegende Teil (im Herbst 1984 über 1,4 Millionen) aus der Türkei stammt (andere vor allem aus Jugoslawien und Nordafrika); ca. eine halbe Million moslemischer Schüler besuchen deutsche Schulen[1].

Daß hier große Probleme religiös-kultureller Verpflanzung vorliegen –

[1] Eine detaillierte Statistik findet sich in: *Muslime in Deutschland*, hg. v. Sekretariat der Deutschen Bischofskonferenz. Bonn (Kaiserstr. 163) 1982, 11f.; zur Zahl muslimischer Schüler in: *G. Mahler: Fragen zur Begegnung* – ein Grußwort des Bayer. Staatsministeriums für Unterricht und Kultus. In: *J. Lähnemann* (Hg.): *Kulturbegegnung* in Schule und Studium. Türken – Deutsche, Muslime – Christen. Ein Symposion. Hamburg (eb-Verlag Rissen) 1983, 9–11, 10.
Von 1983–1984 sind ca. 125 000 Türken in ihre Heimat zurückgekehrt, wohl gleichermaßen auf Grund der Abwehrhaltung in der deutschen Bevölkerung als auch der angebotenen Rückkehrhilfen. Doch hat sich dieser Prozeß – u. a. wegen der schwierigen wirtschaftlichen Lage im Heimatland – wieder verlangsamt, und es wird – allein wegen der vielen inzwischen ganz in Deutschland aufgewachsenen Kinder und Jugendlichen – mit einer großen muslimischen Minderheit auf Dauer gerechnet werden müssen.
Eine genaue Übersicht über neue Statistiken (z.B. auch zur Verteilung der Türken auf verschiedene Bundesländer und zu den fast 4000 Eheschließungen mit Partnern aus muslimischen Ländern im Jahre 1983) bieten die: News of Muslims in Europe 1/1985 des Centre for the Study of Islam and Christian-Muslim Relations. Selly Oak Colleges. Birmingham B 29 6 LE, United Kingdom, Ed. J. S. Nielsen.
Vgl. auch *H. Vöcking:* Die *Präsenz des Islam* in der Bundesrepublik Deutschland *IV*. Frankfurt 1984. = CIBEDO-Dokumentation 23.

denn der Islam stellt eine Lebensform dar, in der Religiosität, gesellschaftliche Ordnung und politische Bindungen ganz eng zusammengehören –, wird zunehmend sichtbar. Besondere Schwierigkeiten ergeben sich hinsichtlich der Konstituierung des Islam als einer Religionsgemeinschaft, da er »kirchliche« Organisationsformen nicht kennt, hinsichtlich der Rücksichtnahme auf die religiösen Pflichten und Bräuche in Betrieben und deutscher Wohnumgebung und besonders der religiösen Kindererziehung.

2. In einer zweiten Weise – aber durchaus nicht weniger unbequem für das Selbstverständnis der Bevölkerung in den europäischen Industrienationen – begegnet der Islam als im internationalen Maßstab wiedererwachende »Weltmacht«, die das politische, wirtschaftliche und kulturelle Weltgeschehen – teilweise »quer« zum Ost-West- und Nord-Süd-Konflikt – erheblich mitbestimmt.

Nicht zufällig wurde schon vor der eigentlichen »Öl-Krise« im April 1973 im Hamburger »Spiegel«[2] die Lehre Mohammeds als »Religion im Angriff« dargestellt, die sich als Ideologie der dritten Welt empfehle: Sie kenne keine rassistischen Vorstellungen, sie sei einfach, verständlich; vor allem sei sie weder westlich-dekadent noch kommunistisch-atheistisch[3].

Das nach den Demütigungen der Kolonialzeit und besonders nach dem ersten erfolgreichen Einsatz der Öl-Waffe neu erwachte Selbstbewußtsein des Islam fand deutlich Ausdruck in der Islam-Gipfelkonferenz vom Februar 1974 in Lahore/Pakistan[4]. Die dort unter Anwesenheit von allein 24 Staats- und Regierungschefs verabschiedete Deklaration bekräftigt die Rolle des gemeinsamen Glaubens als unauflöslichen Bandes zwischen den islamischen Staaten, die Solidarität mit dem Kampf der Völker Asiens, Afrikas und Lateinamerikas für sozialen und ökonomischen Fortschritt, das Zusammenstehen in der Palästina-Frage, enthält aber auch eine erste Anerkennung der konstruktiven Bemühungen der christlichen Kirchen in diesem Bereich. Unmittelbare Folge der Konferenz war ein erheblich verstärkter Einsatz der reichen islamischen Staaten in der Entwicklungshilfe[5], die sich nicht nur auf moslemische Staaten, sondern auch auf Südamerika erstreckt.

Inzwischen sind die zentralen islamischen Instanzen – insbesondere die »Islamische Konferenz« (die als Organe die Konferenz der Staatsober-

---

[2] Mohammeds Lehre: Religion im Angriff. *Spiegel-Report* über *Islam* und Sozialismus in Asien und Afrika, Spiegel Nr. 17/1973, 110–124.

[3] A. a. O. 113.

[4] Hierzu: *S. Eid:* Suche nach der *islamischen Einheit.* Ev. Kommentare 8/1974, 487–493. *M. S. Abdullah: »Islam-Gipfel«* in Lahore. Der Überblick, Zeitschr. für ökumen. Zusammenarbeit und weltweite Begegnung (7 Stuttgart 1, Gerockstr. 17) 2/1974, 40–42.

[5] Wenige Tage nach Lahore erklärten sich die reichen Moslemnationen bereit, der »Islamischen Entwicklungsbank« Anteile von je einer bis zwei Milliarden US-Dollar für den »Islamischen Entwicklungsdienst« zur Verfügung zu stellen (Abdullah, »Islam-Gipfel« 41).

häupter und Regierungschefs, die Konferenz der Außenminister und das »ständige islamische Sekretariat« hat) noch erheblich verstärkt worden, wenngleich damit die innerislamischen Konfliktfelder – etwa durch die schiitische Revolution im Iran und den iranisch-irakischen Krieg – nicht ausgeschaltet werden konnten.

Die beiden dargestellten Weisen, in denen sich der Islam vornehmlich dem Mitteleuropäer darbietet – einerseits als Religion türkischer Arbeitnehmer, andererseits als im internationalen Rahmen politisch und wirtschaftlich erstarkte Weltanschauung –, scheinen auf den ersten Blick schwer vereinbar und können leicht dazu führen, Vorurteile dem Islam gegenüber eher zu verfestigen als abzubauen.

Es wird zu fragen sein, welchen Beitrag in diesem Problemfeld die christlichen Kirchen – mit ihrer Fülle an internationalen Kontakten und mit ihrem national differenziert aufgebauten Sozial- und Gemeindesystem – zu leisten haben, und welche Aufgaben von daher auch der Religionsdidaktik zufallen.

Das abendländische Christentum ist sich des neuen religiösen Kontextes, in den es durch die stark vermehrte Präsenz anderer Religionen im eigenen Raum, aber auch durch das selbstbewußtere Auftreten der anderen Religionen besonders in Asien und Afrika hineingeraten ist, erst in Ansätzen bewußt geworden. Als Beleg dafür mag gelten, daß die Beschäftigung mit Weltreligionen, ja mit Religions- und Missionswissenschaft überhaupt in den christlich-theologischen Ausbildungsgängen und Ausbildungsstätten zumeist nur den Stellenwert eines Hobbygebietes hat. Entsprechend unabgeklärt sind die Vorstellungen vieler Theologen in diesem Bereich (vom »Kirchenvolk« ganz zu schweigen) und entsprechend unterentwickelt die Ansatzpunkte zu interreligiöser Begegnung. Das hat tief wurzelnde geschichtliche Ursachen, auf die noch einzugehen sein wird, hängt aber sicher auch mit einem gewissen Vernarrtsein der christlichen Glaubensgemeinschaften in die Fragen volkskirchlichen Überlegens in einer säkularen Umwelt zusammen. Der Belang der Frage nach der Bewährung christlichen Glaubens im Säkularismus soll damit nicht herabgespielt werden. Es wird jedoch zu erwägen sein, ob das fast ausschließliche Fixiertsein auf diesen Themenbereich nicht blind macht für Fragen im religiös-glaubensmäßigen Bereich, die durch alle Säkularismen hindurch lebendig sind oder neu lebendig werden.

Nähme das Christentum die Herausforderung durch die nichtchristlichen Religionen bewußter wahr, so könnte ihm das zu einer Entprovinzialisierung seiner eigenen Horizonte gereichen. Denn: Wie steht es etwa um eine religiös-kulturelle Koexistenz mit Moslems? Hat das Christentum hier Nichtchristen zu ihrer eigenen Identität zu verhelfen, um glaubwürdig zu sein, oder widerspricht dies seinem missionarischen Selbstverständnis? Welche Glaubwürdigkeit kann ein (nicht nur zu Unrecht) mit

Kolonialismus und Imperialismus identifiziertes Christentum in Ländern mit ganz anderem kulturell-religiösem Hintergrund (zurück-)gewinnen?

Schließlich wird es auch die umgekehrte Blickrichtung geben; denn: Können die nichtchristlichen Religionen und besonders der Islam der Erfahrungen entschlagen, denen das Christentum in seiner langandauernden mühsamen Auseinandersetzung mit dem Säkularismus ausgesetzt war und ist[6]?

Hinzu kommen Fragen, die an alle großen Religionen ergehen:

1. Welchen Beitrag leisten sie zum Weltfrieden? – Wie weit sind sie willens und beteiligt daran, die Außenpolitik der Staaten in eine Weltinnenpolitik zu verwandeln?

2. Welchen Beitrag leisten sie für einen verantwortungsbewußten Umgang mit den Gütern der Erde: daß diese so genutzt werden, daß sie allen Menschen zugute kommen und daß sie nicht so ausgebeutet werden, daß der Mensch an seinen eigenen Produkten zugrunde geht?

3. Schließlich werden die Religionen gefragt, wie sie auf geistig-seelische Verarmungen in der modernen Industriegesellschaft reagieren.

Der Prager Philosoph M. Machoveč schreibt hinsichtlich des Marxismus selbstkritisch: »Weder für geistige Belange in einer satten Konsumgesellschaft noch für das menschenwürdige Sterben in einer industriellen Welt, weder für die erwähnten schmerzlichen moralischen Konflikte (gemeint: das zwiespältige Verhalten von Marxisten angesichts der ›Ketzerprozesse‹ der stalinschen und nachstalinschen Epoche) noch für das bessere Verständnis anderer geistiger Traditionen und ihres Weges zu Menschlichkeit und Glück findet der europäische Marxist des 20. Jahrhunderts im bisherigen Marxismus Modelle oder klare Hinweise.«[7] – Machoveč sucht von daher neu nach dem Christentum als Gesprächspartner, der mit diesen Problemen schon viele Erfahrungen gemacht hat.

Aber: Wird er ein Christentum finden, das auf seine Fragestellungen einzugehen vermag? Was bieten hier die anderen Religionen? Bemühen sie sich um glaubwürdige Lebensmodelle für den in der Industriegesell-

---

[6] Zwar gibt es im Islam als ein nicht nur den kultischen, sondern auch den staatlich-gesellschaftlichen Bereich umfassendes Glaubenssystem eine traditionelle Offenheit gegenüber »weltlichen« Fragestellungen, doch hat es – trotz der Betonung der Vereinbarkeit von Glauben und Wissen auch bei vielen modernen islamischen Denkern (siehe unten unter 2.1.3) – noch kaum wirkliche Auseinandersetzungen mit dem »methodologischen Atheismus« in den neuzeitlichen Wissenschaften gegeben. – So schreibt H. Brenner/Amman über die Situation im Nahen Osten: »Der Nahe Osten hat nie eine Aufklärung erlebt! Die Fragen betreffend Religion und Wissenschaft werden also in ihrer vollen Stärke erst hier noch auftauchen, und auch die Hauptreligion der Gegend, der Islam, wird da nicht ausgenommen sein . . .« (*Brief aus Amman,* in: Der Schneller Bote, Nachrichten aus dem syrischen Waisenhaus IV/1976, 16–19, 19).

[7] *M. Machoveč: Jesus für Atheisten.* Stuttgart (Kreuz) 1972, 17.

schaft einsam gewordenen Menschen? Oder müßten dazu gänzlich neue Religionsformen entstehen[8]?

Erste Schritte in der hier angedeuteten Richtung zeigen sich in der neuen Belebung der Spiritualität, die in christlichen Kommunitäten wie etwa in Taizé – z. T. in Begegnung mit fernöstlichen Meditationsformen – unternommen wird.

Versucht man, eine in der umschriebenen Situation allenthalben (verborgen oder sichtbar) lebendige Hauptfrage herauszuhören, so scheint dies die Frage nach religiöser, zugespitzt: nach transzendentaler Identität zu sein, womit hier nicht eine wirklichkeitsverschleiernde Jenseitsvertröstung gemeint ist, sondern die Suche nach einem den jeweils eigenen Lebens- und Denkhorizont übergreifenden Sinnentwurf; – diese Frage ist aktuell sowohl für die religiös-kulturell weitgehend heimatlos gewordenen Moslems als auch für die nach einer Überwindung der Zivilisationszwänge eifernden Anhänger fernöstlicher Religiosität und schließlich für die Christen, die sich um einen Weg zwischen kirchlichem Traditionalismus und dem Aufgehen in sozialem Aktivismus bemühen.

Es ist deutlich, daß dieser Problemlage nicht eine Haltung der Rechthaberei, die keine neuen Horizonte zu entdecken vermag, gerecht werden kann, sondern nur eine Grundeinstellung, die von gemeinsamem Bemühen, von gemeinsamem Entdeckungswillen neuer religiöser Dimensionen bestimmt ist. Das setzt nicht das Aufgeben der jeweils eigenen religiösen Denk- und Erfahrungswelt voraus, sondern umgekehrt eine »radikale«, an die Wurzeln des eigenen Glaubens gehende Besinnung, in der die Grundimpulse der jeweiligen Religion neu lebendig werden, so daß sie in Wetteifer miteinander und in Kooperation für den nach transzendentaler Sinngebung und ethischer Verhaltensanleitung suchenden Menschen und für ein brüderliches Zusammenleben im internationalen Bereich treten können. Es sei hier die Behauptung aufgestellt, daß die Religionen – auch das Christentum – auf eben diesem Wege das ihnen Eigene neu entdecken, neu zur Geltung bringen können und damit neu zu ihrer eigenen Bestimmung hinfinden können.

Vorgänge mit dieser Tiefendimension sind gemeint, wenn in der Überschrift dieses Einleitungsteils der Begriff *»Begegnung«* gewählt wurde: Er steht für ein Zusammenkommen von Menschen, in dem sich mehr ereignet als nur ein teilnahmsloses Nebeneinanderleben oder eine bloß intellektuelle Auseinandersetzung mit dem Denken der Anderen.

Begegnung im existenzphilosophischen Sinne – bei der der Mensch vom anderen so in seinem Kern berührt wird, daß dadurch sein eigenes Leben wesentlich verändert wird – ist dabei das Fernziel, dem als Nahziele das Überwinden von Mißverständnissen und das Erreichen einer neuen Offenheit den Anderen gegenüber zuzuordnen ist.

---

[8] Vgl. Mensching, Der offene Tempel, 21 f. (mit W. Kohler).

Es ergeben sich deutliche Konsequenzen für das religionsdidaktische Aufgabenfeld. So leuchtet unmittelbar ein, daß eine nur intellektuell-distanzierte Beschäftigung mit nichtchristlicher Religiosität den Notwendigkeiten religiösen Zusammenlebens, wie sie sich in den letzten Jahren ergeben haben, nicht Genüge tun kann. Es werden vielmehr ins Emotionale hineinreichende Verstehensprozesse in Gang gesetzt, Begegnungsmöglichkeiten erkundet und genutzt, Kooperationsebenen entdeckt werden müssen.

Das gilt gerade auch für die Begegnung mit dem Islam. Denn es gibt tief wurzelnde Schwierigkeiten in der Begegnung, denen man nur durch ein ganzheitliches Lernen entgegentreten kann. Aus dem Bereich der Ursachen für diese Schwierigkeiten sollen im folgenden zwei wesentliche Komplexe thematisiert werden:

1. die geschichtlich gewachsenen Vorurteile der Religionen in ihrem Verhältnis zueinander und die daraus resultierenden emotionalen Barrieren; 2. die sehr unterschiedlichen religiösen und sozialkulturellen Erlebnisweisen der Religionen.

1. Zwei geschichtliche Sachverhalte seien hier genannt, die die religiöse Grundeinstellung von Abendländern und Orientalen zueinander entscheidend mitbestimmen; sie müssen vor jedem Gespräch bewußt gemacht werden:

a) Die vom Islam ausgehende Bedrohung des Abendlandes über mehr als ein Jahrtausend hinweg (die einzige ernsthafte Bedrohung bis zu Karl Marx und zum Aufstieg des Kommunismus, wie der kanadische Orientalist Wilfried C. Smith behauptet[9]) schwingt in allen Vorstellungen von der gefährlichen, phantastischen, exotischen Welt des Orients mit, die gegenwärtig immer noch das Bewußtsein weiter Kreise bei uns bestimmen.

b) In den orientalischen Ländern dagegen hat der lange andauernde Import westlicher Zivilisation und Kolonisation zu einer Identifikation von Christentum und Herrenreligion – wenn auch sicher nur teilweise zu Recht – geführt. Die außerordentliche Empfindlichkeit gegenüber dem überheblichen Auftreten westlicher Zivilisatoren überträgt sich bei vielen Orientalen auch auf das Christentum, und das ist in der Phase des wachsenden Selbstbewußtseins der dritten Welt besonders zu spüren.

Als Beleg für das erste kann gelten, was zu Beginn einer Seminarveranstaltung mit künftigen Religionslehrern als Vor-Meinung über den Islam bei den Teilnehmern zu erheben war. Spontan genannt wurden Fatalismus einerseits (auch als Grund wirtschaftlicher Rückständigkeit), Fanatismus andererseits (wie er sich etwa im »heiligen Krieg« äußere). Unterdrückung der Frauen wurde ebenso erwähnt wie die Speise- und Fasten-

---

[9] Spiegel-Report Islam 17/1973, 111.

vorschriften. Diejenigen Kommilitonen, die Näheres über die Biographie Mohammeds gehört hatten, stellten in Frage, ob man Mohammed – im Vergleich zu Jesus – überhaupt als überzeugenden Begründer einer Religion betrachten könne. Zwar wurden auch einige positive Züge genannt – der starke Sippenzusammenhalt etwa, auch Begegnungen mit überzeugenden modernen islamischen Persönlichkeiten wurden aufgeführt –, dennoch überwogen die negativen Vorurteile in erstaunlichem Maße.

Als Beleg für die Empfindlichkeit und die Skepsis bei Vertretern nichtchristlicher Religionen gegenüber christlichen Gesprächsvorstellungen sei ein Brief zitiert, in dem ein Hindu die christliche Einladung zum Gespräch ablehnt:

»... Hast du bereits vergessen, dass das, was du ›interreligiösen Dialog‹ nennst, ein ganz neuer Zug in eurer Einsicht und Praxis des Christentums ist? Bis vor einigen Jahren – und wie oft heute noch – beschränken sich eure Beziehungen zu uns entweder auf die rein gesellschaftliche Ebene oder auf die Predigt mit dem Ziel, uns zu eurem dharma zu bekehren ... Um uns zum Dialog zu verlocken, sagt ihr immer wieder, wir müßten voneinander lernen. Ausgezeichnet! Ohne jeden falschen Stolz bekenne ich, dass wir Hindus schon eine Menge von euch Christen gelernt haben, im Bereich des Äußerlichen. Aber meinst du im Ernst, förmlicher und akademischer Dialog sei der beste Weg, um zu lernen? ... Wenn du wirklich von uns lernen willst – ich meine, das beste von uns lernen, das wir dir geben können –, warum hältst du dich dann nicht in der traditionellen indischen Weise eines Schülers? ... Begib dich bescheiden und aufrichtig zu Füssen eines wirklichen Guru ... Solch ein Guru wird dir den inneren Sinn der Veden eröffnen; er wird dich Schritt um Schritt zu eben der Erfahrung hinführen, die er selbst durch die Gnade seines eigenen Guru erlangt hat ... Ich fürchte wirklich, wenn ihr uns zum Dialog aufruft, versteht ihr spirituelles Wissen nicht auf dieselbe Weise wie wir ...«[10]

Hier werden die Barrieren, die einer offenen Begegnung zwischen den Religionen im Wege stehen, überaus deutlich. Der Brief des Hindu weist – ebenso wie die zuvor genannten Vorurteile bei den Seminarteilnehmern gegenüber dem Islam – darauf hin, wo dem abendländischen Christentum Züge anhaften, die jede Verständigung zwischen den Religionen sehr erschweren: daß das westliche Christentum nämlich immer wieder geneigt ist, in die pharisäische, selbstgerechte Rolle des Verabsolutierens der eigenen Erfahrungen zu verfallen, eine Rolle, die ihm von der Rückbesinnung auf die Jesusverkündigung her ständig durchkreuzt werden müßte. Das für jeden Neuanfang in der interreligiösen Begegnung notwendige Umdenken muß deshalb im eigenen Bereich beginnen: es setzt die Wahrnehmung der eigenen Vorurteile voraus, damit sie nicht später untergründig jeden Dialog begleiten; es erfordert Hörwilligkeit und Interesse für

[10] Mildenberger, Dialog der Religionen, 12.

die Erfahrung der Anderen; es erfordert die selbstkritische Bewußtmachung der geschichtlichen Bedingtheit und der abendländischen Provinzialität der überkommenen Vormeinungen. – Wenn etwa bei uns leichthin die arabische Unduldsamkeit Israel gegenüber verurteilt wird, ist ins Bewußtsein zu heben, daß der Zionismus die erste religiös-politische Gegenmacht gegenüber dem Islam im vorderen Orient seit den Kreuzzügen und davor der Hedschra des Propheten Mohammed darstellt, die dementsprechend das islamische Sendungsbewußtsein empfindlich kränken muß und die nicht zuletzt durch die europäischen Judenverfolgungen mit verursacht ist.

Dies nur als ein Beispiel dafür, wie das Bewußtmachen geschichtlicher Bedingtheiten dazu beitragen kann, religiös-kulturell motivierten Vorurteilen zu begegnen.

2. Während bei den bisher genannten Beispielen für Hemmnisse der Religionsbegegnung durchaus Ansätze zu ihrer Aufarbeitung und zu neuer Verständigung gezeigt werden konnten, müssen jetzt noch Beispiele gebracht werden, bei denen die Verständigungsbemühungen an Grenzen stoßen, die vorerst nicht überwindbar scheinen. Sie betreffen den Bereich religiöser Erlebnisweisen, die durch rationale (auch gerade theologische) Argumentation nur schwer darstellbar, geschweige denn nachvollziehbar oder gar kritisierbar sind. Hier muß vor einem vorschnellen, vermeintlichen »In-den-Griff-bekommen« fremder Religiosität gewarnt werden, weil eben dies einer Vergewaltigung des Anderen gleichkommen könnte.

Ein klassisches Beispiel ist die ostasiatische Vorstellung vom Nirvana als dem Zustand des Erlöstseins: Selbst wenn der Abendländer weiß, daß die vulgäre Auffassung vom ostasiatischen »Nichts« im Sinne des Nihilismus ein Mißverständnis ist, wird es ihm doch fast unmöglich sein, sich das Nirvana anders als auf dem Wege über Negationen begreiflich zu machen. Er ist nicht hineingeboren in eine Welt, in der das Eingespanntsein in den Kreislauf von Werden und Vergehen so erfahren werden kann wie etwa in Indien, wo darum der Lebensdurst als Quelle immer erneuten Versklavtwerdens in Abhängigkeiten aufgedeckt und das endliche Freiwerden hieraus als Erlösung schlechthin herbeigesehnt werden kann.

Als Beispiel aus dem Islam sei die in ihm herrschende Koran-Gläubigkeit aufgeführt. Zwar hat es etwa auch im protestantisch-christlichen Bereich durch übersteigerte Strapazierung des »sola scriptura«-Prinzips gelegentlich fast magische Auffassungen einer Verbalinspiration der Bibel gegeben. Doch ist der Gedanke der Verbalinspiration nie zu dem absoluten Dogma geworden, den er für weite Teile des Islam darstellt. Zwar können wir uns vor Augen führen, wie wichtig dieses Dogma für eine Religionsgemeinschaft sein muß, die einerseits von ihrem Selbstverständnis her politisch-gesellschaftlich bestimmend sein will, andererseits so etwas wie ein autoritatives Lehramt nicht kennt. Dennoch wird es für den Christen (anders als für den Juden) im allgemeinen ausgeschlossen sein, sich in ein Leben mit einem in einer bestimmten Sprache (dem Arabischen) buchstabenmäßig vollkommen fixierten »Wort Gottes« hineinzufühlen, das der absolute Bezugspunkt jeder religiösen Äußerung ist – von größerer Autorität als die Gestalt des Propheten Mohammed.

Aus dem Bereich des Christentums sei die besondere Beziehung zum Leiden und zur Schwachheit unter den Menschen genannt, die für die Glieder der anderen großen Religionen, vor allem für Moslems, nicht mitvollziehbar ist. Die im Weg Jesu bis zum Kreuzestod wurzelnde Einstellung zu Leiden und Schwachheit – daß diese Elemente menschlicher Existenz nicht Zeichen für Gottesferne sind, sondern daß sie zu Prüfsteinen menschlicher Lebensgestaltung werden, ja, daß Gott selbst sich im Leiden offenbart – muß für den Anhänger der Lehre Mohammeds, für den Allah der absolute, über allem Irdischen stehende Herr ist, ein ständiges Ärgernis bleiben. Aber auch für den (Theravada-)Buddhisten, der ein anderes Verhältnis zum Leiden hat als der Moslem – als einem zu dem Weg der Erleuchtung herausrufenden Kennzeichen menschlichen Daseins – wird mit der christlichen Weise des Sich-Einlassens auf Leid und Schwachheit immer seine Schwierigkeiten haben: daß das Arbeiten an den Leiden der Menschheit, das Heilen, das Helfen ein Zeichen der Herrschaft Gottes sein soll, wird ihm – der sich in solchem Tun nur neu in die Gesetze des Werdens und Vergehens eingespannt erführe – nicht begreifbar sein.

Bei diesen und anderen Beispielen dafür, daß die argumentative Verständigung über Religionsdifferenzen an ihre Grenze gerät, wird es nötig sein, zuerst einmal zu sehen, *wie* anders die Anderen sind. Es wird nötig sein, ihre Fremdheit wahrzunehmen, ihr nachzudenken, nachzuspüren, Achtung vor der Andersartigkeit anderer religiöser Erlebnisweisen zu gewinnen.

Hieraus ergibt sich auch eine an den Religionspädagogen gerichtete Warnung davor, die nichtchristlichen Religionen für den Unterricht voreilig operationalisierbar, »verfügbar« zu machen. Das gilt nicht nur für den Bereich der besonders schwer zu erfassenden religiösen Erlebnisweisen; auch die oben angedeuteten Ansätze zur interreligiösen Verständigung im Bereich theologischer Argumentation und emotionaler Hemmnisse setzen ein hohes Maß an Erkenntnis- und Abstraktionsvermögen voraus, deren unterrichtliche Vermittlung mit besonderer Sorgfalt bedacht werden müßte.

Es wird dabei besonders wichtig sein, daß der Glaube der Anderen nicht nur als Lehrgebäude, sondern in seinem sozialen, kulturellen und politischen Umfeld, in seinem Lebensvollzug in den Blick kommt. Und ausdrückliches Lernziel wird sein müssen, auch für die uns nicht verfüg-

baren Seinsweisen anderer Religiosität soweit als möglich Verständnis anzubahnen.
Auf diesem Weg wird den Schülern auch am ehesten die Begrenztheit der eigenen Religions-, Kultur- und Sozialwelt deutlich werden, was wiederum unerläßliche Voraussetzung für eine Vorurteils-überwindende Begegnung mit Andersglaubenden ist. Es sind dann aber auch die Eigenart, der Wert und die Chancen, die in der eigenen religiösen Tradition und Glaubenswelt liegen, besser zu erkennen und zu würdigen.

Dazu werden die für die jeweilige Altersstufe geeigneten Lernziele im Kontext der inhaltlichen, methodischen und medialen Möglichkeiten reflektiert und formuliert werden müssen.

2. Der Islam: Hingabe an den Willen Gottes[1]

Der Islam ist die »Nachbar-Religion« des Christentums, und zwar nicht nur in geographischer Hinsicht. Auf die gleichen Wurzeln jüdisch-prophetischer Tradition zurückgreifend, haben die beiden großen Glaubensgemeinschaften immer in unmittelbarer Grenznachbarschaft miteinander gelebt: in Konkurrenz, in gegenseitiger Bekämpfung, aber auch in Austausch und kultureller Befruchtung. Durch diese Nähe gibt es zwar eher vergleichbare Denkweisen in Christentum und Islam als in Beziehung zu den fernöstlichen Religionen; es gibt aber auch besonders viel an Vorurteilen, an Zerrbildern über das Glaubensleben der anderen, die eine unvoreingenommene Begegnung erschweren.

Wir kommen dem, was dem islamischen Glauben wesentlich ist, am ehesten auf die Spur, wenn wir einige wesentliche Merkmale aus dem Prozeß der Selbstfindung in den Blick nehmen, durch den der internationale Islam gegenwärtig geprägt ist. In diesen Prozeß gehört einmal die Bemühung um Emanzipation von westlich-christlicher Kultur, andererseits eine dezidierte Rückbesinnung auf die Wurzeln moslemischen Glaubens, aus denen neues Leben für die weltweite Glaubensgemeinschaft gezogen werden soll. Wir verstehen die Bedeutung dieser Vorgänge, wenn wir auf moslemische Stimmen neueren Datums hören; ergänzend aber müssen wir kurz Grundzüge der neueren Geschichte des Islam ins Auge fassen, da nur aus ihr die Bedeutung der gegenwärtigen Neukonstitution des Islam im internationalen Rahmen begreiflich wird[2].

---

[1] Die Umschrift arabischer Begriffe erfolgt (von Zitaten abgesehen) in gewöhnliche deutsche Schreibweise, um dem nicht religionswissenschaftlich vorgebildeten Leser die Lektüre zu erleichtern. Für die Selbstbezeichnung der islamischen Gläubigen werden dabei die beiden im Deutschen gebräuchlichen Wortformen – »Moslem« und »Muslim« (auf die arabische bzw. türkische Vokalisation des gleichen Wortes zurückgehend) – verwandt. Für das stimmhafte »s« im Arabischen wird gelegentlich (z.B. unten zum »Almosengeben« – »Zakat«) das »z« gebraucht.
Eine Einführung in die religionswissenschaftlich sonst übliche Umschrift nach den Regeln der Deutschen Morgenländischen Gesellschaft findet sich bei *R. Paret: Mohammed* und der Koran. Geschichte und Verkündigung des arabischen Propheten, 3. Aufl. Stuttgart (Kohlhammer) 1972 = Urban Taschenbücher 32, 8. Dort wird z.B. »ǧ« für das stimmhafte »dsch«, »š« für das stimmlose »sch« gebraucht.

[2] Voraussetzungen und Grundmerkmale der gegenwärtig im Islam sich vollziehenden Prozesse sind übersichtlich und umfassend dargestellt bei *P. Rondot:* Der *Islam* und die Mohammedaner (Anm. des Vf.: Korrekter als die Übersetzung »Mohammedaner« im Titel des Werkes wäre die Übersetzung »Moslems«) von *heute.* Die islamische Gesellschaft: gestern – heute – morgen, aus dem Französischen übertragen von M. A. v. Franz, Stuttgart

2.1 Eine Religion im Prozeß neuer Selbstfindung

2.1.1 Nassers Vision und die neuen zentral-islamischen Instanzen

An den Anfang soll ein Text gestellt werden, der eine religiös-politische Vision enthält. Er stammt aus der berühmten »Philosophie der Revolution« von Gamal Abdel Nasser[3] und dürfte repräsentativ sein für die seit den 50er Jahren sich neu mit dem Islam verbindenden Hoffnungen[4]. In dem Zitat werden Überlegungen wiedergegeben, die Nasser bei seinem Besuch der Kaaba – dem islamischen Zentralheiligtum in Mekka – angestellt hat; er denkt dabei nach über den Sinn der Wallfahrt, die zu den Hauptpflichten des gläubigen Moslem gehört:

»Als ich vor der Kaaba stand und meine Gedanken in jeden Teil der Welt wanderten, wohin sich der Islam ausgebreitet hatte, da überraschte ich mich beim Ausruf: ›Unsere Vorstellung von der Wallfahrt sollte sich ändern. Der Gang zur Kaaba sollte nicht als Einlaßschein zum Himmel nach einem langen Leben gelten. Er sollte auch nicht ein Mittel sein, um sich auf einfache Weise nach einem ereignisreichen Leben Ablaß zu erkaufen. Die Wallfahrt sollte zu einer großen politischen Macht werden. Die Weltpresse sollte sich ihr zuwenden und ihre Neuigkeiten verfolgen, nicht als eine Reihe von Ritualen und Traditionen zur genüßlichen Unterhaltung der Leser, sondern als ein regelmäßiger politischer Kongreß. Hier sollten die Führer der muslimischen Staaten, die Männer des öffentlichen Lebens, ihre Pioniere auf jedem Gebiet des Wissens, ihre Schriftsteller, ihre Industrieführer, ihre Kaufleute, ihre Jugend zu einem universalen islamischen Parlament zusammenkommen. Sie sollten mit aller Kraft gegen ihre Schwierigkeiten und gegen ihre Feinde ankämpfen. Sie sollten von einem neuen Leben träumen und fest daran glauben, daß sie ihren Platz unter der Sonne für ihr Leben beanspruchen müssen.‹«

Die gegen eine privatistische Engführung gerichtete Interpretation, die Nasser der Mekka-Wallfahrt gibt, ist nicht nur der Entwurf eines weitblickenden Staatsmannes. Hier kommt vielmehr die Vorstellung der Zusammengehörigkeit von Religion, Kultur und Politik zum Tragen, die dem Islam zutiefst innewohnt. Der islamische Glaube ist so »welt-bezo-

---

(Schwabenverlag) 1963. – Einen breiten Gesamtüberblick bietet neuerdings: Der *Islam in der Gegenwart.* Hg. v. W. Ende u. U. Steinbach unter red. Mitarbeit v. M. Ursinus. München (Beck) 1984.

[3] Es heißt, daß dabei der berühmte Journalist H. Heikal Nassers »ghost-writer« war, was aber der Bedeutung dieses Dokuments keinen Abbruch tut, da es seit 1952 zum Manifest der Nasseristischen Bewegung in der Arabischen Welt wurde (nach *P. Löffler: Islam vor den Problemen der Moderne* am Beispiel der arabischen Welt. EZW 1974. = Arbeitstexte 13,25).

[4] Text nach *S. G. Haim* (Hg.): *Arab Nationalism.* An Anthology, Berkeley, Los Angeles und London (University of California Press) 1962, 231 f. Übersetzung mit P. Löffler, Islam vor den Problemen der Moderne, 12.
Vgl. auch *F. R. Allemann* (Hg.): Die arabische Revolution. *Nasser über seine Politik.* Frankfurt (Ullstein-Tb. 610) 1958, bes. 55 f.

gen«, daß bei der Aufzählung der potentiellen Mitglieder des universalen islamischen Parlaments Politiker, Wissenschaftler, Industrielle, Kaufleute . . . genannt werden, *Theologen* aber nicht gesondert ausgewiesen werden müssen. An die Stelle einer theologischen Reminiszenz treten die islamischen Tugenden »ehrfürchtig, stark, frei von Habgier und doch rührig und dem Herrn gehorsam«[5]. Der Gedanke der politischen Einheit des Islam und der damit verbundenen universellen politischen Macht wird wenig später in dem Nasser-Text noch einmal auf das deutlichste beschworen:

»Wenn meine Gedanken zu den 80 Millionen Muslimen in Indonesien wandern und zu den 50 Millionen in China und zu den Millionen in Malaia, Siam, Burma und zu den 100 Millionen in Pakistan und zu den 100 Millionen und mehr im Mittleren Osten und den 40 Millionen in Rußland und noch zu weiteren Millionen in entfernten Teilen der Welt, und wenn ich mir die Vereinigung dieser Millionen in einem Glauben vorstelle, dann werde ich mir der gewaltigen Kraft voll bewußt, die eine Zusammenarbeit unter ihnen hervorbringen könnte. Diese Zusammenarbeit hebt nicht die Loyalität gegenüber ihren eigenen Ländern auf, aber sie garantiert ihnen und ihren Brüdern eine grenzenlose Macht.«[6]

Es hat weitere zwei Jahrzehnte gebraucht, bis sich die Vision Nassers dahingehend konkretisierte, daß sich zwar nicht bei einer Wallfahrt in Mekka, wohl aber in Lahore in Pakistan die islamische Zusammengehörigkeit in der Gipfelkonferenz mit 24 Staats- und Regierungschefs dokumentierte und in der Deklaration von Lahore ihren Ausdruck ganz im Sinne Nassers fand[7]. Wohl sind damit die Auseinandersetzungen zwischen rivalisierenden politischen Systemen im islamischen Raum nicht unterbunden (etwa zwischen dem sozial-revolutionären Regime in Syrien und der Feudalherrschaft in Saudi-Arabien), und auch Nationalitätenkonflikte flammen gelegentlich wieder auf (etwa zwischen Ägypten und Libyen), aber der Grundgedanke der religiös-politisch-kulturellen Zusammengehörigkeit ist doch so stark, daß er sich immer wieder auch konkret auswirkt: etwa in der in Lahore erreichten Aussöhnung zwischen Pakistan und Bangladesh, in der Forcierung der Entwicklungshilfe durch die reichen islamischen Staaten und in der Verstärkung der zentralen islamischen Instanzen, insbesondere der »Motamar Islami«, der »islamischen Konferenz«[8].

---

[5] Haim, Arab Nationalism, 231f.

[6] Ebd. Vgl. auch die Äußerungen Sadats, die Rondot, Islam heute 50f. wiedergibt. – Zur Situation des Islam speziell in Ägypten vgl. *M. Berger: Islam in Egypt Today*. Social und Political Aspects of Popular Religion, Cambridge (University Press) 1970. Zur Situation speziell in Indien und Pakistan: *A. Ahmad: Islamic Modernism in India and Pakistan* 1857–1964. Oxford (University Press) 1967.

[7] Siehe oben S. 22.

[8] Sie wurde in Folge der ersten Außenministerkonferenz der islamischen Staaten konsti-

Eine gewisse Eigendynamik hat der Krieg zwischen Iran und Irak entwickelt. Hier spielen wirtschaftlich-politische Faktoren und besonders der Selbstbehauptungswille der jungen »Islamischen Revolution« im Iran eine Rolle, die als erfolgreicher Bekämpfer des als dekadent erfahrenen westlich orientierten Schah-Regimes auf viele Menschen und besonders auf Jugendliche in der ganzen islamischen Welt Faszination ausübt, in ihrer weiteren Entwicklung allerdings auch viele abschreckt. Bei allen genannten Beispielen wirkt die Religion in Kultur, Wirtschaft und Politik in einer Direktheit hinein, die im christlichen Abendland so nicht selbstverständlich ist und nach deren Wurzeln zu fragen sein wird.

2.1.2 Der Aufstand gegen koloniale Demütigung

Der auf höchster politischer Ebene vorangetriebene Einheitsgedanke und das zuweilen etwas überschwenglich erscheinende Sendungsbewußtsein, mit dem überzeugte Moslems gegenwärtig ihren Glauben gegenüber dem »dekadenten« Westen und dem »atheistischen« Osten artikulieren, sind nur begreiflich vor dem Hintergrund, daß der Islam im 19. Jahrhundert und bis weit ins 20. Jahrhundert hinein als erstarrte Religion galt, die ihre Identität verloren hat. »Eingewickelt in die harten Bande des Koran, ist der Islam kraftlos . . ., sich auf die sich ändernden Umstände in Zeit und Ort einzustellen und mit dem Fortschritt der Gesellschaft . . . Schritt zu halten, geschweige denn ihn zu führen und zu lenken«, schrieb der christliche Orientalist William Muir in seinen »Annals of the Early Caliphate« als Resümee seiner geschichtlichen Betrachtung[9]. In der Tat hatte insbesondere der arabische Islam, der im frühen Mittelalter *der* Kulturträger der damals bekannten Welt gewesen war, infolge geistiger Abkapselung, vor allem im osmanischen Reich, keine Energien, sich dem kolonialen Zugriff der Völker des Abendlandes und dem Import westlicher Zivilisationsvorstellungen zu widersetzen[10]. Da aber, gerade im Vorderen Orient, die Religion in unmittelbarem Zusammenhang mit der politischen Herrschaft gesehen wurde, bedeutete der Niedergang des größten

---

tuiert, die 1972 in Dschidda stattfand, und hat als Organe die Konferenz der Könige, Staatsoberhäupter und Regierungschefs, die Konferenz der islamischen Außenminister und schließlich das »ständige islamische Sekretariat«. Dieses Sekretariat hat wiederum die vier Hauptabteilungen 1. Religion und Kultur, 2. Wirtschaft einschließlich »Islamische Entwicklungsbank«, 3. Politik und Kommunikation und 4. Diaspora (nach Abdullah/Mildenberger, Moslems 41 f.).

[9] *W. Muir: Annals of the early caliphate,* from original sources. London (Smith/Elder) 1883, 456 (Übersetzung vom Vf.).

[10] Siehe hierzu bes. *L. Gardet:* Der *Islam.* Der Christ in der Welt, Reihe XVII Bd. 4, Aschaffenburg (Pattloch) 1961,43 ff.

islamischen Staatswesens gleichzeitig eine starke Demütigung für das religiöse Selbstbewußtsein vieler Moslems.

Der Einheitsgedanke des Islam erfuhr seine stärkste Infragestellung mit der Abschaffung des Kalifats (in dem zumindest formal noch die einheitliche politisch-geistliche Leitung der moslemischen Welt repräsentiert war) 1924 durch die republikanische Türkei, die sich bewußt als »laizistischer« (nicht von Religionsgelehrten kontrollierter) Staat verstand und an vielen Stellen mit der religiösen Tradition brach: in der Rechtsprechung, im Erziehungswesen (lateinische Schrift . . .) und auch durch die Einschränkung religiöser Ordnungen und Bräuche im öffentlichen Leben.

Nach dieser weitgehenden politischen Ausschaltung des Islam muß der gegenwärtige Re-Islamisierungsprozeß um so erstaunlicher wirken: Die »Islam-Charta« von Dschidda (1972), durch die die »Motamar Islami« als Zentralinstanz des Weltislam eingesetzt wurde, ist von 30 Staaten, darunter von der Türkei und vom Iran (der nicht der sunnitischen Orthodoxie, sondern überwiegend der schiitischen Richtung angehört) unterzeichnet worden. Sie bewirkte also nicht nur eine gemeinsame politische Willensbildung, sondern zugleich die administrative Wiedervereinigung der beiden Hauptrichtungen des Islam. Die »Motamar Islami« ist dabei so angelegt, daß sie die Funktionen erfüllen kann, die früher der Kalif in seinem Amt vereinigte: sie soll die Richtlinien für die gemeinsame Religions-, Wirtschafts- und Kulturpolitik festlegen[11].

Neben dieser »Islamischen Konferenz« gibt es zwei weitere wichtige internationale islamische Vereinigungen: Der 1926 gegründete »Islamische Weltkongreß« ist die älteste der drei Organisationen. Er bemüht sich besonders um Muslime in der Diaspora, bietet sich als Dialogpartner auch für das Christentum an und hat einen ständigen Beobachter bei der UNO.

1962 wurde die »Liga der Islamischen Welt« mit Sitz in Mekka gegründet. Ihr Schwerpunkt liegt – bei insgesamt konservativer Ausrichtung – im religiösen und kulturellen Bereich: in der Verbreitung des Islam, der Förderung kultureller Einrichtungen und der Stärkung der Verbundenheit unter den Muslimen[12].

Wie konnte in so wenigen Jahrzehnten der Wandel von Erstarrung und Niedergang in einen so deutlichen Aufschwung vonstatten gehen? Es gibt dafür eine Reihe von Gründen, die z. T. eng mit dem inneren Wesen des Islam zusammenhängen:

1. Der Islam ist im Volksleben der Menschen des vorderen Orients offenbar tiefer verwurzelt, als es in den früheren westlichen Prognosen angenommen wurde.

---

[11] Abdullah/Mildenberger, Moslems 40f.

[12] *U. Steinbach:* Der *Islam* und die Krise des Nahen Ostens. Bonn (Bundeszentrale f. polit. Bildung, Berliner Freiheit 7, 5300 Bonn) 1982. = Informationen zur politischen Bildung 194, 25f.

2. Eng zusammen hängt damit, daß der Islam auch in den vergangenen Jahrhunderten, in denen das osmanische Reich weithin in sich gekehrt existierte, die Energien in sich trug, die zur friedlichen Verbreitung der Lehren Mohammeds in Indonesien und Afrika geführt haben; in beiden Regionen leben zusammengenommen weit mehr moslemische Gläubige als in den arabischen Stammländern[13].

3. Bereits im letzten Jahrhundert und um die Jahrhundertwende gaben zwei Reformer des Islam den Moslems unermüdlich Impulse zu einem neuen Selbstbewußtsein: der aus Persien stammende Dschamal ad-Din al-Afghani (1839–1897) und – als sein bester Schüler – der in Kairo tätige Mohammed Abduh (1849–1905)[14]: Während Dschamal ad-Din al-Afghani vor allem die Restitution des Islam als Weltmacht im Auge hat und dazu die Wiederbelebung des reinen, vernunftgemäßen prophetischen Glaubens propagiert[15], ist Mohammed Abduh bemüht, das Bild eines zeitgemäßen, wissenschaftlichen Herausforderungen entsprechenden und doch ganz in den Wurzeln des Koran ruhenden Islam zu entwerfen: Da der Koran die Vernunft als konstitutives Element des Offenbarten versteht, könne es zwischen Religion und Vernunft keinen Konflikt geben; treten Gegensätze zwischen koranischen Aussagen und heutiger Einsicht auf, so stammen sie entweder aus einer Mißinterpretation des im Koran Gemeinten oder aus einer Verunreinigung durch die spätere Tradition[16].

Vor allem die Lehren Mohammed Abduhs haben so nachhaltigen Einfluß ausgeübt, daß bei der gegenwärtigen Wiederbelebung der islamischen Einheit unmittelbar an seine Gedanken angeknüpft werden kann.

4. Erst an letzter Stelle sind die neueren politisch-wirtschaftlichen Faktoren zu nennen – als auslösendes Moment für die Neukonstitution islamischer Macht: die Befreiung aus kolonialer Bevormundung, die Existenz des Staates Israel und mit ihm verbunden des Zionismus als beständige Herausforderung zu einer einheitlichen islamischen Gegnerschaft und schließlich die neue wirtschaftliche Größe der arabischen Ölstaaten, die sich bereits als politisch wirksam erwiesen hat. – Die Erfahrung, daß eine einheitliche wirtschaftlich-politische Willensbildung selbst der geballten industriellen Kraft des Westens Zügel anzulegen vermag, hat den Gedanken beflügelt, daß der Islam *die* überlegene Religion sei und der dritten Welt als eigenständiger politischer Größe zu ihrer Identität verhelfen könne.

Dennoch haben die vergangenen Jahre gezeigt, daß es kurzschlüssig

---

[13] Siehe die Zahlen bei Gardet, Islam 5f.

[14] *H. v. Glasenapp:* Die fünf *Weltreligionen:* Brahmanismus, Buddhismus, chinesischer Universismus, Christentum, Islam, 3. Aufl. Düsseldorf und Köln (Diederichs) 1972, 335f.

[15] *A. Badawi:* Der *Islam in Ägypten* während der letzten hundert Jahre. In: R. Italiaander (Hg.): Die Herausforderung des Islam. Göttingen (Musterschmidt) 1965, 71–82, 73ff.

[16] A.a.O. 77ff. (vgl. Löffler, Islam vor den Problemen der Moderne, 4).

wäre anzunehmen, der Islam stünde vor einer ruhigen, harmonischen Entfaltung ohne große Auseinandersetzungen und Schwierigkeiten. Zu verschiedenartig sind die Kontexte, in denen sich der moslemische Glaube zu bewähren hat: Es bestehen nicht nur die Unterschiede zwischen den arabischen Stammländern des Islam einerseits und den ganz oder teilweise islamisierten Ländern in Indonesien, Pakistan/Bangladesh, Afrika andererseits; es gibt die besonders spektakuläre Entwicklung im schiitisch geprägten Iran; im von der Sowjetunion besetzten Afghanistan sind verschiedene islamische Richtungen das Rückgrat des Widerstandes; aber es leben auch in der Sowjetunion selbst große moslemische Bevölkerungsgruppen, die ganz dem dortigen Marxismus ausgesetzt sind; schließlich gibt es die »black muslims« in den USA und die moslemischen Gastarbeiter in Europa. Wie schwierig es ist, in diesem komplexen Erscheinungsfeld zu einer Einheit zu kommen, zeigt sich u.a. daran, daß es der »Islamischen Konferenz« trotz aller Bemühungen bisher weder gelungen ist, den iranisch-irakischen Krieg einem Ende zuzuführen noch im Libanon-Konflikt entscheidenden Einfluß zu nehmen.

Durch die Moslems in der Sowjetunion, in Europa und in Amerika sieht sich der Islam sozialisitischen und säkularen, aber auch christlichen Entwicklungsideen konfrontiert, die auch auf den Re-Islamisierungsprozeß in den traditionell islamischen Ländern zurückwirken.

2.1.3 Der Islam angesichts neuer säkularer Entwicklungen

Es zeigen sich vornehmlich drei Fragen: 1. Wie steht es um das Verhältnis des Islam zum Sozialismus? 2. Wie stellt er sich neuerem abendländischen Gedankengut? 3. Wie steht es – angesichts der neuen Herausforderungen – um das Verhältnis des Islam zu seinen eigenen Wurzeln?

Welche Tendenzen und Differenzen sich an diesen Punkten abzeichnen, kann hier nur mit einigen Streiflichtern beleuchtet werden.

1. Die Vorstellung, daß Islam und Sozialismus vereinbar sind, ja, daß der moslemische Glaube von seinen Ursprüngen her sozialistische Wirtschaftsformen geradezu erfordere, hat nahezu in allen islamischen Staaten Eingang gefunden, in denen nicht – wie in Marokko, Saudi-Arabien und Jordanien – monarchische Strukturen bestehen. Paul Löffler zeigt, im Gefolge von Wolfgang Ule, anhand von zwei Zitaten arabischer Intellektueller, wie unmittelbar vom Koran her argumentiert werden kann, es sei unzulässig, daß eine Klasse oder bestimmte Gruppen in der Gesellschaft sich des Reichtums dieser Gesellschaft bemächtigten und daß deswegen der Kampf gegen Ausbeutung geboten sei[17]. Auch die islamische Revolu-

[17] Löffler, Islam vor den Problemen der Moderne, 13. Original-Zitate bei *W. Ule:* Der

tion im Iran zählt zu ihren Errungenschaften viele Maßnahmen zu gerechterer Besitzverteilung und zur Privilegierung schwächerer Volksschichten[18]. In der Argumentation ist dabei vor allem ein aus der jüngeren Geschichte her verständlicher anti-imperialistischer Impetus zu spüren.

Andererseits trifft der zur marxistischen Ideologie gehörige Materialismus und Atheismus auf harte Ablehnung[19], da die Leugnung der Existenz Gottes (und zwar gerade des Schöpfer-Gottes) in islamischen Gebieten nahezu undenkbar ist.

Von daher wird der Sozialismus sowjetischer Prägung schwerlich Eingang in die genuin moslemischen Staaten finden; – in ihnen ist fast durchweg die kommunistische Partei verboten[20].

2. Was die Begegnung mit abendländischer Industrialisierung, Zivilisation und Säkularisation angeht, so hat man dem Islam zunächst wenig an Anpassungskraft zugetraut: weil seine religiösen Lebensäußerungen – z.B. die Befolgung der Hauptpflichten (Bekenntnis, Gebet, Almosen, Fasten, Wallfahrt) auf den ersten Blick äußerlich und formal wirken, weil alles Lernen im Islam mit dem Auswendiglernen von Koranversen ansetzt, und weil die Pflichten und Bräuche der Moslems wenig in eine moderne industrielle Umwelt zu passen scheinen. Und doch erweist sich auch hier das geläufige abendländische Vor-Urteil als zu vordergründig. Im Gefolge der Lehren von Mohammed Abduh ist es die feste Grundannahme der meisten islamischen Intellektuellen, daß zwischen der Koran-Offenbarung und moderner wissenschaftlicher Vernunft letztlich keine Konflikte entstehen können. Muhammad Asad – zum Islam übergetretener Österreicher – erläutert das in einem Gespräch mit Hans Zbinden[21]:

»Im Islam gibt es keinen Konflikt zwischen Glauben und Wissen, weil es eben keine Dogmen in ihm gibt, die von wissenschaftlichen Ergebnissen bedroht werden könnten. Der Islam hat kein Dogma, das sich auf physikalische, chemische, geographische oder biologische Belange erstreckt und deshalb schließt kein Ergebnis der wissenschaftlichen Forschung auch nur die geringste Gefahr für das religiöse Denken in sich. Ich möchte als Beispiel erwähnen, daß die Theorie der Evolution, die im Abendland ein Jahrhundert lang so viele Konflikte verursacht

---

arabische Sozialismus und der zeitgenössische Islam, dargestellt am Beispiel Ägyptens und des Irak. Opladen (C.W. Leske) 1969, 203f. Ule zeigt systematisch das enge Zusammenwirken von islamischer und sozialistischer Argumentation als Voraussetzung für die Eigenständigkeit des arabischen Sozialismus auf (69ff.).

[18] Die *Errungenschaften der islamischen Revolution* im Iran nach einem Jahr, hg. v. Generalkonsulat der Islamischen Republik Iran Hamburg (1980).

[19] Löffler ebd. Original-Zitat bei W. Ule, a.a.O. 206 (vgl. auch bei Ule 74ff.).

[20] Spiegel-Report Islam 17/1973, 113.

[21] *M. Asad/H. Zbinden: Abendland und Islam.* Ein einführendes Gespräch, in dies. (Hg.): *Islam und Abendland.* Begegnung zweier Welten. Eine Vortragsfolge. Olten und Freiburg i. Br. (Walter) 1960, 11–32, 23.

hat, in der islamischen Welt schon vor acht- oder neunhundert Jahren erwogen und nie vom religiösen Standpunkt aus ›verurteilt‹ worden ist.«

Asad knüpft hier an die große islamische Kulturepoche des frühen Mittelalters an, auf die bei der neueren Begegnung des Islam mit moderner Wissenschaft mit Bedacht zurückgegriffen wird.

Es fällt in dieser und anderen Äußerungen islamischer Denker unseres Jahrhunderts – z. B. auch bei dem bedeutenden Pakistani Sayid Abu-l-Ala Maudoodi – eine grundsätzlich optimistische Zukunftsschau auf, hinter der eine positivistische Anthropologie steht und die zusammengeht mit einer gewissen Fortschrittsgläubigkeit: Grundsätzlich sind für den, der Allah als Schöpfer anerkennt und sich als sein Werkzeug begreift, alle Probleme zu bewältigen.

Wenn der industrialisierte Westen an die Grenzen seines Wohlstandes und seines wirtschaftlichen Wachstums stößt, so sind das für den Moslem Erfahrungen, die den übersteigerten Kapitalismus und die Wohlstandsgläubigkeit der Amerikaner und Europäer in die notwendigen Schranken verweisen. Die Gefahren der Umwelt-Vergiftung und der Vermassung in den Industrie- und Wirtschaftszentren werden aber noch kaum als Bedrohung aufgefaßt, die bei fortschreitender wirtschaftlicher Dynamisierung auch vor dem islamischen Lebensraum nicht Halt machen. Zu fragen wäre, ob dies nicht ein Punkt ist, an dem die islamischen Mutterländer von den teils bedrückenden Erfahrungen lernen müßten, denen moslemische Arbeitnehmer in Mittel- und Westeuropa ausgesetzt sind: dem Verlust an Identität im mechanisierten Arbeitsprozeß, in unzureichenden Wohnverhältnissen, durch die Auflösung der auch für die religiöse Praxis fundamentalen Familien- und Sippenstrukturen . . .

3. Die positive und scheinbar fast problemlose Einbeziehung sozialistischer Vorstellungen, aber auch westlicher Wissenschaft und Technologie in das islamische Gedankengebäude hängt eng zusammen mit der Art und Weise, in der der Islam aus seinen eigenen Wurzeln lebt: Die Auffassung von der Verbalinspiration des Koran als des eigentlichen Fundaments der Religion ist so fest verankert, daß seine Gültigkeit für alle Zeiten und Situationen auch dann behauptet werden kann, wenn man deutliche Uminterpretationen (z. B. im Blick auf die massiven Paradiesvorstellungen) oder Neuentwicklungen (z. B. in der staatlichen Gesetzgebung) vornimmt[22].

Das im Vergleich zu anderen Religionen außergewöhnlich enge Verhältnis zur eigenen Vergangenheit ist von *M. Tworuschka* in ihrem Aufsatz zur *»Revitalisierung islamischer Wertvorstellungen in modernen arabischen Staatsverfassun-*

---

[22] Einen Überblick über neuere Koranauslegungen zu den wichtigsten Grundfragen des Islam bietet *J. M. S. Baljon: Modern Muslim Koran Interpretation* (1880–1960). Leiden (Brill) 1961.

gen«[23] schlüssig dargelegt worden: Begriffe wie Schura (Leitwort für Beratschlagung, »demokratisches« Prinzip), Umma (Leitwort für die überstaatliche islamische Gemeinschaft), Dschihad (als Kampf auf dem Wege Gottes Symbol des außenpolitischen Erfolges auf religiösem und politischem Gebiet) werden z.T. zusammen mit den Koranstellen, denen sie entnommen sind, in den modernen Staatsverfassungen zitiert.

M. Tworuschka weist darauf hin, daß das islamische Geschichtsbild ganz stark auf die Anfangszeit ausgerichtet ist: »Die ersten Jahrhunderte oder Jahrzehnte waren eine Blütezeit. Die Werte dieser Epoche besitzen einen doppelten Vorzug: Sie gehen auf die Autorität des Propheten oder seiner engsten Anhänger zurück, und mit Hilfe dieser Ideale wurde ein Weltreich erfolgreich erobert und verwaltet.«[24]

Daß hier mit der Entwicklung eines differenzierteren Geschichtsbewußtseins Probleme auftauchen können, wird nur von wenigen moslemischen Denkern wahrgenommen, die entweder selbst in der Diaspora unter Christen und Atheisten leben oder die sich lange Zeit hindurch bewußt mit westlichem Gedankengut auseinandergesetzt haben.

Ein Beispiel dafür ist der in Lyon lehrende Algerier Ali Merad. In einem Referat über die Bedeutung des Koran führt er aus:

»Die koranischen Weisungen sind in einer Sprache formuliert, deren Wortbilder und moralischer Inhalt sich auf die soziale und kulturelle Situation der arabischen Umwelt des 7. Jahrhunderts beziehen. In vielen Fällen ist der Sinn der Koranverse, wörtlich verstanden, schwer mit den ethischen Gedanken und sozialen Werten, die heutzutage vorherrschen, zu vereinbaren. . . .

(Zum Beispiel:) Besteht der Gehorsam gegenüber der Offenbarung ausschließlich darin, die Hand des Diebes abzuhauen? – Und wie, wenn es sich um einen Kleptomanen handelt? – Bedeutet es nicht in gleicher Weise Gehorsam gegenüber dem Willen Gottes, den Diebstahl zu verhindern, den Dieb zu bessern und im allgemeinen eine Art von Gesellschaft aufzubauen, in der Menschen weder materielle Not noch die Versuchung zu stehlen erfahren würden? . . .«[25]

Die historisch-kritische Sicht, die sich in diesem Zitat andeutet, ist noch ebenso vereinzelt wie der Versuch des muslimischen Religionssoziologen Hasan Askari aus Indien, die Verwendung des Islam als einer Fortschrittsideologie der dritten Welt in Frage zu stellen. In seinem Referat während der Tagung »Weltreligionen – Weltprobleme« im November 1971 in Arnoldshain/Taunus heißt es hierzu[26]:

---

[23] In: Der Religionswandel unserer Zeit im Spiegel der Religionswissenschaft, hg. von G. Stephenson, Darmstadt (Wiss. Buchgesellschaft) 1976, 152–167.

[24] A.a.O. 166.

[25] Löffler, Islam vor den Problemen der Moderne, 18.

[26] *H. Askari: Die Probleme der Welt aus der Sicht des Islam.* In: H. Schultze/W. Trutwin, Weltreligionen – Weltprobleme, 46–69, 58–60.

»Unter den Mohammedanern[27] besteht eine starke Tendenz, Glaube und Geschichte, Glaube und Welt miteinander zu verwechseln. Die Schlüsselbegriffe in diesem Zusammenhang sind ›Gemeinschaft‹ und ›Staat‹. Das Schicksal des Islams wird mit der geschichtlichen Karriere dieser Institutionen identifiziert. . . . Die Mohammedaner in Asien und Afrika sind eifrig daran interessiert, sich technisch und wirtschaftlich weiterzuentwickeln, und sie betrachten den Islam als eine stützende geistliche Kraft oder eine aufbauende sozio-ökonomische Ideologie, mit deren Hilfe sie ihre materiellen und geschichtlichen Ziele erreichen wollen, und vergessen dabei, daß der Islam viel mehr als das ist. Er ist eine Kraft, die den Menschen von der Endlichkeit seiner geschichtlichen Notwendigkeiten befreit. Zweitens wird der Mohammedaner durch die zur Macht führenden frühen Glaubenserfahrungen des Islam dazu verführt, den Glauben nach der Macht zu beurteilen. . . . Das hat eine zweifache Auswirkung: Im soziologischen Bereich wird der Islam mehr und mehr als eine Ideologie und ein System angesehen, als eine Antwort auf die heutigen säkularen Ideologien. . . . Die Welt als ganze, die Menschheit als ganze kommt in diesem Rahmen nicht vor. Das mohammedanische Denken wird damit unzeitgemäß. . . .

Es gibt Zeichen der Hoffnung bei solchen Mohammedanern, die entweder als Minderheiten leben oder bei anderen im Westen. Nur sie werden verhältnismäßig weniger betroffen sein von den erwähnten Konsequenzen. Ihnen wird es nicht in erster Linie um den Islam als Prinzip politischer Einheit unter den mohammedanischen Völkern oder um die ideologische Wirksamkeit des Islam beim Aufbau einer mohammedanischen Gesellschaft in einem mohammedanischen Land gehen. Ihr Anliegen wird es vielmehr sein, wie sie unter Nicht-Mohammedanern Mohammedaner sein können, wie sie den Islam zur gegenwärtigen Situation in Beziehung setzen können und wie sie sich mit Andersgläubigen gegenseitig bereichern können.«

Die hier von Askari vorgetragenen Anfragen dürften sich nicht ohne Schwierigkeiten dem gegenwärtigen Re-Islamisierungsprozeß einordnen lassen[28]; dabei zeichnet er die Konturen einer Koexistenz mit anderen Religionen, die den moslemischen Glauben zu einem echten Partner für den interreligiösen Austausch machen könnte.

2.1.4 Wege zum Dialog mit dem Christentum

Für einen ernsthaften Dialog mit dem Christentum wird es wesentlich sein, ob der Islam in seinem Prozeß neuer Selbstfindung religiösen Auf-

---

[27] Das Wort »Mohammedaner« hier und im folgenden ist eine schlechte Übersetzung; es sollte »Moslem/Moslems« heißen, da man sich im Islam bewußt nicht nach dem Religionsgründer (der nur Offenbarungsträger, nicht aber selbst Gottes Offenbarung ist) nennt; das Wort »Mohammedaner« ist eine ausgesprochen westlich-christliche Etikettierung.

[28] Daß auch von konservativer Seite aus die Ideologisierung des Islam heftig kritisiert werden kann, zeigt der Artikel von *H. Algar:* Zur *Frage des Säkularismus* in der islamischen Welt. In: Falaturi/Strolz, »Glauben an den einen Gott«, 130–156, bes. 143f.

fassungen wie denen von Merad und Askari Raum zu geben vermag, oder ob er der Versuchung einseitiger Ideologisierung nachgibt.

Momentan hat es den Anschein, als ob die Lehre Mohammeds noch in starkem Maße einer politisch-religiösen Blockbildung dienen muß, was die Möglichkeiten eines unbelasteten Gesprächs mit anderen Glaubensgemeinschaften erschweren dürfte. So ist es eine deutliche Begleiterscheinung des Re-Islamisierungsprozesses, daß die Wirkungsmöglichkeiten der christlichen Missionen in Ländern mit islamischen Regierungen (bes. etwa in Pakistan) sehr eingeschränkt wurden und daß sich auch das Klima zwischen den Religionsgemeinschaften in Ländern mit islamischen Mehrheiten und christlichen Minderheiten abgekühlt hat[29]. In diesen Zusammenhang gehört auch, daß die Konferenz der islamischen Rechtsschulen, Konfessionen und Organisationen des Islam im Mai 1974 in Mekka die in Pakistan entstandene Ahmadiyya-Muslim-Bewegung[30], die an vielen Stellen in Europa erste islamische Positionen aufgebaut hat, aus der Gemeinschaft des Weltislam ausgestoßen hat. Demgegenüber werden die Ausgaben für die orthodoxe islamische Mission (in einer Religion, die traditionell *keine* organisierte Mission kennt wie das Christentum) mit Hilfe der islamischen Entwicklungsbank stark erhöht und zugleich die Missionsorganisationen mit ihren Zentren in Kairo, Libyen und Medina aktiviert[31].

Auf der anderen Seite gibt es deutliche Signale für eine neue Gesprächsbereitschaft des Islam gegenüber dem Christentum auf höchster Ebene. Vorbereitet ist dies Angebot durch die Deklaration der Moslem-Gipfelkonferenz 1974 in Lahore. In der dort verabschiedeten Resolution (Art. III/7) werden die konstruktiven Bemühungen der Kirchen in der Palästina-Frage gewürdigt[32], und nur unter dem Einfluß dieser Würdigung ist es zu verstehen, daß der Generalsekretär des »Islamischen Weltkongresses«, Sayyid Inamullah, einen Monat nach der Gipfelkonferenz in einer Erklärung betonte, daß freundschaftliche Beziehungen zu den christlichen Kirchen in aller Welt »nach wie vor« ein wichtiger Bestandteil der Politik des »Islamischen Weltkongreß« seien, da die Christen als »Volk der Schrift« den Moslems näher stünden als die Anhänger anderer Glaubensgemeinschaften. Der Kongreß erblicke in der Tätigkeit der christlichen Kirchen in der Welt auch keine Gefahr für den Islam, sondern eine Ergänzung seiner eigenen Bemühungen um mehr Menschlichkeit in unse-

[29] Abdullah/Mildenberger, Moslems, 45.

[30] Sie ist eine islamische Missionsbewegung, deren Gründer Mirza Ghulam Ahmed 1889 mit dem Anspruch hervortrat, der Mahdi und wiederkehrende Jesus zu sein und die Aufgabe zu haben, die Menschheit religiös zu einigen (nach Glasenapp, Weltreligionen 355).

[31] *H. Gstrein:* Der heilige *Ölkrieg*. Vormarsch des Islam in Afrika. Evangelische Kommentare 9/1975, 544 f.

[32] Eid, Islamische Einheit, 493.

rer Zeit. Die wirksamste Antwort auf die Herausforderung des religiösen Menschen sei eine feste und gesunde Allianz zwischen Moslems und Christen[33].

Die Impulse, die sich hier abzeichnen, sind wiederum nicht zu verstehen ohne die Präsenz von Delegierten des Diaspora-Islam in Europa und Amerika in den internationalen moslemischen Organisationen. Von ihrem Einfluß wird es mit abhängen, ob die weitere Entwicklung im Re-Islamisierungsprozeß sich stärker in der Weise einer Blockbildung vollzieht[34], oder ob ein größeres Toleranzverhalten auch in Ländern mit islamischer Herrschaft neue Chancen erhält. Das aber bedeutet, daß auch das Verhalten der Kirchen den islamischen Minderheiten in Europa und Amerika gegenüber in neuer Weise in das Blickfeld des internationalen Islam gerät, und diese Erkenntnis wiederum dürfte nicht ohne inhaltliche und didaktische Konsequenzen für in christlicher Verantwortung gestaltete religiöse Bildungsangebote bleiben.

Diese internationalen Wechselwirkungen müssen bedacht werden, wenn man sich in christlicher Religionsdidaktik dem Feld »nichtchristliche Religionen« zuwendet; dazu gehört 1. ein bewußtes Aufarbeiten der theologischen Positionen, aber auch der Ressentiments, die es gerade dem Islam gegenüber gibt. Es muß 2. versucht werden, in unserem Kulturraum Verständnis für den Selbstfindungsprozeß des gegenwärtigen Islam, der auch ein »Aufstand aus verwundetem Stolz« ist[35], zu eröffnen. In besonderem Maße aber gehört dazu 3. die Bemühung, die Gestalt des gegenwärtigen Islam, seine Strukturen und die religiösen Erfahrungsweisen, die sich in ihm manifestieren, aus seinen Wurzeln heraus einsichtig zu machen; denn die Bezogenheit des moslemischen Glaubens auf seine geschichtlichen Ursprünge – auf Leben und Wirken Mohammeds, auf die ruhmreiche Expansion in den ersten Jahrhunderten, vor allem aber auf den im Koran Schrift gewordenen Willen Gottes – kommt in allen seinen neueren Lebensäußerungen ungebrochen zum Ausdruck. Das bedeutet nicht, sich in allen Punkten von vornherein auf positive Urteile dem Islam gegenüber festzulegen, bedingt aber den Abbau vordergründiger Vorurteile, mit denen man sich den Zugang zu den religiösen Erlebnisweisen der Menschen anderen Glaubens von vornherein verschließt.

---

[33] Abdullah, Islam-Gipfel, 41. Der »Islamische Weltkongreß« ist am ehesten vergleichbar mit dem Ökumenischen Rat der Kirchen. In ihm sind Gelehrte und Würdenträger aus allen islamischen Konfessionen zusammen mit Vertretern der weltweiten Diaspora vertreten; er stellt auch die Vertretung des Islam bei den Vereinten Nationen (nach Abdullah/Mildenberger, Moslems, 42f.).

[34] Dieser Prozeß der Blockbildung wäre derjenigen im Ostblock durchaus nicht unvergleichbar: Gesprächsangebote nach »außen«, aber ideologische »Reinhaltung« und Verfestigung im Innern.

[35] Gardet, Islam, 141.

2.2 Das Fundament des Islam

»Als der Gründer des Islams, Mohammed, im Jahre 632 starb, war er politisch der Herr eines beträchtlichen Teiles der arabischen Halbinsel, war er zugleich für den größten Teil der Bewohner dieses Gebietes der Gesandte Gottes, der Prophet einer neuen Religion, und die Zahl derer, die ihn dafür hielten, wuchs von Tag zu Tag.

Damit war Mohammed gelungen, was den Stiftern aller anderen Weltreligionen versagt blieb. Buddha starb zwar eines natürlichen Todes, aber von einer politischen Machtstellung, die er besaß, konnte keine Rede sein. Jesus Christus starb am Kreuz und Mani in einem persischen Gefängnis.«[36]

Dieses ruhmreiche Ende des Propheten ist mehr als nur ein historischer Zufall, so sehr auch bestimmte historische und kulturelle Konstellationen für ihn arbeiteten. Es spiegelt vielmehr wesentliche Elemente der Lehre und des Selbstverständnisses Mohammeds, daß er zwischen seiner Funktion als Gottesgesandter und der Ausübung politischer Herrschaft keinen Bruch sah, daß vielmehr sein politischer und militärischer Erfolg als Bestätigung seiner Sendung gelten konnten.

Für Christen protestantischer Herkunft ist dies ein nicht leicht zu begreifendes Moment; und vieles, was bei uns an emotionalen Hemmnissen gegen den Islam vorhanden ist, wird aus der im Protestantismus (besonders im Luthertum) eingewurzelten Abneigung gegen die Teilnahme frommer Menschen am irdischen Machtgeschehen resultieren.

So konnte eine Kommilitonin, die über Mohammeds Biographie zu referieren hatte, urteilen: »Zwischen Mohammeds Leben und Lehre besteht eine so auffallende Diskrepanz für uns Abendländer, daß es uns selbst bei Kenntnis der Voraussetzungen schwerfällt, sie auf halbwegs befriedigende Weise auf einen Nenner zu bringen.«[37]

Es wird zu fragen sein: Besteht eine solche Diskrepanz wirklich, gerade, wenn man die zeit- und religionsgeschichtlichen Hintergründe genauer zur Kenntnis nimmt? Ist die in solchen Urteilen implizierte Vorstellung von dem, was »Religion« und »religiös« ist, nicht doch sehr einseitig von dem eigenen religiösen Erfahrungshorizont her bestimmt? – Es zeigt sich erneut die Notwendigkeit, die Fremdheit und Andersartigkeit der anderen Religion von ihrem Herkommen, von den Bedingungen ihres

---

[36] *B. Spuler: Tradition und Moderne im Islam.* In: Geschichte des Islam. Wiesbaden und Breklum (Ev. Mission in Oberägypten/Christian Jensen Verl.) 1971, 6–21, 6 = *Christentum und Islam,* hg. im Auftrage des Orientdienstes von W. Höpfner, H. 2.

[37] Zitat aus einem Referat, das in einem vom Vf. geleiteten Seminar zum Thema »Fremdreligionen im Unterricht am Beispiel des Islam« im Wintersemester 1973/74 an der Pädagogischen Hochschule Niedersachsen, Abt. Lüneburg, gehalten wurde.

Entstehens, von ihren Anliegen her zuerst einmal möglichst umfassend wahrzunehmen, um ihr wenigstens in Annäherungen gerecht zu werden[38].

2.2.1 *Zeit- und religionsgeschichtliche Hintergründe zum Auftreten Mohammeds*

Erscheint schon im vordergründigen Vergleich mit anderen Religionsstiftern der unmittelbare Erfolg des Wirkens Mohammeds als außergewöhnlich groß, so muß die Ausstrahlungskraft seiner Lehre noch mehr erstaunen, wenn man den Umkreis seines Auftretens näher ins Auge faßt.

1. Geographische Lage und Lebensverhältnisse der arabischen Halbinsel

Die arabische Halbinsel war (und ist in vielem noch heute) ein von ihrer Umwelt abgeschlossenes, weitgehend isoliertes Gebilde. Am ehesten zu erreichen sind die Hafenstädte Dschidda und Aden, leichter jedenfalls als etwa von Syrien aus die ersten größeren Oasenstädte jenseits des Wüstengürtels[39]. In diesem Land, das eigentlich in einem »toten Winkel« lag und an dem bis zur Zeit der Ausbreitung des Islam auch die große Geschichte

---

[38] Die Darstellung in den Abschnitten 2.2.1 und 2.2.2 folgt im wesentlichen der gegenwärtig maßgeblichen Biographie von *Rudi Paret: Mohammed* und der Koran. Geschichte und Verkündigung des arabischen Propheten, 3. Aufl. Stuttgart (Kohlhammer) 1972 = Urban-Taschenbücher 32.
Paret greift dabei besonders auf folgende Darstellungen zurück, die er selbst (154 f.) dankend erwähnt: die von ständigem, gründlich-kritischem Umgang mit den Quellen geprägte Darstellung von *F. Buhl:* Das *Leben Mohammeds*, deutsch von H. Schäder (aus dem Dänischen). Leipzig 1930, Nachdruck Heidelberg (Quelle & Meyer) 1955, sowie das Werk von *T. Andrae: Mohammed*, sein Leben und sein Glaube (aus dem Schwedischen), Göttingen (Vandenhoeck & Ruprecht) 1932, das sich durch ein reflektiertes Eingehen auf die religionspsychologische Problematik auszeichnet. – Zu nennen sind weiterhin die gründlichen Untersuchungen von *W. M. Watt: Muhammad at Mecca.* Oxford (Clarendon Press) 1953 und *(ders.): Muhammad at Medina.* Oxford (Clarendon Press) 1956. – Zur geistesgeschichtlichen Einordnung Mohammeds und der arabischen Halbinsel sei insbesondere verwiesen auf das 1975 in Deutsch erschienene Buch von *M. Rodinson: Mohammed*, aus dem Französischen übertragen von G. Meister. Luzern und Frankfurt (Bucher) 1975 (erste franz. Ausgabe 1961).
Zum ganzen s. auch *A.-Th. Khoury:* Einführung in die *Grundlagen des Islam.* Graz (Styria) 1981². = Islam und westliche Welt 3. Khoury entfaltet den Weg Mohammeds besonders systematisch in ständigem Bezug zur Gesamtheit der koranischen Offenbarungen.

[39] Paret, Mohammed, 9.

vorbeigegangen war, herrschten Lebensverhältnisse, die eng mit den landschaftlichen Eigenarten verbunden sind[40].

Das Land bot im wesentlichen nur den nomadenhaft lebenden Beduinen Platz; einzig in den wenigen städtischen Gemeinschaften gab es auch Kaufleute. Die beduinische Lebensform aber ist von ganz eigenen sozialen Gesetzmäßigkeiten geprägt, die auch im Leben Mohammeds zum Tragen kommen. Ihr entscheidendes Kennzeichen ist das Leben in der Sippe. Da das Solidaritätsgefühl einer ortsfesten Wohngemeinschaft unter Beduinen überhaupt nicht aufkommen kann, bilden Sippe und Stamm (als die übergeordnete Größe) für jede Art von menschlicher Existenz den einzig möglichen Rahmen. In ihnen findet der Einzelne Schutz, da außerhalb des Stammesbereichs grundsätzlich Kriegszustand oder allenfalls Waffenstillstand herrscht. »Die arabischen Beduinen betrachteten es von jeher als erlaubt, ja als ehrenhaft und lobenswert, einen fremden Stamm zu überfallen und ihm mit Waffengewalt möglichst viel an beweglicher Habe abzunehmen.«[41]

Es gab allerdings bestimmte Beschränkungen für die grundsätzliche Fehdebereitschaft der arabischen Stämme: 1. Vier Monate im Jahr galten für ganz Innerarabien als heilig (der 11.–1. und der 7.). In einem festgelegten Bezirk um die Kultorte war auch im übrigen Jahr jede Gewaltanwendung verboten (was einer Stadt wie Mekka – seit alters schon heiliger Kultort – den unschätzbaren Vorteil einbrachte, von ständigem Frieden umgeben zu sein). 2. Durch das Gesetz der Gastfreundschaft erhielten Einzelpersonen, die sich außerhalb des Stammes befanden, wenigstens für kurze Zeit Schutz vor Angriffen und Ausplünderungen. – Wichtig für das Leben Mohammeds ist vor allem der Brauch, daß einzelne Außenseiter oder kleine Splittergruppen auch aus dem eigenen Stamm überhaupt ausscheiden und als Schutzbefohlene bei einem mächtigen Nachbarstamm Anschluß finden konnten. Um eben diesen Vorgang handelte es sich bei der berühmten Hedschra – der Umsiedlung des Propheten Mohammed von Mekka nach Medina im Jahr 622 n. Chr.[42]. 3. Schließlich gab es noch die Möglichkeit der »Waffenstillstandsabkommen« oder des Zusammenschlusses mehrerer Stämme, die den Schutzraum für den Einzelnen und auch für größere geographische Räume wesentlich erhöhen konnten.

Diese Gesetzmäßigkeiten im Leben der Sippen und Stämme Arabiens haben ethische Konsequenzen, die abendländischen Vorstellungen z.T. strikt zuwider laufen, die man aber sehen muß, wenn man sich etwa an dem Kriegerischen im

---

[40] Zum folgenden a.a.O. 23ff.

[41] A.a.O. 24. Dabei wurde allerdings Blutvergießen möglichst vermieden, da bei jeder Tötung der Automatismus der Blutrache eintrat, der immer die Sippen als ganze traf.

[42] A.a.O. 25ff.

Auftreten Mohammeds stößt. So galt es eben nicht als Verbrechen, wenn man im Rahmen der Blutrache einen Totschlag beging; sondern wenn man einen Sippenangehörigen rächte, rettete man die Ehre der Sippe. Umgekehrt beging man ein von allen geächtetes Unrecht, wenn man einem Fremdling, der unter das Gesetz der Gastfreundschaft fiel, auch nur das Geringste fortnahm.

Nun war ja Mohammed von Geburt her Städter. Doch spiegelte sich die beduinische Lebensform auch im Gefüge der arabischen Städte wider: Auch in ihnen war der Einzelne in erster Linie an seine Sippe und darüberhinaus an seinen Stamm gebunden[43]. Dabei stellte Mohammeds Geburtsstadt Mekka insofern einen Sonderfall dar, als in ihr alle Sippen zu *einem* Stamm – dem Stamm der Kuraisch – gehörten. Die Sippen und Geschlechter dieses Stammes wiesen starke Unterschiede auf – in Größe, Ansehen, Vermögen; aber insgesamt konnte diese Stadt durch ihre besondere Stammesstruktur einheitlicher handeln als andere Städte; sie hat es u. a. auch deshalb zu besonderem Wohlstand gebracht[44].

Anders lagen die Verhältnisse in Medina: Neben den heidnisch-arabischen Stämmen Aus und Chasradsch (die sich nicht miteinander einigen konnten) gab es dort große jüdische Kolonien. Es fehlte eine einheitliche Führung, wodurch es immer wieder zu Fehden in der Stadt kam. Das ist nicht ohne Belang für das Auftreten Mohammeds in Medina, der bald nach seinem Auszug aus Mekka in Medina die entscheidende Führerrolle übernehmen konnte[45].

Wie ausgeprägt auch in der Stadt der Zusammenhalt der Sippen war, zeigt sich z. B. daran, daß Mohammed, der anfangs bei seinen heidnischen Stammesgenossen in Mekka auf Ablehnung stieß, in seiner Sippe – den Banu Haschim – Schutz und Rückhalt fand, obwohl auch die Mehrzahl seiner Sippenangehörigen zunächst nicht für seine Botschaft gewonnen werden konnte[46].

So wichtig nun die Kenntnis der Lebensbedingungen und -formen im Arabien Mohammeds für das Verständnis seiner anfänglichen Schwierigkeiten und späteren Erfolge, aber auch für viele Elemente seiner Botschaft ist, so muß doch beachtet werden, daß am Anfang seines prophetischen Auftretens ein Berufungserlebnis steht, das einen genuin theologischen Inhalt hat und das primär gegen die *Religiosität* seiner heidnisch-arabischen Umwelt gerichtet ist.

Wie aber stellt sich die Religiosität dar, in der auch Mohammed aufwuchs?

---

[43] A. a. O. 25.

[44] A. a. O. 26. Geleitet wurde das Gemeinwesen von einer Art Ältestengremium, das die einzelnen Geschlechter vertrat, im Rathaus tagte und die Belange der Öffentlichkeit auf Grund gemeinsamer Beratschlagung regelte (a a. O. 30).

[45] A. a. O. 26; 31.

[46] A. a. O. 26.

2. *Einheimische Religion vor Mohammeds Auftreten*

Wegen der schwierigen Quellenlage – außer den Angaben im Koran selbst liegt nur wenig an Inschriften- und Nachrichtenmaterial vor[47] – lassen sich hier nur bestimmte Grundzüge darstellen, die aber doch einigen Aufschluß geben über die Situation, in die hinein Mohammeds Offenbarungen trafen[48]:

Es herrschte Polytheismus, wobei entsprechend der Stämmestruktur bestimmte Gottheiten von einzelnen Stämmen besonders verehrt wurden. Ihren Sitz hatten sie häufig an einem bestimmten Ort – einem Baum, einem besonders gestalteten Felsblock oder auch einem Stein. Das bekannteste Beispiel dafür ist die Kaaba in Mekka mit dem in der Außenwand eingemauerten heiligen schwarzen Stein; bis zu Mohammeds Zeit befand sich in ihr eine Fülle von Götterbildern.

Zwar hatte sich auch vor Mohammed schon die Vorstellung von einem obersten Gott, der mit dem semitischen Gattungsbegriff für Gott – »al-ilah« oder in Kurzform »allah« – bezeichnet wurde, verbreitet. Doch stand das nicht in Widerspruch zu dem ebenfalls noch herrschenden Polytheismus[49].

Eine besondere Rolle spielten weiterhin die Pilgerfahrten zur Kaaba nach Mekka; Mohammed hat an diesem Punkt keinen Anlaß gesehen, mit der Tradition zu brechen; er hat sie nur leicht gewandelt und mit monotheistischem Inhalt versehen. – Mit den Pilgerfahrten waren Jahrmärkte oder Messen verbunden. Sie konnten unter dem Schutz des Gottesfriedens in aller Ruhe aufgesucht und abgehalten werden und förderten damit auch den Wohlstand der Stadt Mekka[50].

Im Blick auf die altarabischen Religionsformen stellt sich auch die Frage, ob es schon vor Mohammed irgendwelche Formen von Prophetie in Arabien gegeben hat. – Aus dem Koran wissen wir, daß Mohammed von seinen heidnischen Gegnern nachgesagt wurde, er sei von einem »Geist« (Dschinn) besessen. Als mit Beziehung zu »Geistern« versehen galten im damaligen Arabien sowohl »Dichter« als auch Wahrsager; man

---

[47] A.a.O. 14f. und die Literaturangaben 156.

[48] Das folgende nach a.a.O. 14ff. – Paret greift hier zurück auf die Arbeiten von *J. Wellhausen: Reste arabischen Heidentums,* gesammelt und erläutert, 3. Aufl. Berlin (de Gruyter) 1961 (1. Aufl, 1887); *R. Klinke-Rosenberger: Das Götzenbuch* (Kitâb al-Aṣnâm) des Ibn al-Kalbî. Leipzig (Harrassowitz) 1941 (Übersetzung und Einleitung der einzigen erhaltenen, erst in unserem Jahrhundert wieder aufgefundenen islamischen Monographie über den vorislamischen Götterglauben in Arabien); *G. Ryckmans: Les Religions Arabes préislamiques.* Louvain/Leuven (Publications Universitaires) 2. ed. 1951 = Bibliothèque du Muséon, Vol. 26.

[49] Vgl. hierzu *L. Gardet,* Art. *»Allah«.* The Encyclopaedia of Islam, New Edition, Leiden und London (Brill/Luzac) 1960ff., Bd. I 406–417, 406.

[50] Paret, Mohammed, 20.

traute den Schmähgedichten eines Dichters ebenso reale Wirkungskraft zu, wie man die »Wahrsager« oder »Seher« als inspiriert ansah und sie deshalb in wichtigen Stammesangelegenheiten zu Rate zog[51]. – Nun war nach Mohammeds Auffassung das Wesen, das ihm seine Eingebungen vermittelte, nicht irgendein »Geist«, sondern ein Angehöriger der Engelwelt, ein »edler Gesandter«[52]. Immerhin muß aber auffallen, daß Mohammed in den ältesten Stücken des Koran die gleiche Reimprosa verwendet, in die auch die Wahrsager ihre Sprüche einzukleiden pflegten[53]; hier zeigt sich, wie Mohammed zumindest formal an die prophetischen Institutionen seiner Umwelt anknüpft, um dann allerdings auch im Stil seiner Offenbarungssprüche zunehmend eigenständiger zu werden.

Der Weg Mohammeds ist schließlich nicht zu verstehen ohne den Einfluß von Judentum und Christentum im damaligen Arabien.

3. Judentum und Christentum im Arabien Mohammeds

Der Einfluß dieser beiden Religionsgemeinschaften hatte bereits vor Mohammeds Auftreten den Trend zum Monotheismus in Arabien verstärkt. Wichtiger aber sind sie für Mohammed noch deshalb, weil sie »heilige Schriften« besaßen und Mohammed an die in diesen Schriften enthaltenen Offenbarungen unmittelbar anknüpfen will, ja sich selbst als den Bringer der abschließenden Offenbarung versteht, der die früheren Offenbarungen, die den Juden und Christen als den »Schriftbesitzern« zuteil geworden sind, zur Vollendung bringt.

---

[51] A. a. O. 21 f.

[52] A. a. O. 21 unter Verweis auf Sure 81, 19; 69,40 des Koran. Hier und im folgenden wird auf die wissenschaftliche *Koran*-Übersetzung von *Rudi Paret* zurückgegriffen, die 1962 bei Kohlhammer/Stuttgart (1971) erschien; (Taschenausgabe ebd. 1980[2]); im gleichen Verlag wurde als 2. Band ein *Kommentar* samt *Konkordanz* zum Koran (vom gleichen Verfasser) verlegt (Taschenbuchausgabe ebd. 1980); diese Übersetzung wird auch bei Zitaten aus dem Koran zugrunde gelegt. Es wird aber ergänzend dazu die Stellenangabe der bei Reclam/Stuttgart erschienenen Koran-Übersetzung von *Max Henning* (1901) beigefügt. Sie ist insgesamt wissenschaftlich hinreichend zuverlässig und leichter zu lesen als die sehr philologisch orientierte Übersetzung Parets; in jedem Fall ist sie besser als die in der Reihe der Goldmann-Gelbe-Taschenbücher 521–522/München herausgegebene Übersetzung von Ullmann/Winter (1959).

[53] Paret, Mohammed, 22. Paret gibt dazu folgende Erläuterung (a. a. O. 22f.): »Die Rede erfolgt in der zweiten Person, denn der eigentliche Sprecher ist das Geistwesen, während der Wahrsager (ebenso wie Mohammed im Koran) angesprochen wird. Ganz besonders ist die Tatsache zu beachten, daß der Kāhin seinen Wahrspruch mit auffallenden Eiden beteuert, indem er etwa bei Himmel und Erde, bei den Gestirnen, bei Licht und Finsternis, bei bestimmten Tieren oder Pflanzen schwört. Denn mit eben solchen auffallenden, uns zum Teil kaum verständlichen Schwüren hat Mohammed einige seiner frühesten Verkündigungen eingeleitet.«

Zur Zeit Mohammeds bestanden jüdische Siedlungen in verschiedenen Städten Arabiens. Besonders groß war die jüdische Kolonie in Medina. Hier machten die Juden etwa die Hälfte der gesamten Einwohnerschaft aus. Dieser Tatbestand ist nicht nur deshalb von Bedeutung, weil er eine wichtige Quelle für Mohammeds Kenntnis des Judentums belegt, sondern auch deshalb, weil die Haltung des Judentums in Medina für Mohammeds Gesamteinstellung gegenüber dem Judentum entscheidend wurde. Die Neutralität des Judentums in den Kämpfen, die Mohammed zu bestehen hatte, spiegelte nur wider, daß sich die Juden insgesamt deutlich von der Botschaft des Propheten distanzierten, und darin lag eine der größten Enttäuschungen für Mohammed, nachdem er auf das Judentum in Medina mit größten Erwartungen zugegangen war[54].

Eine insgesamt noch positivere Wertung als das Judentum erhält deshalb im Koran auch das Christentum. Mohammed hat ihm nicht (wie dem Judentum in Medina) als einem politisch-religiösen Block gegenübergestanden, sondern vor allem Christen kennengelernt, die ihn durch ihre Demut[55] und durch ihre Frömmigkeit beeindruckten. Von dem Beispiel christlicher Mönche und Einsiedler sind wohl insbesondere die Gebetsübungen – mit den Verneigungen und Niederwerfungen – und das Verlesen heiliger Texte im Islam beeinflußt.

Über die Lehren des Christentums war Mohammed nur ausschnitthaft und wenig authentisch informiert. Die christliche Missionstätigkeit war mit größerer Intensität nur in den Randgebieten Arabiens – von Syrien/Palästina und dem Zweistromland einerseits, von Abessinien im Südwesten zum Jemen hinüber andererseits – vorangetrieben worden. Dabei waren vom Norden her das monophysitische und das nestorianische Bekenntnis einflußreicher als die byzantinische Orthodoxie[56]. Nur im

---

[54] Zwar waren auch die jüdischen Siedlungsgruppen in Arabien stammesmäßig gegliedert und durch die beduinisch-arabische Lebensform stark beeinflußt. Doch gehörten sie durchweg zur seßhaften Bevölkerung; vor allem aber bewahrten sie bewußt die Eigenheiten ihrer Religion: mit ihrer heiligen Schrift, der Thora, die nicht ins Arabische übersetzt, sondern in ihrer Originalsprache verlesen wurde; mit ihrem besonderen Gottesverhältnis, das sie dem erwählten Volk zurechnete. Andererseits werden auch manche jüdischen Gedanken die Umwelt mit beeinflußt haben – etwa die im Judentum der hellenistischen Zeit aufgekommenen Endzeitvorstellungen, aber auch der Messiasgedanke. Insgesamt hatte sich die arabische Umwelt an die Existenz und die Besonderheit des Judentums in ihrer Mitte gewöhnt und so etwas wie Toleranz ihm gegenüber entwickelt (zu den »Jüdischen Kolonien« siehe Paret, Mohammed, 10ff.).

[55] Sure 5,82/85.

[56] Die Nestorianer führen sich auf Nestorius (antiochenischer Theologe und 428–431 Erzbischof von Konstantinopel) zurück, der sich gegen eine zu einseitige Vergöttlichung Jesu wandte, indem er Maria als »Christusgebärerin«, nicht aber als »Gottesgebärerin« bezeichnete. 431 wurde er auf dem Konzil von Ephesus verurteilt. Die Nestorianer wurden zur vorherrschenden Kirche in Persien und zur größten Missionskirche des Mittelalters überhaupt (bis nach Innerasien hinein).

Gefolge dieses Einflusses ist es zu verstehen, daß Mohammed mit solchen sektiererischen Anschauungen in Berührung gekommen war wie denen, Jesus sei nicht in eigener Person (sondern ein ihm ähnlicher) gekreuzigt worden[57]; auch wird im Koran die christliche Trinitätslehre nicht auf Vater, Sohn und heiligen Geist, sondern auf Gott, Jesus und Maria bezogen[58].

Dieses Phänomen, daß Mohammed dem Christentum in einer ihn von der religiösen Praxis her beeindruckenden Weise begegnete, daß er über die Lehren des Christentums aber nur bruchstückhaft und einseitig informiert war, prägt die – trotz der negativen Erfahrungen in Kreuzzügen und Kolonialismus – bis heute spürbare Hochachtung des Islam vor überzeugender christlicher Glaubenspraxis einerseits und die theologisch zumeist unzureichende Beschäftigung mit christlicher Lehre andererseits.

Die Betrachtung der wichtigsten sozialen und religiösen Faktoren, die im Arabien Mohammeds wirksam waren, hat bereits gezeigt, daß die islamische Religiosität nicht monokausal, aus einer Wurzel heraus abgeleitet werden kann, sondern daß in die Botschaft Mohammeds, so original sie wiederum in vielem ist, doch die verschiedensten Quellen einmünden. Eine hinreichend differenzierte Sicht des zeit- und religionsgeschichtlichen Hintergrundes zum Auftreten Mohammeds jedenfalls ist die Voraussetzung zu einer sachgerechten und möglichst plastischen Sicht der neuen Religion.

4. Vergleich mit den Entstehungsbedingungen des Christentums

Es sollen deshalb abschließend zu diesem Komplex noch einige Streiflichter auf die unterschiedlichen Entstehungsbedingungen des Christentums im Vergleich zum Islam geworfen werden. Parallel ist beiden Glaubensgemeinschaften ohne Frage, daß sie an der Peripherie des jeweiligen Kultur-

---

Die Monophysiten spalteten sich nach dem Konzil von Chalzedon, auf dem die Lehre von den zwei Naturen in Christus – der göttlichen und der menschlichen – angenommen war, von der byzantinischen Reichskirche ab. Sie vertraten die Auffassung von der einen, »ungeteilten« gott-menschlichen Natur in Christus (»mono physis« = »eine Natur«). Diese Lehre war vorherrschend bei den syrischen und den ägyptischen Christen (= Kopten). Die Reichskirche und die Monophysiten bekämpften sich auf das heftigste – u. a. im Streit um die Patriarchate in Antiochia und Alexandria –, wobei die Reichskirche ihren Druck mit Hilfe der Staatsgewalt so ausübte, daß von den Kopten die erobernden Araber, die ihnen Schutzverträge gaben, überwiegend als Befreier begrüßt werden konnten.
Im übrigen vgl. *W. Hage: Die kirchliche Situation in der vorislamischen Zeit,* sowie: Die *kirchliche Situation in der frühislamischen Zeit.* In: *Die Kirchen im Raum des Islam* (1971), 9–16 u. 17–29. = Christentum und Islam H. 1 sowie *W. Höpfner: Das Jesusbild im Koran.* In: *Glaube im Islam* (1971), 26–31. = Christentum und Islam, H. 3.

[57] Sure 4,157/156.

[58] Sure 5,116. Vgl. Paret, Mohammed, 13.

kreises zu ihrer Zeit entstanden sind. So wenig man zur Zeit Mohammeds aus Arabien eine neue Religion erwartete, die bald für den ganzen Vorderen Orient bestimmend wurde, so wenig erwartete man im römischen Bereich zu Beginn der Kaiserzeit das Erstehen einer neuen, weltbestimmenden Religionsgemeinschaft im Grenzgebiet, das die syrisch-palästinensische Provinz darstellte. – Andererseits ist festzuhalten, daß Syrien-Palästina dem Gesamtverwaltungssystem des Römischen Reiches eingegliedert war, während Arabien von den Machtzentren des 7. Jahrhunderts n. Chr. kaum erreicht werden konnte. Syrien-Palästina partizipierte an dem Religionshunger im damaligen Römischen Reich, dem Hunger nach neuer Erlösungsreligion und neuer Ethik, der sich ganz deutlich auch im Kaiserkult spiegelt. Die Provinz hatte auch teil an dem relativ hochentwickelten Post- und Verkehrswesen des Römischen Reiches.

Die Lebensverhältnisse im Palästina Jesu waren zwar (ähnlich Arabien) alles andere als zivilisatorisch hochentwickelt; Palästina war unendlich weniger reich und fruchtbar als etwa das Zweistromland. Und doch herrschte seit der Einwanderung der israelitischen Stämme Seßhaftigkeit vor. Die Regelung des Zusammenlebens war durch die jüdische Gesetzgebung – die Thora – unvergleichlich viel weiter entwickelt als in Arabien. Der Automatismus der Blutrache etwa war längst überwunden; aber auch das Schutzrecht für Witwen und Sklaven zum Beispiel (siehe 2. Mose 22,22ff.; 21,2) hatte bereits einen relativ hohen Stand.

Die Religiosität in der jüdischen Bevölkerung Palästinas war geprägt durch den schon mehr als 1000 Jahre währenden Monotheismus, in einer Vielzahl von Auseinandersetzungen mit dem Polytheismus der Umwelt gestärkt. Dieser Monotheismus hatte einerseits bereits in Lehre und Kult die Formen einer Hochreligion angenommen; andererseits wurde er durch das Schriftgelehrtentum zur Zeit Jesu immer noch weiter entfaltet und verfeinert, vor allem im Blick auf die kasuistische Ethik.

Hier konnte Jesus – so wie er uns in den synoptischen Evangelien dargestellt wird – mit seiner Botschaft anknüpfen. Er brauchte nicht neu für den Monotheismus zu kämpfen; er brachte vielmehr in den jüdischen Gottesglauben, vor allem in den kasuistisch erstarrenden Gesetzesgehorsam grundlegend neue theologische und ethische Impulse ein. Er konnte einerseits auf den Grundlagen der hochentwickelten jüdischen Glaubensgemeinschaft fußen, andererseits aber in noch radikalerer Weise als Mohammed die bestehenden Kultformen, religiös-politischen Erwartungen und Gottesvorstellungen in Frage stellen. – Entscheidend ist dabei auch, daß er in der vom religiös-politischen Sendungsbewußtsein geprägten Umgebung seiner jüdischen Zeitgenossen diesen religiös-politischen Zug nicht aufnimmt und nicht – im damaligen Sinne jedenfalls – religiös-politische Machtausübung stützt oder gar einübt. Deswegen nahm seine zunächst sehr kleine Anhängerschaft auch nach seinem Tod einen ganz anderen Weg, als es im Islam mit den Eroberungszügen geschah. Das Christentum mußte sich vielmehr auf einem langen Wege der Durchdringung, aber auch der religiösen Auseinandersetzung und Entwicklung in den Vordergrund arbeiten, während die Nachfolger Mohammeds mit seiner im wesentlichen »fertigen« Religion zu ihren Eroberungsfeldzügen aufbrachen.

2.2.2 Leben und Wirken Mohammeds

Der Weg Mohammeds vom religiösen Grübler und verspotteten Warner in Mekka zum Propheten und geistlichen Leiter der großen islamischen Gemeinschaft (»Umma«), vom armen Waisenkind und Hirtenjungen zum Beherrscher Arabiens ist für gläubige Moslems von jeher ein Anlaß frommen Nachdenkens, Erzählens, Ausdeutens gewesen. Nicht zufällig ist auch der Geburtstag des Propheten zu einem zwar nicht (wie etwa das Opferfest und das Fest des Fastenbrechens) kanonischen, in der Praxis aber sehr lebendig gefeierten Fest geworden[59]. »Heute noch sprechen die Geschichtenerzähler auf den Märkten von Marrakesch und Timbuktu, die Wasserpfeifenraucher in den Café-Häusern von Damaskus und Basra über ihren Religionsgründer, als hätten sie ihn selbst gekannt«[60]; so notieren es die Reporter des »Spiegel«, und diese vertraute, unmittelbare Beziehung zum Propheten ist ebenso in islamischen Traktaten und auch in Publikationen moderner islamischer Denker zu finden. Als Beispiel dafür mag Maudoodis »Islamische Fibel« gelten, der dem Prophetentum Mohammeds ein besonders ausführliches Kapitel widmet. Mohammed ist für ihn ein »Diamant unter lauter Steinen«[61] und das Beispiel für Tugend und Reife schlechthin:

> »Er ist völlig verschieden von den Leuten, unter denen er geboren ist und mit denen er seine Jugend und seine frühen Mannesjahre verbringt, bis er schließlich seine volle geistige Reife erreicht. Er spricht niemals die Unwahrheit. Sein ganzes Volk legt einstimmig Zeugnis von seiner Wahrheitsliebe ab. Auch seine schlimmsten Feinde beschuldigen ihn niemals, während seines ganzen Lebens bei irgendeiner Gelegenheit auch nur eine einzige Lüge ausgesprochen zu haben. Er spricht sehr höflich und bedient sich nie anstößiger oder unschöner Worte, von Schimpfworten ganz zu schweigen. Er besitzt eine anziehende Persönlichkeit und gewin-

---

[59] Siehe K. Kreiser, Art. »Geburtstagsfeier des Propheten«. *Lexikon der islamischen Welt,* hg. von K. Kreiser, W. Diem und H.G. Majer, Stuttgart (Kohlhammer) 1974, Bd. I., 193.

[60] Spiegel-Report Islam 17/1973, 119.

[61] *S. A. Maudoodi:* Weltanschauung und Leben im Islam. *Islamische Fibel.* Freiburg i. Br. (Herder) 1971 = Herder-Bücherei 397.

nende Manieren, mit denen er die Herzen all jener erobert, die mit ihm in Kontakt kommen. . . . Geboren bei einem Volk, das Trunkenheit und Glücksspiel durchaus als männliche Tugenden betrachtet, rührt er doch niemals Alkohol an und läßt sich nie in Glücksspiele ein. . . . Während er unter Leuten lebt, für die der Krieg so notwendig ist wie die Luft zum Atmen, ist er selbst äußerst friedliebend und hält sich von allen Stammesfehden fern. Stets ist er als erster darum bemüht, wieder Versöhnung herbeizuführen. Obwohl er unter Götzendienern aufwächst, besitzt er einen so klaren Verstand und eine so reine Seele, daß er nichts im Himmel und auf Erden für anbetungswürdig hält außer dem Einen, Wahren Gott.«[62]

Diese Darstellung trägt deutlich die Züge der Idealisierung an sich[63]. Unmittelbar zu lernen aber ist aus ihr, wie sehr die Identifikation mit Botschaft *und* Person Mohammeds als *des* Vorbildes zur Grundstruktur islamischer Existenz gehört. Das wird insbesondere für das interreligiöse Gespräch zu berücksichtigen sein, in dem dem Christentum vorgehalten werden kann, daß es gegen den Islam oft anhand von verleumderischen Negativ-Urteilen über den Propheten polemisiert hat, während im Islam nirgends ein negatives Urteil über Jesus gefällt wird.

Für das Bemühen um ein historisch hinreichend gerechtfertigtes Bild von Leben und Wirken Mohammeds aber – bei dem er weder einseitig glorifiziert noch zeitfremd kritisiert wird – kommen solche Darstellungen wie die Maudoodis weniger in Betracht. Da es im gegenwärtigen Islam historisch-kritische Forschung so gut wie gar nicht gibt, sind wir hier vor allem auf die Forschungsergebnisse abendländischer Orientalisten angewiesen.

Bei der Rückfrage nach dem »historischen Mohammed« tauchen ähnliche Probleme auf wie beim »historischen Jesus«: Bei beiden gibt es keinen zeitgenössischen Biographen. Und wenn auch bei Mohammed mehr historisch auszuwertende Daten vorliegen als bei Jesus – sein Auftreten währte zeitlich viel länger und wurde zum Ende hin immer stärker auch überregional beachtet – so ist doch die älteste Biographie mehr als 100 Jahre nach Mohammeds Tod verfaßt (von Ibn Ishak, gest. 768) und diese nur in späteren Bearbeitungen[64] erhalten.

Deshalb ist für Paret, dessen historische Arbeit im folgenden zugrunde gelegt wird, an erster Stelle immer der Koran selbst maßgebend. Der Koran ist zwar keine Biographie, sondern die Sammlung der Offenbarungen, die Mohammed zuteil wurden. Doch ergeben sich auch aus ihm eine

---

[62] A. a. O. 62f.

[63] Daß Mohammed etwa seine in Medina zunächst kleine islamische Gemeinde durchaus – wie bei den Stämmen damals üblich – zu Raubzügen ausschickt, ist historisch nicht zu eliminieren (siehe unten S. 64: Paret, Mohammed 114f., 139ff.).

[64] Ibn Hischam, gest. 834, Tabari, gest. 923; siehe Paret, Mohammed, 153f.

ganze Anzahl biographischer Hinweise und Andeutungen[65]; und er hat den Vorteil, daß er in sehr kurzer Zeit (endgültige Zusammenstellung unter dem Kalifen Othman, 644–656 n. Chr.) – also in einer ungleich kürzeren Zeitspanne als das Alte und Neue Testament – in kanonisierter Form vorlag, somit schon eine Generation nach Mohammed keinen Änderungen mehr unterzogen wurde. Dennoch ergeben die biographischen Andeutungen im Koran alles andere als ein befriedigendes Gesamtbild. Um zu einem einigermaßen zusammenhängenden Bild des Lebens Mohammeds zu kommen, muß darum auf die »Hadith«, die »Überlieferung« (zunächst im Sinne von »Mitteilung«, »Erzählung«[66]) Bezug genommen werden, auf die dann auch die Geschichtswerke zurückgreifen[67].

Wenn im folgenden der Weg Mohammeds in seinen wesentlichen Umrissen dargestellt wird, sollen vor allem die Momente herausgezeichnet werden, die für die Gestaltwerdung des Islam von besonderem Belang sind.

Hier sind zunächst die beiden entscheidenden Einschnitte zu nennen, die dem Leben Mohammeds jeweils eine neue Richtung gaben und von denen aus sich seine Biographie am sinnvollsten gliedern läßt: 1. das Berufungserlebnis um das Jahr 609/10 n. Chr. und 2. das Jahr 622, in dem die Hedschra, die Emigration von Mekka nach Yathrib (später in al-Medina = die Stadt des Propheten umbenannt), stattfand, die zum Ausgangspunkt der islamischen Zeitrechnung wurde.

Vor das Berufungserlebnis fallen die ersten 40 Jahre des Lebens Mohammeds, über die sich historisch nur sehr wenig ausmachen läßt, zwischen Berufungserlebnis und Hedschra die Jahre des von vielen Anfeindungen und nur geringem Erfolg begleiteten ersten prophetischen Auftre-

---

[65] Von Bedeutung ist hier insbesondere die Unterscheidung zwischen mekkanischen und medinischen Offenbarungen. Überall etwa, wo die Juden angegriffen werden, zum »Kampf auf Allahs Pfad« aufgefordert oder zivil- und strafrechtliche Anordnungen getroffen werden, befindet man sich in Medina; siehe hierzu *F. Buhl*, Art. *»Al-Kor'ān«*. Enzyklopaedie des Islām, Bd. II, Leiden und Leipzig (Brill/Harrassowitz) 1927, 1139–1153, bes. 1152.

[66] Zu Entwicklung, Sammlung und kritischer Sichtung des Hadith siehe J. Robson, Art. »Hadīth«, EI Bd. III, 23–28.

[67] Hier ist dann an erster Stelle die schon erwähnte Biographie von Ibn Ishak zu nennen. Paret schreibt allerdings eingrenzend hierzu (Mohammed 153): »Zu dieser Zeit, ein Jahrhundert nach dem Tod des Propheten, war das Mohammedbild schon legendär überwuchert, teilweise auch tendenziös entstellt. Es ist oft schwierig, manchmal sogar unmöglich, aus der Masse des Überlieferten nachträglich das herauszufinden, was als historisch glaubhaft gelten mag. Dem subjektiven Urteil des neuzeitlichen Mohammedbiographen bleibt hier ein weiter Spielraum offen. Auch eine gewissenhafte, methodisch gut fundierte Durcharbeitung des Materials führt immer nur zu Annäherungswerten. Wenn trotzdem im Endergebnis die großen Linien und auch manche Einzelheiten klargestellt sind, liegt dies einesteils an dem Spürsinn begabter Forscher, andernteils daran, daß jeder, der den Stoff neu aufgegriffen hat, auf den Forschungsergebnissen seiner Vorgänger weiterbauen konnte.«

tens in Mekka; nach der Hedschra folgt das zunehmend religiös und auch politisch erfolgreiche Wirken Mohammeds in Medina, gekrönt von dem siegreichen Einzug in seine Vaterstadt Mekka und seiner Herrschaft über Arabien bis zum unerwartet schnellen Tod im Jahre 632 n. Chr., dem 13. Rabī'I des Jahres 11 nach muslimischer Zeitrechnung.

1. Von der Geburt bis zum Berufungserlebnis

Über den ersten Lebensabschnitt Mohammeds – von seiner Geburt um das Jahr 570 bis zu seinem Berufungserlebnis – läßt sich folgendes einigermaßen sicher erheben[68]:

Mohammed hat seine Eltern kaum gekannt. Sein Vater Abdallah starb wahrscheinlich schon vor seiner Geburt, seine Mutter – Amina –, als Mohammed sechs Jahre alt war. Entsprechend den arabischen Lebensgesetzen traten nun seine nächsten Verwandten für ihn ein, die wie er dem Geschlecht der Haschim (einem Zweig des mekkanischen Stammes der Kuraisch) angehörten. Zunächst nahm ihn sein Großvater (väterlicherseits) Abdalmuttalib in seine Obhut, und, als dieser nach weiteren zwei Jahren gestorben war (also gegen 578), sein Onkel Abu Talib, ein Bruder seines Vaters. Dieser blieb bis zu seinem Tod (drei Jahre vor der Hedschra) ein treuer Beschützer Mohammeds, gerade auch in der Zeit, in der Mohammed in Mekka angefeindet wurde. – So hat Mohammed äußerlich die Belastungen seines Waisenkind-Daseins nicht so sehr tragen müssen; dennoch ist das besonders häufige Eingehen auf den nötigen Beistand für Waisen und Witwen im Koran sicher nicht ohne diesen biographischen Hintergrund bei Mohammed zu verstehen.

Als Mohammed herangewachsen war, trat er in den Dienst der wohlhabenden Kaufmannswitwe Chadidscha, die etwa 15–20 Jahre älter als er gewesen sein soll. Im Alter von etwa 25 Jahren (also gegen 595) ging Mohammed mit Chadidscha die Ehe ein und wurde nun selbst ein wohlhabender Kaufmann. Chadidscha schenkte ihm im Lauf der Zeit drei Söhne – die früh starben – und vier Töchter. Diese Ehe Mohammeds wird durchgängig als sehr glücklich dargestellt, und ohne Frage hat Chadidscha als ältere Frau auch noch ein Stück Mutterrolle bei Mohammed wahrgenommen; bei ihr hat Mohammed die ständige Stützung und Förderung erfahren, die er gerade in Zeiten seines religiösen Grübelns und bei den immer wiederkehrenden Unsicherheiten nach seinem Berufungserlebnis brauchte. – Noch später wird der Prophet in einer Notsituation durch die Erinnerung an die Hilfe aufgerichtet, die er in dieser frühen Zeit durch Gott erfahren hat. Das spiegelt sich in der 93. Sure; dort heißt es (6–8):

---

[68] Paret, Mohammed, 32f.

»Hat er (dein Herr) dich nicht als Waise gefunden und (dir) Aufnahme gewährt, dich auf dem Irrweg gefunden und rechtgeleitet und dich bedürftig gefunden und reich gemacht?«

Etwa 40 Jahre war Mohammed alt zur Zeit seines Berufungserlebnisses, das sein ganzes Leben verwandelte, also bereits ein Mann in gereiftem Alter. Es ist damit zu rechnen, daß er sich schon eine längere Zeit vorher mit religiösen Problemen befaßt hat und daß er seine materielle Unabhängigkeit dazu verwandte, um in Fasten- und Andachtsübungen in der Einsamkeit um Erkenntnis zu ringen[69]. Wie das Berufungserlebnis sich ereignet hat, wird in der Überlieferung (entsprechend der Biographie von Ibn Ishak) folgendermaßen geschildert[70]:

Während Mohammed (im Monat Ramadan) in einer Höhle bei Mekka, in die er sich zurückgezogen hatte, schlief, erschien ihm der Engel Gabriel mit einem beschriebenen Seidentuch und forderte ihn auf zu lesen. Als er diesem Befehl nicht nachkam (»Ich kann nicht lesen«), drückte ihn der Engel so in das Tuch, daß er beinahe erstickte. Der Engel ließ ihn los und wiederholte seine Aufforderung, der Mohammed wieder auf gleiche Weise antwortete. Beim drittenmal fragte er den Engel, was er lesen solle. Da sprach Gabriel die ersten 5 Verse der 96. Sure des Koran:

(1) Trag vor im Namen deines Herrn, der erschaffen hat,
(2) den Menschen aus einem Embryo erschaffen hat!
(3) Trag vor! Dein Herr ist edelmütig wie niemand auf der Welt,
(4) (er) der den Gebrauch des Schreibrohrs gelehrt hat,
(5) den Menschen gelehrt hat, was er (zuvor) nicht wußte.

Als Mohammed erwacht ins Freie getreten war, hörte er eine himmlische Stimme sagen: »Mohammed! Du bist der Gesandte Gottes, und ich bin Gabriel.« – In großer Aufregung kehrte Mohammed nach Hause zurück und erzählte seiner Frau sein Erlebnis. Diese vermutete sogleich, daß ihm eine Offenbarung zuteil geworden sei.

Bei dieser Schilderung muß auffallen, daß gleich mit dem frühesten prophetischen Erlebnis Mohammeds die Aufforderung zum Lesen, zum Rezitieren ergeht; die Bedeutung der Schriftoffenbarung im Koran und der grundsätzliche Wert, ihn vorzutragen, ist somit in den allerersten Anfängen des Islam verankert.

Wichtiger noch als die Frage, ob sich das Berufungserlebnis Mohammeds tatsächlich in der hier dargestellten Weise ereignet hat, ist die Überlegung, welche Einflüsse auf Mohammed eingewirkt haben. Zwar

---

[69] Glasenapp, Weltreligionen, 322.

[70] Das Folgende nach: Das *Leben Mohammeds nach Mohammed Ibn Ishak* und Abdel Malik Ibn Hisham (Auswahl aus der Übersetzung des Orientalisten G. Weil). Berlin und Wien (Ullstein) o. J. (1910), 32–34 = Die 50 Bücher, Bd. 14. Vgl. auch die Darstellung bei Khoury, Grundlagen des Islams, 70ff.

sind nach islamischer Auffassung Mohammed mit dem Beginn der Offenbarungen auch die Inhalte seiner Verkündigung neu übergeben worden – und ohne Frage ist das Phänomen der neuen Offenbarung nicht einfach nur aus vorhandenen religiösen Elementen abzuleiten; doch lassen sich schon aus der frühesten Verkündigung Mohammeds bestimmte Beeinflussungen erheben, bei denen offenbar Juden- und Christentum, so wie Mohammed ihnen begegnet war, Pate gestanden haben[71]. Dazu gehören insbesondere 1. der Monotheismus, 2. die Eschatologie und 3. die Gebetsübungen.

Am ehesten noch war in der Umwelt Mohammeds das erste der Elemente – der Monotheismus – in Ansätzen vorhanden[72]. Durch die Ausstrahlungen von Juden- und Christentum hatten sich schon eine Reihe frommer Araber die Lehre vom alleinigen, allmächtigen und allwirkenden Gott zu eigen gemacht, ohne gleich Christen oder Juden zu werden – die sogenannten Hanifen. Mohammed war sich an diesem Punkte der grundsätzlichen Übereinstimmung mit dem Juden- und Christentum bewußt, ebenso der Frontstellung gegen die einheimische heidnisch-arabische Überlieferung.

Auffallender noch als der Monotheismus ist in den frühen Suren des Koran der endzeitlich-eschatologische Zug. Die Lehre von der Auferstehung und vom Tag des Gerichts, an dem jedes Individuum zur Verantwortung gezogen wird, stellt eines der wichtigsten Themen der Anfangsverkündigung Mohammeds dar[73].

Als Beispiel sei hier die 101. Sure wiedergegeben:

Im Namen des barmherzigen und gütigen Gottes.
(1) Die Katastrophe!
(2) Was soll das heißen?
(3) Wie kannst du wissen, was das heißen soll?
(4) Am Tag, da die Menschen wie (versengte) Motten sein werden, die verstreut (am Boden) liegen,
(5) und die Berge wie zerzauste Wolle (ist es so weit)!
(6) Wer (dann auf Grund seiner guten Werke) schwere Waagschalen hat,
(7) hat ein angenehmes Leben (im Paradies).

---

[71] Wie beim Christentum, so hat es auch beim Islam eine sozialistische Entstehungstheorie gegeben (*H. Grimme: Mohammed,* I. Münster/W. 1892). Paret führt ihr gegenüber (Mohammed 36ff.) zu Recht ins Feld, daß zwar in den ältesten Suren des Korans häufig Kritik an den unsozialen Verhaltensweisen in Mekka geübt wird (siehe Sure 102; 104; 107), daß dies aber nur ein sekundäres Moment in der frühen Verkündigung des Propheten darstellt, verständlich auch daher, daß Mohammed zunächst fast nur in den unteren Bevölkerungsschichten Mekkas Anhänger fand. Vor allem aber hat der Prophet nie den Reichtum als solchen oder die Sklaverei grundsätzlich verworfen, sondern vielmehr die *Einstellung* der Menschen, die ihr Herz an die vergänglichen Güter dieser Welt hängen.

[72] Vgl. Paret, Mohammed, 39.

[73] Ebd.

(8) Wer (dann) aber leichte Waagschalen hat,
(9) um den ist es geschehen(?).
(10) Doch wie kannst du wissen, was das bedeutet?
(11) Loderndes Feuer.

Wie verwandt diese Verkündigung der prophetisch-apokalyptischen Verkündigung des Alten Testaments ist, kann leicht an einem Beispiel, etwa einem Blick auf die Jesaja-Apokalypse (Jes 24–27) gezeigt werden; dort zeigen sich die gleichen Droh-Visionen kosmischer Vernichtung und des Zur-Rechenschaft-Ziehens der Menschen[74].

Das dritte Element, das schon von Anfang an bei Mohammed da ist, ist das gottesdienstliche Gebet. Die Gebetsübung ist ja die beständigste und in gewissem Sinne wichtigste der islamischen Pflichten. Während die Fünfzahl der Gebete pro Tag nicht von Anfang an festlag, waren die typischen Gesten und Formeln, die zu dem Gebet gehören, sicher schon zu Anfang da. »Unter den Gesten sind die Verneigungen (rukū') und Niederwerfungen (suǧūd) besonders charakteristisch. Sie kennzeichnen, zusammen mit dem andächtigen Stehen vor Gott, die Grundstimmung demütiger Anbetung und lassen sich schlechterdings nicht aus der einheimischen arabischen Überlieferung ableiten, während sie im Kult der zeitgenössischen Hochreligionen, insbesondere des Christentums, gang und gäbe waren.«[75]

Der Monotheismus und die Gebetspraxis sind für den Islam in seiner Entwicklung prägende Grundelemente geblieben, während die apokalyptische Grundstimmung (allerdings nicht die Lehre vom Leben nach dem Tode) schon bei Mohammed selbst später zurücktritt.

2. *Mißerfolg in Mekka, Auswanderung nach Yathrib/Medina (Hedschra)*

Auf das Berufungserlebnis folgte für Mohammed selbst eine schwierige Zeit – mit anfänglichen Zweifeln an seiner eigenen Berufung und dann mit vielen Enttäuschungen, weil er mit seiner Botschaft in Mekka keinen durchschlagenden Erfolg hatte[76]. Das änderte sich in den folgenden

---

[74] Es heißt in der Jesaja-Apokalypse zu Beginn (24,1–5, nach der Zürcher Übersetzung): (1) Siehe, der Herr entleert die Erde und verheert sie; er kehrt ihre Oberfläche um und zerstreut ihre Bewohner. (2) Da wird der Priester wie der Mann des Volkes, der Herr wie der Knecht, die Schuldner wie der Schuldherr. (3) Ausgekehrt und entleert wird die Erde, ausgeraubt und ausgeplündert; denn der Herr hat dies Wort geredet. (4) Es welkt, zerfällt die Erde, verwelkt, zerfällt die Welt, es verwelkt die (Himmels-)Höhe samt der Erde, (5) da die Erde entweiht ist unter ihren Bewohnern; denn sie haben die Gebote übertreten, die Satzung verletzt, den ewigen Bund gebrochen.

[75] Paret, Mohammed, 40.

[76] Vgl. hierzu *J. Brugmann: Ursprung des Islam* und seine Entwicklung als Gemein-

10 Jahren bis zur Hedschra nicht grundlegend. Zwar war man in Mekka Mohammed gegenüber wohl eher distanziert und spöttisch als gleich feindlich eingestellt. Man verlachte ihn wegen seiner Furcht vor dem Jüngsten Gericht und nannte ihn einen Hexenmeister (Sahir) oder sogar einen Dichter, was damals als Schelte galt. Als aber die Konsequenzen des von Mohammed immer entschiedener vertretenen Monotheismus – nämlich die zunehmend radikale Ablehnung der heidnischen Götter – deutlich wurde, sah man die heidnischen Festversammlungen in Mekka in Gefahr und damit auch den Handel. Von da an stellten sich offene Feindseligkeiten gegen Mohammed und seine Anhänger ein. Mohammed selbst hatte darunter nicht so sehr zu leiden, weil er von seinem Geschlecht der Haschim geschützt wurde, um so mehr aber seine Anhängerschaft unter den Unselbständigen und den Sklaven, die nicht seinem Geschlecht angehörten. Doch trafen die Versuche, seine Anhänger mit Druck zum alten heidnischen Glauben zurückzubringen, und die Verspottung und Mißachtung seiner Prophetie den Propheten selbst auf das tiefste.

Das wurde auch für seine Theologie wichtig. Denn in der Stellungnahme zum Unglauben der Mekkaner taucht bei Mohammed zum erstenmal der Determinismus auf, die These, daß Gott die Ungläubigen verstockt habe, ihre Prädestination zum Bösen. Dieser Determinismus hat sich dann später in der Theologie des Islam überhaupt durchgesetzt gegenüber der Lehre von der Entscheidungsfreiheit des Menschen; er ist auch die Wurzel für die typisch islamische Ergebenheit in das von Allah gesandte Schicksal, die die Grundhaltung islamischen Glaubens mit prägt.

Der Druck, dem die Gläubigen ausgesetzt waren, wurde um das Jahr 615 so stark, daß ein großer Teil der kleinen Gemeinde Mohammeds nach Abessinien auswanderte. Abessinien war ein christliches Land und so die nächste erreichbare Asylstätte für Mohammeds Anhänger. Insgesamt sollen damals 89 Männer und 18 Frauen ausgewandert sein, wohl mehr als die Hälfte der Anhängerschaft des Propheten; denn bei der Hedschra des Propheten nach Medina im Jahre 622 werden kaum über 70 Namen aufgezählt.

Doch nahmen auch nach der ersten Auswanderung nach Abessinien die Anfeindungen gegen Mohammed nicht ab. Seine Gegner versuchten in der Zeit von 616–618 durch einen Boykott des Geschlechts der Haschim die Sippe Mohammeds zur Nachgiebigkeit zu bringen, allerdings ohne Erfolg. Trostloser noch wurde die Lage für Mohammed, als im Jahre 619 seine treue Gattin Chadidscha und sein Onkel Abu Talib starben, die sich immer vor ihn gestellt hatten. – Angesichts all dieser Rückschläge ist die spätere Großzügigkeit und Milde, die Mohammed auch ehemaligen Geg-

schaft. In: Geschichte des Islam, 22–35, 26f. = Christentum und Islam, H. 2. Zum folgenden vgl. Paret, Mohammed, 92ff.

nern zukommen ließ, als er schließlich als Herr in Mekka einzog, durchaus nicht selbstverständlich.

Erfolgreicher war Mohammed dann mit seinem Versuch, Verbindungen nach Medina anzuknüpfen; er gewann eine Reihe der Bewohner Medinas für seinen Glauben. Die Neubekehrten, »Angehörige der beiden führenden Stämme Aus und Hazrağ, bekannten sich in aller Form zur Gemeinschaft der Gläubigen und erklärten sich außerdem bereit, die kollektive Schutz- und Trutzpflicht, die eigentlich seiner Sippe Hāšim oblag, ihrerseits zu übernehmen. Dadurch waren die Voraussetzungen gegeben für eine regelrechte Auswanderung der muslimischen Gemeinde und überhaupt für deren Fortbestand. Bald darauf begaben sich die mekkanischen Gläubigen in kleinen Gruppen und möglichst unauffällig auf den Weg nach Medina, gefolgt von Mohammed in Begleitung Abu Bekrs, des nachmaligen ersten Kalifen (September 622). Das war die berühmte Hiğra.«[77]

3. *Als Prophet und Heerführer in Medina*

Wie günstig die Verhältnisse in Medina für die religiöse, besonders aber auch für die politische Einflußnahme Mohammeds waren, wurde bereits in Umrissen dargestellt[78]. Schon bis zu Mohammeds Eintreffen in Medina waren fast in jeder arabischen Familie in Medina Übertritte zum neuen Glauben erfolgt. Daß dies hier in Medina so viel leichter geschah als in Mekka, ist nur daher zu verstehen, daß dort seit langem Juden ansässig waren. Von daher wird der altarabische Götterglaube schon an innerer Kraft verloren haben; der Gedanke des Monotheismus wird den Einwohnern vertrauter gewesen sein; vor allem standen sie nicht wie die mekkanischen Kaufleute unter der Furcht, durch Abschaffung des Polytheismus das einträgliche Wallfahrtsgeschäft zu verlieren.

Mohammed befand sich also bald in Medina an der Spitze einer großen muslimischen Gemeinde. Hinzu kamen die günstigen politischen Bedingungen. Nicht nur, daß Mohammed als neue Führergestalt ausgleichend in die Stammesauseinandersetzungen eingreifen konnte – es zeichnete sich auch bald die Notwendigkeit ab, das gesamte Stadtkollektiv zu einem Schutzbündnis zusammenzuschließen, um gegen einen Angriff, der von Mekka her drohen konnte, gerüstet zu sein[79].

Hier konstituierte sich erstmals die »Umma« – die Gemeinschaft der Muslime –, indem Mohammed in einer Art »Verfassung« die Pflichten der verschiede-

[77] Paret, Mohammed, 101.
[78] Siehe oben 2.2.1, 1.
[79] Paret, Mohammed, 103. Vgl. hierzu W. M. Watt, Art. »Hidjra«. EI Bd III, 366–367.

nen Gemeinschaften von Medina festlegte[80]. Ihre besondere Bedeutung liegt einmal darin, daß durch sie die alten Stammesbindungen von der religiösen Gemeinde ersetzt werden, sodann darin, daß sie den Kern der späteren im weltumfassenden Sinne gemeinten Umma bildete.

Schwieriger und problematischer gestaltete sich für Mohammed die Fühlungnahme mit dem jüdischen Teil der Bevölkerung Medinas. Mohammed hatte hier wohl sehr große Erwartungen. Es war ja das erste Mal seit seinem Berufungserlebnis, daß er mit Andersgläubigen, die nicht einfach »Heiden« waren, in direkten Kontakt kam. Er selbst war von Anfang an überzeugt, daß der Inhalt seiner Verkündigung die Bestätigung und Vollendung der beiden ihm bekannten früheren Offenbarungsreligionen – des Judentums und des Christentums – darstelle. Und auch nach dem Koran werden Juden und Christen nicht mit Heiden gleichgesetzt, sondern als die »Schriftbesitzer« und als Monotheisten positiv von ihnen abgehoben. Das hat in der späteren Geschichte des Islam eine weitgehende Toleranz der Moslems den Christen und Juden gegenüber zur Folge gehabt. Es ist nun zu beobachten, daß Mohammed gerade in der Zeit um die Hedschra bestimmte Bräuche eingeführt hat, die eine direkte Anknüpfung an jüdische Kultregeln aufweisen. Dazu gehört der gemeinsame Freitagsgottesdienst der Gemeinde, der sich an den jüdischen Sabbat anlehnt, obwohl Mohammed nie einen dem Sabbat oder dem Sonntag vergleichbaren Feiertag installiert hat. Dazu gehört das regelmäßige Gebet. Zunächst scheint eine Dreizahl der Gebete bestanden zu haben, wie sie jüdischem Brauchtum entsprach. Schließlich ist in diesem Zusammenhang die Gebetsrichtung zu nennen, die zu Anfang sehr wahrscheinlich noch nicht auf Mekka festgelegt und vielleicht sogar zunächst auf Jerusalem bezogen war. – Das Zugehen auf das Judentum spiegelt sich noch in der 2. Sure des Koran, in der es (40f./38) heißt: »Ihr Kinder Israel! Gedenket meiner Gnade, die ich euch erwiesen habe! Und erfüllt eure Verpflichtungen gegen mich! Dann werde (auch) ich meine Verpflichtungen gegen euch erfüllen. Und vor mir (allein) sollt ihr Angst haben. Und glaubt an das, was ich (nunmehr) zur Bestätigung dessen, was euch (an früheren Offenbarungen bereits) vorliegt, (als neue Offenbarung) hinabgesandt habe! Und seid nicht (ausgerechnet ihr) die ersten, die nicht daran glauben! Und verschachert meine Zeichen nicht! Und mich (allein) sollt ihr fürchten.«

Zu Mohammeds großer Enttäuschung aber blieben die Juden bis auf ganz wenige Ausnahmen »Ungläubige«, ja, sie hielten sich auch politisch in einer Distanz zu ihm, die bei Angriffen von außen gefährlich werden mußte.

---

[80] Siehe hierzu die Artikel »Umma« (von E. Meyer) und »Verfassung« (von F. Büttner) im Lexikon der islamischen Welt Bd 3, 156 und 160–163.

Die Enttäuschung Mohammeds zeigt sich nicht nur in vielen bitteren Bemerkungen über die Unbelehrbarkeit und moralische Minderwertigkeit der Juden, die sich im Koran niedergeschlagen haben[81], sondern sie wirkte sich in einer religiösen Umorientierung des Propheten aus. Der spezifisch arabische Charakter von Mohammeds Sendung trat nun stärker in den Vordergrund, und das sichtbarste Zeichen der neuen Orientierung wurde die für alle Zeiten sanktionierte Gebetsrichtung nach Mekka. Auch für das Fasten, das zunächst in Anlehnung ans Judentum eingeführt worden war, wurde der Monat Ramadan festgelegt, jener Monat also, in dem der Prophet seine erste Offenbarung erhalten hatte. Die theologische Rechtfertigung für die neue Weise des Gottesglaubens – den er gleichzeitig als Erbe und Erfüllung der früheren Offenbarungsreligionen ansah – fand Mohammed in der Rückführung der Gottesanbetung in Mekka auf Abraham: Abraham habe seinerzeit Gott darum gebeten, er möge Mekka zu einem geschützten Ort machen, damit später Nachkommen als Bewohner des an sich unfruchtbaren Gebietes im Schutz des Gottesfriedens ihren Lebensunterhalt würden finden können. Derselbe Abraham habe – zusammen mit seinem Sohn Ismael – die Grundmauern der Kaaba aufgerichtet und sei von Gott beauftragt worden, eben dieses Haus für diejenigen zu reinigen, die dort die Gebetsübungen und die Prozession der Wallfahrt verrichten[82]. – Abraham war für diese Funktion der Kultbegründung in Mekka in besonderer Weise geeignet: da er, wie es im Koran selbst heißt, bereits vor der Herabsendung von Thora und Evangelium lebte (3,65–68/58–61), kann sich Mohammed direkt auf ihn beziehen und sich als den eigentlichen Vollstrecker von dessen Prophetentum ansehen.

So hat die Ablehnung durch das Judentum in Medina ganz entscheidend mit dazu beigetragen, daß die Religion Mohammeds ihre spezifisch eigenständig-arabischen Züge erhielt.

Weniger erfreulich erscheint uns, wie Mohammed mit den Juden in Medina politisch abrechnete: sie wurden in ihrem Siedlungsgebiet in Medina angegriffen, belagert und niedergekämpft, obwohl sie formell mit Mohammed und seiner Gefolgschaft verbündet waren; zwei der Stämme konnten wenigstens noch emigrieren, während der dritte Stamm (der Kuraisa) nach seiner Unterwerfung keine Gnade fand; Mohammed sprach das Urteil zwar nicht selbst, übertrug es aber einem Mitkämpfer, hinter dessen Urteil er sich auch ohne Einschränkung stellte: Alle Männer dieses Stammes – etwa 600 – wurden hingerichtet, die Frauen und Kinder zu Sklaven gemacht.

Es ist schwer für uns, auf dieses Geschehen nicht mit innerer Empörung gegen den Propheten zu reagieren. Und doch werden wir uns auch hier kein Urteil bilden dürfen, ohne die Zeithintergründe mit zu bedenken: daß einmal die Gemeinde Mohammeds durch die schwankende Haltung der Juden lange Zeit in

---

[81] Paret, Mohammed, 106.
[82] A.a.O. 109.

ständiger Unsicherheit gegenüber Angriffen von außerhalb existierte, und daß Mohammed andererseits sich mit seinem Verhalten nicht außerhalb der Gesetze damaliger Kriegsführung stellte[83].

Die Jahre in Medina waren davon gekennzeichnet, daß Mohammed neben seinen religiösen Erfolgen – auch Beduinenstämme der näheren und weiteren Umgebung schlossen sich ihm an – ein erfolgreicher militärischer Führer wurde.

Nach mehreren kleineren Raubüberfällen gewann er 624 erstmals mit nur 300 seiner Anhänger eine Schlacht gegen eine dreifache Übermacht aus Mekka, was ihm einen erheblichen Prestigegewinn eintrug. Zwar gab es in der Folgezeit auch mehrere militärische Rückschläge; doch nutzten entweder die Mekkaner ihre militärisch gewonnenen Vorteile nicht richtig aus, oder es gelang Mohammed auf dem Verhandlungswege, für sich doch wenigstens einen halben Erfolg zu erringen.

Sein eigentlicher Sieg über Mekka wurde auch durch solch einen »halben Erfolg« eingeleitet. Und zwar machte Mohammed im März 628 den erstaunlichen Versuch, in Begleitung seiner Anhänger eine Pilgerfahrt nach Mekka zu unternehmen. Er kam zwar nur bis an die Grenze des heiligen Bezirks, konnte aber dort mit den Mekkanern einen Vertrag aushandeln, der ihm für das folgende Jahr einen dreitägigen Pilgerbesuch in Mekka gestattete[84]. Für Mohammeds Begleiter ein scheinbar enttäuschendes Ergebnis, war es in Wirklichkeit doch ein großer Erfolg. – Denn nun arbeitete die Zeit für den Propheten: die Mekkaner hatten keine einheitliche Führung und Konzeption; Mohammed aber wuchsen zunehmend neue Kräfte zu: »Im Dezember desselben Jahres setzte sich Mohammed mit einem gewaltigen Truppenaufgebot in Marsch. . . . Die Widerstandskraft der Mekkaner war wie gelähmt. Mohammed hatte die nötigen Machtmittel in der Hand, gewährte aber von vornherein allen denen Sicherheit, die sich nicht zur Wehr setzen würden. So konnte er Anfang 630, fast ohne Widerstand zu finden, als Sieger in seine Vaterstadt einziehen. . . . Das Kultzentrum der Kaaba lag nun endgültig innerhalb des islamischen Herrschaftsbereichs. Der alte Unglaube der Mekkaner löste sich unter dem überzeugenden Eindruck der Ereignisse wie von selber auf.«[85]

Nur auf dem Hintergrund dieser Kriegsjahre ist es zu verstehen, daß

---

[83] Paret drückt es zugespitzt so aus (a.a.O. 112): »Nachdem die Quraiẓa sich ihm auf Gnade und Ungnade ergeben hatten, war er nach allgemeiner Ansicht durchaus berechtigt, keine Gnade walten zu lassen. So merkwürdig und unmenschlich sich das auch anhören mag: in der öffentlichen Meinung ist er wohl dadurch schuldig geworden, daß er Befehl gegeben hat, etliche Palmen der Banū Naḍīr zu fällen, nicht aber dadurch, daß er an einem einzigen Tag mehr als ein halbes Tausend Juden über die Klinge hat springen lassen.«

[84] A.a.O. 115.

[85] Ebd.

der »Kampf auf dem Weg Gottes« für den Islam überhaupt eine solche Bedeutung gewann. »Er wurde zu einer regelrechten Institution und hat als solche in der islamischen Pflichtenlehre Aufnahme gefunden. Wirklich zum Tragen kam die Institution allerdings erst in der Zeit nach dem Tod des Propheten. Die großen arabisch-islamischen Eroberungen wären ohne sie nicht möglich geworden.«[86]

4. Mohammed als Herrscher über Arabien, sein Tod

Die zweieinhalb Jahre, die Mohammed nach seinem siegreichen Einzug in Mekka noch blieben, waren Jahre der Konsolidierung. Vieles fiel ihm nun wie von selbst in den Schoß. War es schon während der letzten Tage vor dem Sieg über Mekka so, daß sich immer wieder Beduinenstämme fanden, die Anlehnung an die islamische Gemeinde suchten, so nahm dies nach der Eroberung von Mekka in einem solchen Maße zu, daß man das Jahr 9 der Hedschra (April 630–April 631) später allgemein als »Jahr der Abordnungen« bezeichnet hat[87]. Auf diesem Wege wurde Mohammed nun in kürzester Zeit zum unbestrittenen Herrscher der arabischen Halbinsel, im wahrsten Sinne des Wortes ein Theokrat: Auf der einen Seite konnte er sich zunehmend als Propheten, ja als »Siegel der Propheten« verstehen, dessen Offenbarungen absolute Gültigkeit besaßen. Er war der Verkünder der religiösen Ordnungen und der Vorbeter bei den jetzt fünfmal am Tage stattfindenden Gebeten. Gleichzeitig aber war er der Leiter und Organisator des theokratischen Staatswesens: oberster Gesetzgeber und Richter, Heerführer und Steuererheber. Er entfaltete die vielseitige Tätigkeit eines mit absoluter Machtvollkommenheit regierenden Königs[88].

Dennoch war seine Lebensführung keineswegs prunkvoll: Er wohnte bescheiden, liebte allerdings (nach seinen eigenen Worten) gute Speisen, Wohlgerüche und – besonders – Frauen. Nach Chadidschas Tod – mit der er in Einehe gelebt hatte – heiratete er mehrere Frauen, beschränkte sich auch nicht auf die sonst legitimierten 4 Gattinnen (zuzüglich der Sklavinnen), sondern beanspruchte für sich das – durch eine Offenbarung (33,50/49) bestätigte – Privileg, eine unbeschränkte Zahl von Frauen zu heiraten[89].

---

[86] A.a.O. 117.

[87] A.a.O. 132.

[88] Glasenapp, Weltreligionen, 325.

[89] A.a.O. 325f. Im Abendland ist es immer wieder übel vermerkt worden, daß der Prophet nach der Hedschra von der Einehe zur Polygamie bzw. Polygynie übergegangen ist. Dieser Vorwurf gehört deutlich der abendländischen Perspektive und der christlichen Apologie an. Mit Paret sei darauf hingewiesen, daß man sogar sagen könnte, daß Moham-

Für das Verständnis des Islam ist dieser Sachverhalt deshalb wichtig, weil er einen Beleg dafür darstellt, daß diese Religionsgemeinschaft von ihrer Gründergestalt her keine asketische Religion ist: Die Erde wird nicht als »Jammertal« betrachtet, sondern an den guten Gaben Gottes soll man sich erfreuen; die religiösen Pflichten – zu denen auch das Fasten im Monat Ramadan gehört – sind Übungen, die aber, das zeigen die Ausnahme- und Milderungsbestimmungen, nicht dazu angetan sind, irdische Kräfte und Schönheiten abzutöten.

In diesem letzten Lebensabschnitt Mohammeds werden vor allem noch drei Dinge festgelegt:

1. Das Verhältnis zu den Juden und Christen, den »Schriftbesitzern«, wird dahingehend geregelt, daß diese ihrem Glauben nicht abzuschwören brauchen, auch nicht emigrieren müssen, sich aber zu einer erheblichen Abgabe an die Muslime (der sogenannten »Kopfsteuer«) verpflichten mußten. Ihren Glauben konnten sie weiter pflegen.

2. Heidentum dagegen war nach Mohammeds Machtgewinn über Arabien bei Todesstrafe verboten; wenn sich Heiden aber – selbst nach ihrer Unterwerfung – bekehrten, blieben sie ungeschoren[90].

3. Im Jahre 632 – ein Vierteljahr vor seinem Tod – trat Mohammed, auf der Höhe seiner Macht, noch einmal selbst die Wallfahrt nach Mekka an. Sie wurde nun erstmals ausschließlich von islamischen Pilgern begangen. Mohammed übernahm im gesamten Zeremoniell die Führung. In der arabischen Überlieferung hat man sich bemüht, alle Einzelheiten der Wallfahrt möglichst getreu festzuhalten, so daß insgesamt anzunehmen ist, daß die Zeremonien so, wie sie im islamischen Gesetz vorgeschrieben sind, im ganzen schon damals vom Propheten vollzogen worden sind[91].

Nur kurze Zeit danach bekam Mohammed ein rätselhaftes Fieber und starb in den Armen seiner jungen Frau Aischa, inmitten der Vorbereitungen zu einem Feldzug gegen Byzanz.

Damit rundet sich das Bild von dem vielgestaltigen Leben des Gründers des Islam. Mohammed hat einen imponierenden Weg zurückgelegt, einen Weg, der in vielen Einzelheiten den Weg des Islam als Weltreligion vorgeprägt und vorgezeichnet hat und der immer wieder als Bezugspunkt für jede Selbstbesinnung des Islam genommen wird, also gerade auch in seinen Einzelheiten für das Verständnis der Religion den Verstehenshintergrund bildet.

---

med es in Medina seiner Stellung schuldig gewesen sei, mehr als eine Frau in seinem Haus zu haben. »Im übrigen ist zu bedenken, daß einige der von ihm eingegangenen Ehen gleichzeitig der Versorgung von Frauen dienten, deren Männer in den Schlachten von Badr und am Uḥud gefallen waren, und daß bei seinen Heiraten oft auch politische Überlegungen mit im Spiel waren« (Paret, Mohammed, 143).

[90] Sure 9,5.

[91] Paret, Mohammed, 135.

2.2.3 *Hauptlehren im Islam*

Wenn man den Lebensweg Mohammeds verfolgt und sieht, wie die religiösen Anschauungen, die er in seinen Offenbarungen kundgibt, durchaus nicht unabhängig sind von den Wechselfällen seines Lebens, dann muß es verwundern, wie schnell sich im Islam ein die Zeiten überdauerndes Lehr- und Pflichtengebäude durchgesetzt hat. Es stand in den wesentlichen Zügen schon zum Ende der Wirksamkeit Mohammeds fest und wurde durch die baldige kanonische Fixierung des Koran zum Ausgangspunkt aller künftigen Theorie und Praxis des Islam. – Darin unterscheidet sich der Islam deutlich vom Christentum, in dem wesentliche Lehren – wie das Trinitätsdogma etwa – erst nach einem langen Prozeß festgelegt und von der kirchlichen Theologie mit einiger Mühe ins Neue Testament zurückdatiert wurden. – Die relativ schnelle Festlegung von Lehren und Pflichten im Islam entspricht allerdings in vielem doch auch den Wesenszügen des Propheten, der bei allem Sendungsbewußtsein und aller Zielstrebigkeit eine große Portion Nüchternheit, Klarheit und einen ausgesprochenen Sinn für das Erreichbare hatte.

1. Die Bedeutung des Koran für den Islam[92]

Die wichtigste Voraussetzung für die rasche Vollendung des islamischen Lehrgebäudes ist die besondere Rolle, die der Koran für den Islam spielt. – »Qur'ān« – zu deutsch: Rezitation – ist die Zusammenstellung der Mohammed zuteil gewordenen Offenbarungen; sie sind in 114 Suren oder Kapiteln nach abnehmender Länge geordnet (abgesehen von der kurzen ersten, der »eröffnenden« Sure)[93].

Aus diesem Grunde ist zwar die Systematik der islamischen Anschauungen nicht aus dem Aufbau des Koran zu ersehen. Doch durchziehen die wesentlichen Grundanschauungen des Islam den Koran wie rote Fäden, und durch die bei den Gebeten und in der Belehrung der Gläubigen immer wiederkehrende Rezitation der heiligen Schrift werden sie der Gemeinde der Gläubigen stets neu vor Augen gestellt. Mohammeds eigener Anschauung von der absoluten Gültigkeit und vor allem auch End-Gültigkeit der ihm zuteil gewordenen Offenbarungen entspricht die uneingeschränkte Hochachtung und Ehrfurcht vor dem Offenbarungsbuch, das auch nur in seiner originalen, arabischen Sprache als authentisch angesehen wird[94].

[92] Vgl. hierzu besonders den ausführlichen und gründlichen Artikel von F. Buhl, »Al-Kor'ān«.

[93] Paret, Koran 1; Gardet, Islam, 18.

[94] Die wunderbare Herkunft des Koran und seine unbegrenzte Bedeutung wird auch im

Da aber der ursprüngliche Entstehungszusammenhang der verschiedenen Offenbarungen bald weitgehend nicht mehr verstanden werden konnte, da viele Stellen im Koran dunkel wurden und er auch für die in anderen Umwelten und Sprachen lebenden hinzugewonnenen Gläubigen nur in arabischer Sprache vorgetragen werden konnte, haftete dem Koran bald etwas Zauberhaftes, ja teilweise sogar Magisches an. Dementsprechend begann die Koranexegese, besonders in Verbindung mit der islamischen Mystik (dem Sufismus), mit Zahlenspekulationen, mit der ausgedehnten Meditation einzelner Verse und allegorischer Ausdeutung einzelner Worte. – Uneingeschränkt aber bleibt festzuhalten, daß der Koran als nicht hinterfragbare Norm präsent ist, wo der islamische Glaube ernsthaft gelebt wird.

Daraus ergeben sich weitreichende Konsequenzen für das Selbstverständnis des Islam und besonders auch die religiöse Erziehung im Islam. A. L. Tibawi schreibt dazu in seiner »Philosophy of muslim education«:

»The single fundamental fact that determines the concept, dictates the content, and governs the evolution of the philosophy of Muslim education is the belief that God's final message to mankind was revealed in its entirety through Muhammad and is accepted by the believers, to be a counterpart of the original in heaven, confirming and completing the divine messages given through former prophets, and hence it is superior to all previous revelations« (Islamic Quarterly, Vol. IV/ 1957, S. 78–89, 78). – In Deutsch: »Die fundamentale Tatsache, die das Konzept der Philosophie muslimischer Erziehung bestimmt, die ihren Inhalt vorschreibt, die ihre Entwicklung leitet, ist der Glaube, daß Gottes endgültige Botschaft an die Menschheit in ihrer Gesamtheit offenbart wurde durch Muhammed und im Koran verwahrt ist. Das heilige Buch – so stellt man es sich vor und so wird es von den Gläubigen angenommen – ist ein Gegenstück des Originals im Himmel, das die göttlichen Botschaften, die durch frühere Propheten verkündet wurden, bestätigt

---

Koran selbst bezeugt, am deutlichsten in der 97. Sure, die unmittelbar auf die 96. Sure (deren Inhalt man weitgehend für die älteste dem Mohammed offenbarte Gottesbotschaft hält) folgt. Die 97. Sure soll im folgenden einmal in der Übersetzung von Friedrich Rückert wiedergegeben werden, der versucht hat, die eigentümliche koranische Reimprosa in ihrer Klangwirkung einzufangen (*Der Koran.* Im Auszuge übers. v. *F. Rückert.* Hg. v. A. Müller. Hildesheim/Gerstenberg 1980. Der folgende Text abgedruckt in Weltreligionen, Theologisches Forum 8,71):

(1) Wir sandten ihn hernieder in der Nacht der Macht.

(2) Weiß du, was ist die Nacht der Macht?

(3) Die Nacht der Macht ist mehr, als was in Tausend Monden wird vollbracht.

(4) Die Engel steigen nieder und der Geist in ihr. Auf ihres Herrn Geheiß, daß Alles sei bedacht.

(5) Heil ist sie ganz und Friede, bis der Tag erwacht.

Die göttlich reine Schönheit des koranischen Arabisch wird dann auch als profaner Beweis für die Offenbarungsqualität des Koran herangezogen; hierzu: *P. Antes:* Die *Weltreligionen als Herausforderung des Christentums,* Rundbrief 1976/113 der Gesellschaft Ev. Akademie Niedersachsen, Hannover, 7–17,14.

und vervollständigt, und von daher ist es allen früheren Offenbarungen übergeordnet.«

»Alles Bedenken der religiösen Erziehung im Islam muß von dieser fundamentalen Tatsache ausgehen, durch die in mancher Hinsicht auch die Koranunterweisung, wie sie uns begegnet, verständlich wird.

Das Herzstück aller erzieherischen Bemühungen ist es deshalb, den Koran in sich aufzunehmen, ihn ein Teil der eigenen Persönlichkeit werden zu lassen, damit er ständiger Leitfaden des spirituellen und praktischen Lebens sein kann.«[95]

Die Hauptlehren und -pflichten der Moslems stellen nichts anderes dar als eine Systematisierung der im Koran in immer neuen Variationen auftauchenden Grundaussagen.

2. *Im Zentrum der religiösen Begriffe: »Islam« und »Muslim«*

Noch bevor auf die einzelnen Lehren und Pflichten einzugehen ist, ist darauf hinzuweisen, daß der Charakter der islamischen Religion am besten in der Selbstbezeichnung »Islam« zum Ausdruck kommt. »Islam«, das wie die Kennzeichnung des Gläubigen als »Muslim« aus der gleichen Wurzel des Verbums »salima« stammt, heißt: »vollständig hingeben«, »vollständig aufgeben« (mit dem Schwergewicht auf »vollständig«[96]).

Maudoodi umschreibt – als moderner islamischer Denker – diesen Sachverhalt folgendermaßen[97]: »*Islam* ist ein arabisches Wort und heißt *Unterwerfung, Hingabe* und *Gehorsam*. Als Religion steht *Islam* für völlige Unterwerfung unter den Willen Gottes und absoluten Gehorsam Ihm gegenüber. Eine weitere wahrheitsgetreue Bedeutung des Wortes *Islam* ist *Frieden*[98]. Das heißt, daß man wirklichen körperlichen und geistigen Frieden nur durch Unterwerfung und Gehorsam Gott gegenüber erlangen kann. Ein solches Leben des Gehorsams gibt dem einzelnen innere Ruhe und legt damit den Grundstein für den wirklichen Frieden in der Gesellschaft im großen.«

»Muslim« ist danach jeder, der in den Willen Gottes ergeben ist[99]. –

---

[95] *J. Lähnemann:* Religiöse *Erziehung im Islam.* In *T. Rendtorff* (Hg.): *Glaube und Toleranz.* Das theologische Erbe der Aufklärung. Gütersloh (G. Mohn) 1982, 171–178, 172 (z.T. nach J. S. Nielsen: Muslim education at home and abroad, MS 6/1980, Selly Oak Colleges, Birmingham, B 29 6 LE, 6). Vgl. auch Khoury, Grundlagen des Islams 121 ff.

[96] Paret, Mohammed 72. *I. Goldziher: Vorlesungen über den Islam,* 3. Aufl. (Nachdruck der 2., v. F. Babiner umgearb. Aufl., 1925; 1. Aufl., 1910). Heidelberg (C. Winter Univ.-Verl.) 1963, 2 weist darauf hin, daß »Islam« das kräftigste Beispiel für Schleiermachers Auffassung sei, daß Religion im Abhängigkeitsgefühl wurzele.

[97] Maudoodi, Islamische Fibel, 16.

[98] Vgl. hierzu das hebräische »Shalom«, in dem die gleiche Wurzel steckt.

[99] Es ist sehr wichtig, diese Selbstbezeichnung der Anhänger Mohammeds festzuhalten (vgl. oben Anm. 27).

Wie aber konkretisiert sich diese Unterwerfung unter den Willen Allahs nun im einzelnen? Man kann sich den Kern der moslemischen Anschauungen am besten vor Augen führen, indem man zunächst die sechs wichtigsten »Glaubensartikel« betrachtet und sodann die Hauptpflichten – die berühmten »fünf Säulen« des Islam. Um diesen Kern herum hat sich die umfassende islamische Lebensordnung – die »Scharia« – gebildet, aus der im Anschluß an die Erläuterung der Hauptpflichten auch einige wichtige Beispiele illustriert werden sollen.

Während bei der Darstellung des Lebens Mohammeds bereits die geschichtlichen Wurzeln der wichtigsten religiösen Grundsätze des Islam deutlich wurden, werden im folgenden die islamischen Anschauungen so dargestellt werden, wie sie etwa in der Gegenwart verstanden werden können[100].

3. Die Glaubensartikel

Bereits die Weise, in der im Islam »Glauben« verstanden wird, hat eine spezifisch andere Nuancierung als das Verständnis von »Glauben« im Christentum, insbesondere wenn man die Wurzeln des christlichen Glaubensbegriffs in den synoptischen Evangelien und bei Paulus wahrnimmt. »Glauben« ist im Islam ein absolutes Überzeugtsein von der Richtigkeit der Glaubensgrundsätze des Islam. Es bedeutet hier vornehmlich ein »als wahr erkennen«, während Kennzeichen des Unglaubens ist, daß die Zeichen Gottes abgestritten, seine Gesandten zu Lügnern erklärt und der Inhalt der Offenbarung nicht ernst genommen wird.

Nach den neutestamentlichen Wurzeln des christlichen Glaubensbegriffs ist »Glaube« dagegen viel stärker das »Zutrauen« und das »Vertrauen« in Gottes Zuwendung zur menschlichen Existenz in Jesus, das Vertrauen in die Nähe und den Beistand Gottes, der das Leben jedes einzelnen erneuern und begleiten kann. Der Glaube stellt sich hier als eine Existenzweise dar, während der im Islam viel stärker ein Wissen ist. Das Ringen mit dem Zweifel als eine Seite des Glaubenserlebens, der Wagnis-Charakter des Glaubens sind dem Muslim fremd. – Die dem Glauben im Christentum entsprechende Existenzweise im Islam wäre vielmehr die grundlegende »Dankbarkeit«, die das Leben des Muslim in seinem Gegenüber zum gütigen Schöpfergott Allah kennzeichnen soll.

---

100 Das geschieht in lockerer Anlehnung an die Gedankenführung in Maudoodis »Islamischer Fibel«: in ihr findet sich eine einerseits gegenwartsorientierte, andererseits doch gleichzeitig genuin-orthodoxe Interpretation des Islam. – Zum Lebensweg und zur Position Maudoodis vgl. A. Ahmad: Islamic Modernism in India and Pakistan, 208 ff.

1. In dem ersten, grundlegenden Glaubensartikel geht es um die *Einheit, Einzigartigkeit und Einzigkeit Gottes* – bezeichnet mit dem arabischen Wort »Tauhid« und bezeugt mit den Worten, die der Muezzin täglich vom Minarett ruft: »la ilaha illa-llah« – »es gibt keinen Gott außer Gott«. Der Emphase, mit der dies Bekenntnis vorgetragen wird, ist immer noch etwas von den Mühen Mohammeds im Kampf gegen den Polytheismus in Mekka abzuspüren.

Belegt wird das Wissen um die Existenz Allahs und um seine Einzigkeit insbesondere mit den Großartigkeiten und Gesetzmäßigkeiten des Universums, die als Beweis für die Schöpfertätigkeit Allahs gelten[101].

Aus dem Glauben an Gott als den Schöpfer werden für den Muslim vor allem zwei Grundtatsachen belegt: zum einen die Allmacht Gottes, zum anderen seine Güte[102]. Für die religiöse Naturanschauung, die Mohammed in diesem Zusammenhang vertritt, ist es bezeichnend, daß immer wieder Gott als diejenige Kraft genannt wird, die im biologischen Prozeß der Entwicklung auch des einzelnen Menschen wirksam ist[103]. In die gleiche Richtung geht es, daß auch die Dinge, die der Mensch selbst entwickelt oder erfunden hat – seien es nun Zelte, Hemden oder Schiffe – als Geschenk des Schöpfergottes gewertet werden[104].

»Gott hat viele unübertreffliche Eigenschaften: Allmacht, Güte, Schöpferkraft, grenzenloses Erbarmen, Anfanglosigkeit, Endlosigkeit usw. Der Qur'an führt 99 *›schöne Namen Gottes‹* an, die eigentlich Seine Eigenschaften sind. Man kann Gott nicht in einen Namen pressen, denn der Name ist eine Art Gefängnis. Dieses widerspricht der Freiheit Gottes.«[105] Das gleiche drückt der Ruf »Allahu akbar« aus, der meist mit »Gott ist groß« übersetzt wird; sachgerechter wäre die Übersetzung »Gott ist größer« im Sinne eines unendlichen Komparativs: Gott ist größer, als alle menschlichen Vorstellungen von ihm je sein können. Und doch ist er dem Menschen näher »als die Halsschlagader« (Sure 50,15).

Die Grundhaltung, die diesem Gottesverständnis auf seiten des Menschen entspricht, ist – wie schon erläutert – Unterwerfung unter den Willen Gottes und Dankbarkeit. Wer dieses Wissen um Gottes Allmacht und Güte – obwohl doch nach islamischer Auffassung alle Beweise dafür

---

[101] Maudoodi, Islamische Fibel, 16f. – Schon unter den vorislamischen Gottheiten in Mekka wurde Allah aller Wahrscheinlichkeit nach als Schöpfer-Gott verehrt (siehe Gardet, Allah, 406).

[102] Paret, Mohammed, 77. Vgl. Gardet, Allah, der (406f.) als die großen Themen, unter denen Allah im Koran erscheint, aufführt, daß Allah *»1. God of creation, judgment and retribution«*, *»2. God, Unique and One in Himself«* und schließlich *»3. God omnipotent and merciful«* sei. Vgl. auch a.a.O. 410 zu »Tawhid«.

[103] Paret, Mohammed, 78.

[104] A.a.O. 79.

[105] *S. Balić: Ruf vom Minarett.* Weltislam heute – Renaissance oder Rückfall? Eine Selbstdarstellung. 3. überarb. Aufl. Hamburg (eb-Verlag Rissen) 1984, 21.

auf dem Tisch liegen – nicht wahrnimmt, ist sowohl dumm als auch ungläubig und vor allem undankbar. – Er wird am jüngsten Tag erfahren, daß Allah nicht nur der Schöpfer und der Gütige ist, sondern auch der Herr des Gerichts, der die Gläubigen mit dem Paradies belohnen, die Ungläubigen aber mit den Strafen der Hölle versehen wird.

Zwei Feststellungen sind für den Vergleich des islamischen Gottesbegriffs mit dem christlichen noch von entscheidender Bedeutung: 1. Gott ist – ähnlich wie im Judentum – viel stärker der Erhabene, vom Menschen unabhängige, jenseitig dem Menschen Gegenüberstehende als im Christentum. 2. Allah verträgt in seiner Einzigartigkeit keinerlei Einschränkung.

»Sprich: Er, Gott, ist Einer,
Ein ewig Seiender,
Nicht zeugend, noch erzeugt,
Dem unter allen Wesen niemand gleicht!« (Sure 112)[106]

Deshalb ist nicht nur der Polytheismus, sondern auch der Gedanke, daß Gott einen Sohn haben könne, nach islamischer Auffassung eine Beleidigung der Souveränität Gottes; dies ist dann auch der wichtigste Angriffspunkt des Islam im Gegenüber zum Christentum.

Um diesen wichtigsten Glaubenssatz von der Einzigartigkeit Allahs gruppieren sich die weiteren Glaubensartikel:

2. Als erstes ist der *Engelglaube* zu nennen, den Mohammed lehrt; mit ihm wird sowohl der Polytheismus als auch der Geisterglaube, wie er im heidnischen Arabien herrschte, kanalisiert und dem Monotheismus ein- und untergeordnet: Die Engel »haben keinen Anteil an Gottes Göttlichkeit, sie sind Seinem Befehl unterworfen und so abhängig von Ihm, daß sie von Seinen Geboten auch nicht einen Deut abweichen können«[107]. Ihnen wurde bei der Erschaffung des Menschen sogar befohlen, sich vor Adam zu verneigen, was nur einer nicht tat: Iblis (15,28ff.), der damit zur islamischen Teufelsgestalt wurde. Er muß nun an unreinen Orten hausen und kann nur noch als Verführer der (nicht auserlesenen) Menschen auftreten; im letzten Gericht wird auch über ihn gerichtet werden.

Aber auch die bei Gott verbliebenen Engel haben eine Funktion im Gericht: Als unsichtbare Begleiter der Menschen beobachten sie alle Taten, die guten und die bösen, schreiben sie auf und können so im Gericht einen vollständigen Bericht des Lebenswerkes eines jeden Menschen vorlegen, an dem sich das letzte Urteil ausrichtet.

---

[106] Übersetzung nach Balić, a. a. O. 21.
[107] Maudoodi, Islamische Fibel, 107.

3. Einen höheren Stellenwert als der Glaube an die Engel hat der *Glaube an die Bücher Gottes.* Wie schon an den Ausführungen zum Koran deutlich wurde, ist es typisch, daß vom »Glauben an« die Bücher Gottes geredet werden kann. Die Offenbarungsbücher als Glaubensgegenstand – das ist so im Christentum nie dogmatisch festgelegt worden. Letztlich bezieht sich der Glaube an die Bücher Gottes im Islam in vollem Umfang auch nur auf den Koran. Im Blick auf die anderen Bücher Gottes – genannt werden die Thora von Moses, die Psalmen Davids und das Evangelium Jesu Christi – wird nur vorgeschrieben, daß zu glauben ist, daß Gott seine Bücher schon vor Mohammed offenbart hat, und daß diese Bücher auf die gleiche Weise herabgesandt worden seien wie der Koran[108]. Im übrigen wird die Bedeutung dieser Bücher relativiert. Maudoodi bringt dazu die Argumente[109]:

»Von den Büchern, über die wir unterrichtet worden sind, sind die Bücher Abrahams verlorengegangen und in der vorhandenen Weltliteratur nicht mehr auffindbar. Davids Psalmen, die Thora und das Evangelium sind bei den Juden und Christen vorhanden, doch der Qur'ān sagt uns, daß die Menschen diese Bücher verändert und Hinzufügungen darin vorgenommen haben und daß die Worte Gottes mit Texten vermischt sind, die von Menschen verfaßt worden sind.«

Beim Koran demgegenüber kann Maudoodi hervorheben, daß er von den Anfängen her getreu überliefert worden sei; er existiere genau so, wie er dem Propheten Mohammed offenbart worden ist; nicht ein Wort, ja nicht einmal ein Pünktchen darin sei verändert worden. Und während die früheren Offenbarungsbücher an bestimmte Völker gerichtet und für bestimmte Situationen verfaßt seien – wodurch es schwer werde, sie reibungslos und richtig in eine gegenwärtige Praxis umzusetzen –, sei der Koran an die gesamte Menschheit gerichtet. Alle Anordnungen und Weisungen im Koran seien so gehalten, daß sie überall und zu jeder Zeit befolgt werden können[110].

Es muß auffallen, daß die Auseinandersetzung mit den Offenbarungsbüchern des Juden- und Christentums nur formal – nämlich im Blick auf den Nachweis der jeweiligen Gottesautorität, die sie für sich aus der Sicht des Koran heraus beanspruchen können – geführt wird; jede inhaltliche Auseinandersetzung fehlt. Die Argumentation läuft sogar darauf hinaus, daß es – obwohl die früheren Offenbarungsbücher recht nützlich seien – für den Muslim letztlich nicht notwendig ist, in ihnen zu lesen. – Maudoodi gibt damit nicht nur die klassische islamische Auffassung wieder, sondern ohne Frage auch die gegenwärtig noch verbreitete Einstellung zu den Offenbarungsbüchern. Auch unter den »Modernisten« und Reformern im Islam steht die unumstößliche Gültigkeit des Koran als Wort für Wort offenbarte unveränderliche Willenskundgebung Gottes fest. – Nur wo die gegen-

[108] A.a.O. 108.
[109] A.a.O. 109.
[110] A.a.O. 110ff.

wärtigen Verhältnisse sich absolut anders darstellen als zur Zeit der Koran-Offenbarungen, versucht man eine etwas flexiblere Koran-Interpretation: z.B. angesichts der sehr massiven Paradiesesvorstellungen. Ein anderes Beispiel gibt Paul Löffler[111]; er weist darauf hin, daß auch im Islam heute gelegentlich gefragt wird: » . . . wie sind die für andere Verhältnisse bestimmten Weisungen des Koran auf die heutige Zeit zu übertragen? Welche Intentionen liegen hinter den Weisungen, die ihre sinngemäße Anwendung sicherstellen? Ein beliebtes Beispiel ist die vom Koran gestattete Vielehe. War nicht die Intention, den ungezügelten Mißbrauch auf eine (mit konkreten Verantwortungen verknüpfte) Höchstzahl von vier Frauen zu begrenzen? So fragen Muslime heute. Dann wäre die sinngemäße Übertragung für unser Zeitalter die Empfehlung der Einehe.«

Daß vereinzelt ein moderner Islamwissenshaftler wie Ali Merad noch weiter geht bis hin zu dem Versuch hermeneutisch-kritischer Interpretation des Koran, wurde oben[112] bereits beschrieben. Doch darf man sich nicht darüber hinwegtäuschen, daß es sich hierbei um sehr, sehr vereinzelte Vorstöße handelt, und daß der orthodoxe Islam in seiner Breite noch ganz von der Anschauung geprägt ist, wie Maudoodi sie vertritt.

4. Eng zusammen mit dem Glauben an die Bücher Gottes hängt der *Glaube an die Propheten bzw. besser die Gesandten (rasul) Gottes.* Das Wissen um sie war für Mohammed deshalb wichtig, weil es ihm bewies, daß er in einer langen Kette von Offenbarungsträgern stand, als deren Abschluß er sich sehen konnte. Inhaltlich wußte er über sie so wenig wie über die heiligen Bücher der Juden und Christen überhaupt; es sind mehr oder weniger zufällige Sachverhalte, die ihm auf dem Wege mündlicher Überlieferung zukamen. Er konnte aber diese Sachverhalte seinem eigenen Offenbarungsverständnis lückenlos zuordnen. – Zwar ist grundsätzlich für ihn die Existenz von Propheten nicht auf das Judentum und das Christentum und auf altarabische Sagengestalten eingeschränkt – Maudoodi gibt sogar die apokalyptische Zahl von 124 000 an[113] –, aber im Koran kommen verständlicherweise nur Gestalten aus biblischer und altarabischer Tradition vor. Aus dem Alten Testament sind es vor allem Adam, Noah, Abraham mit seinen Söhnen Isaak und Ismael, Joseph (die ganze 12. Sure ist seiner Geschichte gewidmet); von Mose wird seine Auseinandersetzung mit Pharao berichtet. – Weitere alttestamentliche Gestalten – wie Elia, David, Salomo, Jonas und Hiob – tauchen nur mehr am Rande auf[114]. In dem, was im Koran von diesen früheren Gottesgesandten gesagt wird, läßt sich deutlich eine Typisierung erkennen: ihnen erging es durchgehend so, wie Mohammed es in Mekka erfahren hat: »Zu jedem Volk war ein ›Gesandter‹, ›Warner‹ oder ›Führer‹ (so 13,8) gekommen. Seine Volksgenossen hatten ihn aber für einen Lügner erklärt, sich

111 Löffler, Islam vor den Problemen der Moderne, 4f.

112 Siehe oben unter 2.1.3.

113 Maudoodi, Islamische Fibel, 113.

114 Paret, Mohammed, 84.

über ihn lustig gemacht und seine Botschaft abgelehnt. Schließlich war dann die Masse des Volkes vom Strafgericht ereilt worden, während der Gesandte am Leben blieb.«[115] Für Noah mit der Sintflut, für Lot mit Sodom und Gomorra ließ sich das besonders deutlich ausführen; und die Geschichte von Mose und Pharao wurde so typisiert, daß Mose (mit den Israeliten) als gläubige Minderheit dem Pharao und seinem Volk als gottloser Mehrheit gegenüberstand[116]. An den Schriftpropheten des Alten Testaments – also Jesaja, Jeremia, Amos usw. – gehen die Koran-Offenbarungen vorüber. Insgesamt bedeutet das, daß man über die wirklichen Konturen des früheren Prophetentums aus dem Koran kaum etwas erfährt, wohl aber aus den Lebensumständen der früheren Gottesgesandten, so wie sie im Koran dargestellt werden, einiges über die Erfahrungen, die Mohammed mit seinem eigenen Auftrag machte, erschließen kann.

Eine besondere Rolle in der Kette der Gottesgesandten spielen diejenigen, denen ein »Buch« offenbart wurde: Mose mit der Thora, David mit dem Psalter, Jesus mit dem Evangelium und schließlich Mohammed mit dem Koran. Dabei taucht Jesus im Koran an hervorgehobener Stelle auf, obwohl Mohammeds Kenntnis von ihm mehr als lückenhaft ist und offenbar von häretischen christlichen Gruppen, die es damals in Arabien gab, herstammt[117]. Genauer kennengelernt hat Mohammed nur die Geburts- und Kindheitsgeschichten von Maria bzw. Jesus und zwar offenbar aus dem apokryphen Protevangelium des Jakobus (Sure 3,35 ff./31 ff.)[118]. Dazu gehört auch die Geschichte von der Jungfrauengeburt, allerdings mit der Betonung, daß Jesus nicht Gottes Sohn, sondern sein Geschöpf und sein Gesandter ist. Von Jesus wird weiterhin seine Wundertätigkeit hervorgehoben – wohl auch deshalb, weil Mohammed selbst diese Fähigkeit nicht besessen hat; im Unterschied zur Wunderdarstellung in den synoptischen Evangelien werden die Wunder allerdings zu reinen Schauwundern, zu mirakelhaften Beweisen der Allmacht Gottes (Sure 5,110 ff./109 ff.). Wenn Jesus gelegentlich wie im Neuen Testament »Wort Gottes«, »Geist Gottes« und sogar »Mesih« (= Messias) genannt wird, so wird er damit nicht als Erlöser qualifiziert, sondern er gilt wie die anderen Propheten als Verkünder des Wortes Gottes, als Geist-Träger und als »Führer derer, die auf Erden wandern müssen«[119]. Jesus ist Verkünder des gleichen Glaubens an Allah, den auch die Gesandten vor ihm schon gebracht haben. Nach dem Koran ist Jesus zwar verfolgt worden, nicht aber gekreuzigt; gekreuzigt wurde ein anderer, der Jesus ähnlich sah. Jesus aber wurde emporgehoben zu Allah (Sure 4,157 f./156). Beim Ge-

[115] A. a. O. 89.
[116] A. a. O. 90.
[117] Zur genaueren Bestimmung siehe W. Höpfner, Das Jesusbild im Koran.
[118] Vgl. Paret, Mohammed, 13.
[119] Höpfner, Das Jesusbild im Koran, 27 f.

richt wird er Zeuge sein gegen die Christen, die behaupten, er sei der Sohn Gottes. – Mohammed hat in der christlichen Trinitätslehre eine Art Polytheismus gesehen und die Lehre vom Sohn Gottes als unerhörte Einschränkung und Beeinträchtigung der Einzigkeit Allahs verstanden (Sure 5,72 ff./76 ff.)[120].

Mohammed selbst nun ist der Abschluß der Prophetenkette, das »Siegel der Propheten«. Und so wie nach islamischer Lehre der Koran alle früheren Offenbarungsbücher zusammenfaßt und überbietet, so bringt das Prophetentum Mohammeds alles frühere Prophetentum zur Vollendung.

5. Der fünfte Glaubensartikel des Islam betrifft den *Glauben an das Leben nach dem Tode*. Er hat sich aus der Gerichtsdrohung, die der frühen Verkündigung Mohammeds besondere Dringlichkeit verlieh, entwickelt. Dabei werden Vorstellungen, wie sie aus der jüdischen und christlichen Apokalyptik bekannt sind, aufgenommen und z.T. noch konkretisiert: Das Leben auf der Welt endet am »Jüngsten Tag«. An ihm werden alle Menschen zum Leben erweckt und vor Gottes Gericht geführt, bei dem die gesamten Aufzeichnungen über einen jeden von ihnen vorgelegt werden. Der, dessen gutes Tun überwiegt, sieht herrlicher Belohnung entgegen; der, dessen Missetaten überwiegen, wird bestraft werden[121]. Der Koran selbst bietet die herrlichsten farbigen Bilder vom Paradies: von der Verwöhnung der Seligen mit Speisen, Früchten, Getränken, mit schönen Jungfrauen . . .; die der Hölle Bestimmten aber leiden unter Glutwind und siedendem Wasser (Sure 56,8 ff.). – Diese Schilderungen, die Mohammeds Kampfgefährten zur Ermutigung, seinen Gegnern zur Drohung dienten, werden von modernen islamischen Denkern fast durchweg als sinnbildliche, gleichnishafte Darstellung aufgefaßt.

»Es sind bildliche Aussagen über den spannungsgeladenen Bruch zwischen zwei Welten, dem Diesseits und dem Jenseits. ›Der letzte Tag‹ wird, vorausgesetzt, daß er ein Ereignis nach dem Tode ist, nach Gesetzen erfolgen, die sich nicht mit unseren irdischen Gesetzen und Vorstellungen decken.«[122]

6. Der letzte der fundamentalen Glaubensartikel beinhaltet den *Glauben an die göttliche Vorsehung*. Es entspricht der absoluten Souveränität Gottes, daß er in den großen – das ganze Weltall bestimmenden – wie in

---

[120] Wie schon dargelegt wurde, sieht Mohammed als dritte Person der Trinität nicht den Heiligen Geist, sondern Maria an.

[121] Vgl. Maudoodi, Islamische Fibel, 116 f.

[122] Balić, Ruf vom Minarett, 32.

den kleinen Dingen alles vorherbestimmen kann und weiß. »Gott führt, wen er will, in die Irre. Und wen er will, den bringt er auf einen geraden Weg« (Sure 6,39).

Wie aber verhält sich zur göttlichen Vorherbestimmung der Wille des Menschen, seine Taten, mit denen er aktiv den Willen Gottes erfüllen soll und deren er sich am jüngsten Tag zu verantworten hat? – Es ist ein besonderes Anliegen islamischer Theologie, beides hervorzuheben: Gottes Allmacht *und* die Verantwortlichkeit des Menschen für sein Tun. Und der Auffassung vom »Kismet« als einem Schicksal, dem der Mensch blind ausgeliefert sei, wird vehement widersprochen: »Die Hingabe in den Willen, der in der Schöpfung schaltet und waltet, ist kein Fatalismus.«[123]

Gott hat gerade in seiner Souveränität dem Menschen den Auftrag gegeben, sein »Stellvertreter« (khalifa) auf Erden zu sein. Und so ist – im Rahmen der universellen Vorherbestimmung – dem Menschen ein Recht der freien Entscheidung eingeräumt, und für seine Wahl trägt der einzelne auch die Verantwortung; schließlich bekam er von Gott ja auch seinen Verstand und seine Willenskraft. Den Menschen als Produkt der sozialen Umstände zu sehen – wie es in manchen sozialistischen Theorien anklingt – widerspräche dem Islam vollkommen. »Der Gläubige gestaltet sein Leben in dem Gedanken, daß er in ein großes Ganzes hineingestellt ist.«[124]

Er soll sich dessen bewußt sein, »daß Schlechtes in der Welt ohne göttlichen Konsens vor sich geht, Wohlgefälliges aber von Gott abgesegnet wird«[125].

In diesem Rahmen soll der Mensch im Sinne der Erwartungen Gottes handeln: »Wohl ist der Islam die Religion der Ergebung, der Unterordnung unter den Willen des Höchsten; sie ist gleichzeitig aber auch eine Religion, die andauerndes, ehrliches Bemühen erwartet und eine Haltung verneint, deren Grundtenor Lethargie bedeutet.«[126]

Somit dürfte klar sein, daß der Vorwurf, der Islam fördere den Fatalismus, den Intentionen der Religion keinesfalls entspricht. Auf der anderen Seite bleibt zu fragen, ob sich die »Welträtsel« so glatt lösen lassen, wie es hier geschieht. Ist damit das vielfältige unschuldige Leiden in der Welt geklärt oder die Erfahrung, daß das Böse eine Macht sein kann, die den Menschen auch gegen allen guten Willen überkommen kann? Die Neigung zu einer positivistischen Sicht der Dinge hängt im Islam offenkundig auch mit seiner optimistischen Anthropologie zusammen, der auf christlicher Seite die immer wieder gemachte Erfahrung der »Schuldverflochten-

---

123 A.a.O. 35.

124 Ebd.

125 *S. Weiner: Besmele.* Religiöse Unterweisung in der Türkei. Eine Einführung in den Islam. Donauwörth (Auer) 1983, 39.

126 Ebd.

heit« des Menschen und seiner Erlösungsbedürftigkeit gegenüberzustellen wäre.

Damit sind die wichtigsten Glaubensartikel des Islam kurz zur Sprache gekommen. Es muß insbesondere ihre Einfachheit und Klarheit auffallen. Sie ist ein Grundkennzeichen islamischer Lehre – und sicher auch ein Grund dafür, daß sich der Islam für Volksgruppen, die von Naturreligionen und Polytheismus zum Monotheismus übergehen, in besonderer Weise anbietet.

Die Nötigung zu Einfachheit und Klarheit rührt aber auch daher, daß es im Islam so etwas wie ein die Glaubensnorm festlegendes Lehramt nicht gibt. Es besteht nicht einmal ein Priestertum im hergebrachten Sinne. Die Funktion des Imam – des Vorbeters in der Moschee – kann von jedem erwachsenen Moslem übernommen werden, der die Worte des Gebetes beherrscht. Eine besondere theologische Ausbildung ist dazu nicht notwendig erforderlich; vor allem aber gibt es nichts im Islam, was der Priesterweihe oder der Ordination bei uns in dem Sinne entspräche, daß dadurch dem Geweihten eine besondere Qualität verliehen wird. Der libanesische Islam-Gelehrte Hassan Saab kann sogar sagen, daß im Islam niemand das Monopol auf Wahrheit und Einsicht habe und daß deshalb die beste Beschreibung des Islam die sei, die ihn als eine absolute Meinungs-Demokratie beschreibe[127]. – In dieser allgemeinen Fassung dürfte die These zwar nicht ganz der Realität entsprechen; es hat im Islam immer so etwas wie Schulen oder auch Fakultäten gegeben, die bestimmt haben, was maßgebliche Lehrmeinung war; in der neuen Zeit ist diese Funktion vor allem von der Al Azhar-Universität in Kairo übernommen worden; sie ist z.B. auch der Gesprächspartner des Vatikan im interreligiösen Dialog. Doch kann auch sie eine letztgültige Lehrautorität nicht beanspruchen.

Deshalb haben – in Verbindung mit den Glaubensartikeln – die Hauptpflichten des Moslem (die sogenannte »Ibada«) entscheidende Bedeutung. Nicht umsonst werden sie die »fünf Säulen des Islam« genannt. Denn sie bilden das Band, das (im Tages-, im Jahres- und im Lebensrhythmus der Gläubigen) die gesamte islamische Welt zusammenhält. Im Befolgen der fünf Hauptpflichten vollzieht sich gleichsam das Glaubensbekenntnis eines jeden Moslem; Theologie und Ethik des Islam werden in ihnen gleichermaßen konkret. Nicht zu unrecht wird häufig darauf hingewiesen, daß für den Moslem Ortho*praxie* wichtiger ist als Orthodoxie: an seiner praktizierten Frömmigkeit wird der Gläubige viel stärker gemessen als an seiner Kenntnis der Glaubenslehren: die Religionszugehörigkeit soll man sehen, erkennen können[128].

[127] Nach Löffler, Islam vor den Problemen der Moderne, 17.

[128] Typisch war die Frage eines Imam zu Anfang eines Gespräches an den evangelischen

2.2.4 *Die Ibada = Hauptpflichten des Moslem (die »fünf Säulen« des Islam)*

Das Wort Ibada kommt aus der arabischen Wurzel »Abd« = Knecht, Diener und bedeutet von daher Unterordnung und Ergebung in das, was Gott wohlgefällig ist; es stellt damit die Konkretion des Wortes »Islam« im Blick auf das tägliche Verhalten des Moslem dar.

1. An der Spitze der Pflichten für den Moslem steht das *Bekenntnis* zu Allah als dem einzigen Gott und zu Mohammed als seinem Gesandten (»Schahada«). Es darf nur in arabischer Sprache gesprochen werden, also mit den Worten: »La ilaha illa-llah; Muhammadun rasulu 'llah«. Fünfmal am Tag wird es durch den Muezzin ausgerufen. Der Moslem spricht es mehrmals bei seinen Gebetsübungen. Auch der Übertritt zum Islam wird durch das Sprechen des Bekenntnisses vor Zeugen vollzogen. Es beinhaltet die stete Bereitschaft, durch Wort, Tat und Verhalten für Gott Zeugnis abzulegen. Es wird schließlich als letztes Wort dem Toten ins Grab nachgerufen, damit er den beiden Todesengeln vier Fragen, die das Paradies öffnen, beantworten kann. Diese Fragen lauten: Welches ist dein Gott? Welches ist dein Prophet? Welches ist deine Religion? Welches ist deine Gebetsrichtung[129]?

Der zentralen Bedeutung des Gebetes entspricht es, daß der Abfall vom rechten Glauben als schwerste, unverzeihbare Sünde angesehen wird (Sure 3,88.90)[130].

2. Eng mit dem Bekenntnis zusammen gehört das *Gebet* (Salat). Es ist die beständigste und wesentlichste der religiösen Übungen: Fünfmal am Tag soll der Moslem beten – morgens (vor Sonnenaufgang), wenn die Sonne im Zenit steht, nachmittags, nach Sonnenuntergang und vor dem Schlafengehen.

Wichtig ist beim rituellen Gebet, neben dem es natürlich auch das freie Gebet gibt, vor allem die Betonung kultischer Reinheit und die korrekte

---

Theologen: »Welches sind die Hauptpflichten eines evangelischen Christen?« – Das Nicht-Festgelegtsein auf eindeutige religiöse Regeln, das zur »evangelischen Freiheit« hinzugehört, macht dem Moslem das Verstehen evangelischen Glaubens ausgesprochen schwer.

[129] Nach Kelch, Islam, UE 42.

[130] Obwohl im Koran keine eindeutige Anweisung für die irdische Bestrafung von Abtrünnigen zu finden ist, wurde die Verfluchung der Abgefallenen doch als verbindlicher Hinweis für die islamische Gesetzgebung verstanden (ähnlich wie es dieses im Anschluß an Bibelstellen wie Hebräer 10,26ff. leider auch im Christentum gegeben hat): auf den Glaubensabfall steht die Todesstrafe (bzw. die Nötigung zur Auswanderung). Sie ist zwar nur noch in einigen islamischen Staaten Teil der Gesetzgebung (wie etwa in Saudi Arabien und im Sudan); aber die gesellschaftliche Ächtung derer, die sich vom Islam abgewandt haben, ist in Ländern mit muslimischer Mehrheit noch durchgängig voll wirksam.

Durchführung. Alle Einzelheiten der Vorbereitung des Gebetes und des Gebetsvollzuges sollen dazu dienen, daß man sich in vollkommener Aufmerksamkeit und vollkommener Hingabe an Gott wendet.

Zum Gebet ertönt der Ruf (Ezan) des Muezzin vom Minarett, der die Gläubigen mit folgenden (natürlich in Arabisch vorgetragenen) Sätzen zum Gebet ruft:

4× »Gott ist der Größte!
2× Ich bezeuge, daß es nur einen Gott gibt.
2× Ich bezeuge, daß Muhammed Gottes Gesandter ist.
2× Auf zum Gebet!
2× Auf zum Heil!
1× Es gibt nur einen Gott«[131]

Beim Morgengebet werden vor dem letzten Satz noch folgende Worte gerufen: »Gebet ist besser als Schlaf!«

Der Gläubige bereitet sich auf das Gebet durch die rituelle Waschung vor. Hierfür gibt es eine ganze Reihe genauer Vorschriften: Mit reinem Wasser sind zunächst die Hände zu waschen; dann wird der Mund dreimal gespült. Dreimal wird Wasser in die Nase hochgezogen und ausgeschneuzt. Darauf wäscht man das Gesicht dreimal, dann zuerst den rechten, danach den linken Unterarm bis über die Ellenbogen. Anschließend werden Ohren und Hals gereinigt und der Scheitel mit der nassen Hand abgewischt. Zum Schluß wird zuerst der rechte, dann der linke Fuß bis über die Knöchel gewaschen. »Während des Waschens der einzelnen Körperteile läßt der Gläubige im Geiste die Taten vorüberziehen, die er im Zeitraum seit dem letzten Gebet vollbracht hat. Er prüft den moralischen Wert dieser Taten, erkennt die Fehler und Unterlassungen und faßt Entschlüsse zur Besserung seines künftigen Verhaltens. ... Das Abwischen des Scheitels mit der nassen Hand soll z.B. ein symbolischer Ausdruck für den Wunsch nach reinen und edlen Gedanken sein. Beim Schlußakt der Waschung ist die Formel des islamischen Glaubensbekenntnisses in Gedanken zu wiederholen.«[132]

Beim Fehlen reinen Wassers kann die Waschung notfalls auch mit Sand vollzogen werden (wie bereits im Koran vorgeschrieben: Sure 5,6/8). In bestimmten Fällen (z.B. nach jedem Geschlechtsverkehr, nach der Menstruation bei den Frauen oder dem Wochenbett) ist eine Waschung des ganzen Körpers (unter fließendem Wasser) erforderlich.

Das Gebet muß an einem abgesonderten (rituell reinen) Platz stattfinden, möglichst in der Moschee (besonders bei den festlichen Mittagsgebeten am Freitag, bei denen der Imam eine Ansprache hält) sonst auf einem

---

131 Nach Balić, Ruf vom Minarett, 44.
132 A.a.O. 42.

Gebetsteppich (oder wenigstens einem sauberen Tuch, notfalls auch einem Stück Zeitungspapier). Es ist die Gebetsrichtung nach Mekka einzunehmen. In der Moschee stehen die Männer in Reihen nebeneinander hinter dem Vorbeter, dem Imam, der vor ihnen in der Gebetsnische (Mihrab) den Ritus vollzieht. Die Frauen beten, sofern sie in die Moschee kommen, im hinteren Teil der Moschee häufiger auf einer leicht erhöhten Empore.

Eingeleitet wird das Gebet mit der Absichtserklärung (daß das jeweilige Gebet nur Allah gilt), worauf das Wort »Allahu akbar« (Gott ist der Größte) den Weihezustand eröffnet.

Stehend wird dann die erste Sure des Koran rezitiert:

»Im Namen des barmherzigen und gütigen Gottes.
Lob sei Gott dem Herrn der Menschen in aller Welt,
dem Barmherzigen und Gütigen,
der am Tag des Gerichts regiert!
Dir dienen wir, und dich bitten wir um Hilfe.
Führe uns den geraden Weg,
den Weg derer, denen Du Gnade erwiesen hast
und die nicht dem Zorn (Gottes) verfallen sind
und nicht irregehen!«[133]

Dieser stehenden Körperhaltung folgt

a) eine Körperbeugung (mit Handflächen auf den Knien) mit dem Satz: »Gepriesen sei Gott, mein Herr, der Große«,

b) eine aufrechte Haltung mit dem Spruch: »Gott höre den, der ihn preist«,

c) eine zweimalige, durch eine sitzende Haltung getrennte Niederwerfung, indem Stirn, beide Handflächen, beide Knie und beide Fußspitzen den Boden berühren, mit der Formel: »Gepriesen sei Gott, mein Herr, der Höchste«.

Jeden Übergang von einer Haltung zur nächsten begleitet der Satz: »Gott ist der Größte!«

Die gesamten geschilderten Körperhaltungen und Sätze werden als *»rak'a«* bezeichnet. Beim Morgengebet sind 2, beim Mittags- und Nachmittagsgebet je 4, beim Gebet nach Sonnenuntergang 3 und beim Nachtgebet wiederum 4 rak'as obligatorisch. Nach jeder 2. rak'a (abends auch nach der 3.) erfolgt das Glaubensbekenntnis. Dem letzten Glaubensbekenntnis folgt der Gruß an Mohammed und die Gläubigen, der den Weihezustand beendet.

Besondere Situationen oder Notfälle ermöglichen Variationen bzw.

---

[133] Dieses und das folgende nach A. Falaturi, Art. »Gebet«, Lexikon der islamischen Welt, Bd I, 190–192.

Erleichterungen: in Krankheitsfällen, in Gefahr, auch bei Reisen können die rak'as gekürzt werden; wenn der industrielle Arbeitsrhythmus es nicht anders zuläßt, dürfen die Gebete auch gesammelt am Tagesschluß verrichtet werden.

Verdienstlich ist es, wenn man weitere rituelle Zusatzgebete verrichtet. Darüberhinaus »gibt es rituelle Gebete, die aus bestimmten Anlässen zu verrichten sind, z. B. Sonnen- und Mondfinsternis, drohende Gefahren, Dürre, Erlangung der Erfüllung eines Wunsches, Fassung eines wichtigen Entschlusses, Reiseantritt und -abschluß usw.«[134]

Besondere Bedeutung hat das *Freitagsgebet:*

»Ihr Gläubigen! Wenn am Freitag (w. am Tag der Versammlung) zum Gebet gerufen wird, dann wendet euch mit Eifer dem Gedenken Gottes zu und laßt das Kaufgeschäft (so lange ruhen)! . . .

Doch wenn das Gebet zu Ende ist, dann geht eurer Wege . . .«(Sure 62,9 f.)

Der Freitag ist also nicht ein Feiertag wie der Sabbat der Juden und der Sonntag der Christen. Zum Mittagsgebet sollen sich an ihm aber alle Männer in der Moschee versammeln (Frauen und Kinder sind nicht dazu verpflichtet). Vor dem Gebet wird feierlich aus dem Koran rezitiert. Es folgt eine Ansprache, die gemäß dem Selbstverständnis des Islam als einer umfassenden Lebensordnung das persönliche Leben wie auch Fragen der Gemeinschaft und der Gesamtgesellschaft umfassen kann.

Auch an den großen Festtagen des Fastenbrechens am Ende des Monats Ramadan und des Opferfestes zur Zeit der Mekka-Pilgerfahrt wird eine Ansprache gehalten, im Unterschied zu den Freitagspredigten allerdings nach dem Gebet[135].

Das Gebet begleitet den frommen Moslem durch sein ganzes Leben und verbindet ihn mit den vielen Millionen Gläubigen, die sich zur gleichen Zeit in Richtung Mekka verneigen. Welche Bedeutung dieser so ganz ins Alltagsleben eingegliederte »Gottesdienst« für das religiöse Selbstverständnis des moslemischen Gläubigen hat, kann von dem auf das Vorherrschen säkularer Phänomene eingestellten Mitteleuropäer wohl kaum recht eingeschätzt werden. An diesem Punkt gerät der sich islamisch verstehende Arbeitnehmer im Abendland durch einen Betriebsrhythmus, der auf sein Glaubensleben nicht abgestimmt ist, in große innere Konflikte. Von moslemischen Autoritäten sollten hier die Gläubi-

[134] A. a. O. 192.

[135] Vgl. *A. Th. Khoury: Begegnung mit dem Islam.* Eine Einführung. Freiburg 1982². = Herder-Tb 815, 68 f.

Die Freitagsansprachen können auch (religions-)politischen Charakter tragen. So spiegeln etwa die vom türkischen Präsidium für religiöse Angelegenheiten (Diyanet) herausgegebenen Freitagspredigten die offizielle türkische Religionspolitik.

gen vielleicht deutlicher noch auf die Möglichkeit hingewiesen werden, die Gebete auch gesammelt am Tagesschluß zu verrichten. Je mehr Phantasie aber auch im europäischen Arbeitsrhythmus darauf verwandt wird, dem Moslem Möglichkeiten zur Erfüllung seiner Pflichten – etwa durch entsprechend gestaltete Arbeitspausen – einzuräumen, desto weniger wird er sich von seinen religiös-kulturellen Wurzeln abgeschnitten sehen und desto eher wird »Integration« im Sinne aufgeschlossener Begegnung möglich sein.

3. Die Pflicht, die am stärksten in den Jahresablauf des Moslem eingreift, ist das *Fasten im* Monat *Ramadan.* Sie ist mit dem größten Heilsereignis, das es für den Islam gibt, verbunden: mit der Herabsendung des Koran auf Mohammed (Sure 2,185/181).

Angeknüpft hat Mohammed mit dem Fastenmonat einmal an die kultisch heiligen Monate, wie es sie im Arabien vor seiner Zeit gab, andererseits aber auch an die Fastenpraxis, die er bei Juden und Christen kennengelernt hatte (vgl. Sure 2,183/179). Da es sich beim Ramadan um den 9. Monat des Mondjahres handelt (die Mondmonate aber nur 29 bzw. 30 Tage zählen), wandert der Fastenmonat jahreszeitlich. Das ist insofern nicht ohne Belang, als das Fasten sich nur auf die Zeit während des Tages, nicht aber während der Nacht bezieht, im Sommer also in den meisten Ländern die Fastenstunden länger sind als im Winter. Das Fasten wird umso schwieriger, je weiter nördlich oder südlich vom Äquator ein Muslim lebt; es gibt aber Überlegungen, die in Mekka zu zählenden Tagesstunden für die extrem nördlich bzw. extrem südlich lebenden Muslime gültig zu machen.

Während des Ramadan erhält das Leben in den islamischen Ländern einen besonderen Rhythmus: Schon vor Morgengrauen nimmt man eine Mahlzeit zu sich, um genügend Kraft für das Fasten am Tage zu haben. In vielen Städten weckt ein Trommler rechtzeitig die Gläubigen dazu aus dem Schlaf. Nach Beendigung des Mahles drückt man die Absicht des Fastens wörtlich aus. Das Fasten soll beginnen, wenn man einen schwarzen Faden von einem weißen unterscheiden kann (Sure 2,187/183), und dauert an bis zum Sonnenuntergang: »Während dieser Zeit essen wir von der Morgendämmerung bis zum Einbruch der Nacht auch nicht das geringste Bröselchen, noch trinken wir einen einzigen Tropfen Wasser, wie hungrig oder durstig wir uns auch fühlen mögen oder wie verlockend uns eine Speise auch erscheinen mag.«[136] Fasten ist dabei umfassend gemeint: Nicht nur auf Essen und Trinken, sondern auch auf Rauchen, jede geschlechtliche Betätigung und alle anderen leiblichen Genüsse (wie etwa Parfüm) soll verzichtet werden. – Der Sinn des Fastens ist, sich

[136] Maudoodi, Islamische Fibel, 135.

durch Zügeln der Sinne auf das Wesentliche im Glauben konzentrieren zu können, aber auch mit Armen und Hungernden solidarisch zu empfinden, den eigenen Lebenswandel zu überdenken und so zur Erneuerung des Lebens (z.B. durch gegenseitige Aussöhnung von Streitenden) zu gelangen. Nicht umsonst wird der Ramadan deshalb auch als »Sultan der Monate« bezeichnet.

Wie auch bei den anderen Pflichten gilt für das Fasten der Grundsatz, daß Gott es den Menschen leicht und nicht schwer machen will. Deshalb gestattet schon der Koran Kindern, Alten, Kranken, Schwangeren und Reisenden, jederzeit zu essen. Allerdings sollen Kranke und Reisende das Fasten an anderen Tagen nachholen (Sure 2,185.181).

»Den Zeitpunkt des Fastenbrechens verkündet an jedem Abend in größeren Orten ein Böllerschuß, in jedem Fall aber leuchten die Lichterketten auf, mit denen im Ramadan die Minarette umkränzt sind. Radio und Fernsehen melden das Ende der Enthaltsamkeit, und ein Schluck Wasser leitet über zu jenem Tagesabschnitt, in dem geschmaust und geschmaucht werden darf. Die Tische warten gedeckt, das Essen steht bereit. Ein gemeinsames Mahl nach gemeinsam ertragenem Opfer verbindet in hohem Maße . . ., und bald herrscht eine gediegene Atmosphäre gelöster Heiterkeit.«[137]

Der Ramadan ist in besonderem Maße eine Zeit frommer Beschäftigung, in dem das Lesen des Koran und der Besuch der Moschee ein großes Gewicht erhält. Seinen Höhepunkt findet er in der »Nacht der Bestimmung« (laylat al-qadr, 27. Ramadan), in der der Koran herabgesandt wurde. Über sie heißt es im Koran: »Die Nacht der Bestimmung ist besser als tausend Monate. Die Engel und der Geist kommen in ihr mit der Erlaubnis ihres Herrn hinab . . . Sie ist voller Heil, bis die Morgenröte aufgeht« (Sure 97,3–5; vgl. auch 44, 2–5[138]). Entsprechend feierlich wird diese Nacht in den Moscheen begangen.

Gleichzeitig ist der Ramadan ein Monat der Wohltätigkeit. In ihm wird die religiöse Armenabgabe – der Zakat – entrichtet, und darüberhinaus eine besondere Spende zur Beendigung des Fastens.

Wer die Fastenpflicht im Geist der Buße und in Dankbarkeit für die Offenbarung des Koran erfüllt, dem werden seine Sünden und Vergehen vergeben. Der Ramadan ist – so heißt es in einer Fastenpredigt Mohammeds – »ein Monat, dessen Beginn Barmherzigkeit, dessen Mitte Vergebung und dessen Ende Befreiung vom (Höllen)feuer ist«[139].

Kein Wunder, daß das Fest des Fastenbrechens – Ramadan-Beiram, arab. id al-fitr, türk. şekerbayramı (»Zuckerfest« wegen der an Kinder

---

[137] Weiner, Besmele, 61.
[138] Nach Khoury, Begegnung mit dem Islam, 70f.
[139] Nach a.a.O. 71.

verteilten Süßigkeiten) – das volkstümlichste Fest des moslemischen Jahres darstellt, auch wenn es offiziell dem Opferfest gegenüber als »kleines Fest« gilt. Drei Tage wird gefeiert: Man besucht einander, begibt sich zu den Gräbern der Toten. Den Höhepunkt aber bildet ein feierliches Gemeinschaftsgebet, das nach Möglichkeit unter freiem Himmel verrichtet wird.

Während in den islamischen Ländern sich der Lebensrhythmus während des Ramadan verändert, das öffentliche Leben insgesamt ruhiger verläuft, trifft der Fastenmonat in den industrialisierten Ländern des Westens auf größere Probleme: Im Arbeitsrhythmus der Betriebe kann nur begrenzt darauf Rücksicht genommen werden, während doch von vielen moslemischen Familien die Wahrnehmung dieser Pflicht sehr hoch geachtet wird (und oft sind gerade Kinder stolz, wenn sie – sei es auch nur teilweise – schon am Fasten teilnehmen können). Hier werden die koranischen Erleichterungen – etwa der Hinweis auf zusätzlich mögliche Ersatzleistungen für die Armen (2,184/180), oder die Nachholmöglichkeiten (2,185/181) – ebenso zu aktualisieren sein wie das konkrete Erwägen im Einzelfall, wie den Moslems zur Erfüllung ihrer Pflichten Erleichterungen gewährt werden können.

4. Die vierte der Hauptpflichten des Moslem betrifft die *Sozialabgaben: Zakat.* Bei uns meist als »Almosen« bezeichnet, bedeutet diese Pflicht doch eigentlich mehr: eine Art Sozialsteuer, in der die Verpflichtung zur Solidarität innerhalb der moslemischen Gemeinschaft zum Ausdruck kommt. »Zaka« heißt »sich reinigen« oder »sich durch Almosen reinigen«; gemeint ist damit: Die Güter dieser Welt gehören Gott und man gibt ihm, indem man mit den Armen und der Gemeinschaft teilt, sein Eigentum zurück[140].

Jeder erwachsene, gesunde Moslem, dessen finanzielle Verhältnisse über einem Minimum liegen, das zum Lebensunterhalt notwendig ist, soll 2 ½ % seines Besitzes und Gewinns aus Handwerk, Industrie und Handel entrichten bzw. 10 % seines Gewinns aus Ernte und Viehbesitz.

In Sure 9,60 ist festgelegt, wofür diese Abgaben verwendet werden sollen:

- für Arme und Bedürftige,
- für Menschen in sozialen Diensten,
- für Menschen, die für den Islam gewonnen werden oder beim Religionswechsel zum Islam mit Lebensbedrohung und Armut zu rechnen haben,
- für den Freikauf von Sklaven und Verschuldeten,

[140] Nach *V. Nienhaus/H. Vöcking: zakât:* Das islamische Steuerwesen. Frankfurt 1982. = CIBEDO-Texte 18, 5.

- für Menschen auf »dem Weg Gottes«, die sich für den Unterricht im Glauben und seine Ausbreitung oder seine Verteidigung zur Verfügung stellen und deshalb keinen anderen Verdienst haben,
- für Reisende, die in Not geraten sind.[141]

Gesetzlich ist gegenwärtig die Einziehung von Zakat nur in Pakistan geregelt. Trotzdem ist die Sozialabgabe als moralische Verpflichtung im privaten Bereich überall lebendig geblieben. Das lassen z.B. die Spenden für die Moscheen in der Bundesrepublik erkennen oder auch die erstaunlich hohen Hilfsgelder, die moslemische Arbeitnehmer vor allem am Ende des Ramadan (als »Zakat al fitr«) in ihre Heimat schicken.

Über Zakat hinaus wird häufig noch »Sadaqa« entrichtet, ein zusätzliches freiwilliges Opfer, mit dem die Moslems ihre besondere Aufrichtigkeit und Treue zum Islam bezeugen wollen; diese Spenden kommen – neben den Empfängern von Zakat – auch frommen Stiftungen zugute.

Der Sinn der Sozialverpflichtungen wird in der 2. Sure (177/172) in einen größeren Zusammenhang gestellt:

> »Die Frömmigkeit besteht nicht darin, daß ihr euch (beim Gebet) mit dem Gesicht nach Osten oder Westen wendet. Sie besteht vielmehr darin, daß man an Gott, den jüngsten Tag, die Engel, die Schrift und die Propheten glaubt und sein Geld – mag es einem noch so lieb sein – den Verwandten, den Waisen, den Armen, dem, der unterwegs ist, den Bettlern und für (den Loskauf von) Sklaven hergibt, das Gebet (*salāt*) verrichtet und die Almosensteuer (*zakāt*) bezahlt.«

Hier wird deutlich, wie auch vom Koran her die Frömmigkeitsübungen nicht zum Selbstzweck werden dürfen, sondern einem theologischen und ethischen Gesamtzusammenhang eingeordnet werden; so wichtig es für den Moslem ist, die *einzelnen* Artikel des Bekenntnisses zu glauben, die *einzelnen* Hauptpflichten möglichst umfassend zu erfüllen, so klar ist auch, daß die Gesamtheit der Lehren und Pflichten im Islam von Grundimpulsen durchdrungen ist, die – trotz anderer Formulierung – dem jüdisch-christlichen Doppelgebot der Liebe (zu Gott *und* dem Nächsten) durchaus nahe sind. Dabei wird allerdings jeglicher Rigorismus – also etwa der Verzicht auf Reichtum überhaupt – vermieden.

5. Die letzte der Hauptpflichten ist – gemäß der Anordnung in Sure 3,97 und 22,27f. – die *Pilgerfahrt* nach Mekka (Hadsch): Alle, die die notwendigen Mittel dazu haben und ihre Familie während der Zeit der Pilgerfahrt versorgt wissen, sollen diese Pilgerfahrt wenigstens einmal im Leben unternehmen, und zwar Männer wie Frauen.

Die Pilgerfahrt beginnt jeweils gut 2 Monate nach dem Ramadan; sie dauert 7 Tage und geht in ihren wesentlichen Einzelheiten auf die Ab-

[141] Nach: *Fasten, Sozialabgaben, Wallfahrt,* hg. v. AG »Information Islam« der VELKD. Hannover (Luther. Kirchenamt, Postf. 51 04 09) 1984. = Information Islam 7.

schiedswallfahrt Mohammeds nach Mekka zurück. Mohammed sah in ihr die Vollendung seines Auftrags und verhieß den Pilgern: »Der Lohn der Wallfahrt ist das Paradies.«[142] Es treffen sich Pilger aus allen Erdteilen, in den letzten Jahren jeweils weit über 1 ½ Millionen. Über den Sinn der Pilgerfahrt für den Weltislam schreibt Smail Balić: »Der Besuch und die Versammlung der Muslime aus aller Welt in Mekka dienen der Festigung der Verbundenheit unter den Menschen verschiedener Völker und Rassen und fördern die internationale Verständigung und den Frieden.«[143]

Das soll auch durch die Bestimmungen für die Wallfahrt zum Ausdruck kommen: Der Pilger verpflichtet sich, während der Wallfahrt keinem Lebewesen ein Leid zuzufügen. Das einheitliche weiße Pilgergewand hebt alle Rangunterschiede zwischen den Menschen auf. Nach dem Anlegen des Gewandes befinden sich die Pilger im Zustand kultischer Reinheit (d.h. sie dürfen sich nicht kämmen und rasieren, weder Nägel noch Haare schneiden noch sexuellen Verkehr haben).

Vor der Stadt stehen Wachtposten, die jeden zurückweisen, der nicht Moslem ist. Sobald die Grenzen der Stadt Mekka überschritten sind, brechen die Pilger in den Ruf aus »labbaika, allahumma, labbaika« – »zu Deinem Dienst, Gott, steh ich bereit, zu Deinem Dienst«; mit diesem Bekenntnis weihen sie sich immer wieder während der Pilgertage. Der Weg geht weiter bis zur großen Moschee mit der Kaaba in der Mitte. Die Kaaba soll siebenmal umrundet werden, davon dreimal in beschleunigter Gangart. Einer der Höhepunkte der Wallfahrt ist das Küssen des schwarzen Steins an der Ecke der Kaaba. Nach moslemischer Tradition hat Abraham diesen Stein vom Erzengel Gabriel empfangen, als er zusammen mit seinem Sohn Ismael den Auftrag erhielt, dies »Haus der Anbetung« zu bauen (Sure 2,125–127). Da die Legende auch schon Adam in Mekka weilen ließ, »ist Mekka für Muslime der Ort, an dem Gott von Anfang an den Menschen in Erbarmen nahe war, und ›die Mutter der Städte‹, das Zentrum aller menschlichen Wohnstätten«[144].

Es folgen mehrere Pilgerwege, die insbesondere mit der Abrahamlegende und mit der letzten Predigt Mohammeds in Verbindung stehen:

Nach dem Umschreiten der Kaaba und dem rituellen Gebet am »Platz Abrahams«, an dem schon er das Gebet verrichtet haben soll, eilen die Pilger siebenmal zwischen den Hügeln Safa und Marwa hin und her, so wie es von Hagar, der zweiten Frau Abrahams erzählt wird, als diese verzweifelt für ihren Sohn Ismael nach Wasser suchte. Am Ende der Wallfahrt, wenn die Pilger aus dem Zam-Zam-Brunnen trinken, geschieht das noch einmal.

---

142 A.a.O. 5.
143 Balić, Ruf vom Minarett, 69.
144 Fasten, Sozialabgaben, Wallfahrt, 5.

Alle Riten der Wallfahrt (bei denen kundige Führer die Pilger in Gruppen begleiten) wollen die Hingabe des Menschen an Gott neu besiegeln. Darauf weist schon die Predigt in der großen Moschee am 4. Tag hin.

»Am 5. Tag ziehen die Pilger bis nach Arafat, dem Ort der letzten Predigt Mohammeds. Dort verbringen sie einen ganzen Tag im Gebet und hören eine weitere Predigt. Es ist der Tag neuer Gelübde, der Hingabe an Gott, aber auch des Bruchs mit alten Lastern (wie etwa dem Rauchen oder Trinken) und der Hilfe für arme Glaubensbrüder, damit auch sie die *hadsch* erfüllen können.«[145]

Am 7. Tag werfen die Pilger bei der Rückkehr von Arafat (etwa 15 km von Mekka entfernt) Steine an drei Säulen bei Mina, im Gedenken daran, wie Abraham die Versuchungen des Teufels abwehrte.

An diesem Tag, dem eigentlichen Schlußtag der Wallfahrt, findet das Opfer der Tiere (Schaf, Ziege, Kamel oder Rind) statt, auch wieder Anlaß zur Erinnerung an Abraham:

»Es ist das große Fest, das Opferfest, ›id ul-adha‹, oder türkisch: ›kurban bayramı‹. Denn es erinnert daran, wie Gott den Sohn Abrahams vor dem Opfertod rettete und dadurch zeigte, daß für das rechte Verhältnis der Menschen zu Gott kein Opfer und schon gar kein Menschenopfer nötig ist. Gefordert ist vielmehr die Hingabe an Gott im Gehorsam gegenüber seinem Willen, wie ihn der Koran und die Sunna des Propheten zeigen. Zum gleichen Zeitpunkt werden überall in der muslimischen Welt Opfertiere rituell geschlachtet. Denn die Muslime fühlen sich an diesem Tag im Geist mit den Pilgern in Mekka und allen Glaubensbrüdern auf der Welt besonders verbunden.«[146] Einen Teil des Fleisches verzehren die Pilger selbst, das übrige (ca. ⅔) überlassen sie den Armen.

Nach dem Opfer ist der Zustand kultischer Reinheit beendet. Nach dem Opfer wird das Haar geschoren oder gestutzt und ein erneuter siebenmaliger Umlauf um die Kaaba unternommen. Damit ist der Weihezustand aufgehoben und die offizielle Pflichtwallfahrt beendet.

Oft bleiben die Pilger noch zu privater Andachtsübung ein paar Tage in Mekka. Es wird auch empfohlen, auf der Rückreise noch Medina und das Grab Mohammeds zu besuchen[147].

Wer die Pilgerfahrt vollendet hat, darf den Ehrentitel Hadschi (Frauen: Hadschije) führen. Wenn jemand nicht zur Zeit der großen Wallfahrt nach Mekka kommen kann, soll er nach Möglichkeit wenigstens die kleine Wallfahrt, »umra« genannt, zu einer anderen Zeit des Jahres unternehmen.

---

[145] A.a.O. 6.

[146] Ebd. – Aus Deutschland werden aus Anlaß des Kurban Bayramı von vielen türkischen Gastarbeitern Beträge in die Heimat überwiesen, damit dort auch bedürftige Familien das Opferfest begehen können.

[147] Khoury, Begegnung mit dem Islam, 74.

Auch im Blick auf die Hauptpflichten des Moslem muß – wie bei den Glaubensartikeln – auffallen, wie übersichtlich und klar sie geregelt sind. Sie sind so angelegt, daß sie im wesentlichen von jedem Gläubigen befolgt werden können. Und für Menschen, denen die Befolgung einzelner Gebote schwer fällt, sind Ausnahmeregelungen getroffen: beim Almosengeben für die Armen, beim Fasten für Kinder, Kranke, Reisende, bei der Pilgerfahrt für die weniger Begüterten. Im Koran wird wiederholt Allah gerade deshalb als barmherzig bezeichnet, weil er den Gläubigen keine untragbaren Lasten auferlegt. – Hier treten erneut kennzeichnende Unterschiede zwischen Christentum und Islam hervor: Im Christentum werden (wo es nicht seinerseits in Kasuistik abgeglitten ist) die gesamte Ethik und damit auch die Einzelgebote von dem Doppelgebot der Liebe (zu Gott und zum Nächsten) abgeleitet; christliche Verhaltensanleitung ist von ihren Ursprüngen her nicht in solchen religiösen Übungen festlegbar, wie es im Islam geschieht. – Im Islam bieten die »fünf Säulen« demgegenüber so etwas wie ein Grundgerüst frommen Verhaltens, das dann allerdings auch nicht allein steht, sondern durchsichtig gemacht werden soll für die Ibada, den Gottesgehorsam, der das Leben des Moslem in allen Bezügen durchdringt.

2.2.5 Beispiele aus der islamischen Lebensordnung (Scharia)

Neben den grundlegenden religiösen Vorschriften gibt es die ins einzelne gehende Gesetzeslehre, die die vollkommene Durchgestaltung des Lebens vom »Islam« her, also aus der »Ergebung in den Willen Gottes« heraus, ermöglicht. Wir müssen uns mit einigen typischen Beispielen aus dieser Lebensordnung befassen, wenn wir ermessen wollen, in welch umfassender Weise die Religion Mohammeds neben den religiösen die sozialen und schließlich auch die politischen Belange der islamischen Gemeinde, der »Umma«, regelt. Diese islamische Gesetzesordnung wird als »Scharia« bezeichnet; sie stützt sich einmal auf Anweisungen aus dem Koran, aber auch auf die »Sunna«, das »Vorbild« des Propheten[148]. Da nämlich der Koran zahlreiche Fragen, die im Leben der Gemeinde auftauchen, nicht behandelt oder nicht verbindlich geregelt hatte, griff man auf »die Gewohnheit« des Propheten zurück, »die sich in seinem Sprechen, Tun und seiner stillschweigenden Zustimmung zu dem, was in seiner Gegenwart gesagt oder getan wurde, kundtut . . .«[149]. Diese zunächst mündlich von den Prophetengefährten und der folgenden Generation

[148] Hierzu M. Götz, Art. »Sunna«, Lexikon der islamischen Welt, Bd III, 130f.
[149] A.a.O. 130.

weitergegebenen Verhaltensbeispiele wurden vom 2. Jahrhundert der Hedschra an in den Hadith-Sammlungen (den »Mitteilungen« der Überlieferung[150]) festgehalten. – Die Einzelrichtlinien im Rahmen der Scharia haben nicht die gleiche Dignität wie die Glaubensartikel und die Hauptpflichten des Moslem; trotzdem sind sie weithin – besonders, sofern sie sich auf den Koran und nicht nur auf die Überlieferung stützen – für den gesamten Bereich des Islam in Geltung[151].

Von besonderer Bedeutung sind für den Islam die verschiedenen Rechtsschulen, die unterschiedliche Akzente setzen, sich aber gegenseitig anerkennen. Die Rechtsschulen des orthodoxen (sunnitischen) Islam werden von *A. Th. Khoury* folgendermaßen gekennzeichnet:

» – Die Schule der *Mālikiten*, deren Gründer der aus Medina stammende Mālik (715–795) ist, ist sehr konservativ und legt größten Wert auf die Tradition, vor allem die der Frühgemeinde in Medina. Ihr gehören Nordafrika, Westafrika und der Sudan an.

– Die Schule der *Hanafiten*, deren Gründer der Perser Abū-Hanīfa (699–767) ist, ist liberal und beruft sich auf den gesunden Menschenverstand. Sie wird befolgt in Zentralasien, Pakistan, der Türkei und bei verschiedenen Minderheiten, die unter türkischem Einfluß standen (z. B. Ägypten, Tunesien . . .)

– Die Schule der *Shāfi'iten*, deren Gründer der Mekkaner Shāfiī (767–820) ist, nimmt eine Mittelstellung zwischen den zu liberalen Hanafiten und zu konservativen Mālikiten ein. Sie ist verbreitet in Indonesien und im ganzen Vorderen Orient.

– Die Schule der *Hanbaliten*, deren Gründer Ibn Hanbal (780–855) ist, hängt dem strengen, kompromißlosen Traditionalismus ihres Gründers an und herrscht heute hauptsächlich in Saudi-Arabien.«[152]

Ein Problem stellt gegenwärtig die Tatsache dar, daß die hanbalitische Richtung, gestützt durch die große wirtschaftspolitische Kraft Saudi Arabiens, einen starken Einfluß im Weltislam erhält, was den Herausforderungen an eine flexiblere Rechtsgestaltung in einem modernen Staatswesen zuwiderläuft. *Smail Balić* weist demgegenüber darauf hin, daß die Muslime in Europa in besonderem Maße mit der hanafitischen Interpretationsrichtung verbunden sind, bei der es z. B. nicht die unlösliche Verbindung von Religion und Staat gibt. Hier hat die Religion »höchstens als übergreifendes Ethos einen wirklich unausweichlichen Anteil am staatspolitischen Tun und Treiben«.[153]

Die Grundausrichtung der Scharia ist – obwohl in ihr sehr viel geregelt und z. T. auch reglementiert wird – durchaus nicht radikal oder rigoros.

[150] Zur Sammlung der Überlieferung siehe J. Robson, Art. »Hadīth«, EI Bd III, 23–28, bes. 24.

[151] Zu den Prinzipien der Entwicklung des islamischen Rechts s. *A. Th. Koury: Das islamische Rechtssystem* – ein wichtiges Teilproblem im Zusammenhang mit Integrationsfragen. In: Lähnemann, Kulturbegegnung, 106–113, zu den gegenwärtigen Tendenzen *K. Dilger:* Tendenzen der *Rechtsentwicklung.* In: Islam in der Gegenwart, 170–197.

[152] *A. Th. Khoury:* Einführung in die *Grundlagen des Islams.* Graz (Styria) 1981². = Islam und westliche Welt 3, 136.

[153] *S. Balić: Islamische Bildung im europäischen Kontext* – Probleme religiöser Erziehung im deutschsprachigen Raum. In: Lähnemann, Kulturbegegnung, 162–170, 164.

Es wird dem Menschen in ihr keine Selbstverleugnung abverlangt. Maudoodi charakterisiert die Scharia folgerndermaßen: »Es ist ihre Aufgabe, den Menschen auf den rechten Weg zu geleiten und ihm die Mittel in die Hand zu geben, mit denen er seine Bedürfnisse am erfolgreichsten und zuträglichsten befriedigen kann. Das Gesetz Gottes ist einzig und allein zu unserem Besten da. Es enthält nichts, was dazu angetan wäre, unsere Fähigkeiten zu vergeuden, unsere natürlichen Bedürfnisse zu unterdrükken oder unsere normalen Wünsche und Gefühle auszulöschen oder abzutöten. Es befürwortet weder Askese noch Kasteiung . . .«[154].

Dabei können durchaus positiv die 10 Gebote des Alten Testaments herangezogen werden, die etwa Smail Balić (mit leichten Modifikationen, da es im Islam z.B. keinen dem Sabbat/Sonntag vergleichbaren Feiertag gibt) unter den allgemeinen Grundsätzen für islamisches Verhalten aufführt[155]:

» 1. *Du sollst an Gott glauben.*
2. *Du sollst den Namen Gottes heilig halten.*
3. *Du sollst Gott durch Gebete und Wohltaten verehren.*
4. *Du sollst Vater und Mutter ehren, auf daß es dir wohlgehe im Diesseits und im Jenseits.*
5. *Du sollst nicht töten.*
6. *Du sollst nicht Unkeuschheit treiben.*
7. *Du sollst nicht stehlen.*
8. *Du sollst wider keinen Menschen falsches Zeugnis ablegen.*
9. *Du sollst nicht des Anderen Weib oder Kind begehren.*
10. *Du sollst nicht des Anderen Gut begehren.*«

Wenn wir im folgenden auf Einzelbeispiele der islamischen Lebensordnung eingehen – auf die Rechte und Pflichten für den einzelnen (1), die Rechte und Pflichten im Zusammenleben (einschließlich der Familienordnung) (2), auf die Frage nach Krieg/Toleranz (3) und schließlich auf die Verantwortung für die ganze Menschheit und die gesamte Schöpfung (4) –, so wird immer wieder ihre Klarheit und innere Stabilität ins Auge fallen.

1. Bei den *Rechten und Pflichten für den einzelnen* zeigt sich diese Ausgewogenheit in dem Grundsatz, weder Ausschweifung noch Askese gutzuheißen. Dazu gehört, daß sich der einzelne Mensch nicht zum Sklaven irgendwelcher vordergründiger Dinge macht: sei es das Gefangensein in sexuellen Trieben, in der Geldgier, in der Trunksucht oder aber auch in geistiger Entrückung[156]. In dieser Hinsicht versteht Maudoodi

---

[154] Maudoodi, Islamische Fibel, 149.
[155] Balić, Ruf vom Minarett, 75.
[156] Maudoodi, Islamische Fibel, 158.

das (ursprünglich sicher kultisch begründete) Verbot des Genusses von Blut, Drogen, Schweinefleisch, Raubtieren und giftigen oder unreinen Tieren und Kadavern[157], aber auch das Verbot der Nacktheit und die Mißbilligung des Müßigganges. Andererseits macht der Islam den Gebrauch aller »reinen, gesunden und nützlichen Dinge«[158] dem Menschen geradezu zur Pflicht. Er soll weder seine sexuellen Bedürfnisse unterdrücken noch sich durch übertriebenes Fasten kasteien. Er soll seine Fähigkeiten nutzen, aber auch alles, was Gott auf der Erde und im Weltall für ihn geschaffen hat. Die Anerkennung, daß Gott in allem, gerade auch im individuellen Leben der Schöpfer ist, hat logischerweise auch das strikte Verbot des Selbstmordes im Islam zur Folge.

2. Die *Rechte und Pflichten für das Zusammenleben in Familie und Gesellschaft* entsprechen in vielem dem zweiten Teil der zehn mosaischen Gebote: Mord und Diebstahl sind hier gleicherweise untersagt wie Lüge und Betrug, die andere um ihren Besitz bringen. Ein besonderer Ton liegt dabei auf kaufmännischen Dingen, auf jeder Weise raffinierten und andere benachteiligenden Umgangs mit Geld und in geschäftlichen Angelegenheiten, was wohl daher zu verstehen ist, daß Mohammed gerade in dieser Hinsicht in Mekka viel Skrupellosigkeit erlebte. Es muß wie eine aktuelle Anprangerung kapitalistischer Wirtschaftsverhältnisse erscheinen, wenn Bestechung, Fälschung, Betrug, Zinsnehmen und Wucher ebenso untersagt werden wie die Vergabe von Monopolen, das Hamstern, Schwarzmarktgeschäfte, aber auch verboten wird, daß man Landbesitz der Kultivierung vorenthält[159].

Unter die Rechte und Pflichten für das Zusammenleben gehört auch die *Familienordnung*[160].

Sie trägt patriarchalische Züge[161], d.h. der Vater steht eindeutig im Mittelpunkt der Familie. Er hat aber nicht nur die oberste Bestimmungsgewalt, sondern er ist auch der zentrale Verantwortungsträger: für die Vertretung der Familienbelange in der Öffentlichkeit, für den Schutz

---

157 Ebd.

158 A.a.O. 159.

159 A.a.O. 160.

160 Zu Mann und Frau, Ehe, Scheidungspraxis usw. siehe ausführlicher bei *C. M. Edsmann:* Die *Hauptreligonen* des heutigen *Asiens.* Tübingen (Mohr/Siebeck) 1976, 161–170; B. Erbel, Art. »Ehe«. Lexikon der islamischen Welt, Bd. I, 152–154; ders., Art. »Frau«, a.a.O. 181 f.; ferner: Weltmacht Islam, Lehrerheft, 150–153 und Schülerarbeitsheft für Sekundarstufe II (H. Kuntz), 101–115.

161 Zu beachten ist, daß sie sich darin kaum von der Familienordnung unterscheidet, wie sie auch im christlichen Orient, im orthodoxen Judentum und in Ländern mit überwiegend katholischer Bevölkerung – etwa Spanien, Italien, Lateinamerika – anzutreffen ist. Hierzu *M. Tworuschka: Allah ist groß.* Religion, Politik und Gesellschaft im Islam. Gütersloh (G. Mohn) 1983. = GTB 1079, 85 sowie Weiner, Besmele 81 ff.

seiner Angehörigen – und unter ihnen besonders der Frauen und Töchter. – Von den anderen Familienangehörigen wird – in gestufter Form – Ehrerbietung und Unterordnung erwartet. Dabei erhalten besonders die älteren Frauen eine Achtungsposition, so wie auch die älteren Kinder (insbesondere die heranwachsenden Jungen) schon Schutz- und Erziehungsaufgaben für die jüngeren mit übernehmen.

Kritisiert wird von Nicht-Moslems am Islam zumeist die untergeordnete, abhängige *Stellung der Frau.* Dabei verweist man besonders auf Sure 4,34(38) im Koran:

»Die Männer stehen über den Frauen, weil Gott sie ausgezeichnet hat und wegen der Ausgaben, die sie von ihrem Vermögen gemacht haben. Und die rechtschaffenen Frauen sind demütig ergeben und geben acht auf das, was verborgen ist, weil Gott acht gibt. Und wenn ihr fürchtet, daß Frauen sich auflehnen, dann vermahnt sie, meidet sie im Ehebett und schlagt sie! Wenn sie euch gehorchen, dann unternehmt nichts gegen sie! Gott ist erhaben und groß.« Andererseits steht auch im Koran: »Und zu seinen Zeichen gehört es, daß er euch aus euch selbst Gattinnen geschaffen hat, damit ihr bei ihnen wohnet. Und er hat bewirkt, daß ihr einander in Liebe und Erbarmen zugetan seid« (Sure 30,21/20). Und einer der bekanntesten Aussprüche Mohammeds ist: »Eure Besten sind die, die ihre Frauen am besten behandeln«[162].

Wichtig ist festzustellen, daß – verglichen mit den vorislamischen Verhältnissen in Arabien – Mohammeds Anordnungen wichtige Verbesserungen für die Stellung der Frau erbrachten[163]:

- In ihren religiösen Rechten und Pflichten ist die Frau dem Mann gleichwertig. Auch sie ist Stellvertreterin Gottes auf Erden.
- Nicht die Familie, sondern die Frau erhält das Brautgeld und verwaltet ihr Vermögen selbst.
- Die vor Mohammeds Wirken nicht eingegrenzte Polygamie wird auf vier Frauen beschränkt – mit der Auflage, sie alle gleich zu behandeln (Sure 4,3).
- Die Willkür des Mannes bei der Scheidung wird eingeschränkt, da er bestimmte Sorgepflichten erfüllen und Wartezeiten einhalten muß (Sure 4,35/39). Auch die Frau kann sich unter bestimmten Umständen scheiden lassen (z.B. bei verletzter Unterhaltspflicht des Mannes, bestimmten Krankheiten oder langjährigem Fortbleiben des Mannes, schlechter Behandlung).

Dabei ist aber herkömmlich das Familienrecht noch ganz vom Leben in der Sippe bestimmt: Die Sippe erwirbt für den jungen Ehemann die Braut, die dann ihm gehört und ihm Gehorsam schuldet. Der Mann vertritt die

---

162 Nach Balić, Ruf vm Minarett, 88.

163 Zusammenstellung nach M. Tworuschka, Allah ist groß, 85.

Frau in der Öffentlichkeit (bei Behörden, aber auch in der Moschee, in der traditionell zumeist nur Frauen ab etwa 45 Jahren sich im Hintergrund der betenden Männergemeinde aufhalten).

Hinsichtlich der Bekleidung der Frau besagt ein Vers des Koran, daß gute Musliminnen sich außerhalb des Hauses schamvoll bekleiden sollen, doch ist von einem Gesichtsschleier nicht die Rede (Sure 24,31/32). »Bräuche wie das Tragen von Schleiern und Institutionen wie der Harem sowie die Verbannung der Frau aus dem öffentlichen Leben entstanden erst, als nach der Übernahme des Kalifats durch die Abbasiden (750) persische und byzantinische Gewohnheiten den Lebensstil zu prägen begannen.«[164]

Im 20. Jahrhundert hat sich unter der Übernahme westlicher Vorstellungen einiges geändert: Seit den 20er Jahren etwa gibt es in der Türkei und in Ägypten die Möglichkeit des Hochschulzugangs für die Frauen; in den meisten arabischen Ländern (zunächst in der Türkei und Tunesien) ist das altislamische Ehescheidungsrecht reformiert worden; die Tendenz zur Einehe (schon vom Reformer M. Abduh als in der Konsequenz der Koranaussagen über die Ehe liegend deklariert[165]) setzt sich weitgehend durch[166].

Ein moslemischer Denker wie Maudoodi allerdings weiß die herkömmliche islamische Familienordnung durchaus noch als zeitgemäß für die Gegenwart anzupreisen: in ihr seien die Aufgaben klar und gut verteilt und niemand werde überfordert, wie das in den westlichen Ländern geschähe, wo die Frauen oft zusätzlich noch mit beruflichen Aufgaben belastet würden[167]. Er trifft damit ohne Frage Schwierigkeiten, die bei Kleinfamilien in den Industrienationen, in denen beide Ehepartner berufstätig sind, auftauchen. Andererseits laufen seine Empfehlungen doch auf eine Einschränkung der Entfaltungsmöglichkeiten der Frau hinaus, für die die moderne Industriegesellschaft, die auch vor den islamischen Ländern nicht Halt macht, neue Perspektiven bereithält – etwa in einer Partnerschaftsehe, in der der Mann sich auch nicht vor herkömmlich »fraulichen« Aufgaben scheut. Dies ist einer der Punkte, an denen sich erweisen muß, ob die Religion des Islam einen sozialen Wandlungsprozeß mit tragen kann, oder ob sie sich nur in der Bewahrung herkömmlicher Strukturen zu akzentuieren vermag[168].

---

164 A. a. O. 86.

165 Siehe Weltreligionen, Theologisches Forum, 95.

166 Dabei kommt der Emanzipationsprozeß in den Städten und besonders in den gehobenen Schichten eher zur Wirkung als in ländlichen Strukuren.

167 Maudoodi, Islamische Fibel, 161 ff.

168 Eine andere, positive Seite der islamischen Ethik betreffs der Begegnung der Geschlechter hebt *H. Zbinden (Rückschau und Ausblick.* In: Asad/Zbinden: Islam und Abendland, 203–236, 217 f.) hervor: daß im Islam das Erotische nicht unterdrückt oder mit

Welche Spannweite der Aktualisierung islamischer Tradition in diesen Punkten gegenwärtig zu finden ist, zeigt sich, wenn man etwa die Position des Islamischen Zentrums München zur Kopftuchfrage mit den Überlegungen von Smail Balić vergleicht. Das Münchner Islamische Zentrum zitiert zur Stützung seiner Auffassung einen Beschluß des Präsidiums der Behörde für Religiöse Angelegenheiten der Türkei (Diyanet), in dem es heißt: »Wenn muslimische Damen in Anwesenheit von Männern, mit denen sie nicht näher verwandt sind und mit denen eine Ehe einzugehen ihnen religionsgesetzlich gestattet wäre, ihr Haupt und abgesehen von den Händen, dem Gesicht und den Füßen alle Körperteile bedeckt halten, dann handelt es sich dabei nicht – wie von gewissen Kreisen angenommen – um eine von einer bestimmten Gruppierung nachträglich eingeführte Sitte oder ein Zeichen, sondern um eine Bestimmung der islamischen Religion.«[169] Balić hebt demgegenüber hervor:

»Wenn im Bezug auf die Straßenkleidung vom *Qur'ān* gewisse Empfehlungen erlassen worden sind, so um für einen bestimmten historischen Augenblick ein sichtbares Zeichen der Zugehörigkeit zur besseren Gesellschaft, nämlich der islamischen, zu setzen. Dadurch sollte unter den damaligen Umständen die Frau vor Belästigungen des Pöbels geschützt werden. . . .

Das religiöse Denken des Orients legt auf die Kleidung großen Wert, weil man sie als ein Mittel zur Wahrung der Sittlichkeit ansieht. Mag sie das bis zu einem gewissen Grade auch sein, so wird ihr dennoch im ethischen Bereich eine übertrieben hohe Bedeutung beigemessen. Entgegen der herrschenden Meinung, steht der *Qur'ān* auf dem Standpunkt, daß die persönliche, moralische Integrität und ein lebendiges religiöses Bewußtsein . . . den besten moralischen Schutz für Frau und Mann bieten.«[170] Ebenso ist er im Blick auf Sure 4,34(38) des Koran der Auffassung, daß die »Züchtigung« mit Rücksicht auf ihre nicht mehr zutreffenden Prämissen nur noch einen historischen Wert habe[171]. An der faktisch unterlegenen Stellung der Frau in vielen orientalischen Ländern sei letztlich nicht der Islam, sondern ein vorislamisches Kulturerbe schuld, das es – zumal im europäischen Kontext – abzulegen gelte. Balić bezeichnet deshalb bewußt die Frau als »Partnerin des Mannes«[172].

3. Ein Thema, das in der Begegnung mit dem Islam als wenigstens ebenso heikel gilt wie die Stellung der Frau, ist sodann *die Einrichtung des*

---

negativem Vorzeichen versehen wird wie in vielen christlichen Glaubensrichtungen, wodurch sowohl Verdrängungen als auch andererseits die Heftigkeit erotischer Entfesselungen, die der Westen immer wieder erlebt hat (und auch gegenwärtig erlebt) weniger Nahrung fänden.
In dieses Bild hinein paßt auch, daß der Islam freiwilliger Geburtenregelung nicht entgegensteht (siehe B. Erbel, Art. »Geburtenregelung«, Lexikon der islamischen Welt, Bd. I, 193).

[169] *Zum Thema Kopftuch*, hg. v. Islamisches Zentrum München, Wallnerstr. 1–3. 8000 München 45, 1982, 14.

[170] Balić, Ruf vom Minarett, 91 f.

[171] Balić in M. Tworuschka, Allah ist groß, 87f.

[172] Balić, Ruf vom Minarett, 90.

Dschihād, herkömmlich übersetzt als »Heiliger Krieg«[173]. Im Koran wird denjenigen, die im Kampf für Allah ihr Leben aufs Spiel setzen, besonders hoher Lohn im Paradies verheißen (Sure 4,74/76 ff.). Ohne diesen Hintergrund, der den Krieg um des Glaubens willen nicht nur sanktioniert, sondern den Kämpfenden auch eine besondere Vergeltung im Jenseits zuspricht, wären die überwältigenden Eroberungszüge des Islam wohl kaum zu denken gewesen. – Zu verstehen ist dieser Zug im Islam nur von den Bedingungen her, unter denen Mohammed seine Lehre darbieten und durchsetzen mußte: Bewährung in kriegerischer Auseinandersetzung war für die kleine islamische Gemeinde in Medina, nach dem Auszug aus Mekka, praktisch existenznotwendig geworden, zum eigenen Schutz und zur Stärkung der eigenen Position. – Und so hat die Institution des Dschihād – im Koran kanonisiert – die Zeiten überdauert und ist noch wieder beim Oktoberkrieg 1973 gegen Israel bemüht worden[174].

Hinter ihr steht der Grundgedanke, daß der Islam eigentlich eine *einzige* Weltgemeinschaft unter einer einzigen Autorität konstituieren müßte[175].

Da die Wurzel »djhd«, der Ursprung des Wortes Dschihād, zunächst die Bedeutung »eifern«, »sich bemühen« trägt, kann Dschihād bereits bei dem Theologen Al Ghazzali (um 1100 n. Chr.)[176], aber auch bei verschiedenen Interpreten unserer Zeit in übertragenem Sinne verstanden werden (insbesondere in der Ahmaddiya-Bewegung, die den Dschihād als militärischen Kampf sogar ablehnt). Auch Maudoodi schreibt: »Dschihād bedeutet Kampf, Bemühung, Anstrengung bis zum äußersten der eigenen Leistungsfähigkeit. Ein Mensch, der sich körperlich oder geistig anstrengt oder sein Vermögen für die Sache Gottes hingibt, ist tatsächlich im Dschihād begriffen.«[177] Doch wird der Dschihād auch noch im Sinne militärischer Auseinandersetzung verstanden: dort wo ein islamischer Staat von Nichtmuslimen angegriffen wird[178]. – Dieses Recht zum Selbst-

---

[173] Siehe hierzu bes. bei Rondot, Islam heute 177–190 und *H.-W. Gensichen:* Weltreligionen und *Weltfriede.* Göttingen (Vandenhoeck & Ruprecht) 1985, bes. 83 ff.

[174] Maudoodi schätzt den Dschihād so hoch ein, daß er ihn in seiner »Islamischen Fibel« (139 f.) nicht erst unter der Scharia, sondern bereits unter der Ibada, also unter den Hauptpflichten des Moslem abhandelt, obwohl er selbst zugibt, daß die Verteidigung des Islam eigentlich nicht ein fundamentaler Grundsatz sei wie die anderen Hauptpflichten des Moslem.

[175] E. Tyan, Art. »Djihād«, EI Bd. II, 538–540, bes. 538.

[176] Al Ghazzali bezieht sich auf Sure 29,69 des Koran, wenn er von dem Kampf spricht, der zur rechten religiösen Erkenntnis führt (*Al Ghasali:* Das *Elixier der Glückseligkeit,* übertragen von H. Ritter. Jena und Köln/Diederichs-Verl. 1923, Nachdruck 1959, 38). Von daher kann auch unterschieden werden zwischen dem kleinen Dschihad, dem Kampf gegen den Gegner, und dem großen Dschihad, dem Kampf gegen sich selbst (siehe Rondot: Islam heute, 185).

[177] Maudoodi, Islamische Fibel, 140.

[178] Maudoodi rechtfertigt den Dschihad sogar dialektisch als Opfer für die Sache Gottes:

behauptungskampf der Gemeinschaft der Muslime wird auch von Smail Balić bejaht. Doch wendet er sich dezidiert gegen die Übersetzung »Heiliger Krieg«: »Der eigentliche Islam hat ... für den Ausdruck *heilig* nicht viel übrig. Er kennt keine Heiligen. ... Der Krieg ist am wenigsten ›heilig‹.« Balić möchte Dschihād demgegenüber vorrangig als *»terminus technicus* für den gesteigerten Einsatz zugunsten der religiös motivierten Humanität« verstehen[179]. In diesem Sinne wurden auch soziale Leistungen der muslimischen Gemeinschaft zur Verbesserung der Lebensbedingungen benachteiligter Bevölkerungsschichten im Zuge der »islamischen Revolution im Iran« als Dschihād bezeichnet[180].

4. Wenn wir schließlich auf die dem Selbstverständis des Islam entsprechende Wahrnehmung der *Verantwortung gegenüber der Menschheit und der Schöpfung* eingehen, so sollen vor allem zwei Elemente hervorgehoben werden: (1) die Freiheit von völkischen und rassischen Vorurteilen und (2) das auf den Koran zurückgeführte »Umweltbewußtsein«.

a) Von den Anfängen an hat sich der Islam als eine Lebensordnung verstanden, die sich der gesamten Menschheit anbietet, wobei zwischen verschiedenen Völkern und Rassen kein Unterschied gemacht wird (diese Grundanschauung hat sich auch immer wieder gegen das hohe arabische Selbstbewußtsein als des Ursprungsvolkes der Religion Mohammeds durchgesetzt)[181]. Hierauf führt man es heute u.a. zurück, weswegen der Islam sich in besonderer Weise als Religion der »dritten Welt« versteht

---

»Das größte Opfer für die Sache Gottes wird im Dschihād dargebracht, denn in diesem Kampf gibt der Mensch nicht nur sein eigenes Leben und sein Hab und Gut hin, sondern er vernichtet auch Leben und Eigentum anderer. Doch ... ist einer der Grundsätze des Islams, daß wir einen geringeren Verlust auf uns nehmen sollten, um uns vor einem größeren Schaden zu schützen. Was bedeutet der Verlust einiger Menschenleben, selbst wenn es einige Tausende oder mehr sein sollten, gegenüber dem Unheil, das die Menschheit befallen würde, wenn das Böse über das Gute und der aggressive Atheismus über die Religion Gottes den Sieg davontragen würde« (a.a.O. 156f.). – Dieses Einrechnen des Verlustes von Menschenleben, »selbst wenn es einige Tausende oder mehr sein sollten«, unterliegt stärksten Bedenken, weil es leicht in präventivem Sinne zur Legitimation für die Beseitigung mißliebiger Nichtmuslime mißbraucht werden könnte; dieses Bedenken muß wegen der Gefahr der eigenständigen Weiterwirkung einer Meinung wie der zitierten erhoben werden, auch wenn Maudoodi im folgenden das Verbot weitergibt, unnötig Blut zu vergießen, und das Gebot Gottes, nur gegen die zu kämpfen, die sich gegen die Moslems erheben und sie bedrohen.

[179] Balić, Ruf vom Minarett, 73.

[180] Errungenschaften der islamischen Revolution, 8.

[181] Zurückgeführt wird diese Einschätzung auf Koranstellen wie etwa Sure 49,13: »Ihr Menschen! Wir haben euch geschaffen (indem wir euch) von einem männlichen und weiblichen Wesen (abstammen ließen), und wir haben euch zu Verbänden und Stämmen gemacht, damit ihr euch (auf Grund der genealogischen Verhältnisse) untereinander kennt. (Bildet euch aber auf eure vornehme Abstammung nicht zu viel ein!) Als der Vornehmste gilt bei Gott derjenige von euch, der am frömmsten ist. ...«

und sich vor allem auch in den antirassistischen Kampf aktiv integrieren läßt; – dazu kann im Islam nicht ohne Recht darauf hingewiesen werden, daß das Christentum lange Jahrhunderte nicht vermocht hat, dem Rassismus in seinen Ländern Einhalt zu gebieten.

b) Im Blick auf den Umgang mit der Schöpfung zeichnet sich der Islam erneut dadurch aus, daß er seinen Anhängern einen ausgewogenen Weg zwischen erlaubter Nutzung und verbotener Ausbeutung zu gehen anweist: Der Herrschaftsauftrag über die Schöpfung schließt (wie auch in der alttestamentlichen Schöpfungstheologie) die Wahrnehmung der Verantwortung im Umgang mit ihr ein: Das Töten von Tieren aus reinem Jagdehrgeiz heraus ist ebenso verpönt wie das Schinden von Lasttieren, das unnötige Fällen von Bäumen und Sträuchern oder die Verschwendung der Naturschätze der Erde[182]. – Allerdings wird das verantwortliche Handeln in diesem Bereich in den islamischen Ländern angesichts der Faszination, die die industrialisierte Zivilisation ausstrahlt, nicht weniger eingeübt werden müssen als in den westlichen Ländern.

Beim abschließenden Rückblick auf die Beispiele aus der islamischen Lebensordnung, die wir kennengelernt haben, muß auffallen: Diese Lebensordnung scheint weithin von einer inneren Ungebrochenheit, von einer Kontinuität zu den Anfängen bei Mohammed gekennzeichnet zu sein, die vorhanden ist, obwohl dem Islam der Überstieg in das Industriezeitalter von den sozial-kulturellen Bedingungen der Länder her, in denen er herrscht, eigentlich schwerer fallen müßte als dem Christentum. Immer wieder deutlich wurde uns der unmittelbare Bezug auf die eigenen Anfänge, die in großer Unbefangenheit auf die Gegenwart übertragen werden. Das Fortlassen oder die Neudeutung »unbequemer« Passagen aus Koran und Hadith scheint dabei keine großen Schwierigkeiten zu bereiten, und es kann weiterhin ebenso unbefangen die absolute Gültigkeit des Koran behauptet werden. Wahrscheinlich ist dies nur möglich, weil der Katalog der Hauptlehren und -pflichten im Islam so unumstößlich feststeht, daß er gar nicht in Zweifel gezogen werden kann.

Insgesamt bietet sich der Islam mit seiner Lebensordnung als die Religion der Ausgewogenheit, der Praktikabilität, des »Schaffbaren« an. Daß dabei inzwischen jedoch auch Spannungen sichtbar werden, daß insbesondere von im Westen lebenden Moslems eine dynamischere Interpretation von Koran und Hadith gegenüber einer rein fundamentalistischen Haltung ins Feld geführt wird, zeigte sich uns besonders in der Frage der Stellung der Frau und des Verständnisses des Dschihād, der »Anstrengung auf dem Wege Allahs«.

---

[182] Maudoodi: Islamische Fibel, 171 f.

2.3 Aus der Geschichte des Islam

Zur Grundinformation über den Islam gehört notwendig ein Blick in die Geschichte der Religion; daß es sich dabei nicht nur um eine Geschichte der Theologie handeln kann, sondern ebenso die Geschichte der mit dem Islam verbundenen Politik und Kultur zu beachten ist, dürfte von den bisher aufgezeigten Grundstrukturen der Lehre Mohammeds her deutlich sein. Und in der Tat ist die Geschichte des Islam mit der politischen Entwicklung des Arabertums, aber auch mit großen kulturellen Leistungen unlösbar verknüpft.

Wir werden nur einige Streiflichter auf die Geschichte des Islam werfen können; eine eingehendere Behandlung würde den Rahmen dieser Untersuchung sprengen. Denn die Geschichte des Islam – besonders die Geschichte der durch ihn vermittelten Kultur – ist ein Thema für sich, bei dem eine Fülle von geistes- und wissenschaftsgeschichtlichen Implikationen berücksichtigt werden müßte; sind doch die islamischen Länder zur Zeit unseres frühen Mittelalters *die* Wahrer und Entwickler des kulturellen Erbes der Antike überhaupt gewesen.

In der Geschichte des Islam lassen sich im wesentlichen vier Hauptepochen unterscheiden: 1. die Zeit der großen Eroberungen; 2. die Zeit der politischen und kulturellen Weltgeltung; 3. die Zeit der Stagnation, gleichzeitig aber erneuter Ausbreitung in der Neuzeit; 4. der Aufbruch des Islam in der neuesten Zeit nach dem Niedergang des Kalifats[183].

2.3.1 Die Zeit der großen Eroberungen

Die Zeit der großen Eroberungen des Islam begann alles andere als vielversprechend. Der Tod Mohammeds schien zunächst eine Katastrophe für die junge islamische Gemeinde heraufzubeschwören. Denn für seine Nachfolge hatte der Prophet keinerlei Vorkehrungen getroffen. Er hatte auch keine Söhne, die ihn überlebten. – Prompt begannen Streitigkeiten über die Führerschaft, insbesondere zwischen den ursprünglichen Einwohnern von Medina und denen, die mit Mohammed zu ihnen nach Medina von Mekka her ausgewandert waren. Darüber hinaus wurden die

---

[183] Der folgende Überblick ist im wesentlichen an der Darstellung bei Glasenapp, Weltreligionen, 331 ff., orientiert.
Zu ausführlicherer Information eignen sich bes. die beiden Islam-Bände der Fischer Weltgeschichte (14/15), von *C. Cahen: Der Islam I.* Vom Ursprung bis zu den Anfängen des Osmanenreiches; *G. E. v. Grunebaum: Der Islam II.* Die islamischen Reiche nach dem Fall von Konstantinopel. Frankfurt/M. 1968/71, und ebenfalls v. *G. E. v. Grunebaum* der Beitrag *»Islam«* in der *Propyläen Weltgeschichte,* Bd. V (Berlin 1963), 21–179.

arabischen Stämme, die sich unterworfen hatten, wieder abtrünnig, wie zu erwarten war, und weigerten sich, die vorgeschriebenen Steuern zu zahlen.

Um so erstaunlicher ist die tatsächliche Entwicklung nach Mohammeds Tod: Keine zehn Jahre später bereits fällt das mächtige Alexandrien dem Islam in die Hände!

Es war Mohammeds alter Freund Abu Bekr, der mit starker Hand die Zügel der Regierung ergriff. Auf einer stürmischen Versammlung wurde er zum »Kalifen« (d.h. zum Stellvertreter des Propheten) gewählt. Ihm gelang es, die Aufstände der aufrührerischen arabischen Stämme niederzuwerfen und gleichzeitig die weitere Expansion des Reiches fortzuführen. Als er 634 starb, folgte ihm Omar, ein »hervorragender Mann, der ursprünglich zu den vornehmen mekkanischen Gegnern Mohammeds gehört hatte, dann aber einer seiner treuesten Anhänger geworden war. Während dieser als ›Beherrscher der Gläubigen‹ selbst meistens in Medina den Staat organisierte, eroberten seine Feldherren 636 Persien, 638 Syrien und 642 Ägypten. Diese gewaltigen Erfolge wären nicht möglich gewesen, wenn nicht die Nachbarreiche schon altersschwach und morsch gewesen wären und die Jugendkraft der Araber nicht schon von selbst in einer großen Völkerwanderung zur Entladung gedrängt hätte, für welche die Religion des Propheten jetzt das geeignete vereinheitlichende Prinzip und den ideologischen Überbau bot.«[184]

Außerdem ist zu bedenken, daß die Christen in Syrien und Ägypten zumeist nicht der Orthodoxie angehörten, sondern Monophysiten waren und unter den orthodoxen byzantinischen Behörden zu leiden hatten. »Deshalb wurden die Araber in vielen Fällen als Befreier und nicht als zukünftige Unterdrücker begrüßt. . . . Außerdem hat es noch lange gedauert, bis die Christen verstanden, daß eine neue Religion entstanden war. Sie haben den Islam lange Zeit als eine christliche Sekte betrachtet, als eine Form der Ketzerei, die sie für weniger gefährlich hielten als die verhaßte byzantinische Orthodoxie.«[185]

Mit welcher Großzügigkeit die muslimischen Eroberer z.T. insbesondere Christen gegenüber vorgingen, zeigen zwei Beispiele:

1. Als 635 Damaskus nach sechsmonatiger Belagerung kapitulierte, stellt der arabische Feldherr Chalid erstaunlich milde Übergabebedingungen:

»Im Namen Allahs, des Erbarmers, des Barmherzigen: das ist, was Chalid ibn al-Walid den Bewohnern von Damaskus gewährt . . . Er verspricht ihnen Sicherheit für ihr Leben, ihren Besitz und ihre Kirchen. Ihre Stadtmauer soll nicht zerstört werden, auch sollen Moslems nicht in ihren Häusern Quartier nehmen. Überdies bieten wir ihnen den Pakt mit Allah und den Schutz durch seinen

[184] Glasenapp, Weltreligionen, 331.
[185] J. Brugmann, Ursprung des Islam, 30.

Propheten, die Kalifen und die Gläubigen. Solange sie die Steuer bezahlen, soll einzig Gutes ihnen widerfahren.«[186]

2. In Jerusalem, das nach dem entscheidenden Sieg der Araber gegen die Byzantiner im Jahre 636 noch widerstehen konnte, bot der Patriarch Sophronius die Übergabe der heiligen Stadt an, wenn der Kalif Omar sie selbst übernehmen wollte. Omar kam selbst, und zwar – wie überliefert wird – nicht in herrschaftlichem Prunk, sondern in seinem gewohnten, geflickten Mantel. Omar behandelte die christlichen und jüdischen Einwohner der Stadt mit der gleichen Milde und dem gleichen Verständnis, das Chalid den Einwohnern von Damaskus gegenüber hatte walten lassen. Erzählt wird, daß Omar bei seinem Besuch in der Grabeskirche (die die Christen für den Grabesplatz Jesu halten) den Ruf zum Mittagsgebet vernahm. Er weigerte sich, in dem christlichen Heiligtum zu beten, fürchtete er doch, daß dann seine Anhänger die Kirche in eine Moschee umwandeln würden. Er verließ die Kirche und verrichtete sein Gebet auf dem kahlen Boden in Richtung Mekka[187]. – Auf Omars Anregung soll später der Felsendom, die sog. Omarmoschee, gebaut sein, während die Grabeskirche als christliches Gotteshaus bestehen blieb[188].

Auf den großartigen Omar folgte 644 als Kalif Othman, ein Schwiegersohn Mohammeds, unter dem die Sammlung und Zusammenstellung des Koran im wesentlichen abgeschlossen wurde. Sein Nachfolger wurde 656 ein anderer Schwiegerwohn des Propheten, Ali, der bereits fünf Jahre später von einem Fanatiker umgebracht wurde. Das nutzte der Statthalter von Syrien, Muawiya, der sich schon zuvor gegen Ali empört hatte, dazu, die Kalifenwürde an sich zu reißen. Er begründete die Dynastie der Omayyaden, die bis 763 von Damaskus aus regierte.

Dieses Ereignis führte zu der einzigen größeren religiösen Abspaltung in der Geschichte des Islam, der sogenannten Schia (was nichts anderes als »Abspaltung« oder »Partei« bedeutet). Es ist vielleicht nicht untypisch, daß sich diese Abspaltung nicht primär an einer theologisch-religiösen Frage entzündete, sondern an einer staatsrechtlichen Frage: wer nämlich der rechtmäßige Nachfolger des Propheten als Herrscher sei. Die Schiiten traten hier für die Familie des Propheten und für Ali und seine Nachkommen als deren Repräsentanten ein. – Hinzu kam die Frage, ob ein Muslim, der öfter gegen die Vorschriften des Koran und das Vorbild des Propheten verstieß, noch als Gläubiger betrachtet werden könne. Die Kalifen von Damaskus nun hatten gewalttätig die Macht ergriffen und waren nach Meinung der Frommen keine guten Muslime: Ihre Herrschaft galt ihnen nicht mehr als Kalifat, sondern als Königreich. Die Anhänger der toleranten Richtung (die natürlich von den Kalifen in Damaskus gestützt wurden) schoben dagegen das Urteil über die Frage, ob die Übertreter des

[186] Nach *D. Stewart: Islam.* Die mohammedanische Staatenwelt. Aus dem Englischen v. C. u. H. Wiemken. Reinbek b. Hamburg (Rowohlt) 1972, 70.

[187] Nach a.a.O. 71.

[188] S. hierzu Große Fremde Religionen, 99.

Gesetzes grundsätzlich aus dem Glauben ausgeschlossen werden müssen, auf, um es Gott zu überlassen, über sie Gericht zu halten[189]. – Die Schiiten haben sich in verschiedenen islamischen Gebieten in z.T. unterschiedlicher Ausprägung gehalten und sind heute z.B. in Persien die bestimmende Richtung[190]; von den Schiiten heben sich die Sunniten[191] als die weithin herrschende orthodoxe Richtung ab.

»Unter den Omayyaden dehnte sich das Kalifenreich nach der Eroberung von Karthago (697) über ganz Nordafrika aus und brachte auch Spanien und Südfrankreich unter seine Botmäßigkeit, bis Karl Martell durch seinen Sieg bei Tours und Poitiers (732) dem weiteren Vordringen in Europa ein Ziel setzte. Die in Damaskus regierenden Omayyaden verloren das Kalifat 750 an die Dynastie der Abbasiden, welche 763 Bagdad zu ihrer Residenz erhoben und bis 1258 regierten.«[192] Die gewaltigen Gebiete, die sich der islamische Staat erobert hatte – von Spanien über Nordafrika im Westen, Persien, Afghanistan und die indische Provinz Sind im Osten bis hin nach Turkistan und an die Grenzen Chinas – hatten zunächst nur eine zahlenmäßig nicht sehr große islamische Oberschicht. Eine allgemeine Bekehrung wurde – besonders bei den Christen und Juden – nicht einmal versucht, da diese die Kopfsteuer zu zahlen hatten, die das islamische Staatswesen finanziell tragen mußte[193]. »Im Verlauf der Zeit mußten aber die wirtschaftlichen und sozialen Vorteile, welche der Übertritt zur Religion der Herrenschicht gewährte, mit Notwendigkeit dazu führen, daß sich immer mehr Bewohner eines nach den Grundsätzen des Propheten regierten Landes dem Islâm anschlossen.«[194]

Die großen und schnellen Eroberungen waren der Grundstein für ein Weltreich, das wesentlich länger als alle zuvor bestehenden Herrschaften – die der Griechen, die des Hellenismus, die der Römer – den Mittelmeer-

---

[189] *J. Brugmann: Entwicklung des Islam* als Religion und Theologie. In: Geschichte des Islam, 36–50, 39f. = Christentum und Islam 2. Aber auch im sunnitischen Islam ist das Bewußtsein eines Wechsels im Charakter des Kalifenamts lebendig, wenn von den ersten vier Kalifen dezidiert als von den »rechtgeleiteten Kalifen« gesprochen wird.

[190] Da zu ihrem Bekenntnis der Glaube an einen von Gott eingesetzten Leiter, der Nachfolger des Propheten sein muß, gehört, verschiedene Untergruppen der Schia aber unterschiedliche »Imame« als legitime Leiter der Gesamtgemeinde ansehen, gibt es im Unterschied zur orthodoxen Sunna in der Schia eine Reihe von Abspaltungen (s. Spuler, Tradition und Moderne im Islam, 13). Vgl. im übrigen unten unter 2.3.4.

[191] Zum Begriff der Sunna vgl. oben unter 2.2.5.

[192] Glasenapp, Weltreligionen, 332.

[193] Zur Institution der Kopfsteuer siehe P. Hardy, Art. Djizya. EI Bd. II, 559–567.

[194] Glasenapp, Weltreligionen, 332. Wie unterschiedlich im einzelnen sich das Verhältnis zu den Christen in verschiedenen Zeitabschnitten und entsprechend den Zielsetzungen der jeweiligen Herrscher gestalten konnte (bis hin zur Teilnahme islamischer Herrscher an christlichen Festlichkeiten einerseits, zur Zerstörung von Kirchen und vereinzelter Verfolgung von Christen andererseits), zeigt sehr illustrativ die Dissertation von *B. May: Die Religionspolitik der ägyptischen Fātimiden,* 969–1171. Hamburg 1975 (masch.).

raum, den Norden Afrikas und den gesamten Bereich Vorderasiens bestimmte.

Über die späteren Ausbreitungen des Islam ist zu sagen, daß sie nicht mehr das Ergebnis solcher Blitzkriege waren: »Anatolien wurde allmählich im 11. Jahrhundert von türkischen Stämmen erobert. Diese Eroberungen wurden später von den Osmanen vollendet. Den Osmanen gelang es, im Jahre 1453 sogar Konstantinopel zu besetzen, wodurch das Byzantinische Reich sein Ende fand. Die Osmanen eroberten einen großen Teil des Balkans (ohne ihn völlig zu islamisieren) und erschienen sogar vor Wien. In Schwarz-Afrika ist der Islam nur allmählich eingedrungen, meistens nicht durch Militärexpeditionen, sondern auf friedliche Weise. In Indonesien ist die Ausbreitung ebenfalls sehr friedlich vor sich gegangen, d.h. nicht als Ergebnis von Eroberungen von außen, sondern merkwürdigerweise und sogar größtenteils während der holländischen Kolonialzeit.

Seine großen Enttäuschungen hat der Islam in Europa erlebt. Spanien ist durch die allmähliche Zurückeroberung (*Reconquista*) wieder ganz verlorengegangen. Die Inseln im Mittelmeer, die lange islamisches Territorium gewesen waren, wurden ebenfalls von den Christen zurückerobert. Es ist kaum zu glauben, daß Zypern, Kreta und Sizilien einmal islamische Gebiete waren. Durch die Vertreibung der Türken aus dem Balkan sind auch dort nur wenige Muslime übriggeblieben. Auf dem Festland Europas ist in politischer Hinsicht nur Konstantinopel – das heutige Istanbul – dem Islam erhalten geblieben, mit einem kleinen umliegenden Gebiet.«[195]

Es stellt sich nun die Frage: Wie hat sich der Islam in den von ihm so schnell eroberten Gebieten eingerichtet?

2.3.2 *Die Zeit der politischen und kulturellen Weltgeltung*

In den unterworfenen Gebieten fanden die islamischen Herrscher hochentwickelte Religionen und Kulturen vor. Im Unterschied zu anderen Eroberungszügen in der Geschichte – etwa bei der Völkerwanderung und dem Untergang des Römischen Reiches – bedeutete die Eroberung nicht den Niedergang dieser Kulturen. Der Grundsatz aus der 2. Sure des Korans (256/257) – »In der Religion gibt es keinen Zwang« – ließ den Islam nach seinen Eroberungen in den beherrschten Gebieten unerwartet tolerant auftreten. Insbesondere für Juden und Christen – als »Leute der Schrift«, denen der Koran im Unterschied zu den Heiden eine Sonderstellung einräumt – galt diese Toleranz. So dauerte es lange Zeit, bis der überwiegende Teil der Bevölkerung in den eroberten Ländern muslimisch war; und noch gegenwärtig sind gut 10 % der Ägypter und etwa 15% der Syrer Christen. Im Libanon machen sie sogar noch ungefähr 50% der

[195] Brugman, Ursprung des Islam, 31f.

Bevölkerung aus[196]. Durch das weitgehend tolerante Vorgehen der islamischen Eroberer konnte es zur Wahrung, Verarbeitung und Weiterentwicklung der vorhandenen Kulturen kommen, einer Weiterentwicklung, die im Abendland während des Mittelalters keine Parallele hat. Im westlichen Geschichtsbewußtsein ist der Beitrag des Islam zur Weltkultur so gut wie gar nicht verankert; hier wird meist von der die Neuzeit einläutenden Renaissance eine direkte Linie zurück zur Antike gezogen, ohne zu bedenken, daß die Renaissance gar keine Chance gehabt hätte, wenn ihr nicht die Kulturgüter des Altertums durch arabische Wissenschaftler und Künstler vermittelt worden wären.

Im folgenden sollen kurz einige wesentliche Kulturleistungen der islamischen Welt dargestellt werden: im Bereich der Sprache, im Schul- und Buchwesen, in der Wissenschaftsentwicklung, in Wirtschaft, Handel und Verkehrswesen, in der medizinischen Forschung und Praxis und schließlich in der Dichtung[197].

Zunächst zur Sprache: Durch die große Bedeutung des Koran, der nur in arabischer Sprache kanonische Geltung hat, waren alle Muslime in den verschiedenen Ländern auf die arabische Sprache gewiesen. Zwar gingen auch in diesem Punkt die neuen arabischen Herrscher nicht abrupt und gewaltsam vor – erst 100 Jahre nach der Eroberung wurde das Arabische Kanzleisprache in Persien, Syrien und Ägypten[198]; aber allmählich setzte sich das Arabische durch. Viele Lehnwörter – besonders im Spanischen, aber auch im Deutschen[199] – zeugen von der kulturellen Ausstrahlung des islamischen Arabertums. Als wichtig erwies sich vor allem das Interesse der Araber an den kulturellen und wirtschaftlichen Errungenschaften der Nachbarvölker und der unterworfenen Völker. Während nach der Schließung der Philosophenschule in Athen 529 (durch Justinian) das christliche Abendland vorerst weitgehend von seinem antiken Erbe abgeschnitten war, begannen bereits 687 – also nur 55 Jahre nach dem Tod Mohammeds – antike Übersetzungen ins Arabische, durch die u. a. die Schriften des Aristoteles der Philosophie erhalten blieben[200].

Auf dem Höhepunkt der islamischen Kulturentwicklung – also etwa

---

196 A. a. O. 33. Vgl. aber auch May, Religionspolitik der ägyptischen Fātimiden.

197 Das geschieht in Anlehnung an die Ausführungen von *H. Gottschalk: Weltbewegende Macht Islam.* Weilheim (O.-W. Barth) 1962, 139ff. Vgl. hierzu vor allem den von *B. Lewis* hg. prachtvollen Band: *Welt des Islam.* Geschichte und Kultur im Zeichen des Propheten, aus dem Englischen übertragen von R. Allemann, H. Fähndrich, M. Nagel und D. Rondorf. Braunschweig (Westermann) 1976.

198 Brugman, Ursprung des Islam, 34.

199 Hierzu *S. Hunke: Allahs Sonne* über dem Abendland. Unser Arabisches Erbe. Frankfurt a. M./Hamburg (Fischer Bücherei 643) 1965. Sie führt (347ff.) mehr als 250 solcher Wörter auf.

200 Die Werke der Antike wurden maßgeblich durch syrische Christen für die Araber zugänglich.

um das Jahr 1000 – ist auch das Schulwesen im Islam schon relativ weit entfaltet: Vom 7. Lebensjahr an durften die Kinder die Volksschule besuchen. 5 Jahre lang wurden die Schüler unterrichtet, und zwar in der Hauptsache im Lesen und Schreiben und im Auswendiglernen des Korantextes. – Zur gleichen Zeit gab es im Abendland etwa zu 95% Analphabeten. Aber auch mit Rechnen und Dichtung befaßte man sich. Aufbauend auf den Stoff der Volksschulen wurde an der Madrasa (oder Medrese), einem Internat, unterrichtet, auf dem es allerdings nur begrenzt Studienplätze gab; der Lehrkörper eines solchen Internats setzte sich aus anerkannten Gelehrten zusammen.

Entscheidend war auch, daß die Muslime viel früher als das christliche Abendland – nämlich bereits im 8. Jahrhundert – von den Chinesen die Papierherstellung gelernt hatten. In Bagdad gab es bald darauf die erste Papierfabrik. Von dort aus verbreitete sich im Verlaufe mehrerer Jahrhunderte diese Errungenschaft allmählich über Nordafrika nach Europa. Ende des 9. Jahrhunderts blühte bereits in Bagdad das Buchhändlergewerbe. – Die Moscheen unterhielten Bibliotheken, die der Allgemeinheit offenstanden. Die große Bibliothek in Cordoba soll 500 000, die in Bagdad zwei Millionen Bände umfaßt haben.

Dieser Fülle an Büchern entsprach eine große Vielfalt an wissenschaftlicher Arbeit, die betrieben wurde. Es waren nicht nur die Werke von Platon, Hippokrates und Aristoteles, die ins Arabische übersetzt wurden. Man nahm auch Erkenntnisse aus Persien und Indien auf und verarbeitete sie. Dabei richteten sich die Muslime in der Naturwissenschaft[201] vor allem nach den Griechen, in der Dichtung lehnten sie sich an die Perser an. Doch auch von den Indern übernahmen sie wichtige Erkenntnisse, wie z.B. das Dezimal-Ziffern-System. In Medizin, Mathematik, Geographie und Astronomie hatten die Araber bald selbständige Leistungen aufzuweisen. So nahmen Astronomen, die im Dienst des Kalifen Al Mamun standen (9. Jh.), bei ihrer Forschung die Kugelgestalt der Erde als gegeben an und berechneten den Erdumfang auf eine Länge von 32 000 Kilometern[202]. – Viele der im islamischen Herrschaftsgebiet entstandenen Werke wurden in Übersetzerschulen in Spanien ins Lateinische übertragen und damit auch für das Abendland zugänglich.

Eine wichtige Grundlage für die enorme kulturelle Entwicklung war durch den blühenden Handel und eine blühende Wirtschaft gegeben. Das Islamische Reich hatte nicht nur die Schlüsselstellung für jeden Handel zwischen dem Fernen Osten und dem Abendland, auch innerhalb der eigenen Grenzen entwickelte sich ein lebhafter Austausch von Gütern,

---

[201] Zum folgenden vgl. *A. I. Sabra: Philosophie und Naturwissenschaften.* In: Lewis, Welt des Islam, 181–200, sowie Hunke, Allahs Sonne, 35ff.

[202] Gottschalk, Weltbewegende Macht Islam, 146.

der weder durch Zoll noch durch Grenzen behindert, vielmehr umgekehrt durch Verkehrs- und Handelsbestimmungen geschützt wurde.

Auch in der Landwirtschaft wurde erhebliches geleistet: Man beschäftigte sich mit der Anlage von Kanälen und Gräben, mit der Trockenlegung von Sümpfen und mit dem Anbau von Pflanzen, die bisher wenig beachtet worden waren, z.B. Orangen, Baumwolle, Zuckerrohr. An der Spitze stand dabei Andalusien[203], das vom Kalifat in Cordoba aus durch und durch kultiviert wurde und im 10. Jahrhundert unter der Herrschaft von Abd ar-Rachman dem Großen (912–961) ohne Frage der fortschrittlichste Staat Europas überhaupt war. Wie damals die Hauptstadt Cordoba aussah, schildert Sigrid Hunke[204]:

»... als ›die Stadt der Städte‹ galt dem Andalusier Cordoba. Weit an seinen grünen Ufern hingedehnt mit ihren achtundzwanzig Vorstädten, war sie zur Zeit Abd ar-Rachmans des Großen um die Mitte des 10. Jahrhunderts schon der bebauten Fläche nach die größte Stadt des Westens einschließlich des gesamten Europas. Außer den Wohnungen der Wesire und Beamten besaß Cordoba 113 000 Wohnhäuser, 600 Moscheen, 300 Bäder, 50 Hospitäler, 80 öffentliche Schulen, 17 höhere Lehranstalten und Hochschulen (die im 9. Jahrhundert durchschnittlich allein 4000 Studenten der Theologie vereinten) und 20 öffentliche Bibliotheken, die Hunderttausende von Büchern enthielten – in einer Zeit, in der keine Stadt Europas außer Konstantinopel mehr als 30 000 Einwohner zählte, keine Gemeinde ein Krankenhaus oder eine höhere Schule besaß, nirgends eine nur nennenswerte Bibliothek oder gar ein öffentliches Bad sich befand. ...«[205]

Es gab allerdings eine Kehrseite des Reichtums: nämlich den Sklavenhandel. Obwohl der Koran die Sklaverei nur in wenigen Fällen erlaubt und die Almosensteuer gerade auch für den Loskauf von Sklaven mitbestimmt ist, war die Sklaverei bald gang und gäbe. Unter den Sklaven befanden sich Afrikaner, Türken, Chinesen und Weiße aus Rußland, Spanien und Italien[206].

Mit dem wachsenden Wohlstand hängt es andererseits auch zusammen, daß im arabischen Herrschaftsgebiet die Medizin – und mit ihr verbunden die Pharmazie – zu besonderer Bedeutung gelangte[207]. Es entstanden Apotheken und Drogerien. Die muslimischen Ärzte waren bald sogar in der Lage, Operationen durchzuführen. Die Kenntnis dazu konnten sie nicht durch Leichensektion erwerben, da dies im Koran verboten wird.

---

203 Hunke, Allahs Sonne, 288f.; vgl. zur Geschichte des islamischen Spanien *E.G. Gómez: Maurisches Spanien.* In: Lewis, Welt des Islam, 225–244.

204 Hunke, Allahs Sonne, 290.

205 Zur islamischen Stadt allgemein siehe O. *Grabar: Städte und Städter.* In: Lewis, Welt des Islam, 89–116.

206 Zum (begrenzten) Recht der Sklaven z.B. auf Altersversorgung vgl. *B. Lewis: Der Glaube und die Gläubigen.* In ders., Welt des Islam, 25–56, 49.

207 Vgl. hierzu Hunke, Allahs Sonne, 100–176.

Sie erwarben die Kenntnis aber an tierischen Körpern oder bei der Versorgung Verwundeter. Als Betäubungsmittel wurden bereits Rauschgifte benutzt. Ibn Sina, in Europa bekannt unter dem Namen Avicenna, war bei weitem nicht der einzige Arzt von Weltgeltung. Es entstanden medizinische Enzyklopädien und Krankheitsbeschreibungen, die z. T. bis in die Gegenwart hinein nicht überholt sind.

Schließlich sei noch kurz auf die Dichtung hingewiesen[208]: Ein großer Teil der islamischen Dichtung bestand aus Kurzgeschichten. Ihre schönste und bekannteste Sammlung ist in den Märchen aus Tausendundeine Nacht enthalten. – Im 10. Jahrhundert entstand der Reim, – und während für Mohammed zur Zeit seines Auftretens in Arabien das Wort »Dichter« noch ein Schimpfwort war, galt nun das Versemachen als Zeichen der Bildung. Selbst herumziehende Prediger und Vortragskünstler bemühten sich, ihre Reime zu setzen. Eine besondere Bedeutung hatten auch die Hofdichter, die an den arabischen Residenzen lebten; sie hatten vor allem die Aufgabe, Loblieder auf ihre Herren zu schreiben, waren also so etwas wie Public-Relations-Manager und Wortführer der Herrscher.

All diese Beispiele aus der Kulturleistung des Islam können nur einen schwachen Schimmer von dem Reichtum wiedergeben, den das Arabertum in Wirtschaft, Wissenschaft und Kunst vor allem in den Jahrhunderten um das Jahr 1000 n. Chr. hervorgebracht hat. Sigrid Hunke schildert in ihrem Buch »Allahs Sonne über dem Abendland« all diese Leistungen in ausführlicher und etwas überschwenglicher Weise, einer gewissen Einseitigkeit, die aber zu verstehen ist, wenn man wahrnimmt, wie sehr dieses Kulturerbe im Abendland vernachlässigt, verneint und oft auch verketzert worden ist.

Ein Kennzeichen für die geistige Weite der islamischen Kultur in dieser Zeit ist auch, daß die große Gruppe der Juden im islamischen Spanien sich kulturell stark entfalten konnte. Hier kam es zu engen und fruchtbaren Beziehungen zwischen Juden und Arabern. »Juden waren als Minister, Ärzte und Dichter an islamischen Höfen tätig und verfaßten viele ihrer literarischen und religiösen Werke in arabischer Sprache. In dem Bemühen, den Wert der eigenen Religion herauszustellen und zu behaupten, entstanden grundlegende Werke der jüdischen Religionsphilosophie, wie etwa die des Maimonides (1135–1204). Man hat den Zeitraum zwischen dem 10. und 12. Jahrhundert in Spanien das ›goldene Zeitalter‹ genannt, weil in ihm zu gegenseitiger Bereicherung Juden und Nichtjuden relativ harmonisch zusammenlebten.«[209]

Im weiteren kann auf all die berühmten Gestalten der arabischen Kultur – auf den Arzt Rhases (ar-Rasi), auf Avicenna (Ibn Sina), auf Averroes

---

[208] Hierzu C. *Pellat: Goldschmiede des Wortes.* In: Lewis, Welt des Islam, 141–160 und *A. Shiloah: Die islamische Musik*, in: a. a. O. 161–180.

[209] Große Fremde Religionen, 38.

(Ibn Rushd) und die vielen anderen – nicht eingegangen werden. Es sei nur darauf hingewiesen, daß mit der Gestalt Al Ghazzalis, der im 11. Jahrhundert vom zunächst skeptischen Philosophen zum frommen Muslim und Mystiker wurde, eine Wendung zum Erstarken islamischer Orthodoxie eingeleitet wurde, die dann auch die freie Weiterentwicklung gerade der medizinischen Wissenschaft einengte.

»Mit dem ganzen Rüstzeug scholastischer Dialektik bekämpfte er die Lehre der Philosophen von der Ewigkeit der Welt, der Allgemeingültigkeit der Kausalgesetze und der geistig zu verstehenden Auferstehung und trat demgegenüber dafür ein, daß Gott die Welt zu einem bestimmten Zeitpunkt aus dem Nichts geschaffen habe und daß Gott, weil er absolut frei ist, die Kette der Kausalität jederzeit nach seinem Willen unterbrechen könne. Er lehrte auch, daß die Auferstehung tatsächlich als eine leibliche zu denken sei. Denn die Theorien der Philosophie sind nicht beweisbar, und unser Denken vermag nicht das wahre Wesen der Dinge zu erkennen. Ein vollendeter Skeptizismus gegenüber den Leistungen menschlichen Denkens verbindet sich hier aber mit der Überzeugung von der absoluten Wahrheit der Lehren der heiligen Überlieferung.«[210]

Die Bedeutung Al Ghazzalis für die islamische Theologie bis in die Gegenwart hinein kann nicht hoch genug eingeschätzt werden: Ihm gelang es, die islamische Mystik (Sufik) mit der sunnitischen Orthodoxie zu verbinden, indem er »im Vorkommen mystischer Erkenntnisse, der auditiven und visuellen höheren Wahrnehmungen einen Beweis für die Prophetie und damit für die Glaubwürdigkeit der islamischen Religion, also in der ›kleineren Tradition‹ der Mystik einen Beweis für die Richtigkeit der ›größeren Tradition‹ der Religion, erblickte«[211]. Die strengerer Askese, vor allem aber menschlicher Annäherung an Gott gegenüber abweisende Haltung der koranischen Offenbarungen erfährt hierdurch eine Ergänzung, die bestimmten Erscheinungen des Christentums nicht fernsteht: »Ghazzali machte oft Anleihen bei den Methoden der christlichen Askese. Er empfahl zunächst die Buße, um zu vollkommener Reinheit des Herzens zu gelangen, und außerdem die tägliche Selbstprüfung und Beichte.«[212]

In der Tradition der Mystik standen später auch die für die Entwicklung im Seldschuken- und Osmanenreich bedeutsamen Orden der Bektaschi mit ihrem Zentrum in Haci Bektasch (Anatolien) und der Mevlevi, der »tanzenden Derwische«, mit ihrem Zentrum in Konya. Dschelalledin Rumi, der Gründer der Mevlevi, wirkte im 13. Jahrhundert als theologischer Lehrer, als Mystiker und Dichter am Hof der Seldschuken in Konya und hatte von dort aus eine ungeheure Ausstrahlung. Seine Dichtung kreist um Liebe und Trennungsschmerz im Verhältnis zu Gott bzw. zum vollkommenen Menschen, der ihn repräsentiert. Rumis

---

[210] Glasenapp, Weltreligionen, 334.

[211] *F. Meier: Der mystische Weg.* In: Lewis, Welt des Islam, 117–140, 119.

[212] Rondot, Islam heute, 238f. – Ein Überblick über Al Ghazzalis Leben findet sich bei *R.-E. Wilms: Al-Ghazalis Schrift wider die Gottheit Jesu.* Leiden (Brill) 1966, Kapitel 1.

Dichtung sprach besonders die höheren Kreise an, ebenso wie die hohe Kultivierung von Musik und Tanz für das mystische Gotteserleben[213].

Die Bektaschi nahmen für einen Teil ihrer Bewegung das zölibatäre Mönchsideal auf; sie verwandten auch heilige Dreiheiten, die an die Trinität anklingen, und feierten ein an das Abendmahl erinnerndes Mahl. Indem sie bei aller gedanklichen Tiefe einfache türkische Sprache und volksnahe Weisen verwendeten, erreichten sie weitere Schichten.

Sowohl die »tanzenden Derwische« der Mevlevi als auch die Bektaschi pflegten gute Beziehungen zu der in Anatolien damals noch zahlreichen christlichen Bevölkerung. In ihrer Art von Toleranz führten sie in den Zeiten der islamischen Herrschaft viele Christen friedlich hinüber in den Islam. Die Bektaschi wurden auch die islamischen Erzieher der aus christlichen Familien ausgehobenen Janitscharensoldaten.

2.2.3 Ausbreitung und Stagnation in der Neuzeit

Mit dem Aufkommen der Renaissance im Abendland, der beginnenden Neuzeit ging zunächst die kulturelle, später auch die politische Weltgeltung des Islam zunehmend zurück. Während die äußere Ausbreitung des Islam in der Zeit von 1000 bis 1500 noch voranschritt – im Jahr 1453 fiel Konstantinopel den Türken in die Hände, gleichzeitig wurden in Indien große Gebiete gewonnen, die Türken schoben sich später bis vor die Tore Wiens –, erlitt das Arabertum einen empfindlichen Schlag, als im Jahre 1492 mit der Eroberung Granadas die arabische Herrschaft auch im südlichen Spanien zu Ende ging. Damit war die große kulturelle Brücke zwischen Orient und Abendland zerstört. – Hinzu kam, daß von Europa aus die Seewege nach Indien sowie Amerika entdeckt wurden und damit die Mittelpunktstellung der islamischen Länder im Welthandel verlorenging. Überhaupt war der Islam in seiner Verbindung mit dem Arabertum immer eine vorwiegend kontinentale Macht gewesen.

So verringerte sich die Weltbedeutung des Islam, obwohl er nicht nur im Balkan durch die osmanische Herrschaft, sondern auch in Indien, in Afrika und besonders in Indonesien neuen Boden gewann.

Eine besondere Blüte erlebte der Islam noch in Indien, wovon etwa das Rote Fort in Delhi, die Residenz des Kaisers Akbar – Fathepur Sikri – und das Taj Mahal bei Agra (erbaut 1630–1652 unter Schah Jahan) Zeugnis ablegen.

Kaiser Akbar, der von 1556–1605 (!) regierte, war der bedeutendste Vertreter der Mogul-Dynastie. Nach seinen Eroberungen unterdrückte er die Hindus nicht, sondern machte sie zu gleichberechtigten Mitbürgern; auch die Kopfsteuer schaffte er ab. Gleichzeitig war er – ähnlich dem Kaiser Ashoka, der im 3. vor-

[213] S. hierzu dieDarstellung von *A. Schimmel: Rumi.* Ich bin Wind und du bist Feuer. Leben und Werk des großen Mystikers. Köln (Diederichs) 1982[3].

christlichen Jahrhundert die größte Blüte des Buddhismus in Indien ermöglichte – von echter, tiefer Religiosität getrieben. Er studierte nicht nur verschiedene muslimische Richtungen, sondern lud auch Christen, Hindus, Jainas, Zoroastrier und Sabäer zu Religionsgesprächen heran.

Für seine eigene Religionsvorstellung, die er »Din-i-Ilahi« (»Göttlicher Glaube«) nennt, wählt er das Symbol der Lotosblume: So wie die Lotosblüte aus schlammigem Untergrund sich zu neuer Schönheit entfaltet, so sollen die besten Elemente jeder einzelnen Religion in diesem neuen Glauben zur Geltung kommen. »Die ethischen Gebote des Dīn-i-ilāhī wenden sich gegen Sinnlichkeit, Begierde, widerrechtliche Aneignung, Betrug, Verleumdung, Unterdrückung, Einschüchterung und Hochmut. Die Ablehnung des Schlachtens von Tieren ... verrät dschainistischen Einfluß, die hohe Bewertung des Zölibats den des römischen Katholizismus; das Ritual, in dem die Verehrung der Sonne und des Feuers im Mittelpunkt stand, war zoroastrischen Ursprungs. Neun von den zehn im Dīn-i-ilāhī geforderten Tugenden sind direkt auf den Koran zurückführbar, sie sind allerdings auch in den heiligen Schriften anderer Religionen zu finden: Freigebigkeit, Geduld, Enthaltsamkeit, Gewaltlosigkeit, Frömmigkeit, Hingabe, Klugheit, Sanftmut, Güte. Die zehnte stammt aus der ṣūfischen Mystik: ›Läuterung der Seele durch das Verlangen nach Gott‹.«[214] Akbar machte keinen Versuch, die Annahme seines Glaubens mit Gewalt zu erzwingen; im Gegenteil, die Unterdrückung religiöser Intoleranz gehörte zu den Prinzipien seiner Verwaltungsreform.

Es ist sicher nicht untypisch, daß sich ein solcher Synkretismus bei dem sonst stark auf seinen orthodoxen Traditionen beharrenden Islam gerade auf indischem Boden ergeben hat, wo die Tendenz zur Vermischung von Religionen und Kulturen eine lange Geschichte hat, wie besonders die Beschäftigung mit dem »Hinduismus« zeigt.

Das Problem für die weitere Geschichte des Islam ist, daß er an den geistig (»Aufklärung«), wirtschaftlich, wissenschaftlich und technisch (»industrielle Revolution«) dynamischen Entwicklungen des Abendlandes nicht teilnahm und deshalb der Herausforderung des Kolonialismus nicht gewachsen war.

Dennoch bewährte sich der Islam in diesen Jahrhunderten in einer neuen Hinsicht, darin nämlich, daß er auch dort seine Stellung behauptete, wo er nicht mit der jeweils herrschenden politischen Macht zusammenging – als nämlich das Mogulreich und viele islamische Gebiete in Asien und Afrika unter die Herrschaft europäischer Kolonialmächte kamen[215].

Während Kultur und Zivilisation der westlichen Welt Amerika, Afrika und weite Teile Asiens überfluteten und mit der Abschaffung des Kalifats durch die moderne Türkei dem Islam sein traditioneller geistlich-politischer Mittelpunkt genommen wurde, waren auch schon erste Reformer

---

[214] v. Grunebaum, Der Islam II, 246.

[215] Glasenapp, Weltreligionen, 335.

am Werk gewesen, die den Islam gegen den Ansturm westlicher Ideen und für die Auseinandersetzung mit dem Industriezeitalter rüsteten: der aus Persien stammende Dschamal ad-Din al-Afghani (1839–1897) und nach ihm der in Kairo tätige Mohammed Abduh (1849–1905), über die schon oben (im ersten Kapitel dieses Teiles) berichtet wurde[216].

2.3.4 Ein Sonderfall: Die Schiiten im Iran – zum Hintergrund der »Islamischen Revolution«

Auf die spektakulärste Entwicklung im gegenwärtigen Islam muß – im Bewußtsein, daß damit nur ein bestimmter Ausschnitt aus dem Weltislam in den Blick kommt – an dieser Stelle gesondert eingegangen werden: Die Islamische Revolution im Iran. Hier haben sich Ereignisse abgespielt, die so bis in die 70er Jahre unseres Jahrhunderts hinein kaum jemand für möglich gehalten hätte und die das politische Gesicht der Erde – besonders im Bereich der sog. blockfreien Staaten – gewandelt haben: Eine *religiöse* Bewegung hob ohne jede militärischen Machtmittel (deren sie sich allerdings nach ihrem Sieg konsequent bediente) das von einer der größten Armeen der Welt gestützte, westlich orientierte Schah-Regime aus den Angeln. Allein die Tatsache, daß im Namen des Islam und gegen die von vielen Moslems als dekadent empfundenen westlichen Wertvorstellungen dieser Sieg errungen wurde, übt in der islamischen Welt eine große Faszination aus. Daß der scheinbar eindeutige Trend hin zu den Wohlstandswerten einer technologischen Zivilisation und zum Säkularismus durchbrochen wurde, hat die Hoffnungen auf den Islam als einen eigenständigen Weg gegenüber marxistischem Atheismus und westlichem Kapitalismus in den Augen vieler Moslems genährt. Freilich hat das iranische Modell durch seine neuerlichen diktatorischen Herrschaftsformen und den fortdauernden Golfkrieg auch in der islamischen Welt an Anziehungskraft eingebüßt. Es stellt sich die Frage: Ist das Beispiel Iran in Kontinuität oder in Diskontinuität zur islamischen Geschichte und insbesondere zur modernen Entwicklung des Islam zu sehen? Welche spezifischen Impulse sind hier am Werk? – Es ist beides zu beobachten: Kontinuität insofern, als die islamische Revolution im Gesamtzusammenhang der Wiederbelebung des islamischen Bewußtseins und islamischer Werte zu sehen ist; sie ist ein deutliches Beispiel für den »Aufstand gegen koloniale Demütigung«. Diskontinuität liegt insofern vor, als die geschichtlichen Hintergründe des schiitischen Islam im Iran einen ganz eigenen Charakter tragen, der durch die Jahrhunderte hindurch den Reli-

[216] Siehe oben 2.1.2 u. 2.1.3. Dort findet sich auch die Fortsetzung des geschichtlichen Überblicks in die Gegenwart hinein.

gionsformen in diesem Lande ihr eigenes Gesicht gegeben hat. Diese geschichtlichen Hintergründe müssen wir uns in den wichtigsten Umrissen vor Augen führen.

Am Anfang der Geschichte der Schia steht das Geschick der ersten »Imame« – der geistlichen (und politischen) Führer dieser Religionsrichtung –, insbesondere das des ersten und des dritten Imam[217]: des Kalifen Ali und seines Sohnes Hussein. Beide werden nicht nur als vorbildliche religiöse Leiter der Gemeinschaft verehrt, sondern auch als Märtyrer; denn beide gelten als gleichermaßen fromm und heldenhaft in ihrem Auftreten, und beide starben eines gewaltsamen Todes, für den ein hinterhältiger Gegner verantwortlich war.

Nach schiitischer Auffassung war Ali von Mohammed selbst als Nachfolger eingesetzt, aber danach durch Intrigen an seiner Führerschaft gehindert worden. Die Erinnerung an die entsprechende Äußerung Mohammeds (»Der, dessen Herr ich bin, dessen Herr ist auch Ali«), die bei Mohammeds Rückkehr von seiner letzten Wallfahrt nach Mekka gefallen sein soll, wird bei den Zwölfer-Schiiten besonders im alljährlichen Ghadir-Fest (im Iran seit Jahrhunderten offizieller Feiertag) gepflegt[218].

Als Ali schließlich nach Othmans Ermordnung 656 in Mekka zum Kalifen erkoren wurde, hatte er von Anfang an mit Widerständen zu kämpfen, die besonders von der Witwe Mohammeds, Aischa, und von dem Gouverneur von Syrien, Moawija, geschürt wurden. Ali konnte einen fast errungenen Sieg gegen Moawija nicht ausnützen: Als dessen Soldaten Koranblätter an ihre Lanzen hefteten, verloren seine Anhänger den Kampfgeist und drängten Ali, sich einem Schiedsspruch zu stellen. Das führte zur Abspaltung der Charidschiten, einem Teil der Gefolgschaft Alis, die dieses Vorgehen nicht billigten. »Nach schiitischer Überlieferung wurde darauf Alis Vertreter in seiner Gutgläubigkeit überlistet. Er hatte den Vorschlag gemacht, sowohl Ali wie Moawija sollten auf ihre Ansprüche verzichten und so eine geordnete Neuwahl ermöglichen. Dementsprechend erklärte er in Alis Namen den Rücktritt. Aber statt dasselbe zu tun, verkündete der Vertreter Moawijas, dieser sei nunmehr der alleinige Anführer der Gemeinschaft. Ali wich nach Mesopotamien aus, um die Charidschiten zu bekämpfen. Drei Jahre später wurde er durch einen von ihnen in Kufa umgebracht.«[219]

Die Erinnerung an Ali, der in seiner aufrechten Haltung immer wieder

---

[217] Gemäß ihrer Annahme einer Reihe von 12 Imamen wird die bei weitem größte schiitische Gruppe die »Zwölferschia« genannt.
Die folgende Darstellung orientiert sich im wesentlichen an *P. Rondot:* Die *Schiiten* im Iran. Der religiöse Hintergrund der iranischen »Revolution«. Materialdienst der EZW 4/1979, 84–93.

[218] *W. Ende: Der schiitische Islam.* In: Islam in der Gegenwart, 70–90, 71.

[219] Rondot, Schiiten 87f.

übervorteilt und dem das Kalifenamt von Moawija gleichsam geraubt wurde, verleiht ihm im schiitischen Islam den Nimbus eines leidenden Heiligen.

»Bildliche Darstellungen tragen im Iran dazu bei, Alis Verehrung beliebt zu machen. Der schmucklose Rahmen, den man auf dem Schreibtisch manches hohen Beamten bemerkt, umschließt nicht, wie man meinen könnte, das Porträt seiner Frau oder seiner Kinder, sondern dasjenige des Imams Ali. Serienmäßig hergestellte Stiche und Farbreproduktionen von Ali – gelegentlich zusammen mit seiner Frau Fatima und ihren beiden Söhnen Hassan und Hussein sowie dem Enkel Mohammed – werden an Verkaufsständen auf Straßen und Plätzen und in den Läden des Basars feilgeboten. Man findet die Bilder sogar an den Wänden im Innern der Moscheen, was bei den Sunniten unvorstellbar wäre. Die Schia hat also eine durchaus eigenständige Gefühlswelt entwickelt«[220].

Eine ähnliche Bedeutung wie das Geschick Alis hat für die Schiiten der Märtyrertod seines Sohnes Hussein. Hussein folgte seinem älteren Bruder Hassan, dem zweiten Imam, als dieser sich den Sunniten angeschlossen hatte. Hussein wartete zunächst in Medina den Gang der Entwicklung ab. Als ihm einer seiner Kuriere einen (zu) optimistischen Lagebericht lieferte, entschloß er sich zum Aufbruch nach Kufa, wo er sich an die Spitze eines Aufstandes der Parteigänger Alis stellen wollte. Doch bevor er in Kufa anlangte, war dort die Rebellion bereits niedergeschlagen. Er selbst stieß in Kerbela auf sunnitische Reitertrupps. Obwohl er tapfer kämpfte, unterlag er der Übermacht und kam mit seiner nur geringen Gefolgschaft um. »Dieses dramatische Ereignis fand am 10. *Muharram* im Jahre 61 der Hedschra (d.h. am 10. Oktober 680) statt. Auf dieses Datum fällt die sog. *Aschura,* ein Feiertag, der ... nun das ›Martyrium des Imams‹ zum Inhalt hat.

Die Vernichtung des jugendlichen, untadeligen und heroischen Imams und seiner Anhänger wurde zum erhabenen Opfergang stilisiert.«[221]

Die Aschura-Feierlichkeiten haben im Irak (besonders in Kerbela und in Kadhimein, eine Vorstadt von Bagdad) ihre dramatischste Entfaltung erfahren:

»Vom frühen Morgen des 10. *Muharram* an wälzt sich eine lange Prozession von Gläubigen in tranceartigem Zustand durch die Straßen. Sie stimmen Hymnen an, schwingen schwarze Fahnen mit goldgestickten Koranversen, schlagen sich mit Ketten oder Metallgegenständen auf Brust und Gesicht, fügen sich mit Messern Verletzungen zu, so daß ihre weißen Gewänder bald mit Blut befleckt sind. In der Mitte des Zuges stellt ein Schimmel Husseins Reittier dar. Flanken und Zaumzeug sind blutüber-

---

220 A.a.O. 88.
221 Ebd.

strömt, und der Sattel ist mit Pfeilen gespickt, zum Andenken an die Pfeile, die den Reiter niederstreckten. Ferner werden Nachbildungen der Grabstätte des Imams und seiner Bewaffnung zur Schau getragen. Eine dramatische Darbietung, den christlichen Passionsspielen des Mittelalters vergleichbar, setzt das letzte Gespräch des Imams mit den Seinen in Szene und läßt Ali, Mohammed und mehrere Propheten auftreten. Das Ganze ist eingerahmt von Rezitationen, Elegien und Schmerzensschreien. Zuletzt werden Kampf und Tod Husseins und seiner Gefährten aufgeführt, und es fehlt nicht einmal das mit abgeschlagenen Köpfen übersäte Schlachtfeld, dargestellt von Statisten, die bis zum Hals im Sand stecken und manchmal unter ihrer Last wirklich umkommen. Überdies versammeln sich manche Fanatiker in schwarzdrapierten Räumen, wo sie sich gegenseitig den nackten Oberkörper blutig geißeln, bis sie vor Erschöpfung zu Boden sinken.«[222]

Es ist nicht zufällig, daß die schiitischen Festtage für die Islamische Revolution im Iran eine besondere Rolle gespielt haben: So brachen während der Trauertage des Muharrams im Jahre 1399 der islamischen Zeitrechnung (Dezember 1978) die Unruhen in Teheran und anderen iranischen Städten mit besonderer Heftigkeit aus und mündeten in einer großen friedlichen Trauerkundgebung.

»Das Drama von Kerbela hat bei den Schiiten tiefe Spuren hinterlassen. Ihre Frömmigkeit, die seither von diesem quasi göttlichen Opfer angeregt wird, inspiriert ebenso sehr die bedeutendsten Mystiker, wie sie die Emotionen der Volksmassen weckt. Die Sunniten kennen nichts Vergleichbares.«[223]

Die Geschichte der schiitischen Gemeinschaft nach Husseins Tod ist davon bestimmt, daß man im Verborgenen um die Fortexistenz der Anhänger Alis rang. Es entwickelte sich die Tendenz, den eigenen Glauben in Gefahr zu verheimlichen und auch von Vorschriften des Kultes zu dispensieren. Von daher ist die Schia seit alters her stärker von einem Nonkonformismus geprägt als der sunnitische Islam. Man unterzieht sich in ihm der »Anstrengung der Interpretation« von Koran und Tradition. Im Geheimen versuchte man allerdings schon in den ersten Jahrhunderten, als es um das Überleben der Schia ging, den Symbolen, die an Ali erinnern, Verbreitung zu verschaffen: indem man seinen Namen in verschlungenen Schriftzügen auf Teppiche knüpfte, indem man Palmen in Gruppen zu je fünf pflanzte und damit Alis Familie versinnbildlichte; schiitische Baumeister führten bei den Sunniten in Bagdad das Kreuzgewölbe ein, das auf geheimnisvolle Weise das vollkommene, vom Imam

---

222 A.a.O. 88f.
223 A.a.O. 89.

beherrschte Gleichgewicht darstellen sollte, eine geheime mystische Ordnung, der nun auch die Schiiten ohne ihr Wissen unterworfen waren.

Übernahm jedoch ein der Schia günstig gesonnener (oder ihr jedenfalls nicht widerstehender) Herrscher die Macht, so ging man zur öffentlichen Bezeugung von Alis Kult über[224]. Von hier aus sind auch – gemäß Rondot – die Verhaltensweisen im iranischen Volk beim Aufbau des Widerstandes gegen den Schah zu verstehen: »stilles Ausharren in der Prüfung, geduldiges Verschweigen der Kritik. Tätigkeit geheimer Zellen im Untergrund. Infiltration des aktivistischen Ferments in die verschiedenen Schichten der Gesellschaft und – sobald die Staatsmacht auch nur ein Zeichen von Schwäche erkennen ließ – einhellige, gigantische Massenkundgebungen.«[225]

Auch die besondere Bedeutung des Märtyrertums im schiitischen Islam – sowohl getöteten Widerstandskämpfern gegen den Schah als auch im Golfkrieg gefallenen Soldaten wird der Ehrentitel »Märtyrer« verliehen – ist in der Frühgeschichte der Schia begründet: Vom 3. bis zum 11. Imam ist keiner eines natürlichen Todes gestorben.

Eine konsequente Fortsetzung dieser Leidenskette stellt die Überlieferung dar, daß der 12. Imam – noch kaum dem Kindesalter entwachsen – im Jahre 878 entrückt wurde. Am Ort der Entrückung in Samarra/Irak erhebt sich die gleiche, mit bläulichen Fayencen bedeckte Kuppel wie über den Gräbern der anderen Imame. Dieser entrückte geistige Leiter der schiitischen Gemeinschaft wurde zum »verborgenen Imam«, der seitdem in mystischer Weise fortexistiert. Sein Name *Mohammed al-Mahdi al Muntasar* kennzeichnet gleichzeitig die heilsgeschichtliche Erwartung der Schiiten: »Der *Mahdi* wird am Ende der Zeiten zu den Menschen zurückkehren, um ein kurzes goldenes Zeitalter vor dem Jüngsten Gericht einzuleiten; er wird die Welt mit Gerechtigkeit erfüllen, wie sie vorher mit Bosheit gesättigt worden war. *Al-Muntasar* bedeutet ›der Ersehnte‹.«[226]

Aber bereits vor seiner Rückkehr spielt der verborgene Imam eine wesentliche Rolle bei den Schiiten: Er ist auf mystische Weise als oberster Herrscher gegenwärtig. An seine Stelle tritt in der konkreten Geschichte und Politik die dogmatische Autorität der islamischen Gelehrten, in deren Händen die Vollmacht zur Auslegung von Koran und Überlieferung liegt. »Die ganze Originalität des iranischen politischen Systems rührt von diesem Glaubensartikel her.«[227]

So hatten die Safawiden, das iranische Herrschergeschlecht, das seit dem 15. Jahrhundert den schiitischen Islam zur vorherrschenden Rich-

---

[224] A.a.O. 90.
[225] Ebd.
[226] A.a.O. 90f.
[227] A.a.O. 91.

tung in Persien werden ließ, in den kaiserlichen Stallungen von Isfahan ständig zwei Pferde bereitstehen: das eine für den Mahdi, das andere für seinen unentbehrlichen Knappen. Der Imam sollte in jedem Augenblick die Herrschaft übernehmen können. Bis zum Zeitpunkt seines Erscheinens sind die Gelehrten mit seiner Interpretationsvollmacht ausgerüstet: Sie geben Rat, wachen über die Verträglichkeit staatlicher Erlasse mit dem religiösen Gesetz und üben im Bedarfsfall öffentliche Kritik[228]. Dementsprechend wurde auch das erste iranische Parlament Anfang des 20. Jahrhunderts »in Gegenwart des verborgenen Imam« eröffnet[229]. Es wurde ein aus fünf Mitgliedern bestehender Gelehrtenrat gebildet, der über die Übereinstimmung der Gesetzesvorlagen mit den Grundsätzen des Islam zu wachen hatte.

Aus dieser Tradition heraus ist es zu verstehen, daß die schiitischen Führer bald zu Hauptkritikern und -gegnern der Pahlewi-Dynastie wurden, die ihre durch einen Staatsstreich 1925 errungene Herrschaft mit einer Einschränkung der Einnahmequellen und der Wirkungsmöglichkeiten der schiitischen Hierarchie verband.

Die ersten öffentlichen Widerstände der Schiiten gegen Schah Reza Pahlewi waren zunächst wenig erfolgreich, da sie sich gegen von vielen als fortschrittlich und sozial eingestufte Maßnahmen richteten – nämlich gegen die Agrarreform (ein Bauer könne auf einem Stück Land, das ihm nicht im islamisch rechtlichen Sinne korrekt übertragen wurde, kein gültiges Gebet verrichten)[230]. Im Laufe der 60er und 70er Jahre aber wurde der Machtmißbrauch durch die Familie des Schahs, seine die herkömmlichen islamischen Werte weitgehend negierende Politik und der wachsende Einfluß des Auslandes immer offenkundiger und führten der schiitischen Opposition von allen Seiten Kräfte zu. Als Vorteil für die Wirksamkeit der Opposition hat es sich auch erwiesen, daß der schiitische Islam über einen quasi-hierarchischen Aufbau verfügt: »Die Gelehrten, ihre Mitarbeiter, die Kultangestellten, all jene schließlich, die von Imamen abstammen, bilden ein Ganzes, einen gemeinschaftlichen Rahmen. Diese Gemeinschaft gipfelt in einer Hierarchie, die unter Berücksichtigung der Gelehrsamkeit durch Kooptation gebildet wird. Außer dem Ayatollah Khomeini gehören dazu die Ayatollahs *Schariat Madari*, *Golpaighani*, *Maraschi*, *Ruhani* (in Qum); *Schirasi*, *Ghuri* (in Mesched); *Khosai* (inTeheran); überdies – außerhalb des Irans – der Ayatollah *Khoi* (in Nedschef/Irak).«[231]

Der schiitische Islam versteht sich von seiner Tradition und Geschichte

---

228 Ebd.
229 Ebd.
230 A.a.O. 85; 92f.
231 A.a.O. 92.

her als »dauernde Opposition gegen jede Ungerechtigkeit«[232] – und er sieht in dem, was dem Islam heilig ist, die wesentlichen Faktoren zum Überleben und zur Neukonstitution einer religiös fundierten Gesellschaft gegenüber der kulturellen und technischen Vorherrschaft des Westens. Zum Problem wird dieses Selbstverständnis aber, wenn – wie im Iran – die schiitischen Geistlichen aus ihrer Oppositions- bzw. Kontrollfunktion heraustreten und beginnen, selbst konstruktiv Politik zu entwerfen. Hier taucht die Frage auf, ob es möglich ist, nicht allein durch ständige Verlängerung eines revolutionären Aktivismus die Macht zu erhalten, sondern Innen-, Außen-, Wirtschafts- und Kulturpolitik so zu betreiben, daß sie von der Bevölkerung auf Dauer getragen werden und international Anerkennung finden kann.

Bisher hat sich der Ayatollah Ruhalla Khomeini als unerschrockenster und konsequentester Führer der Revolution weitgehend durchsetzen können[233]. Dem bürgerlichen, liberal-islamischen Ministerpräsidenten Bazargan war nur eine kurze Übergangsregierung beschieden. Die neue »Verfassung der Islamischen Republik Iran« schreibt die herkömmlichen Vorstellungen von einem islamischen Staatswesen – verbunden mit spezifisch schiitischen Traditionen – fest. Es gehören dazu Prinzipien, die der allgemeinen Menschenrechtserklärung der UNO korrespondieren, wie die Ablehnung jeder Unterdrückung und die Anerkennung von Adel und Würde des Menschen. Verankert aber wird die Verfassung in den grundlegenden islamischen Glaubensartikeln, ausgehend von der Einzigkeit Gottes und verbunden mit der schiitischen Vorstellung vom Imamat, dem die »ständige, grundlegende und immerwährende Führungsrolle im Fortbestand der Islamischen Revolution«[234] zuerkannt wird sowie die »ständige Neugewinnung der islamischen Vorschriften durch anerkannte islamische Rechtsgelehrte auf der Grundlage des Koran und der Tradition der Reinen«[235]. Die Führerschaft des Ayatollah Imam Khomeini wird als höchste islamische Autorität bezeichnet, eine entsprechende Führungsrolle in der Verfassung verankert[236].

---

[232] A. a. O. 93.

[233] Zum folgenden bes. *U. Steinbach: Iran,* in: Islam in der Gegenwart, 220–236 und ders., Islam.

[234] *Verfassung der Islamischen Republik Iran,* hg. v. Botschaft d. Islam. Republik Iran, Bonn (Godesberger Allee 133–137) 1980, Kap. 1, Grundsatz 2, 5. – S. auch in Steinbach, Islam, 14.

[235] A. a. O. Kap. 1, Grundsatz 2, 6a).

[236] A. a. O. Präambel.

»Islamisches Kernstück der Verfassung ist die Errichtung der Herrschaft des von der Gemeinde anerkannten Gottesgelehrten (*wilāyat-i faqīh*). Nicht der Staatspräsident, sondern der »Führer« (*rahbar*) ist die höchste Autorität des Landes. Zwar wird er vom Volk gewählt, aber nicht periodisch; im Idealfall bleibt er also auf Lebenszeit im Amt, ohne ›demokratische Kontrolle‹ durch regelmäßige Wahlen. Er ist lediglich absetzbar, wenn er die

Es liegt hier – trotz der Bezeichnung »Republik« – nicht die Vorstellung einer pluralen Demokratie zugrunde; ein Mehrparteiensystem ist dieser einheitlichen Staatsvorstellung letztlich zuwider. Und dieses ist – seit der Ausschaltung des eher gemäßigten Staatspräsidenten Bani-Sadr Mitte 1981 – durch die einseitige Machtausübung des militanten Flügels der »Islamisch-Republikanischen Partei« auch faktisch der Fall[237]. Christen, Juden und Zoroastrier erhalten entsprechend klassisch-islamischer Vorstellung Duldung und begrenzte Möglichkeiten des Wirkens in der Öffentlichkeit, während die im 19. Jahrhundert im islamischen Bereich entstandene Sekte der Bahais verfolgt wird.

Der gesellschaftliche Wandel zeigt sich am auffallendsten in der Bestimmung der Rolle der Frau: Hatten im Widerstand gegen die Verwestlichungen durch das Schah-Regime viele Frauen selbst zu Kopftuch und Schleier gegriffen, so wurden ihnen bald nach dem Sieg der iranischen Revolution die traditionellen Rollenvorstellungen (Haushalt und Familie als primärer Ort ihres Wirkens) und die herkömmlichen islamischen Kleidervorschriften gleichsam von oben her verordnet. Es wurde Druck auf Frauen ausgeübt, ihre berufliche Stellung aufzugeben[238].

Insgesamt ist somit deutlich, daß sich die »Islamische Republik Iran« in drei wesentlichen Punkten von den Grundvorstellungen westlicher Demokratien unterscheidet:

1. Sie ist keine plurale weltanschauungs-neutrale Staatsform, sondern deduziert alle Regierungsstrukturen aus den Grundsätzen des Islam, so wie sie von den traditionalistischen Führern des schiitischen Islam verstanden werden.

2. Religiöse und weltanschauliche Toleranz ist gemäß den klassisch islamischen Prinzipien begrenzt: Die »Schriftbesitzer« werden in ihrer Religionsausübung geduldet, nicht aber andere Religionsrichtungen.

Voraussetzungen zum Amt nicht mehr erfüllt. Hierüber befindet jenes Gremium von vom Volk gewählten Experten, das den Führer bereits zur Wahl vorgeschlagen hat. Die Aufgaben des ›Führers‹ sind weitreichend: Direkt oder indirekt kann er in die Exekutive, Legislative und Rechtsprechung eingreifen; darüber hinaus ist er Oberbefehlshaber der Armee. Er verfügt somit sowohl über die klassischen Prärogative des Kalifen als auch die Charakteristika eines Monarchen in einer herkömmlichen islamischen Monarchie.« (Steinbach, Iran, 232f.). Zur Herleitung der mit dieser Führerschaft verbundenen Vorstellungen vgl. Ende, Der schiitische Islam, 86f.

[237] Diese herrschende Gruppierung stützt sich auf die *Pasdaran* (Revolutionswächter), die rigoros die Machterhaltung der *Mullas* (über 100 000 Männer tragen im Iran diesen Titel eines Religionsgelehrten) verteidigen (hierzu Steinbach, Iran, 231; vgl. Rondot, Schiiten, 93).

[238] Es soll Massenentlassungen von Krankenschwestern und weiblichen Regierungsangestellten gegeben haben. Das Justizministerium untersagte Frauen, weiterhin als Richterinnen zu fungieren (Steinbach, Iran, 234).

3. Die Gleichstellung der Frau mit dem Mann in beruflicher Hinsicht und im öffentlichen Leben ist nicht gegeben, auch wenn die grundsätzliche Gleich*wertigkeit* der Frau deutlich betont wird.

Die einseitig traditionalistische Gestaltung der Verfassungswirklichkeit im Iran ist nicht ohne Opposition im eigenen Lande und ohne internationalen Widerspruch – auch aus dem islamischen Lager – geblieben. Die Breite der inner-iranischen Opposition (Kräfte der Mitte, der Linken, Teile der nichtpersischen Völkerschaften: Kurden, Belutschen) hat sich seit 1979 beständig erweitert. Da sie bislang aber kein geschlossenes Gegenkonzept entwickeln konnte, hat sich die Herrschaft Khomeinis halten und entfalten können[239]. Dabei spielt der Krieg gegen den Irak, für den die Volkskräfte mobilisiert werden, ebenso eine Rolle wie die Weise, in der sich das Regime in Teheran als »Weltgewissen« darstellt und an westlichen wie östlichen Machtansprüchen Kritik übt[240]. Hier wird ähnlich ideologisch argumentiert, wie man es unter anderen Vorzeichen aus dem Ostblock (und manchmal auch von einem missionarischen Antikommunismus in den Vereinigten Staaten her) kennt.

Entscheidend wird im Blick auf den Iran die Frage sein, wie die Nachfolge Khomeinis sich gestalten wird. Immerhin hat es schon 1980 im Iran Fatwas (d.h. Rechtsgutachten) von muslimischen Gelehrten gegeben, die die Vereinbarkeit des geistlichen Führer-Prinzips mit dem Islam in Frage stellten[241], und gelegentlich ist auch von anderen Ayatollahs öffentliche Kritik an Khomeini geübt worden.

Hinsichtlich der Rolle des Islam in der Weltgemeinschaft überhaupt wird wesentlich sein, ob und wie sich die Traditionalisten in Verfassung und Rechtsprechung Geltung verschaffen können (wie etwa auch in Saudiarabien und im Sudan; Versuche hierzu gibt es auch in Ägypten) – und somit Staaten schaffen, die hinter der Menschenrechtserklärung der Vereinten Nationen zurückbleiben, oder ob sich aufgeschlossenere islamische Bewegungen wie etwa die »Republikanischen Brüder« im Sudan (die sich auch für die Gleichberechtigung der christlichen Minderheiten einsetzen) oder im offenen Gespräch mit anderen Religionen befindliche islamische Gelehrte und Führer Geltung verschaffen können[242].

---

239 Steinbach, Iran, 234.

240 Das ist z.B. auch der Zeitschrift Al-Fadschr (»Die Morgendämmerung«) des Islamischen Zentrums Hamburg, das wesentlich von schiitischen Iranern getragen wird, abzulesen.

241 Steinbach, Iran, 236.

242 Der in Deutschland wirkende muslimische Gelehrte *Khalid Duran* vertritt die Auffassung, daß Bewegungen wie die der »Republikanischen Brüder« im Sudan, die es in den verschiedensten islamischen Ländern gibt und bei denen sich vor allem das mystische Erbe des Islam mit sozialistischem Gedankengut verbindet, im Volksislam in großer Breite wirksam und zahlenmäßig stärker sind »als die der Islamisten, von denen seit Khomaini in der Weltpresse so viel Aufhebens gemacht wird« (*D. Khalid: Der »moderne« Islam*, in: *H.-J.*

Bei der Begegnung mit den in der Bundesrepublik Deutschland und West-Berlin vor allem vertretenen türkischen Muslimen wird in diesem Zusammenhang zu bedenken sein, daß die Türkei sich seit Atatürk als »laizistischer« Staat versteht und im wesentlichen auch nach der Verfassung von 1982 noch so konstituiert ist: Nicht die Religionsgelehrten kontrollieren die Rechtsentwicklung, sondern der Staat überwacht die religiösen Aktivitäten, die zugelassen sind, die aber nicht in Richtung auf ein islamisches Staatswesen ausgeübt werden dürfen. Das »Präsidium für religiöse Angelegenheiten« (Diyanet) ist eine direkt dem Ministerpräsidenten nachgeordnete Behörde, über die alle offiziellen Imame (1985: 60 000) angestellt sind und die auch die Koranunterweisung zu kontrollieren hat. Bei allem Wiedererwachen des islamischen Bewußtseins auch in der Türkei wird doch weiterhin Wert gelegt auf den Laizismus, der sowohl eine Mäßigung in den religionspolitischen Ansprüchen moslemischer Gruppierungen als auch eine deutliche Gesprächsoffenheit nach außen – über entsprechende Vertreter auch zu den Kirchen in Deutschland – bewirkt.

2.4 Religion im Vergleich: Gottesbild und Ethik bei Jesus und im Koran

Bei dem Thema »Religion im Vergleich« geht es um eine Entgrenzung des bisherigen Blickfeldes. Zwar kam es schon bei der Grundinformation über den Islam zu gelegentlichen religionsvergleichenden Ausblicken und Hinweisen. Doch sollen nun in einem gesonderten Arbeitsgang die gewonnenen Kenntnisse und Einsichten dahingehend ausgewertet werden, daß es durch den Vergleich mit einem Themengebiet aus dem Christentum zu einer besseren Klärung der Standorte von Christentum und Islam und möglicherweise auch zu einer besseren Verständigung zwischen ihnen kommen kann. Je intensiver sich der Lehrer auch mit dieser Aufgabe befaßt, desto umsichtiger, fundierter und weniger rechthaberisch wird er den Unterricht über das Christentum wie über nichtchristliche Religionen und Weltanschauungen gestalten, ohne darum den religiösen Kontext, in dem er selbst lebt, die Frage nach der »Wahrheit« und seinen eigenen theologischen Standort verleugnen zu müssen.

Im Rahmen dieser Untersuchung läßt sich der Religionsvergleich zwar nur exemplarisch anhand eines Themas durchführen. Doch führt die Frage nach dem Gottesverständnis bei Jesus und im Koran unmittelbar in das Zentrum des Selbstverständnisses der beiden Weltreligionen. Es geht dabei nicht um vorschnelle Vereinheitlichungen; denn diese würden zum Verständnis des Anderen gerade nicht beitragen. Es soll vielmehr einsichtig gemacht werden, in welchem ursprünglichen Sinnzusammenhang in

---

Brandt/Cl.-P. Haase (Hg.): *Begegnung mit Türken – Begegnung mit dem Islam.* Hamburg (eb-Verlag Rissen) 1981 ff., 9., 15; 11 ff.).

Christentum und Islam von Gott geredet wird. Das allerdings führt über die herkömmliche Frontstellung hinaus: Sowohl die alte christliche Polemik, in der Allah nach der Lehre Mohammeds als despotischer Willkür-Gott hingestellt wird, wird kritisch zu hinterfragen sein, als auch die muslimische Behauptung, die christliche Dreieinigkeitslehre sei eine Form der Vielgötterei.

Es werden bewußt die beiden Gründergestalten – Jesus und Mohammed – in den Mittelpunkt gestellt, da die Rückbesinnung auf die Anfänge bei ihnen immer wieder zu Neubesinnungen in den Glaubensgemeinschaften geführt hat. Dabei soll kein einfacher Lehrvergleich angestellt, sondern nach den Intentionen bei Jesus und Mohammed (in Gottesfrage und Ethik) auf dem Hintergrund ihrer jeweiligen religiösen (und indirekt damit auch der politischen und sozialen) Umweltgegebenheiten gefragt werden. Damit ist notwendigerweise auch das Bild in Frage gestellt, das sich in jeder der beiden Religionen von der Gründergestalt der jeweils anderen gebildet hat; d.h. wir werden uns weder von Mohammeds Jesus-Sicht einengen lassen noch auch von den eingefleischten christlichen Vorbehalten gegenüber dem Lebensweg Mohammeds.

Dieses Vorgehen ist angesichts bisheriger Dialogversuche zwischen Christentum und Islam in verschiedener Hinsicht ungewöhnlich:

1. Jesus nimmt im Christentum nach verbreitetem Verständnis eine andere Stellung ein als Mohammed nach offiziell-islamischer Anschauung innerhalb des Islam: Während Jesus – seine Verkündigung, sein Handeln, sein Weg – für das Christentum als zentraler Inhalt der Offenbarung Gottes gilt, ist Mohammed für den Islam Gottesbote, (letzter, größter) Bringer der Offenbarung, der *Inhalt* der Gottesoffenbarung aber ist nur im Koran unverstellt zu finden.

2. Eine inhaltliche Auseinandersetzung mit den Grundintentionen des Auftretens des jeweils anderen Religionsstifters ist von beiden Glaubensgemeinschaften bisher kaum geführt worden. Symptomatisch für den Denkhorizont der islamischen Seite in dieser Frage ist der (1974 gehaltene) Vortrag von Smail Balić über »Das Jesus-Bild in der heutigen islamischen Theologie«[243]. Er warnt vor einer Überbewertung des Jesusbildes des Koran (dessen weitgehend legendarischen Charakters er anerkennt[244]) durch christliche Theologen: Jesus könne für den Islam lediglich Gegenstand der Prophetengeschichte sein; und diese rangiere im Lehrgebäude des Islam erst an zweiter oder dritter Stelle; dabei sei der Inhalt dieser Erzählungen nicht so wesentlich wie ihre Wirkung als Hilfsmittel zur Stärkung des Glaubens einer bestimmten Zuhörerschaft[245]. Das Jesusbild der synoptischen Evangelien ist dementsprechend noch kein Gegenstand theologischen Arbeitens im Islam (auch nicht in dem Sinne, daß man über die in ihm

---

[243] *S. Balić:* Das *Jesus-Bild* in der heutigen islamischen Theologie. In: *A. Falaturi/W. Strolz* (Hg.): *»Glauben an den einen Gott«.* Menschliche Gotteserfahrung im Christentum und im Islam. Freiburg (Herder) 1975, 11–21.

[244] A.a.O. 12; 20.

[245] A.a.O. 12f.

liegenden Grundimpulse nachdächte, um christliche Theologie besser zu verstehen); die Auseinandersetzung mit Jesus bleibt weitgehend formal, mit leicht apologetischem Anstrich[246].

Umgekehrt ist aber auch von seiten des Christentums bisher verhältnismäßig wenig unternommen worden, um die im Abendland eingewurzelte negative Einschätzung des Propheten Mohammed zu überwinden[247]. Das wiegt um so schwerer, als Mohammed selbst zwar nicht Inhalt der Offenbarung ist, aber doch mit seinem als vorbildlich geltenden Verhalten das Zentrum des religiösen Lebens im Islam bestimmt, wie A. Schimmel überzeugend dargetan hat[248]: Gerade Mohammeds uneingeschränkte Teilnahme am Leben »in der Welt« ließ unter den Moslems ein sehr vertrautes Verhältnis zum Propheten erstehen; im täglichen Frömmigkeitsvollzug der Gläubigen ist er gegenwärtig als Leitbild, so daß er faktisch doch eine ähnliche Schlüsselstellung erhält wie Jesus im Christentum. – Die religiöse Grundempfindung aller Moslems muß dementsprechend durch die überwiegend abfällige Einstufung Mohammeds im abendländischen Christentum (dem keinerlei negative Wertung Jesu im Islam gegenübersteht) zutiefst getroffen werden.

Hier zeigt sich aber, wie wichtig ein Denk-Ansatz ist, der über die formalapologetische Einschätzung der Gründergestalt der jeweils anderen Religion hinausführt. Zwar wird durch die vorgesehene Betrachtungsweise – die Intentionen Jesu und Mohammeds in ihrem geschichtlichen Kontext – insbesondere dem Moslem ein Denken vorgeführt, das ihm noch sehr ungewohnt erscheinen muß[249]. Doch sollte an dieser Stelle einem Dialog vorgearbeitet werden, der ein

---

[246] Es geht zumeist in der klassischen islamischen Theologie noch darum, den Vorwurf des »Polytheismus« und der Schriftverfälschung bei den Christen zu erhärten. Ein Beispiel für diese klassische Argumentation ist das (möglicherweise nicht authentische), von F.-E. Wilms übersetzte und eingeleitete Werk »Al-Ghazalis Schrift wider die Gottheit Jesu«.
P. Antes weist darüber hinaus in seinem aufschlußreichen Aufsatz über *»Das Verhältnis zu den Ungläubigen* in der islamischen Theologie« (in: Falaturi/Strolz, Glauben an den einen Gott, 117–129) auf das Werk des zum Islam konvertierten Mönches Fray Anselmo Turmeda (gest. um 1424) hin, der den Vorwurf der Schriftverfälschung bes. kenntnisreich anhand von Widersprüchen in den Evangelien zu belegen versucht (a.a.O. 124f.). Antes bedauert zu Recht, daß in der Moderne auf islamischer Seite bislang kaum die neuere historisch-kritische Exegese des Christentums wahrgenommen wird, die ja die »Widersprüche« in den Evangelien bewußt aufgreift und (positiv) zu werten weiß.

[247] Allerdings gibt es im Bereich der Islamistik (siehe etwa Parets Mohammed-Biographie) und der christlichen Theologie (siehe z.B. die Schriftenreihen von CIBEDO) immerhin die Versuche verantwortlicher Denker, ein vor den Quellen des Islam zu rechtfertigendes Bild zu zeichnen.

[248] *A. Schimmel: Der Prophet Muhammad* als Zentrum des religiösen Lebens im Islam. In: Falaturi/Strolz, Glauben an den einen Gott, 57–84.

[249] Smail Balić erkennt das Problem und die Aufgabe, wenn er hervorhebt, »daß in der Erforschung . . . der realen Veranlassungen zu einzelnen Qur'ān-Offenbarungen . . . nicht gründlich genug vorgegangen wird, um das Zeitbezogene vom Bleibenden zu trennen. Die Erkenntis, daß der Qur'ān zum Teil auch eine Sammlung der Zeitdokumente aus der Frühgeschichte des Islam ist, vermochte bis jetzt über die reine Theorie nicht hinauszukommen« (S. Balić, Ruf vom Minarett, 191). Daß damit der Koran als »unerschütterliche Orientierungsgrundlage« für das Leben der Muslime anerkannt bleibt, ist für Balić selbstverständlich (ebd).

inhaltliches Mit-Denken mit den Quellen des anderen Glaubens eröffnet, wie es in der ökumenischen Begegnung zwischen Katholizismus und Protestantismus bereits an vielen Stellen zu gegenseitigem Verstehen, gegenseitiger Achtung und gegenseitiger Bereicherung geführt hat[250].

Wenn zunächst die Gottesfrage, danach die Ethik bei Jesus und Mohammed zur Sprache kommt, so ist dabei bedacht, daß in beiden Religionen Gottesvorstellungen und Ethik direkt ineinandergreifen; die methodische Unterscheidung zwischen diesen Bereichen wird vor allem getroffen, um die innere Systematik der Aussagen bei Jesus und Mohammed klarer zutage treten zu lassen.

2.4.1 Die religiösen Volksgruppen zur Zeit Jesu und Jesu Verkündigung der Nähe Gottes

Es wurde bereits darauf hingewiesen[251], daß die Entstehungsbedingungen des Christentums von denen des Islam in bezeichnender Weise differieren: daß Jesus in einem Land mit alter Kultur und vor allem einer hochentwickelten Religion auftritt, daß aber diese religiöse Sonderstellung des Judentums in eigentümlicher Weise im Kontrast steht zu der politischen und wirtschaftlichen Ohnmacht des Landes, das zur Zeit Jesu von Rom und seinen Vasallen verwaltet wird[252].

---

[250] Als »Marksteine« auf dem Weg zu besserem gegenseitigem Verstehen können aus dem deutschsprachigen Raum neben dem von Falaturi/Strolz hg. Band »Glauben an den einen Gott« genannt werden:
O.H. Schumann: Der Christus der Muslime. Christologische Aspekte in der arabisch-islamischen Literatur. Gütersloh (G. Mohn) 1975. = Missionswiss. Forschungen 10.
C. Schedl: Muhammad und Jesus. Die christologisch relevanten Texte des Korans neu übersetzt und erklärt. Wien (Herder) 1978.
A. Falaturi: Der *Islam im Dialog.* Köln (Islam. wiss. Akademie) 1979².
L. Hagemann: Christentum für das *Gespräch mit Muslimen.* Altenberge (Verlag für Christlich-Islamisches Schrifttum) 1982.
M.S. Abdullah: Islam für das *Gespräch mit Christen.* Altenberge (Verlag für Christlich-Islamisches Chrifttum) 1984.
W. Strolz: Heilswege der Weltreligionen. Bd. 1: Christliche Begegnung mit Judentum und Islam. Freiburg (Herder) 1984.

[251] S.o. unter 2.2.1, 4.

[252] Wenn im folgenden von *Jesu* Reden und Handeln gesprochen wird, so geschieht das unter dem methodischen Vorbehalt, daß der »historische Jesus« nicht »objektiv« faßbar ist. Die Worte Jesu und die Erzählungen von seinem Wirken sind nicht anders als in der Wiedergabe durch die nachösterlichen Gemeinden zugänglich. Wir bekommen ihn nur zu Gesicht durch das Zeugnis von Menschen, die von seinem Auftrag, seinem Weg *und* seiner Person betroffen und in ihrem ganzen Leben bestimmt sind. Allerdings gewinnt in diesen Zeugen Jesus an vielen Stellen so unverwechselbar Gestalt – unableitbar von den herrschenden Tendenzen im damaligen Judentum und in Durchbrechung der Wert- und Erlösungs-

Beides – die hochentwickelte Religion und die äußere Ohnmacht – spiegelt sich in den beiden religiösen Volksgruppen im damaligen Judentum wider, von deren Wirken sich in besonderer Weise das Auftreten Jesu, wie es die synoptischen Evangelien darstellen, abhebt: in den Gruppen der Pharisäer und der Zeloten[253]. – Der Charakter dieser beiden Gruppen (und auch der weniger breitenwirksamen Gemeinschaft der Essener und der Bewegung um Johannes den Täufer), aber auch das Auftreten Jesu sind nur zu verstehen, wenn man das verbreitete apokalyptische Denken damals in Rechnung stellt – die Erwartung des baldigen Anbruchs der Herrschaft Gottes zur Erlösung Israels.

Die *Pharisäer*[254] dürfen nicht in der schablonenhaften Abwertung gesehen werden, wie sie uns aufgrund der einseitigen Darstellung in den Evangelien erscheinen können. Als Verband von Gesetzeseiferern auf breiter volkstümlicher Grundlage waren sie nicht, wie es uns heute meist erscheint, die konservative, sondern die progressive Partei der Mittelklasse. – Ihre damals modernen Anschauungen leiteten sie vom »mündlichen Gesetz« (Halacha) ab: Mose habe das geschriebene Gesetz am Berge Sinai zu gleicher Zeit erhalten wie die mündlich überlieferten Gesetze. Deshalb wäre es berechtigt, das mosaische Gesetz den sich wandelnden Bedingungen einer immer vielschichtiger werdenden Gesellschaft anzupassen.

Die Pharisäer wollten sich auf die Gottesherrschaft, der sie entgegensahen, recht vorbereiten, indem sie sich bemühten, dem Gesetz gewordenen Willen Gottes in allen Einzelheiten gerecht zu werden. Grundidee war dabei, das Gesetz in der Form, in der es für den Priesterdienst am Tempel verbindlich war, im Alltag zu verwirklichen. Die »Absonderung« von allem Unreinen, die hierfür erforderlich war, kommt auch in der Bezeichnung als Pharisäer (= die Abgesonderten) zum Ausdruck. Sie lebten wohl häufig in kleinen Genossenschaften (wenn auch nicht mönchisch zurückgezogen wie die Essener) und bemühten sich, mit Hilfe

---

vorstellungen seiner Zeit –, daß es vertretbar ist, für seine in der Gemeinde lebendige Wirkkraft auch seinen Namen zu setzen.

Zu den Kriterien der Rückfrage nach dem historischen Jesus vgl. vor allem *E. Schillebeeckx: Jesus.* Die Geschichte von einem Lebenden, Freiburg (Herder) 1974, 70–89.

J. Lähnemann/U. Hahlbohm: Jesus Christus. Erarbeitet auf Grund der Studienbriefe »Jesus v. Nazareth/Christologie« der Ev. Arbeitsstelle Fernstudium für kirchliche Dienste Hannover. Frankfurt/Aarau (Diesterweg/Sauerländer) 1981. = Studienbücher Religion.

253 Es wird hier (aus Gründen der Verdeutlichung) bewußt auf diese beiden Gruppen, die die stärkste Breitenwirksamkeit in der Bevölkerung hatten, eingegangen, obwohl auch gezeigt werden könnte, wie sich die von Jesus ausgehende Bewegung von den sonstigen vorhandenen Gruppen – also etwa von den Essenern und von der Bewegung Johannes des Täufers – abhebt.

254 Vgl. hierzu *G. Bornkamm: Jesus von Nazareth.* Stuttgart (Kohlhammer) 1983[13], 34 ff. *E.L. Dietrich*, Art.: *»Pharisäer«.* In: Die Religion in Geschichte und Gegenwart, 3. Aufl., Bd. V, Tübingen (Mohr) 1961, 326–328. Lähnemann/Hahlbohm, Jesus Christus, 36 f.

schriftgelehrter Auslegung, allen Einzelheiten priesterlicher Reinheit gerecht zu werden: z.B. den Sabbat bis in die einzelnen Handlungen hinein genau zu beachten, den Vorschriften über die Reinhaltung von Speisen und Kleidern nachzukommen, die Abgabe des Zehnten für den Kult gewissenhaft durchzuführen. Erforderlich war insbesondere die Trennung von allem Unreinen – Sachen wie Personen. Zur pharisäischen Lebensform gehörte aber auch die Aktualisierung der sozialen Verpflichtungen aus dem alttestamentlichen Gesetz: für Witwen und Waisen einzutreten, Arme zu beherbergen, Almosen zu geben, Liebestätigkeit zu unterstützen ...

Die national-religiöse Bewegung der »Eiferer«, der *»Zeloten«*[255], unterschied sich deutlich von den Pharisäern. Zwar ist auch sie dem Pharisäismus entsprungen, von Judas dem Galiläer und dem Pharisäer Zadduk gegründet. Aber während man in den pharisäischen Gruppen auf den Anbruch der Gottesherrschaft als ein ausschließliches Wunder Gottes wartete, wollte man bei den Zeloten die Gottesherrschaft durch aktives Zusammenwirken von Mensch und Gott herbeiführen. Man erhob die Forderung, außer Gott dürfe man niemanden als »König« und »Herr« bezeichnen; beide Titel aber – »König« und »Herr« – beanspruchte der römische Kaiser für sich. Deswegen sahen sich die Zeloten zum Kampf gegen die römische Fremdherrschaft gerufen. Während der Pharisäismus das mosaische Gesetz rein kultisch verstand und kultisch ausweitete, gab es bei den Zeloten eine Konzentration auf das 1. Gebot: Du sollst keine anderen Götter haben neben mir. Andere Gebote konnten demgegenüber mehr in den Hintergrund treten, so z.B. das Sabbatgebot (denn für Jahwe zu eifern, galt auch gerade an diesem Tag), aber auch das 5. Gebot (»Du sollst nicht töten«); hier hieß es: »Jeder, der das Blut eines Gottlosen vergießt, ist wie einer, der ein Opfer darbringt«. Hier durfte man also um des höheren Zieles (der ausschließlichen Gottesverehrung) willen Gewalt ausüben.

Die Eigenheiten der beiden Gruppen zeigen sich besonders deutlich in ihrer Gottesvorstellung: Für den Pharisäer ist Gottes Wille gleichsam ganz in das mosaische Gesetz eingegangen. Indem man das Gesetz bis in alle Einzelheiten hinein auslegte und achtete, deutete und befolgte man den Willen Gottes. Der Name Gottes selbst wurde nicht mehr ausgesprochen, so heilig erachtete man ihn, und das wiederum ist ein Ausdruck dafür, daß Gott in seiner Heiligkeit ganz in die Ferne gerückt ist. Man weiß noch, daß einst die Propheten vom Geist Gottes unmittelbar erfüllt waren; aber dieser Geist ist erloschen, von der Offenbarung Gottes ist nichts mehr gegenwärtig als das geschriebene Gesetz. – Für die Zeloten ist

---

[255] Hierzu *M. Hengel: War Jesus Revolutionär?* Stuttgart 1970. = Calwer Hefte 110, 11ff.; Lähnemann/Hahlbohm, Jesus Christus, 37f.

Gott auch heilig und erhaben, dabei aber ein um seine Ehre eifernder und rächender Gott, dessen Reich rigoros mit Gewalt und Schwert herbeizuführen ist.

Wenn wir uns nun auf diesem Hintergrund der Gottesvorstellung Jesu zuwenden, so muß auffallen, daß er zu beiden Gruppen in Distanz steht. Zwar hat man schon zu seinen Lebzeiten (aber auch in neuester Literatur!) versucht, ihn bei den Zeloten unterzubringen, wie die an ihn gerichtete Fangfrage, ob man dem Kaiser Steuern zahlen dürfe (Mk 12, 13–17 par), beweist. Jesus aber hat die größte Nähe zu den Menschen, die mit dem kultischen Gesetz ihre Mühe hatten. Seine Anhänger rekrutieren sich weitgehend aus solchen Teilen der Bevölkerung, die von den Pharisäern wegen der Gefahr einer Verunreinigung gemieden wurden.

Diesen Menschen bringt Jesus Gott nahe – nicht als fernen, heiligen, rächenden – sondern als den, der sich ihnen in seiner Person unmittelbar zuwendet, der ihnen so nahe ist wie ein Freund, wie ein Verwandter.

Wir können uns Jesu Rede von Gott am besten veranschaulichen an zwei Beispielen: an der Anrede zum Vater-unser-Gebet und an dem Gleichnis vom verlorenen Sohn[256].

Was das Vaterunser (Mt 6,9–13; Lk 11,2–4 [257]) angeht, so hebt es sich sehr deutlich ab von den liturgischen Gebeten des damaligen Judentums: sie sind in Hebräisch verfaßt, der Sprache, die damals viele in Israel nicht mehr beherrschten. Sie sind bestimmt von der ehrfürchtigen Haltung, die man einnimmt, von der Betonung der eigenen Ohnmacht gegenüber Gott. Im 18-Bitten-Gebet heißt es über Gott: »Heilig bist du und furchtbar ist dein Name.«

Jesus aber gibt seinen Jüngern das Gebet in ihrer Muttersprache – dem Aramäischen. Es ist kurz, unkompliziert, auf ganz wenige wesentliche Bitten konzentriert; jeder einfache Mann wird es ihm nachsprechen können. – Und während man sonst von Gott nur ehrfürchtig aus der Ferne spricht, redet er direkt, persönlich mit ihm als mit seinem Vater. Ja, er gebraucht dazu nicht einmal die Vaterbezeichnung, mit der sonst ein Sohn in Achtung von seinem Vater als dem Familienoberhaupt spricht, das nach damaligem Recht über alles in der Familie zu bestimmen hat.

Jesus wählt das Wort »Abba«, die Verkleinerungsform; »Abba« ist – ähnlich wie unser Wort »Papa« – das Wort, das ein Kind in der Umgebung Jesu überhaupt als erstes hervorbringen kann[258].

Wir können uns jetzt in etwa vorstellen, wie skandalös dies dem frommen Juden erscheinen mußte: Gott, der über alles Erhabene, wird ganz in

---

[256] Vgl. zum folgenden Bornkamm, Jesus von Nazareth, 114ff., bes. 116ff.

[257] Vgl. zum Ganzen *J. Jeremias:* Das *Vaterunser* im Lichte der neueren Forschung. Stuttgart (Calwer Hefte 50) 1962.

[258] Vgl. Bornkamm, Jesus von Nazareth, 118.

Alltagssprache angeredet, mit einem Kinderwort! Aber während die Frommen daran Anstoß nehmen müssen, erfahren die einfachen, ungebildeten Menschen, die Jesus nachfolgen: So nahe, wie ein Vater und sein kleines Kind einander sein können, so nahe ist uns Gott, wenn wir das Gebet sprechen, das Jesus uns lehrt.

Als zweites Beispiel bietet sich das Gleichnis vom »verlorenen Sohn« (Lk 15,11–32) an, weil es in ihm in besonderer Weise darum geht, das Verhalten Gottes zu erläutern und einsichtig zu machen.

Jesus verteidigt sich nach Lukas 15 gegen den Vorwurf, daß er Sünder annimmt und sogar mit ihnen ißt, ein für einen pharisäischen Gesetzeslehrer vollkommen unverständliches Verhalten. Jesus antwortet mit dem Gleichnis und macht an ihm Gottes Gesinnung, Gottes Verhalten deutlich, das in seinem eigenen Verhalten sichtbar wird.

Zunächst einige Worte zur Gleichnissituation: Sie setzt Lebensverhältnisse voraus, wie sie für das Judentum zur Zeit Jesu kennzeichnend waren. Die patriarchalischen Strukturen und die zu erwartenden Verhaltensmuster des Vaters bei der Rückkehr des Sohnes wären im übrigen für das Arabien Mohammeds ebenso typisch wie für das damalige Palästina (und sind heute noch eher in arabischen Ländern als in Israel anzutreffen). Insofern läßt sich an diesem Gleichnis – nicht nur situationsbezogen, sondern grundsätzlich – der Impuls der Verkündigung Jesu im Unterschied zu der Mohammeds besonders deutlich erheben.

Zum Verständnis der Einzelheiten des Gleichnisses ist anzumerken[259]:

Der jüngere Sohn, der vom Vater sein Erbteil verlangt und dies im fremden Land durchgebracht hat, ist nicht nur in eine wirtschaftlich aussichtslose Situation geraten. Schweine galten den Israeliten als unreine Tiere, und wer sich mit ihnen abgab, wurde selbst unrein (»Verflucht sei der Mann, der Schweine züchtet«, heißt es in einem zeitgenössischen Dokument). Der Sohn kann den Sabbat nicht heiligen, d.h. er ist praktisch gezwungen, seine Religion ständig zu verleugnen. Um so erstaunlicher ist das Verhalten des Vaters: Er läßt sich durch die Unreinheit und Entwürdigung seines Sohnes nicht beirren; sondern als er ihn nur von fern sieht, läuft er ihm entgegen – für einen betagten Orientalen ist das völlig ungewöhnlich und unter seiner Würde, selbst dann, wenn er es noch so eilig hat. Der Sohn kann dann sein Schuldbekenntnis gar nicht zu Ende sprechen, sondern der Vater gibt gleich den Auftrag, ihm das beste Gewand zu bringen, einen Ring für die Hand und Schuhe für die Füße, Dinge, mit denen sonst verdiente Würdenträger ausgezeichnet werden – wie etwa Joseph vom Pharao, als der ihn zum Großwesir einsetzt. Die Schlachtung eines Mastkalbes schließlich, die der Vater anordnet, geschieht nur bei ganz seltenen Freudenfesten, an denen das ganze Haus und Gesinde teilnimmt. Alle diese Anordnungen sind die öffentliche Dokumentation, daß dem Sohn vergeben ist und daß seine Kindesstellung wiederhergestellt

---

[259] Hierzu *J. Jeremias:* Die *Gleichnisse* Jesu, 6. Aufl. Gütersloh (Siebenstern Tb 43) 1976, 87ff.

ist. Kein Wunder, daß der ältere, getreu im Elternhaus gebliebene Sohn zornig wird. Doch sein Vater wendet sich auch ihm zu und bittet ihn zum Fest; er zeigt ihm, daß es bei dem zurückgekehrten Bruder um Tod und Leben ging und daß deswegen eigentlich nichts anderes als Freude über seine Rückkehr herrschen kann[260].

Es ist durch und durch deutlich, daß man den Vater in diesem Gleichnis in Zusammenhang bringen muß mit dem, was Jesus den Menschen, die ihm begegnen, über Gott sagen will. Das Provozierende dieser Erzählung steckt darin, wie Jesus hier Gottes Verhalten mit ganz menschlichen Bildern darstellt: *So* wie der Vater in diesem Gleichnis, *so* ist Gott: so voller Güte, so voller Zuwendung zu dem, der ihn am meisten braucht. Er freut sich über die Heimkehr des Verlorenen wie der Vater, der das Freudenfest veranstaltet.

Es zeigt sich allerdings, daß Gott durch den Gebrauch menschlicher Bilder nicht seiner Gottheit beraubt wird, seine Transzendenz nicht einfach in der Immanenz aufgeht. Auch für Jesus ist Gott »Herr des Himmels und der Erde« (Mt 11,25; Lk 10,21), aber gerade als der Herr der Vater, den die Jünger mit »Abba« anreden dürfen.

Damit bestätigt sich das, was anhand des Vaterunsers zu beobachten war: das erstaunlich direkte Reden von und mit Gott, die Erläuterung seines Verhaltens anhand von ganz menschlichen Bildern, die denen, die

---

260 Wie sehr die Verhaltensweisen des Vaters in diesem Gleichnis auch gegenwärtigen Verhaltensmustern zuwiderlaufen, wird deutlich, wenn man einmal versucht, das Verhalten des Vaters in dem Gleichnis unter solchen pädagogischen Begriffen wie »Autorität«, »Gerechtigkeit«, »Zuwendung« und »Konsequenz« zu betrachten (nach: Fernstudium für Mitarbeiter in der Erwachsenenbildung, Lehrgang A, Studienbrief 9/10: Jesus von Nazareth/Christologie. Ev. Arbeitsstelle Fernstudium für kirchliche Dienste, 3 Hannover, Cranachstr. 5, 1975, 121f., Aufgabe Nr. 71, Aufgabenlösung, S. 22; das Manuskript hierzu stammt vom Verfasser dieser Untersuchung):
Zur »Autorität«: Der Vater verhält sich ausgesprochen »unautoritär«: ohne Mahnung oder Nachfrage verteilt er das Erbe und läßt den jüngeren Sohn ziehen. Bei seiner Rückkehr wahrt er keinerlei Abstand, sondern ehrt ihn wie den höchsten Gast des Hauses. Auch dem älteren Sohn begegnet er nicht autoritär, sondern mit werbender, Verständnis weckender Zuwendung.
Zur »Gerechtigkeit«: Das Handeln des Vaters erscheint nach den Normen einer genau abwägenden »Gerechtigkeit« ungerecht: der »verlorene« Sohn wird dem Augenschein nach besser behandelt als der gehorsame.
Zur »Zuwendung«: Der Vater bemüht sich besonders um den »schwierigen« Sohn, weil der seine ganze Zuwendung braucht. Über seine »Umkehr« muß er sich freuen, ihm hilft er, sein »neues Leben« bejahen zu können. Allerdings läßt er dann auch den älteren, der diese Zuwendung nicht begreifen kann, nicht »links liegen«, sondern ermutigt ihn zur Mitfreude, dazu, den Bruder anzunehmen.
Zur »Konsequenz«: Der Vater handelt in dem Sinne inkonsequent, wie es ihm der ältere Sohn (V. 29–30) vorwirft. Er handelt in einem anderen Sinne konsequent: Er stellt sich auf die gegenwärtige Lage seiner Söhne ein: den jüngeren stärkt er auf seinem neuen Weg, den älteren ermutigt er zur Mitfreude.

Jesus zuhören, zeigen, wie Gott sich ihres scheinbar unbedeutenden, ihres scheinbar gottfernen Lebens unmittelbar annimmt.

Mohammed hat die Gleichnisse Jesu offenbar nicht gekannt. Hätte er sie gekannt, dann hätte er wohl kaum sagen können, daß alle Propheten vor ihm die im Grunde gleiche Botschaft gebracht hätten. Jesu Reden von Gott wäre ihm nicht weniger distanzlos, nicht weniger unehrerbietig erschienen als manchem Frommen in Israel zur Zeit Jesu. Noch unerhörter hätte es ihm erscheinen müssen, wie Jesus sich mit der Präsenz Gottes identifizieren kann, wie in ihm das Angebot Gottes personhaft gegenwärtig ist, wie seine Zeichen, die er tut, die Zeichen der anbrechenden Gottesherrschaft sind (Lk 11,20; Mt 12,28), wie in der Entscheidung für oder gegen ihn die endgültige Entscheidung Gottes fällt (Lk 12,8; Mk 8,38). – Zwar hat auch Mohammed sich als letztgültigen Boten Gottes verstanden; aber der Gedanke, daß Gott selbst in seinem Gesandten am menschlichen Geschick – und zwar gerade auch an Leid und Not – teilnimmt, wäre ihm gotteslästerlich erschienen. Eben hier aber liegt die eigentliche Zuspitzung des Gottesbildes Jesu, seiner Rede von Gott als dem Vater, der sich in Jesus vor allem seiner schwächsten und verlassensten Kinder annimmt. – Von daher ist die Bedeutung des Kreuzestodes, den der Koran eliminiert, die Bedeutung der Auferstehung, in der die Identifikation Gottes mit Jesus ihre Bestätigung erfährt, die Bedeutung der *Person* Jesu schließlich als des Gottesheils schlechthin, als zentralen *Inhalts* der Offenbarung nicht einfach die Erfindung der christlichen Gemeinde, sondern die legitime Entfaltung der Bedeutung des Weges Jesu durch seine Jünger[261].

---

[261] An dieser Stelle muß der Dialog mit dem Islam über den genuinen Sinn des trinitarischen Glaubens und der christologischen Lehrentscheidungen weitergeführt werden: daß der Glaube an den dreieinigen Gott nicht eine Einschränkung seiner Einzigkeit bedeutet, sondern vielmehr Ausdruck seiner einzigartigen Selbstbekundung in Jesus ist; daß die Lehre von der Gottessohnschaft nicht eine physische Sohnschaft bedeutet, sondern daß mit ihr die einzigartige Nähe Jesu zu Gott verdeutlicht wird ebenso wie der christliche Glaube, daß Gott in Jesus sein Eigenstes, sein Bestes den Menschen geschenkt hat.
Ansatzpunkte für die Weiterführung des Gesprächs bietet im Blick auf das Christusverständnis im Koran Schedl, Muhammad und Jesus (s. bes. 562ff.), im Blick auf den Dialog zwischen den drei monotheistischen Religionen Judentum, Christentum und Islam Strolz, Heilswege der Weltreligionen 1 (s. bes. 52ff.).
Von muslimischer Seite wird eine differenziertere Sicht erkennbar in der Schrift von *S. Ibrahim Rüschoff* (der selbst vor seiner Konversion zum Islam eine christlich-theologische Ausbildung durchlaufen hat): *Da'wa unter Nichtmuslimen*. München (Islam. Zentrum, Wallnerstr. 1–3, 8000 München 45) 1982. Rüschoff geht es darum, daß Muslime, wenn sie vor Nichtmuslimen Zeugnis über ihren Glauben ablegen, nicht von einem Zerrbild des Christentums ausgehen. So hebt er zum Problem der Trinität hervor: »Das Christentum ist eine monotheistische Religion. Es existieren also keine drei Götter, sondern ein Gott, der dem Christen jeweils in einem anderen ›Aggregatzustand‹ begegnet. Zum einen erlebt er Gott wie wir Muslime auch: als absolute Macht und Schöpfer aller Dinge. Dann erlebt er Gott in seiner Sicht von Jesus, von dem er glaubt, daß er für ihn gestorben ist. Den ›heiligen

Nach dieser Betrachtung wird uns der andersartige Charakter der Rede Mohammeds von Gott unmittelbar deutlich werden. Er soll ebenfalls auf dem Hintergrund des Gottesglaubens in seiner Umwelt erläutert werden.

2.4.2 Der altarabische Polytheismus und Mohammeds Lehre von Allah

Es ist hier nicht im einzelnen zu wiederholen, was bereits über die einheimische Religion vor Mohammed in Arabien gesagt wurde und auch über die Lehre von der Einzigkeit Allahs[262]. Es sind aber bestimmte Zusammenhänge neu herauszustreichen.

Zunächst ist noch einmal hervorzuheben, daß die religiösen Vorprägungen in der Umwelt Mohammeds total anders waren als in der Umwelt Jesu. Während Jesus gegen Erstarrungen eines lange bestehenden Monotheismus angehen muß, hat Mohammed überhaupt erst den Polytheismus seiner Landsleute zu überwinden. Hier waren die Götter – als Lokalgötter oder als Götter mit bestimmten Funktionen – den sie verehrenden Menschen nahe; diese »verfügten« in gewisser Weise über den jeweils zuständigen Gott. Es war also umgekehrt als im Judentum zur Zeit Jesu, wo Gott ganz als der Heilige in die Ferne gerückt war. In Mekka hatte sich dazu der Polytheismus mit den Interessen der herrschenden Kaufmannschaft günstig verbinden lassen. Das Wallfahrtsheiligtum der Kaaba zog jährlich viele Pilger an, die den hier ausgestellten Gottesbildern huldigten und gleichzeitig den Markt der Stadt belebten. Dazu profitierte die Stadt nicht nur von den »heiligen Monaten« im Jahr, während derer im ganzen Land Waffenruhe herrschte, sondern sie war selbst als heiliger Bezirk ständig unangreifbar. Die Stadt war also in jeder Hinsicht Nutznießer des Polytheismus, ohne aber in gleicher Weise »Gegenleistungen« an größerer Frömmigkeit oder strengerer Ethik bringen zu müssen[263]. Im Gegenteil: die Kaufmannsethik bestand offensichtlich darin, nur um so

---

Geist‹ erfährt der Christ als die Kraft Gottes in sich selbst.« (17) Zur Frage der Christologie betont er: »Jesus ist für Christen nicht ›Sohn Gottes‹ in einem wie auch immer gearteten biologischen Sinn, so etwa wie wir Söhne und Väter haben. Gott ist nach christlicher Auffassung auch nicht in Jesus' leibliche Hülle geschlüpft und tritt nun in seiner Gestalt auf. Vielmehr lehrt das Christentum eine Verwandtschaft, bzw. eine *innere Identität* von Gott und Jesus, die außer ihm kein Mensch erreichen kann.« (15f.) Allerdings fährt er dann (im Sinne des Islam) fort: »Wie eine Christologie ›Wesensgleichheit‹ auch immer definiert, hier wird eine Grenze überschritten, an der wir Muslime haltmachen, wenn wir nicht die Sünde des Schirk (erg.: Gott andere Götter beigesellen) begehen wollen.« (16)

[262] S.o. unter 2.2. 1/2. und 2.2.3/3,1.

[263] Hierzu Buhl, Leben Mohammeds, 107f.

größere Reichtümer anzuhäufen, ohne entsprechenden sozialen Anforderungen gerecht zu werden; es war eine Ethik voller Egoismus. Gerade in den ältesten Suren des Koran wird das mit gebrandmarkt, wenn es etwa in der 104. Sure heißt:

(1) Wehe jedem Stichler und Nörgler,
(2) der (viel) Geld und Gut zusammenbringt und es (immer wieder) zählt
(3) und meint, es würde ihn unsterblich (?) machen.

Noch schärfer lautet es in der 107. Sure:

(1) Was meinst du wohl von dem, der das Gericht (das den Menschen angedroht ist) für Lüge erklärt?
(2) Das ist der(selbe), der die Waise (von sich) wegstößt
(3) und (die Seinen?) nicht dazu anhält, dem Armen (etwas) zu essen zu geben.
(4) Wehe den Betenden,
(5) die auf ihr Gebet nicht achten,
(6) die (von den Leuten) gesehen werden wollen
(7) und die Hilfeleistung (auf die jeder Anspruch hat?) verweigern!

So muß notwendig die Bekämpfung des Polytheismus in Mekka mit einer Bekämpfung der mekkanischen Moral Hand in Hand gehen. Die Verfügbarkeit der Götter, die diese Moral mit stützt, wird daher in einem Monotheismus aufgehoben, in dem diese Verfügbarkeit nicht mehr möglich ist.

Es ist hier sicher keine strenge Kausalität zu sehen: es sind nicht einfach die vorgegebenen religiösen Verhältnisse, die die jeweils besondere Rede von Gott bei Jesus und Mohammed hervorgebracht haben – in vergleichbaren Situationen sind auch andere Entwicklungen vorgekommen; vor allem ist das Außerordentliche von Lehre, Tat und Anspruch Jesu genauso wenig aus der vorgegebenen Situation abzuleiten wie die Gewalt der Offenbarungen, die Mohammed zum Propheten machte. Und doch geben die herrschenden religiösen Verhältnisse einen Rahmen ab, aus dem heraus die Intentionen der Religionserneuerer deutlicher hervortreten: Jesus »mußte«, wenn in seiner Umgebung Gott neu lebendig werden sollte, die Nähe, die Zuwendung Gottes verkünden; Mohammed »mußte«, wenn in seiner Umgebung Gott etwas bewirken sollte, Allah in die Ferne, in die Erhabenheit rücken.

Gott ist dementsprechend im Koran vor allem der Herr über alles: der Schöpfer, der Richter, der den Weg eines jeden Menschen bestimmt und weiß[264]. Die Souveränität Gottes – die auch die Rede über Gott an ihre eigenen Grenzen stoßen läßt – wird besonders deutlich in der 57. Sure:

(1) (Den einen) Gott preist (alles), was im Himmel und auf Erden ist. Er ist der Mächtige und Weise.

---

[264] Vgl. hierzu Gardet, Allah, 406ff.

(2) Er hat die Herrschaft über Himmel und Erde. Er macht lebendig und läßt sterben und hat zu allem die Macht.

(3) Er ist der Erste und der Letzte, (deutlich) erkennbar und (zugleich) verborgen. Er weiß über alles Bescheid.

(4) Er ist es, der Himmel und Erde in sechs Tagen geschaffen und sich daraufhin auf dem Thron zurechtgesetzt hat (um die Welt zu regieren). Er weiß, was in die Erde eindringt und aus ihr herauskommt, und was vom Himmel herabkommt und dorthin aufsteigt. Er ist mit euch, wo ihr auch seid. Gott durchschaut wohl, was ihr tut.

(5) Er hat die Herrschaft über Himmel und Erde. Und vor Gott werden (dereinst) die Angelegenheiten (alle zur letzten Entscheidung) gebracht werden.

(6) Er läßt die Nacht übergehen in den Tag, und den Tag in die Nacht. Und er weiß Bescheid über alles, was die Menschen in ihrem Innern (an Gedanken und Gesinnungen) hegen.

Es muß auffallen, in welcher Großartigkeit, aber auch Massivität hier von der Herrschaft Gottes die Rede ist: Er macht lebendig und läßt sterben und hat zu allem die Macht. Er ist der Erste und der Letzte. Er weiß genau Bescheid über alles, was in den Menschen vorgeht. – Dies ist die Autorität, mit der Mohammed dem geschäftstüchtigen Polytheismus in Mekka entgegentritt und die diesem höchst unbequem und gefährlich werden muß.

Die einzelnen Aussagen dieser Sure lassen sich sehr ähnlich auch in biblischen Texten über Gott finden – besonders im Psalter und in der apokalyptischen Überlieferung. Als Beispiel sei ein Abschnitt aus Ps 90 (V. 2–8) zitiert[265]:

(2) Ehe die Berge geboren waren und die Erde und die Welt geschaffen, bist du Gott von Ewigkeit zu Ewigkeit.

(3) Du lässest die Menschen zum Staube zurückkehren, sprichst zu ihnen: »Kehret zurück, ihr Menschenkinder.«

(4) Denn tausend Jahre sind vor deinen Augen wie der gestrige Tag, wenn er vergangen, wie eine Wache in der Nacht.

(5) Du säest sie aus, von Jahr zu Jahr, sie sind wie das sprossende Gras:

(5) am Morgen erblüht es und sprosst, am Abend welkt es und verdorrt.

(7) Denn wir vergehen durch deinen Zorn, fahren plötzlich dahin durch deinen Grimm.

(8) Du hast unsere Sünden vor dich gestellt, unser Geheimstes in das Licht deines Angesichts.

Die Motive der Allmacht Gottes, seiner Herrschaft über Raum und Zeit, der totalen Abhängigkeit des Menschen von ihm, seines Wissens um alles menschliche Tun sind hier – in viel früherer Zeit – schon ebenso vorhanden wie in der 57. Sure des Koran. Und doch gibt es bezeichnende Unterschiede: in der (im obrigen Abschnitt nicht mitzitierten) Anrede Gottes zu Beginn des Psalms (V. 1) – »O Herr, du warst unsre Zuflucht von Geschlecht zu Geschlecht« – und in der Bitte

[265] Wiedergegeben nach der Zürcher Bibel.

um sein Eingreifen (V. 13) – »Kehre doch wieder, o Herr!«. Hier kommt in das Lied über Gott als den absoluten Herrscher ein undogmatisch-persönlicher Zug hinein, der der im Alten Testament so vielfältig bezeugten liebevollen Zuwendung Jahwes zu seinem Volk entspricht, wie er so (als Anrede der Gemeinde an Gott) im Koran nicht vorkommt.

Mag dem Christen beim Hören der 57. Sure die alte christliche Polemik gegen den arabischen Willkürgott Mohammeds in den Sinn kommen, so wäre damit die Intention dieser Rede von Gott ohne Frage mißverstanden. Es geht vielmehr in erster Linie darum, daß Gott nicht in die Verfügbarkeit des Menschen hineingeholt wird. Von daher ist es ein Grundanliegen islamisch-theologischer Aussagen geblieben, beständig darauf zu achten, daß das Gottsein Gottes nicht an den menschlichen Vorstellungen von Gott leidet, wie Hasan Askari, der indisch-islamische Denker, hervorhebt[266]. – Dabei ist Allah durchaus nicht »der starre, unbewegte, einsame Gott«, wie im Evangelischen Erwachsenenkatechismus selbstsicher behauptet wird[267]. Udo Tworuschka hat zu Recht hervorgehoben, daß eine solche Charakterisierung des islamischen Gottes keineswegs koranischer Glaubenserfahrung entspricht[268]. So oft wie in keiner der uns bekannten heiligen Schriften der Völker wird Gott im Koran als der »barmherzige Erbarmer« bezeichnet. Mit Ausnahme der 9. Sure beginnt jeder Abschnitt des Koran mit der Formel: »Im Namen Gottes, des barmherzigen Erbarmers«.

»Gottes Barmherzigkeit kann zunächst als *vorauslaufende Gnade* interpretiert werden, mit der Gott an die Menschen herantritt. Wichtige Hinweise auf die göttliche Barmherzigkeit sind die Schöpfung und die wohltätige Ordnung der Natur; außerdem die vielerlei ›Zeichen‹, die von verständigen Menschen in ihrer Beziehung zu Gott entschlüsselt werden. Die Sendung des Propheten versteht der Islam sodann als weiteren Erweis der göttlichen Barmherzigkeit. Das größte Ereignis des barmherzigen Angebotes Gottes an die Menschen aber ist der Koran. In der ›heiligen Nacht‹, die im Monat Ramadan würdevoll begangen wird, entläßt der gnädige Gott das heilige Buch aus seiner Präexistenz heraus zur ›Rechtleitung‹ der Menschen. Unserer Weihnacht, in der Gott in einem Stall Mensch wurde, entspricht die islamische ›Weihnacht‹, die das bei Gott subsistierende Wort ebenfalls in die Bedingungen des geschaffenen Da-

---

[266] Askari, Die Probleme der Welt aus der Sicht des Islam, 52.

[267] *Evangelischer Erwachsenenkatechismus.* Kursbuch des Glaubens. Im Auftrag der Katechismuskommission der Vereinigten Evangelisch-Lutherischen Kirche Deutschlands hg. v. W. Jentsch, H. Jetter, M. Kießig u. H. Reller. Gütersloh (G. Mohn) 1977³, 411.

[268] *U. Tworuschka:* Einige *Unterschiede* und Gemeinsamkeiten in der Glaubenswelt von Christentum und Islam. Neue Zeitschrift f. Systematische Theolgie u. Religionsphilosophie 1980/3, 268–281. Dies und das folgende nach 270f.

seins entläßt (Sure 97). . . . Das Gesetz ist nach islamischem Verständnis nicht in erster Linie Forderung, sondern ›sharia‹ (›Weg‹), *gnadenhafte Weisung* für ein heiles und ausgeglichenes Leben sowohl in materieller als auch in spiritueller Hinsicht. Das Gesetz ist Ausdruck der Weisheit Gottes, dem man vertrauen kann. Als Religion der Mäßigung berücksichtigt der Islam die Schwachheit des Menschen, er gibt Erleichterung und übt Nachsicht, wo immer es geht. Das Gesetz knechtet nicht, sondern ist gut für die Menschen. Es entspricht der menschlichen Natur am besten und ermöglicht ein befreites Leben, das genossen werden soll.« Die Barmherzigkeit Gottes besteht eben auch darin, daß er den Menschen ethisch nicht zu schwere Lasten auferlegt und daß er verzeihend und nicht nachtragend ist, wenn jemand von seinem falschen Lebenswandel abläßt[269]. Hieraus ergeben sich auch wichtige Konsequenzen für die Ausgestaltung der ethischen Anweisungen im Islam.

Doch bevor die Grundausrichtung der Ethik im Islam thematisiert wird, soll zunächst gefragt werden, welches die wesentlichen Merkmale des ethischen Verhaltens bei Jesus sind und wie diese vom Gottesbild Jesu her bestimmt werden.

2.4.3 Gottesliebe – Nächstenliebe – Feindesliebe, die ethischen Konsequenzen der Zuwendung Gottes bei Jesus

Ausgangspunkt soll die Frage eines Schriftgelehrten nach dem größten Gebot sein. Zunächst der Text (Mk 12,28–34)[270]:

(28) Und einer der Schriftgelehrten, der gehört hatte, wie sie miteinander disputierten, trat hinzu, und da er wußte, daß er ihnen trefflich geantwortet hatte, fragte er ihn: Welches ist das erste Gebot unter allen?

(29) Jesus antwortete: Das erste ist: »Höre, Israel, der Herr, unser Gott, ist allein Herr;

(30) und du sollst den Herrn, deinen Gott, lieben aus deinem ganzen Herzen und aus deiner ganzen Seele und aus deinem ganzen Denken und aus deiner ganzen Kraft.«

---

[269] Noch eine weitere Dimension wird erreicht, wenn man die islamische Mystik ernst nimmt. Im Gefolge von Al Ghazzali, durch den die Mystik auch im orthodoxen Islam Geltung erhielt, konnte Allah als der Liebende beschrieben werden, der mit dem Menschen enge Gemeinschaft will, und ebenso konnte von »Liebe zu Gott« gesprochen werden. Aufschlußreich ist hierzu Al Ghazzalis Schrift »Das Elixier der Glückseligkeit«, bes. der Teil C. Von der Liebe (175 ff.).
Gerade die Anknüpfung an die mystische Tradition gewinnt gegenwärtig für viele gebildete Muslime neu an Bedeutung.

[270] Wiedergegeben nach der Zürcher Bibel (ebenso bei den meisten folgenden Stellen).

(31) Das zweite ist dieses: »Du sollst deinen Nächsten lieben wie dich selbst.« Größer als diese ist kein andres Gebot.
(32) Und der Schriftgelehrte sagte zu ihm: Trefflich, Meister, nach der Wahrheit hast du gesagt: »Es ist nur *einer*, und es gibt keinen andern außer ihm«;
(33) und ihn zu lieben aus ganzem Herzen und aus ganzer Erkenntnis und aus ganzer Kraft und den Nächsten lieben wie sich selbst ist weit mehr als alle Brandopfer und Schlachtopfer.
(34) Und da Jesus sah, daß er verständig geantwortet hatte, sprach er zu ihm: Du bist nicht fern vom Reiche Gottes. Und niemand wagte es mehr, ihn zu fragen.

Diese Szene ist in ihrer Einleitung sicher von Markus dem Kontext angeglichen worden; in ihrem Kern spiegelt sie aber offenbar deutlich eine Begebenheit um den historischen Jesus[271]; dafür könnte auch sprechen, daß der Schriftgelehrte am Schluß von Jesus gelobt wird, was der späteren Schwarzweiß-Malerei des Gegenübers Jesus-Schriftgelehrte zuwider läuft.

Auf die Frage nach dem ersten – gemeint ist das größte – Gebot antwortet Jesus zunächst mit dem bekannten Zitat aus Dtn 6, wie es der fromme Israelit beim täglichen Gebet morgens und abends spricht: «Höre, Israel, der Herr, unser Gott, ist allein Herr; und du sollst den Herrn, deinen Gott, lieben aus deinem ganzen Herzen . . .« – Die Hervorkehrung des Monotheismus, die aus diesem Zitat spricht, korrespondiert in starker Weise der Hervorkehrung des Monotheismus im Islam. Auch im Islam wird das Lob Allahs, des Herrn der Menschen in aller Welt, – wie es in der ersten Sure des Koran enthalten ist, im täglichen Gebet wiederholt; und in der 112. Sure heißt es ähnlich wie in Dtn 6: »Sag: Er ist Gott, ein Einziger, Gott, der souveräne . . .«. – Und doch liegt schon ein Unterschied darin, daß das Zitat, das Jesus gebraucht, von *Liebe* zu Gott spricht. Das beinhaltet zumindest für den frühen orthodoxen Islam (anders als für die später von der Mystik Al Ghazzalis beeinflußten Richtungen) eine viel zu starke »Innigkeit« im Verhältnis zu Gott; man konnte hier allenfalls von Verehrung, von Lob sprechen.

Das eigentlich Besondere in der Antwort Jesu liegt nun aber in der Fortführung. Denn Jesus beläßt es nicht einfach bei dem Zitat aus Dtn 6. Er fügt das zweite hinzu – wie es so im Alten Testament nicht zusammensteht: »Du sollst deinen Nächsten lieben wie dich selbst.« Das ist die Besonderheit bei Jesus, daß Gottes– und Nächstenliebe so unmittelbar zusammengehören, daß sich die Nächstenliebe direkt aus der Liebe zu Gott ergibt (auch ohne den Hinweis auf die Thora als die konstitutive

---

[271] Zur Literarkritik der Perikope (bei der in einigen Punkten evtl. von einer Priorität der Matthäus-Version auszugehen ist) und zur Frage der Authentizität des Jesus-Wortes vgl. *R. Pesch:* Das *Markusevangelium.* Freiburg 1980². = Herders theologischer Kommentar zum NT 2/2, 244ff.

Mittelinstanz), daß beide zusammen das größte Gebot bilden und daß gleichsam das Nächstenliebegebot die Konkretion des ersten Gebotes ist.

Diese Konzentration auf das Doppelgebot der Liebe ist in dem Umfang, in dem Jesus sie vornimmt, in der Umgebung Jesu durchaus nicht selbstverständlich, vor allem nicht selbstverständlich mit den Konsequenzen, die Jesus für die Ethik im einzelnen daraus zieht[272]:

Während nämlich von den Pharisäern das Gesetz in vieler Beziehung so ausgeweitet wird, daß es für die einfache Landbevölkerung zu einer fast untragbaren Last wird, während die Zeloten um ihres Gotteseifers willen bestimmte Grundgebote (so das Verbot des Tötens) außer Kraft setzen, bringt Jesus die eigentlichen, menschlichen Schwerpunkte der alttestamentlichen Gottesgebote zur Geltung, indem er das Liebesgebot verschärft, radikalisiert. Diese Radikalisierung ist begründet in der Zuwendung Gottes zu den Menschen, wie sie als Mittelpunkt der Gottesverkündigung Jesu sichtbar wurde. Denn wenn Gott nicht der ferne oder rächende Gott ist, sondern der helfende, aufrichtende Vater, dann kann die Konsequenz nur uneingegrenzte Liebe unter den Menschen sein, gerade zu denen, die solche Liebe besonders brauchen, denen sie unerreichbar erscheint. Das deutlichste, schärfste Beispiel für diese Auslegung der Gebote findet sich in der »Bergpredigt«: »Ihr habt gehört, daß gesagt ist: ›Du sollst deinen Nächsten lieben‹ und deinen Feind hassen. Ich aber sage euch: Liebet eure Feinde und bittet für die, welche euch verfolgen . . .« (Mt 5,43 f.)[273].

Gegen diese Radikalisierung ist immer wieder der Einwand erhoben worden, daß sie unrealistisch sei, daß sie den Wirklichkeiten des menschlichen Existenzkampfes nicht gerecht werden könne, daß sie allenfalls Grundsatz eines Utopisten sein könne. Gerade dieser Einwand ist zu

---

[272] Wie in der jüdischen Umgebung Jesu gedacht und gehandelt wurde, ist ausführlich und differenziert von *Andreas Nissen* in seiner Untersuchung »*Gott und der Nächste* im antiken Judentum. Untersuchungen zum Doppelgebot der Liebe« (Tübingen – Mohr/Siebeck – 1974 = Wiss. Untersuchungen zum NT 15) herausgearbeitet worden. Man wird danach das Judentum nicht zu schematisch sehen dürfen und in Rechnung stellen müssen, daß auch in der Umgebung Jesu immer wieder nach dem Grundsinn der Thora gefragt wurde. Dennoch wird auch aus den Belegen, in denen die auffälligsten Parallelen zu Jesu Doppelgebot der Liebe (a. a. O. 230 ff.) und zum Feindesliebegebot (304 ff.) enthalten sind, deutlich, wie außergewöhnlich der Gesamtzusammenhang von Verkündigung und Auftreten Jesu (mit seiner Relativierung sogar der Zentralstellung der Thora) sich im Kontext des Denkens seiner Zeit und Umgebung darstellt.
Zum Gesamtzusammenhang des Feindesliebegebotes siehe jetzt vor allem *B. Vrijdaghs: Liebet eure Feinde.* Jesu Gebot der Feindesliebe als Herausforderung und Ermutigung. Ev. Erzieher 6/1976, 440–452.

[273] Es ist hierbei umstritten, ob die Form des Wortes bei Matthäus oder die nicht antithetische Form bei Lukas (6,27) ursprünglich ist; doch verfolgt das Wort auch in der lukanischen Form die gleiche Tendenz.

überprüfen. Es wird dabei sichtbar werden, daß bei Jesus Wort und Tat, Grundsatz und Verwirklichung keineswegs auseinanderfallen, – was erneut ein deutliches Licht auf die Besonderheit seines Wirkens wirft. Es kommt allerdings bei der Realisierung dieser Gebote zu Konflikten mit der in Jesu Umgebung herrschenden Ethik.

Das soll zunächst an drei Beispielen aus den sogenannten »Streitgespräche« gezeigt werden, wie sie in Mk 2,1–3,6 zusammengestellt sind. Dabei ist die Bezeichnung »Streit*gespräche*« nicht ganz zutreffend, da es immer auch um eine Tat Jesu geht, die Anstoß erregt.

Am Anfang steht die Geschichte von der Heilung des Gelähmten, dem Jesus die Sünden vergibt (Mk 2,1–12); wenn das hier ohne Reinigung, ohne Opferkult, ohne Tempeldienst geschieht, einfach durch das Wort Jesu, so ist das für viele fromme Juden ein ungeheures Ärgernis. Wie kann ein Mensch so eindeutig, so pauschal mit der Autorität Gottes auftreten? Für Jesus aber, der die Nähe Gottes allen bringt und anbietet, ist es nur folgerichtig, daß er den Kranken, der nach damaliger Vorstellung auch die Schuld an seinem Geschick zu tragen hat, von der doppelten Last freimacht[274].

Ein anderes Beispiel ist, wie Jesus sich am Sabbat verhält und wie er mit dem Sabbatgebot umgeht. Er akzeptiert die Sabbatruhe, wie sie von den Pharisäern mit all den vielen Einzelvorschriften zum grundlegenden Gebot erklärt ist, nicht. So wird mehrfach davon berichtet, daß Jesus am Feiertag Kranke heilt, was eigentlich als verboten galt (wenn nicht ein ausgesprochener Ernstfall – z. B. Lebensgefahr für den Kranken – vorlag). Gegenüber seinen Kritikern kann hier Jesus selbst mit Erleichterungen des Sabbatgebotes argumentieren, die auch von den Pharisäern eingeräumt werden. Er fragt: »Welcher Mensch ist unter euch, der ein Schaf hat und, wenn es am Sabbat in eine Grube fällt, es nicht ergreift und herauszieht? Wieviel mehr wert ist nun ein Mensch als ein Schaf?« (Mt 12,11 f.) – Ja, Jesus kann grundsätzlich zu dem Halten des Feiertages sagen: »Der Sabbat ist um des Menschen willen geschaffen worden und nicht der Mensch um des Sabbats willen« (Mk 2,27). Jesus macht durch Wort und Tat deutlich, daß der ursprüngliche Sinn der Gebote ist, den Menschen zu helfen, nicht, sie zu versklaven und ihnen womöglich gar den Blick auf die Bedürftigkeit des anderen zu verstellen.

Eine dritte typische Geschichte ist die »Berufung des Levi« (Mk 2,14–17). Zunächst der Text:

---

[274] Der »Sitz im Leben« dieser und der beiden im folgenden besprochenen Textabschnitte ist ohne Frage die Auseinandersetzung, in die die junge christliche Gemeinde durch ihre vom Judentum abweichende Praxis geraten war; doch spiegelt sich in ihnen deutlich das Wirken Jesu, ohne das das abweichende Verhalten der jungen Gemeinde nicht denkbar wäre.

(14) Und im Vorübergehen sah er Levi, den Sohn des Alphäus, an der Zollstätte sitzen; und er sagte zu ihm: Folge mir nach. Da stand er auf und folgte ihm nach.
(15) Und es begab sich, daß er in dessen Hause zu Tische saß, und viele Zöllner und Sünder saßen mit Jesus und seinen Jüngern zu Tische; denn es waren viele, die ihm nachfolgten.
(16) Und als die Schriftgelehrten der Pharisäer sahen, daß er mit den Zöllnern und Sündern aß, sagten sie zu seinen Jüngern: Warum ißt er mit den Zöllnern und Sündern?
(17) Und Jesus hörte es und sprach zu ihnen: Nicht die Starken bedürfen des Arztes, sondern die Kranken. . . .[275]

Was den Zeitgenossen Jesu zunächst so unbegreiflich erscheinen muß, ist die Tatsache, daß Jesus mit solchen Menschen einen neuen Anfang macht, denen niemand einen Neuanfang zugetraut hätte. Die Zöllner, die mit der römischen Besatzungsmacht zusammenarbeiteten, verdienten ja daran, daß es Israel schlecht ging. Sie scherten sich nicht um die geheiligten Überlieferungen ihres Volkes und galten oft nicht zu Unrecht als Überforderer und Erpresser. Dennoch geht Jesus einfach auf Levi zu; er ruft ihn, ohne irgendwelche Vorbedingungen für die Nachfolge zu stellen. Und Levi steht auf und folgt ihm unmittelbar.

In den Augen der frommen Juden hat sich Jesus dadurch, daß er sich mit einem Zöllner abgibt, unrein gemacht. – Und wenn er sich mit Zöllnern und Dirnen sogar an einen Tisch setzt, dann mißachtet er nach der damals herrschenden Anschauung das Gesetz, zeigt er doch damit: Diese Menschen gehören im Angesicht Gottes mit mir zusammen. Für den Israeliten hat nämlich jede Mahlzeit gottesdienstlichen Charakter.

Es kann deshalb nicht verwundern, daß die Pharisäer schockiert sind. Unausweichlich ergeht ihre Nachfrage bei den Jüngern: Warum ißt euer Meister mit den Zöllnern und Sündern? – Jesu Antwort ist einfach und schlagend: Die Starken bedürfen des Arztes nicht, sondern die Kranken. – Jesus macht deutlich, daß das Gesetz dort, wo es vielen Menschen nicht mehr hilft, sondern sie ächtet, Gottes Willen nicht mehr erfüllt. Gottes Wille aber wird darin sichtbar, wie Jesus sich *allen* Menschen zuwendet, gerade denen, die nicht liebenswert erscheinen. Wichtig ist dabei, daß Jesus nicht nebenher einmal zu den Verachteten und Ausgestoßenen geht, sondern daß er sich *zuerst* um sie bemüht. Er betreut sie nicht nur am

---

[275] Die zweite Szene – V. 15–17 – ist typisiert und in dieser Form wahrscheinlich von der frühen Gemeinde geprägt. Dennoch gibt auch sie sicher das Verhalten des »historischen« Jesus wieder. Es lief damals nämlich ein Schimpfwort über Jesus um: » . . . ein Schlemmer und Zecher, Freund mit Zöllnern und Sündern . . .« (Mt 11,19; Lk 7,34). Dieser Ausspruch zeigt deutlich, was die frommen Juden an Jesus ärgerte, und wäre von der christlichen Gemeinde gewiß nicht weitergegebenen worden, wenn er nicht einem »echten« Tatbestand bei Jesus gegolten hätte.

Rande, sondern er macht sie zu Mitarbeitern, die dasselbe zu verkünden haben wie er.

Diese Beispiele zeigen, wie Gottesliebe und Nächstenliebe, kulminierend in der Feindesliebe, den Mittelpunkt der Ethik Jesu bilden, von dem aus alles Einzelverhalten abzuleiten ist. Gottesliebe, Nächstenliebe, Feindesliebe sind dieser Mittelpunkt nicht in dem Sinn, daß sie dem Menschen als neues Gesetz aufgelegt werden, sondern in dem Sinn, daß sie sich aus der Ermöglichung neuen Lebens, die sich in der Begegnung mit Jesus erschließt, notwendig ergeben. – Diese Ethik kann nicht gesehen werden ohne den Weg und ohne den Anspruch Jesu, der in seiner Konsequenz auch das Leiden hat, dem Jesus nicht ausgewichen ist. Dieser Weg wird in der nachösterlichen Christenheit konsequenterweise als Teilnahme Gottes am menschlichen Leben, und zwar gerade auch an seinem Leiden, gesehen. – Gott im Leiden – dies ist eine Vorstellung, die der Gotteserfahrung Mohammeds und seiner Gottesverkündigung so strikt zuwiderläuft, daß er sie als theologischen Gedanken gar nicht fassen könnte.

Von daher erhält die christliche Transzendenzerfahrung einen Wesenszug, der einem Moslem immer schwer verständlich bleiben wird: daß nämlich die Transzendenzerfahrung gemacht werden kann in der Wandlung, in der Erneuerung des Menschen, die durch das Teilnehmen Gottes an seinem Geschick hervorgebracht wird, – d. h. eine Transzendenzerfahrung, die durch die Immanenz, den innerweltlichen Erlebnisraum des Menschen hindurch gemacht wird.

Zu fragen ist allerdings, ob in der Geschichte der Kirche diese Transzendenzerfahrung nicht zu sehr privatisiert worden ist, d.h. ob der Gemeinschafts-erneuernde, der soziale Impuls, der in Nächstenliebe und gar in Feindesliebe als der ethischen Konsequenz dieser Transzendenzerfahrung liegt, nicht auf weite Strecken verschüttet worden ist. In der Kirchengeschichte sind leider viele erschütternde Beispiele des Vergessens der Anfangsimpulse zu beobachten. Insofern taucht erneut die Frage auf, ob der Islam nicht einfach deshalb erfolgreicher sein kann, weil er eine faßbarere, einfachere Ethik hat als das Christentum. Andererseits dürfte deutlich sein, daß es sich für das Christentum selbst als nötig erweist, immer neu aus seinen Anfängen in Jesus selbst zu lernen.

2.4.4 Unterwerfung unter den Willen Allahs – die Pflichten-Ethik Mohammeds

Im Blick auf den Grundansatz der Ethik Mohammeds wird es (ähnlich wie bei Jesus) sinnvoll sein, sich zunächst den Zusammenhang der Ethik mit der Gottesanschauung Mohammeds vor Augen zu führen, dann aber auch die mekkanische Ethik, der Mohammed mit seinen Verhaltenslehren antwortet.

Die Gottesanschauung Mohammeds, die von der Jesu so sehr unterschieden ist, muß auch notwendig einen anderen Grundansatz der Ethik zur Folge haben. Wenn das Gottsein Gottes weniger in der Liebe zu den Menschen gipfelt als vielmehr in seiner Erhabenheit, seinem Herrscher- und Richtersein, dann kann die Ethik nicht in erster Linie davon getragen sein, daß die Menschen an dem Werk Gottes, das er unter den Menschen selbst begonnen hat, mitwirken, daß sie die von ihm (in Jesus) erfahrene Liebe in ihrer Liebe zum Nächsten weitergeben. – Dann muß vielmehr die Ethik getragen sein von »Islam« und »Ibada« – also von der Unterwerfung unter den Willen Allahs und von dem Gehorsam, wie ihn ein ergebener Diener leistet. Unterwerfung und Gehorsam, aber auch Dankbarkeit gegen den Schöpfergott prägen darum die Grundstimmung der Ethik im Islam, die sich dann in der Befolgung der Pflichten konkretisiert.

Allerdings hat auch hier das Werk Al Ghazzalis, in dessen Mystik nicht zuletzt christliche Einflüsse zur Geltung kommen, sich in späterer Zeit dahingehend ausgewirkt, daß selbst dem orthodoxen Islam die Liebe als zentraler Gedanke in der Gottesverehrung, z. T. aber auch in der Ethik, nicht fremd blieb[276].

Diese Grundprägung ist (wie auch bei Jesus) noch besser zu verstehen im Angesicht der ethischen Verhältnisse, wie sie in Mekka vor dem Auftreten Mohammeds herrschten: War es bei Jesus so, daß er gegen eine kasuistische Moral die eigentlichen Anliegen, die eigentlichen Schwerpunkte der Gebote Gottes neu zur Geltung bringen mußte, so daß die Menschen, für die die Gebote gedacht waren, sie nicht als eine niederdrückende Last, sondern als eine Hilfe erfuhren – so mußte Mohammed umgekehrt gegen den Libertinismus der Mekkaner, gegen ihre Kaufmannsethik, die nur den Profit und nicht das Wohl der Armen im Sinn hatte – überhaupt erst ein Pflichtengebäude erstellen, das den notwendigen Aufgaben der Mitmenschlichkeit entsprach. Der erhabene Gott, Allah, den die Mekkaner nicht mehr wie ihre Lokalgötter profitmäßig ausnutzen konnten, verlangte nichts, als was recht und billig war, damit

---

[276] Siehe Al Ghasali, Elixier der Glückseligkeit, bes. die Beispiele auf S. 78. Dort heißt es u. a.: Und weiter spricht der Gesandte Gottes: »Wo immer zwei sich in Gott lieb haben, da liebt Gott den am meisten, der seinen Gefährten am meisten liebt.« . . .
Und weiter: »Wenn ein Mensch sich aufmacht, seinen Bruder zu besuchen, so sendet ihm Gott einen Engel auf den Weg, der spricht: ›Wohin gehst du?‹ Er sagt: ›Ich will meinen Bruder N. besuchen.‹ Spricht der Engel: ›Hast du ein Anliegen an ihn?‹ Er sagt: ›Nein!‹ Spricht der Engel: ›Bist du verwandt mit ihm?‹ Er sagt: ›Nein.‹ Spricht der Engel: ›Hat er dir eine Wohltat erwiesen?‹ Er sagt: ›Nein.‹ Spricht der Engel: ›Warum gehst du dann zu ihm?‹ Er sagt: ›Ich gehe um Gottes willen und habe ihn lieb.‹ Da spricht der Engel: ›Gott hat mich zu dir gesandt, um dir zu verkünden, daß er dich liebt um deiner Liebe willen, die du zu jenem Bruder hast, und dir das Paradies verspricht.‹«

die menschliche Gemeinschaft eine menschliche genannt werden konnte. J. Bouman beschreibt das (etwas zugespitzt) mit den Worten: »Die koranische Ethik kann zusammengefaßt werden in: Glaube und handele recht, und Allah wird sich deiner erbarmen. Aber wenn nicht, wird das Urteil über dich kommen.«[277]

H. v. Glasenapp stellt in diesem Zusammenhang die These auf, daß der Islam im Unterschied zu Buddhismus und Christentum eine Religion der Mindestforderung sei: »So hoch wir die kulturelle und politische Bedeutung Mohammeds für das Arabertum auch einschätzen müssen, im Hinblick auf seine Metaphysik und Ethik kann seine Lehre den Vergleich mit den anderen vier großen Religionen nicht aushalten. Denn an ihnen gemessen stellt er an seine Bekenner nur geringe Ansprüche. Besonders zeigt dies ein Vergleich mit Buddhismus und Christentum.«[278]

Diese These läßt sich bei genauerer Betrachtung nicht aufrechterhalten. Schon die Idee der schlechthinnigen Unterordnung unter die Majestät und das Erbarmen Gottes widerspricht der Rede von der Mindestforderung. Es ist zu fragen, ob die Höchstforderung der anderen Religionen nicht vorschnell mit der Verneinung der »natürlichen Welt«[279] und mit asketischen Tendenzen in ihnen gleichgesetzt wird.

Der Sachverhalt, auf den v. Glasenapp rekurriert, ist folgender: Im Koran wird häufiger darauf hingewiesen, daß Allah den Menschen mit seinen Geboten nicht überfordern will: in der 4. Sure heißt es z.B. (28/32): »Gott will euch Erleichterung gewähren. Der Mensch ist (ja) von Natur schwach.«[280] Doch ist der Begriff der »Mindestforderung« für die Ethik des Islam insofern irreführend, als der wirklich gläubige Muslim die geforderte Unterwerfung unter den Willen Allahs niemals in der bloß äußerlichen Befolgung der Hauptpflichten erfüllt sehen wird. Die Erfüllung der Pflichten soll vielmehr nur der Ausgangspunkt der Frömmigkeit und Ethik sein; sie soll den Rahmen bilden für eine Grundhaltung des »Islam«, die das Leben des Gläubigen nicht weniger durchdringen kann als die Askese eines christlichen oder buddhistischen Mönches. Ein Passus aus der 2. Sure weist deutlich darauf hin, daß die Frömmigkeitsübun-

---

277 *J. Bouman: Die guten Werke im Islam.* In: Ethik im Islam, 14–29, 17 = Christentum und Islam, H. 4.

278 Glasenapp, Weltreligionen, 330.

279 So Glasenapp ebd. im Anschluß an H. H. Schaeder.

280 Gemeint ist von Glasenapp sicher auch die handliche Klassifikation menschlicher Handlungen – in pflichtmäßige, empfohlene, gleichgültige, unerwünschte und verbotene Handlungen –, wie sie sich im Islam eingebürgert hat. *F. Heiler* bringt dazu (in: *Die Religionen der Menschheit* in Vergangenheit und Gegenwart, Stuttgart 1959, 820) als Beispiel die Vorschriften zur Waschung vor dem Gebet: Die Waschung vor dem Gebet sei *obligatorisch;* dabei mit der rechten Seite zu beginnen, sei *empfohlen;* ob kaltes oder warmes Wasser benutzt wird, sei *gleichgültig;* daß jemand das Wasser vorher berührt, sei *verboten.*

gen nicht Selbstzweck sein, sondern über sich hinausweisen sollen (177/172):

Die Frömmigkeit besteht nicht darin, daß ihr euch (beim Gebet) mit dem Gesicht nach Osten oder Westen wendet. Sie besteht vielmehr darin, daß man an Gott, den jüngsten Tag, die Engel, die Schrift und die Propheten glaubt und sein Geld – mag es einem noch so lieb sein – den Verwandten, den Waisen, den Armen, dem, der unterwegs ist, den Bettlern und für (den Loskauf von) Sklaven hergibt, das Gebet verrichtet und die Almosensteuer bezahlt. Und (Frömmigkeit zeigen) diejenigen, die, wenn sie eine Verpflichtung eingegangen haben, sie erfüllen, und die in Not und Ungemach und in Kriegszeiten geduldig sind. Sie (allein) sind wahrhaftig und gottesfürchtig.

Zwar ist der Wortlaut der Sure hier wesentlich stärker Einzelanweisungen verhaftet als etwa das Doppelgebot der Liebe im Christentum. Doch ist andererseits nicht zu verkennen, daß all die Einzelhinweise auf eine Frömmigkeitshaltung und eine grundsätzliche sozial-ethische Verpflichtung hinauslaufen, die von »Mindestforderung« nichts erkennen lassen[281]. Allerdings ist hervorzuheben, daß derjenige, der trotz seiner Bemühung wirkliche Vollkommenheit als Muslim nicht erreicht, deshalb nicht gleich der Verdammnis anheimfällt[282]. Wer aber die Hauptpflichten und alle wesentlichen Anweisungen der Scharia in ihren Grundintentionen erfüllen will, wird davon nicht weniger in Anspruch genommen sein als der orthodoxe Jude oder der im besten Sinne des Wortes fromme Christ.

Freilich ist – wie schon angedeutet – die Transdendenzerfahrung, die der fromme Muslim in Glaube und Ethik macht, insgesamt eine deutlich andere als die des vom Weg Jesu her bestimmten Christen: es ist die Erfahrung, ein kleines Teilchen des Universums zu sein, das Allah untertan ist und das in seinem geordneten Ablauf nichts anderes zu erfüllen hat, als seinen ihm verordneten Pflichten nachzukommen und damit die Erhabenheit Allahs zu bestätigen und zu preisen[283].

---

[281] Peter Antes veranschaulicht anhand dieser Koranaussage die untrennbare Einheit von »Ethik und Religion« im Islam, die eine ausgeführte Ethik als gesonderte Lehre überflüssig macht (*P. Antes: Ethik* und Politik im Islam. Stuttgart/Kohlhammer 1982, 40; 42).

[282] Dieses Moment wird von H. Zbinden (Rückschau und Ausblick, 214ff.) auch in den Religionsvergleich eingebracht, indem er darstellt, daß die islamische Ethik nicht das permanente »schlechte Gewissen« erzeugt, wie es durch christliche Ethik geschehen kann.

[283] Diese Erfahrung kommt beeindruckend zum Ausdruck in der Aufzeichnung des Gebetes einer blinden moslemischen Bettlerin (nach *rp-modelle nr. 3: Gebet,* Arbeitsmaterial Sekundarstufe I, Frankfurt und München – Diesterweg/Kösel – 1971, 23):
»Ehre dir, mein Herr, du Großer, unser Gott, dein ist aller unser Ruhm. Man vergißt sich, wenn man so betet. Man ist wie ein Staubkorn und auf der anderen Seite der Schöpfer und keiner dazwischen. Man wirft sich nieder vor ihm in den Staub und schweigt. Es ist Kismet. Es ist so bestimmt. ... Wozu jammern und klagen? Nur die Schmerzen sind furchtbar. Aber Satan kann die Seele nur bedrängen, nicht mehr. Und Allah hat geboten, daß die Reichen von

An diesen Beispielen ist deutlich geworden, wie wichtig es ist, die religiösen Grundanliegen, die sich in Glauben und Ethik ausdrücken, von ihren Wurzeln in den einzelnen Religionen her zu durchleuchten und verständlich zu machen. Es hat sich gezeigt, daß die Entstehungsbedingungen bestimmte spätere Ausprägungen in Christentum und Islam geradezu herausgefordert haben, und daß die in den Anfängen gegebenen Akzente notwendige Erneuerungen in dem jeweiligen religiösen, kulturellen und sozialen Rahmen in Gang gesetzt haben. Das bleibt festzuhalten, so unterschiedlich auch Wesen und Ausprägungen von Islam und Christentum sich im ganzen und im einzelnen gestaltet haben. Der Vergleich hat für beide Religionen die Nötigung zur Rückfrage nach den Anfangsintentionen erwiesen, eine Rückfrage, die das damals Gemeinte ernst nimmt und von daher die durch Tradition und Konvention in den Religionsausprägungen hervorgerufenen Einengungen sprengen kann, ohne daß damit die in den Religionen gewachsenen jeweils besonderen Grunderfahrungen wertlos würden oder gar zu verleugnen wären.

2.5 Perspektiven für die Begegnung mit dem Islam

2.5.1 Im Spannungsbogen von Konfrontation und Dialog

In den bisherigen Ausführungen hat sich gezeigt, in welchem Spannungsbogen sich die gegenwärtigen Begegnungsmöglichkeiten zwischen Christentum und Islam bewegen: Auf der einen Seite stehen die Erfahrungen aus dem geschichtlichen Aufeinandertreffen, die gerade in der Neuzeit ein weitgehend negatives Bild vom Anderen in den beiden Glaubensgemeinschaften fixiert haben. Genährt werden sie immer wieder durch Einzelnachrichten von neuen Konfrontationen – wie z. B. der Verschärfung des Klimas gegenüber christlichen Missionen in einzelnen islamischen Ländern (Verstaatlichung der Missionsschulen in Pakistan . . .), der blutigen Kämpfe zwischen Christen und Moslems im Libanon, aber auch Verlautbarungen und Entschließungen christlicherseits, die sich gegen die beginnenden interreligiösen Dialoge und Kontakte richten[284].

---

ihren Gütern den Armen geben. Sie werden mir geben, daß ich nicht hungere. Und vielleicht hat er einen, der mich heilen kann. Er wird mich sehen machen – wenn Allah es will.«

[284] Siehe z. B. die 6. These der »Frankfurter Erklärung zur Grundlagenkrise der Mission«, die ein Kreis »schrift- und bekenntnisgebundener Theologen« formulierte (1970); hier wird vehement gegen ein dialogisches Missionsverständnis (als eines vermeintlichen Ersatzes für die zur Bekehrung drängende Verkündigung des Evangeliums) Stellung bezogen (der Text bei: Mildenberger, Dialog der Religionen, 11).

Auf der anderen Seite gibt es Signale für Gesprächsbereitschaft und Verständigung, wie sie in der Geschichte von Christentum und Islam bisher nicht zu vernehmen waren: Angebote zu Dialog und Zusammenarbeit an das Christentum von seiten des Islam im Gefolge der Gipfelkonferenz von Lahore[285], aber auch entsprechende Erklärungen von seiten des Vatikan und des Ökumenischen Rates der Kirchen, die diesem Angebot bereits vorausgegangen sind.

Papst Paul VI. sprach in seiner Radiobotschaft zum Osterfest 1964 von jeder Religion als einer »Morgendämmerung des Glaubens«[286], und das 2. vatikanische Konzil bot in seiner Erklärung über das Verhältnis der Kirche zu den nichtchristlichen Religionen (Nostra Aetate) diesen ein freundschaftlich-brüderliches Gespräch an. Einen besonderen Schritt vorwärts stellen die Aussagen zum Islam dar:

»Mit Hochachtung betrachtet die Kirche auch die Muslim (gemeint ist: Muslime), die den alleinigen Gott anbeten, den lebendigen und in sich seienden, barmherzigen und allmächtigen, den Schöpfer des Himmels und der Erde, der zu den Menschen gesprochen hat. Sie mühen sich, auch seinen verborgenen Ratschlüssen sich mit ganzer Seele zu unterwerfen, so wie Abraham sich Gott unterworfen hat, auf den der islamische Glaube sich gerne beruft. Jesus, den sie allerdings nicht als Gott anerkennen, verehren sie doch als Propheten, und sie ehren seine jungfräuliche Mutter Maria, die sie bisweilen auch in Frömmigkeit anrufen. Überdies erwarten sie den Tag des Gerichtes, an dem Gott alle Menschen auferweckt und ihnen vergilt. Deshalb legen sie Wert auf sittliche Lebenshaltung und verehren Gott besonders durch Gebet, Almosen und Fasten. Da es jedoch im Lauf der Jahrhunderte zu manchen Zwistigkeiten und Feindschaften zwischen Christen und Muslim kam, ermahnt die Heilige Synode alle, das Vergangene beiseite zu lassen, sich aufrichtig um gegenseitiges Verstehen zu bemühen und gemeinsam einzutreten für Schutz und Förderung der sozialen Gerechtigkeit, der sittlichen Güter und nicht zuletzt des Friedens und der Freiheit für alle Menschen.«[287] Diese Erklärung ist davon geprägt, das Gemeinsame, nicht das Trennende hervorzuheben, und unterscheidet sich darin krass von Polemiken, wie sie sich noch in den 60er Jahren in katholischen Religionsbüchern finden[288]. Im Hintergrund steht die Vorstellung von verschiedenen Stufen der Offenbarung, nach der die Gottesverehrung in den Religionen als Vorform zu der Gotteserkenntnis verstanden werden kann, die in ihrer Fülle in der katholischen Kirche präsent ist.

Die grundsätzliche Position des Ökumenischen Rates der Kirchen (ÖRK) wird in den »Leitlinien zum Dialog mit Menschen verschiedener Religionen und Ideologien«[289] (1977 und 1979 verabschiedet) dargestellt. Dabei wird deutlich, daß es

---

285 Siehe oben unter 2.1.4.

286 Mildenberger, Dialog der Religionen, 8.

287 Text nach *H. Vöcking* (Hg.): *Christliche Stimmen zum Dialog I.* Frankfurt (CIBEDO) 1983. = CIBEDO-Dokumentation 18/19, 3.

288 Als Beispiel *Klug: Katholische Kirchengeschichte,* 5. verb. u. erw. Aufl. Regensburg 1966, 32f.

289 *Leitlinien zum Dialog* mit Menschen verschiedener Religionen und Ideologien, ÖRK. Stuttgart 1979. = Arbeitstexte der EZW 19.

nicht nur um einen Pakt der Religionen gegenüber den säkularen Weltanschauungen geht, wie er von muslimischer Seite wiederholt vorgeschlagen wird, sondern um eine Begegnung, die zum Zusammenwirken der Religionen und Ideologien in den Lebensfragen der Menschheit führen soll. Dialog bleibt dabei nicht auf der intellektuellen Ebene, sondern er bedeutet, »sich dem anderen mit Herz und Sinnen zu öffnen«[290].

In dem Spannungsbogen von Konfrontation einerseits, Gesprächsbereitschaft andererseits kommt es darauf an, die Chancen der Religionsbegegnung nicht zu verspielen. Die bisherigen vereinzelten Vorstöße zu Dialog und Zusammenarbeit – wie die »Weltkonferenz der Religionen für den Frieden« in Kyoto/Japan 1970, das Religionsgespräch in Arnoldshain 1971[291] oder die »Ständige Konferenz europäischer Christen, Juden und Moslems«[292] ergaben so viel an gemeinsamer Aussagekraft[293], selbst zu solch heiklen Themen wie dem Nahost-Problem[294], daß es sträflich wäre, diesen Ansätzen nicht weiter nachzugehen.

Einen Höhepunkt in der bisherigen Begegnung zwischen Christen und Muslimen stellte der »Christlich-Islamische Dialog von Colombo« 1982 dar, zu dem der ÖRK erstmals zusammen mit einer internationalen muslimischen Organisation – dem Muslimischen Weltkongreß – eingeladen hatte und an dem dreißig muslimische sowie dreißig christliche Delegierte teilnahmen. Hier wurden Prinzipien für gemeinsames Leben und Arbeiten von Muslimen und Christen entworfen, die Rechte religiöser Minderheiten auf freie Religionsausübung umrissen, weltweite Aktivitäten zur Flüchtlingshilfe ins Auge gefaßt und ein »gemeinsames ständiges Komitee« initiiert. – Bemerkenswert ist die Botschaft des Generalsekretärs der Islamischen Konferenz, Habib Chatti, an die Teilnehmer der Konferenz, in der die Initiativen des ÖRK gewürdigt und insbesondere die Aussagen der »Chambesy-Erklärung« von 1976 bekräftigt werden, nach der »Muslime wie Christen das uneingeschränkte Recht haben müssen, zu überzeugen und über-

[290] A. a. O. 22.

[291] Siehe Mildenberger: Dialog der Religionen, 6f., und die bei Schultze /Trutwin, Weltreligionen – Weltprobleme wiedergegebenen Referate des Treffens in Arnoldshain.

[292] »Sie wurde im Jahre 1970 in Berlin gegründet, hat ihren Sitz in London und betreibt zwei Ziele: Ihre Mitglieder wollen sich gegenseitig das Zeugnis der Söhne Abrahams aus dem Zentrum des eigenen Glaubens geben, nicht in missionarischer Absicht, sondern in einem eschatologisch offenen Dialog. Zweitens wollen sie keine Front der sogenannten Frommen gegen die sogenannten Gottlosen errichten, sondern gemeinsam, auch in Kooperation mit nichtreligiösen Gruppen, ihre Kräfte zur Bewältigung der Aufgaben der modernen säkularen technischen Gesellschaft einsetzen. Zentren der Ständigen Konferenz außer London sind Amsterdam, das katholische Hedwig-Dransfeld-Haus in Bendorf bei Koblenz und die Evangelische Akademie Berlin (West).« (Nach *W. Maechler: Religion: Flucht oder Wirklichkeit?* Jahrestagung der Ständigen Konferenz Europäischer Juden, Christen und Moslems vom 4. bis 8. November 1974 in der Evangelischen Akademie Berlin/West. In: Kommunität, Vierteljahreshefte der Ev. Akademie Berlin 1974, 174–177, 174).

[293] Siehe die Schlußerklärung der »Weltkonferenz der Religionen für den Frieden« in Kyoto 1970 bei Mildenberger, Dialog der Religionen, 7.

[294] Siehe Maechler, Religion: Flucht oder Wirklichkeit? 176f.

zeugt zu werden und ihres Glaubens zu leben sowie ihr religiöses Leben so zu ordnen, daß es mit ihren jeweiligen religiösen Pflichten und Prinzipien übereinstimmt«[295]. Hier wird deutlich, daß »Dialog« nicht etwa Ersatz von Zeugnis für den eigenen Glauben und von Mission sein soll, daß aber jede Begegnung in Achtung vor der Würde des Andersgläubigen und entfernt von jeglicher »Proselytenmacherei« geschehen soll. Auf muslimischer Seite wird dabei die Verpflichtung zum Dialog unmittelbar aus seinen geschichtlichen Anfängen, die von der Begegnung mit dem Judentum und dem jüdisch-arabisch geprägten Christentum bestimmt waren, sowie aus Aussagen des Koran (z.B. 16,125; 29,46; 2,139; 3,64), der zum Gespräch über Gott mit dem Ziel, ihn im jeweiligen Zeugnis zu verherrlichen, und zum »Wetteifern in guten Taten« anhält, abgeleitet[296].

Damit sollen Gegensätze nicht überspielt werden, die untergründig doch vorhanden bleiben und zur Unzeit wieder aufbrechen würden. Vor allem soll auch die Wahrheitsfrage keinesfalls ausgeblendet werden. Sie stellt sich aber bei einer offenen Religionsbegegnung auf einer neuen Ebene: Kann sie in einem Klima der Konfrontation nur in der zumeist oberflächlichen Weise der Apologie verfolgt werden, so kommt sie – bei einem ernsthaften Aufeinander-Hören – für alle beunruhigender, aber auch belebender ins Gespräch. Man kann sich dann nicht mehr damit begnügen, die vordergründige Fremdheit des Glaubenslebens der Anderen zu registrieren und es von daher abzulehnen, sondern bemüht sich, es wahrzunehmen, wie es aus seinen eigenen Wurzeln heraus zu verstehen ist und sich entfaltet hat. Wenn wir aber einsehen, warum der Glaube des Anderen ihm in seinem Leben Halt und Hoffnung gibt – warum er also für ihn »Wahrheit« ist – dann bedeutet das noch längst nicht, daß wir alle Züge seines Glaubenslebens vorbehaltlos bejahen, oder daß wir gar unseren eigenen Ort, unsere »Wahrheit« verleugnen; wir werden das ihr eigene Wesen vielmehr um so deutlicher erkennen können, je sorgfältiger wir dem Wesen der anderen Religiosität nachspüren. Ein Stück weit ist dies in dem exemplarischen Religionsvergleich (2.4) bereits deutlich geworden.

Für den Dialog mit Moslems ist insbesondere in Rechnung zu stellen, daß das islamische Selbstverständnis an mehreren wesentlichen Punkten von einer eigentümlichen Ambivalenz geprägt ist: dem Fehlen einer Hier-

---

[295] *M. S. Abdullah* (Hg.): *Islamische Stimmen* zum Dialog. Köln 1981. = CIBEDO-Dokumentation 12, 27. Zum Dialog von Colombo insgesamt: *M. S. Abdullah:* Gemeinsam in die Zukunft. Christlich-islamischer Dialog von *Colombo.* Aus der Welt es Islam. Altenberge (Verlag für Christlich-Islamisches Schrifttum) 1982. = Aktuelle Fragen 7.

[296] Hier besteht allerdings noch eine Spannung zur *»Allgemeinen Islamischen Menschenrechtserklärung«* (eingel. v. M. Forstner. Frankfurt 1982. = CIBEDO-Dokumentation 15/16), die der Islamrat für Europa 1981 in Paris veröffentlicht hat. In ihr fehlt die Garantie (wie in Art. 18 der Menschenrechtserklärung der UN), daß die Religionsfreiheit auch darin besteht, sich von der Religion loszusagen oder die Glaubensüberzeugung zu wechseln. Es bleibt bei der Auffassung des islamischen Rechts, die Religionswechsel nur in Richtung auf den Islam zuläßt.

archie einerseits und der starken Bindung an die weltweite Glaubensgemeinschaft (»Umma«) andererseits; der totalen Unterwerfung unter den Schöpfergott einerseits und dem Bewußtsein der Erhabenheit als Statthalter Allahs auf Erden andererseits; der Ergebung in die alles bestimmende Vorhersehung Gottes einerseits und dem Erwählungsbewußtsein der Rechtgeleiteten andererseits; schließlich der Freiheit gegenüber den Wissenschaften, der Freiheit auch der Exegese einerseits und der absoluten Gebundenheit an den Koran und die in ihm enthaltenen Grundsätze andererseits.

Eine gleiche Ambivalenz zeigt sich auch im Grundverhältnis der Moslems zu den Nichtmuslimen: Die grundsätzliche Liberalität (»In der Religion gibt es keinen Zwang«, Sure 2,256/257) – namentlich gegenüber Juden und Christen als den »Schriftbesitzern« – hat sich vor allem dort durchhalten können, wo das islamische Selbstbewußtsein nicht durch Einbrüche in seine Machtsphäre oder durch die Mißachtung seines Geistes und seiner Kultur verletzt wurde. Dort jedoch, wo dem Islam unbußfertiges Heidentum entgegentrat, oder wo der Islam in seinem eigenen Herrschaftsbereich angegriffen wurde, kam der »Kampf in Allahs Pfad«, der Kampf gegen die Ungläubigen (Sure 2,190f./186f.) zur Geltung. In gewisser Hinsicht sind die Nachwehen einer solchen Situation auch gegenwärtig in den meisten islamischen Ländern bestimmend: die Auswirkungen und Überbleibsel aus der Epoche des Kolonialismus, die der Islam als Angriff auf seine Kultur und Religion, als Eingriff in seinen Herrschaftsbereich verstehen mußte (das gleiche gilt aus der Sicht des Islam für den Zionismus). Dabei stellt die Anwesenheit christlicher Missionen in den islamischen Ländern eine besondere Provokation für eine Religion dar, die bis in jüngste Zeit kein extensives Missionssystem besaß. Von daher sind die Bemühungen nicht nur einzelner Staaten (wie z.B. Pakistans), sondern auch der Hohen Moslembehörden – des »Islamischen Weltkongresses« und des »Islamsekretariats« in Dschiddah – zu verstehen, die Aktivitäten christlicher Missionare in der moslemischen Welt einzuschränken[297]. Das gleichzeitige Gesprächsangebot an die christlichen Kirchen steht dazu nicht im Widerspruch, da es eine andere Ebene – eine Ebene, auf der der Islam sich nicht angegriffen sieht – betrifft. In den ersten Gesprächsversuchen bestand allerdings die Schwierigkeit, daß auf islamischer Seite zumeist noch nicht die Freiheit gewonnen war, apologetischen Glaubenseifer zugunsten eines offenen, zuhörenden Gesprächs hinter sich zu lassen. Hier ist das schon genannte Ziel zu verfolgen, eine Gesprächsebene des gegenseitigen Vertrauens zu gewinnen, in der von islamischer wie von christlicher Seite die vordergründige Abwehr des

[297] Hierzu M.S. Abdullah, in: *H. Kuntz* u.a.: *Weltmacht Islam. Arbeitsheft Sekundarstufe II.* Göttingen (Vandenhoeck & Ruprecht) 1975, 150f. = Analysen und Projekte zum Religionsunterricht, 7.

Anderen überwunden wird. Der Christlich-Islamische Dialog von Colombo hat gezeigt, daß dies prinzipiell möglich ist. Dabei müßten die Moslems dahin gelangen, die Freiheiten, die ihnen ihre Bindung an den absolut freien und erhabenen Gott verleiht, zu einem *inhaltlichen* Gespräch über die Grundlagen *ihres* Glaubens (so wie dieser sich aus seinen Wurzeln her selbst darbietet) einzubringen, aber auch den inhaltlichen Anliegen, die sich in christlichen Glaubenstraditionen ausdrücken, nachzudenken.

Ähnlich wie beim Islam wird sich aber auch im Christentum die Frage melden, wieweit es sich von seinem Selbstverständnis her auf diese Gesprächsebene begeben kann, ohne sein eigenes Wesen aufzugeben. Den Stellenwert, der bei den Moslems in diesem Zusammenhang der Berufung auf den Koran zukommt, nimmt im Christentum die christologische Besinnung ein. Soweit sie im Rahmen dieser Untersuchung in Ansätzen vollzogen wurde, ließ sie bereits deutlich werden, welche Differenzen in Theologie und Ethik zwischen Christentum und Islam von ihren Wurzeln her bestehen[298]; es war auch zu erkennen, in welche menschlichen Existenzbereiche das Christentum hineinreicht, die dem Islam so nicht erschlossen sind: die Anwesenheit Gottes in der Person Jesu unter den Menschen, seine Teilnahme an der Not und den Grenzen menschlichen Lebens, ja an Leiden und Sterben; in diesen Zusammenhang gehört auch der gesamte Bereich der Errettung aus Gottesferne, der liebenden Zuwendung zum Sünder, der Gnade und der Rechtfertigung ohne das Verdienst des Menschen. Dabei war zu beobachten, wie die durch Jesus vermittelte Gotteserkenntnis auf ganz bestimmte Grundsituationen des Menschen antwortete, die sich im Palästina zur Zeit Jesu besonders deutlich zeigten, wie aber auch die Botschaft Mohammeds unter anderen religiös-kulturellen Voraussetzungen eine die Situation seiner Umgebung treffende Offenbarung brachte.

2.5.2 Christologische Besinnung im Felde der Religionsbegegnung

Es wird nun zu fragen sein, was die Rückbesinnung auf die Anfänge des christlichen Glaubens in Jesus für die Begegnung mit Andersglaubenden erbringen kann. Im Rahmen der Arbeit des Ökumenischen Rates der Kirchen (ÖRK) sind hierzu bereits einige Vorstöße unternommen worden. Wie der Inder S. J. Samartha (als der im ÖRK für den Dialog verantwortliche Theologe) sagt, geht es bei der Begegnung darum, »bei Christus zu sein in seinem fortgesetzten Handeln unter Menschen jeden

---

298 Siehe oben unter 2.4.1; 2.4.3.

Glaubens und jeder Ideologie«[299]. – Die Argumentation greift dabei zwei christlologische Elemente auf, die M. Mildenberger folgendermaßen beschreibt[300]:

»Einmal wird von der *Menschwerdung Gottes in Jesus Christus* her gedacht. ›Die Inkarnation ist Gottes Dialog mit dem Menschen‹ (S. J. Samartha). Gott selbst hat den Dialog mit den Menschen begonnen durch Jesus Christus, der sein lebendiges Wort an alle Menschen aller Zeiten ist. Es ist ein totaler, offener, rückhaltloser Dialog, denn Gott entäusserte sich seiner Göttlichkeit bis zum letzten, um den Menschen als Mensch, als ›Partner‹ zu begegnen. Wenn Christen in den Dialog eintreten, dann geschieht das im Gehorsam gegen ihren Herrn. Sie praktizieren Nachfolge Jesu. Dialog ist die fortgesetzt sich vollziehende Menschwerdung Gottes.

Parallel dazu läuft ein zweiter Gedankengang, der von der *Erhöhung Jesu Christi zum Herrn der Welt,* zum Pantokrator, ausgeht. In ihm hat Gott die Welt mit sich versöhnt, sein Name ist über alle Namen. Ihm sind – verborgen oder offen – alle Mächte und also auch alle Menschen und Religionen, Völker und Ideologien zu eigen. . . . Wer den Dialog wagt, entdeckt in und hinter dem Partner den ›grösseren Christus‹, der uns immer schon voraus ist und dessen Wahrheit und Wirken nicht auf das eigene Verstehen! – auch nicht das kirchliche Verstehen! – beschränkt werden kann.«

Der zweite Gedankengang dürfte vor allem der Theologie der orthodoxen Kirchen sehr nahestehen. Wichtig ist aber dabei, daß er hier nicht eine Theologie widerspiegelt, in der das Heil Christi nur als Besitzstand der Kirche deklariert wird, sondern daß vom erhöhten Christus aus eine Bewegung in seine Gemeinde hineinkommt, die sie immer neu aus ihren Grenzen und aus ihrer Verfaßtheit herausruft. Damit ist diese zweite Argumentation in ihrer Stoßrichtung der ersten, die von der Menschwerdung Gottes ausgeht, sehr nahe.

Die Gedankenführung würde allerdings noch an Plastizität gewinnen, wenn sie nicht nur global-christologisch ausgeführt, sondern inhaltlich auch an dem orientiert wäre, was die neuere theologische Frage nach Jesus von Nazareth erbracht hat. Das bedeutet nicht, daß das Christentum den anderen Religionen gleichgeschaltet wird, insofern sie in Jesus allenfalls einen großen Propheten sehen, sondern es bedeutet, daß auch der Gedanke der Inkarnation erst dann voll mitvollziehbar sein wird, wenn er nicht nur ein abstraktes Axiom ist, sondern an Jesu Leben unter den Menschen verifiziert werden kann.

Wenn wir in der Frage der Religionsbegegnung den Blick auf das werfen, was die synoptischen Evangelien von Jesus von Nazareth weitergeben, so muß auffallen, daß er im Rahmen der ihn umgebenden Religio-

---

[299] *S. J. Samartha: Dialog als ständiges Anliegen* der Christen. In: Margull/Samartha, Dialog 142–156, 153f.

[300] Mildenberger, Dialog der Religionen, 9.

sität insofern religionskritisch wirkte, als er ihre Grenzen immer wieder gesprengt hat. Das Überschreiten der Konfessionsgrenzen von seinem Gottesauftrag her und um des Menschen willen begleitet seinen ganzen Weg. Hier liegt der schärfste Anstoß des Feindesliebegebotes: Jesus sucht den religiös scheinbar indifferenten Zöllner Levi auf und macht ihn ohne jede Bekenntnisprüfung zu seinem Mitarbeiter; er feiert mit Zöllnern und Sündern ohne Sorge um die Einhaltung des Gottesgesetzes, wie es in den damals herrschenden Kreisen jüdischer Frömmigkeit verstanden wurde. Der Skopos des Gleichnisses vom barmherzigen Samariter ist, dem Juden klarzumachen, daß ein Samaritaner – das Sinnbild glaubensmäßiger Abtrünnigkeit schlechthin – der Nächste werden kann, als der, der das Gebot Gottes wirklich verstanden hat. Das Evangelium ist voll davon, daß Jesus wirklichen Glauben – nämlich grenzenloses Vertrauen in die Kraft der in ihm gegenwärtigen Zuwendung Gottes – gerade bei Nichtjuden findet (siehe z.B. den »Hauptmann von Kapernaum« Mt 8,5 ff.; Lk 7,1 ff. und die »Syrophönizierin« Mk 7,24 ff.; Mt 15,21 ff.). Und nach dem Gleichnis vom Endgericht fällt die endgültige Entscheidung über die Menschen nicht nach ihrer Konfession, sondern nach einem anderen Maßstab: »Was ihr einem dieser meiner geringsten Brüder getan habt, das habt ihr mir getan!« (Mt 25,40).

Man könnte direkt sagen: In der Weise, in der Jesus die Konfessionsgrenzen überschreitet, zeigt sich die Nähe Gottes, die er darbietet. – Von daher ist zu betonen: Wer es ablehnt, über die Konfessionsgrenzen hinauszugehen, wer es ablehnt, den Menschen außerhalb dort aufzusuchen, wo er ist und wie er ist, und ihm die selbst erfahrene Zuwendung Gottes darzubieten, wer es ablehnt, sich von der Gottsuche des Andersdenkenden herausfordern zu lassen, der übt die gleiche Kritik am Weg Jesu, die zur Zeit seines Auftretens an ihm geübt wurde.

Die nachösterliche Gemeinde hat den Anstoß Jesu hier richtig begriffen, indem sie die Grenzen ihrer ererbten Religiosität konsequent überschritt; und sie mußte immer wieder auf das Verhalten Jesu selbst zurückweisen, um ihr Vorgehen zu rechtfertigen.

Ein von Jesus inspiriertes Hingehen zu den Andersgläubigen wird der Devise folgen können, die H.-W. Gensichen am Anfang der Religionstagung in Arnoldshain 1971 für die Begegnung der Religionen ausgegeben hat, nämlich: »Wagen, um zu wissen«. Er fordert dazu eine Besinnung, wie sie eben versucht worden ist; denn es erscheint ihm sicher, daß das Christentum nur dann sinnvoll in das Gespräch eintreten kann, wenn es die Bedingung der Möglichkeit des Dialogs aus der Tiefe seiner Identität gewinnt. Wo aber ist diese Identität eher zu erlangen als in der Besinnung darauf, wie Jesus die Nähe Gottes darbot? Gensichen schreibt weiter, daß für Christen der Dialog nur in der Gewißheit zu wagen ist, daß – wie es auf der Weltkonferenz von Uppsala 1968 gesagt wurde – im Dialog

Christus selbst »das begrenzte und verzerrte Wissen derer korrigiert, die ihn kennen«[301].

2.5.3 *Ebenen der Begegnung*

Die Begegnung zwischen Christentum und Islam wird auf verschiedenen – einander allerdings zugeordneten – Ebenen stattfinden müssen: der internationalen Ebene, der nationalen, der regionalen und der lokalen Ebene. Was dabei auf allen Ebenen von den Christen erwartet werden sollte, ist, daß sie den Moslems in der Selbstdarstellung ihres Glaubens folgen, auf dieser Basis mit ihnen zu diskutieren versuchen, nicht aber von Klischees ausgehen, die in der christlichen Polemik entstanden sind. Umgekehrt müßten Christen die Moslems darum ersuchen, daß diese ihre herkömmlichen pauschalen Vorstellungen von der Trinitätslehre als einer Form des Polytheismus und von Jesus als Wundertäter und Monotheismusprediger im islamischen Sinne nicht *vor* das Gespräch schalten, sondern daß sie sich bemühen, den Wegen christlicher Theologie und christologischer Besinnung nachzudenken. Beide Seiten sollten aber auch offen sein für ernsthafte Kritik des Anderen an Erscheinungsformen der eigenen Religion.

Hier besteht noch ein auffallender Unterschied zwischen den Dialog-Initiativen, wie sie oben (2.5.1) geschildert wurden, und dem Kenntnisstand sowie den Einstellungen, wie man sie in weiten Kreisen beider Religionsgemeinschaften vorfindet. Die Aufgabe der Begegnung ist deshalb auch eine Bildungsaufgabe größten Umfangs.

Auf der internationalen Ebene werden vor allem die Kontakte zwischen den hohen Moslembehörden, dem ÖRK und dem Vatikan zu intensivieren sein. Es sollte Mühe darauf verwandt werden, das, was man gemeinsam sagen kann, zu formulieren[302], damit eine möglichst breite Basis geschaffen wird, um die an vielen Stellen noch herrschende Konfrontation allmählich in eine Kooperation zu verwandeln. Dazu gehört auch, daß

---

301 *H.-W. Gensischen: »Wagen, um zu wissen«.* Voraussetzungen und Möglichkeiten des Religionsgesprächs heute. In: Schultze/Trutwin, Weltreligionen – Weltprobleme, 13–22, 21 f. Die hier entwickelten Gedanken werden unten im Schlußkapitel (4.5) wieder aufgegriffen und weitergeführt.

302 Eine Erklärung wie die der Weltkonferenz der Religionen für den Frieden von 1970 (Mildenberger, Dialog der Religionen 7) kann dabei eine gute Basis sein, obwohl zwischen Christentum und Islam (etwa im Blick auf den Gottesglauben) noch mehr an Gemeinsamem formuliert werden kann. – Die Arbeit der Weltkonferenz der Religionen für den Frieden, die keinerlei »Lobby« hinter sich hat, wird auch gegenwärtig unvermindert fortgeführt (s. *G. Gebhardt:* Religionen für Menschenwürde und Weltfrieden. Die *Weltkonferenz* der Religionen für den Frieden in Nairobi 1984. Materialdienst der EZW 4/1985, 92–101).

man sich nicht einfach zur Abwehr des Säkularismus zusammenschließt, sondern sich als Anwalt des religiösen *wie* des säkularen Menschen sieht; hier wird dem Islam eine Zukunftsaufgabe, die er so weitgehend noch nicht erkennen kann, vom Christentum vielleicht in Ansätzen erschlossen werden können[303]. Vor allem sollten auf internationaler Ebene die Anliegen der Minderheiten in den Gebieten, in denen die andere Religion vorherrscht, wahrgenommen werden[304]. Das gilt etwa für die moslemischen Arbeitnehmer im Abendland, die ohne Verständnis der Kirchen für ihre Situation in religiöse Dissozialisation hineingetrieben zu werden drohen, dem Säkularismus unvorbereitet preisgegeben. Das gilt aber besonders auch für die christlichen Minderheiten in den islamischen Ländern des Nahen und Fernen Ostens, die sich starkem Druck von seiten der moslemischen Mehrheiten ausgesetzt sehen: die Schließung der christlichen Gerichtshöfe in Ägypten ab 1956, die Ausweisung von christlichen Missionaren aus Afghanistan und Malaysia, die Verstaatlichung der Missionsschulen in Ägypten und Pakistan[305] sind nur einige Fakten, die es vielen Christen schwermachen, dem Islam unbefangen zu begegnen. Zwar ist die Haltung der islamischen Regierungen aus dem Anti-Kolonialismus-Effekt heraus teilweise verständlich, doch hätte ein sich seiner Erwählung gewisser Islam diese Haltung eigentlich nicht nötig, zumal die christlichen Missionen in islamischen Ländern kaum einen Angriff auf die Religion darstellten, wohl aber vielfach bildungsmäßig und medizinisch Pionierarbeit geleistet haben. Insgesamt wird man erwarten dürfen, daß die hohen Moslembehörden ihre Grundeinstellung an diesem Punkt am ehesten überdenken und die nationalen islamischen Regierungen entsprechend beeinflussen müßten, wenn ÖRK und Vatikan darauf verweisen können, daß man den islamischen Minderheiten in vorwiegend christlichen Ländern mit Offenheit, Verständnis und Hilfsbereitschaft, nicht aber mit Intoleranz begegnet[306].

Insofern wirken die Begegnungsweisen auf nationaler Ebene im Abendland ohne Frage auf die internationale Situation zurück. Immerhin sind die internationalen Bemühungen eingebettet in eine große Anzahl regionaler Aktivitäten und Einzelbemühungen, die sowohl das theologi-

---

303 Wichtig ist dabei, daß die Verständigung zwischen Christentum und Islam nicht auf Kosten des Judentums geschieht, sondern daß die Kontakte auch dazu dienen, die Frontstellung, die der Nahostkonflikt hervorruft, von der Ebene der Religionen her aufzubrechen; die Bemühungen der Ständigen Konferenz Europäischer Juden, Christen und Moslems sind hierfür ein wegweisendes Beispiel.

304 Hier lag ein besonderer Arbeitsschwerpunkt des Christlich-Islamischen Dialogs von Colombo, was sich auch im Abschlußbericht mit entsprechenden Forderungen niederschlägt (s. Abdullah, Colombo, 9f.).

305 Hierzu M. S. Abdullah, in: H. Kuntz, Weltmacht Islam, 150f.

306 Eben diese Chance hebt auch M. Asad in seinem Gespräch mit H. Zbinden hervor (Asad/Zbinden, Abendland und Islam, 30f.).

sche Gespräch als auch gemeinsamen sozialen Einsatz umfassen. Auf europäischer Ebene ist etwa das »Centre for the Study of Islam and Christian-Muslim Relations« innerhalb der Selly Oak Colleges Birmingham/England zu nennen, an dem christliche und muslimische Dozenten gemeinsam wirken[307]. Im deutschsprachigen Raum gibt es die Islamisch-Christliche Arbeitsgemeinschaft (ICA), in der Vertreter verschiedener islamischer Gruppen sowie der beiden großen christlichen Konfessionen zusammenarbeiten[308], die Dokumentationsleitstelle zur Christlich-Islamischen Begegnung der Weißen Väter (CIBEDO) auf katholischer Seite[309], die Arbeitsgruppe »Zusammenleben mit Muslimen« der Ev. Kirche in Deutschland (EKD)[310] und die Christlich-Islamische Gesellschaft (zunächst in Nordrhein-Westfalen), die nach den Anstößen von Colombo parallel zu ähnlichen Gründungen in anderen Teilen der Welt (z.B. auf den Philippinen) konstituiert wurde. Alle genannten Institutionen sind sowohl publizistisch als auch in der konkreten Begegnungsarbeit wirksam.

Mit dem letzten Beispiel ist die *regionale Ebene* angesprochen, die besonders wichtig ist, weil die größeren islamischen Zentren in der Bundesrepublik Deutschland und West-Berlin (vor allem Hamburg, Berlin, Dortmund, Köln, Aachen, Frankfurt/Main, Saarbrücken, München) die Mittelpunkte bestimmter Regionen bilden. Inzwischen gibt es allerdings in jeder größeren westdeutschen Stadt kleinere oder größere Moscheengemeinden. Hier bieten sich viele Möglichkeiten, besonders im Bereich der Jugend- und Erwachsenenbildung: der Besuch einer Moschee, das Gespräch mit dem Moscheevorstand bzw. mit dem Imam. Es gibt hier viele

---

307 Adresse: Birmingham B 29 6IE, United Kingdom. Periodika, die dort herausgegeben werden, sind: Research Papers/Muslims in Europe; Newsletter; Abstracts; News of Muslims in Europe.

308 Auf die Arbeit dieser Gruppe geht die viel benutzte Faltblattserie »Information Islam« (Themen: Koran; Schiiten; Islam – Hingabe an den einen Gott; Frau und Familie; Mohammed; Muslimische Nachbarn; Fasten, Sozialabgaben, Wallfahrt) zurück (zu bestellen über: Lutherisches Kirchenamt, Postf. 51 04 09, 3000 Hannover 51). In Vorbereitung ist eine entsprechende Serie »Information über das Christentum für Muslime«.

309 Dort werden die wichtige Hintergrundinformation und authentische Texte weitergebenden Reihen CIBEDO-Texte und CIBEDO-Dokumentation herausgegeben (Guiollettstr. 35, 6000 Frankfurt 17).

310 Von ihr sind die Verlautbarungen der Ev. Kirche in Deutschland zur Begegnung mit dem Islam vorbereitet und wichtige Handreichungen erarbeitet worden, z.B.: *Zusammenleben mit Muslimen.* Eine Handreichung, hg. v. J. Micksch. Frankfurt (Lembeck) 1983[6] (Gesamtauflage: weit über 200 000!); in ihr wird am Beispiel einer türkischen Familie in Deutschland deren religiöser Lebenshintergrund in der Türkei beleuchtet und damit Verständnis geweckt für die Rollen-Schwierigkeiten, in die türkische Muslime in Deutschland geraten müssen. – *Ehen mit Muslimen.* Am Beispiel deutsch-türkischer Ehen, hg. v. E. Fingerlin u. M. Mildenberger. Frankfurt (Lembeck) 1983. *Christen und Muslime im Gespräch.* Eine Handreichung, hg. v. J. Micksch u. M. Mildenberger. Frankfurt (Lembeck) 1982.

Imame, die es als wichtige Aufgabe ansehen, solche Gespräche zu führen, Mißverständnisse abzubauen und Kontakte zur Öffentlichkeit aufzubauen. Auch die Einladung in eine Kirche (die für viele Moslems eine vollkommen »fremde Welt« darstellt) wird zumeist recht gerne aufgenommen[311].

Die *lokale Ebene* der Begegnung ist in mancher Hinsicht die schwierigste, andererseits in vielem die wichtigste: auf ihr wird letztlich entschieden werden, ob ein neues Miteinander der Religionen nicht nur Theorie bleibt. Über die Notwendigkeit und die Schwierigkeiten an dieser Stelle schreibt Paul Löffler[312]:

»Überhaupt genügt es nicht, Informationen zu sammeln und unser Wissen über die muslimische Welt anzureichern. Informationen bleiben so lange totes Kapital, bis nicht die Sensitivität gegenüber den muslimischen Nachbarn größer geworden ist und unsere Kapazität für Verstehen

---

[311] Freilich sind nicht alle Moscheen-Verbände gleichermaßen begegnungswillig und fähig: Die über das »Islamische Zentrum Köln« organisierten Moscheen der »Türkischen Nationalen Sicht« (Milli Görüs Teskilati), die mit der in der Türkei verbotenen »Nationalen Heilspartei« (MSP) des Necmettin Erbakan zusammen zu sehen sind, grenzen sich von der als dekadent eingestuften westdeutschen Gesellschaft deutlich ab und geben sich extrem fundamentalistisch ebenso wie extrem nationalistisch; ein offenes Gespräch mit dem Christentum wird hier nicht gesucht.

Zahlenmäßig bedeutsamer sind die über das »Islamische *Kultur*zentrum Köln« betreuten Moscheen, getragen von der Süleymanli-Bewegung, »die einen konservativen sunnitischen Islam mit kämpferischem Engagement vertritt und am ehesten mit einer volksmissionarischen Bewegung zu vergleichen ist« (*M. Mildenberger: Türken in Deutschland.* Materialdienst der EZW 11/1980, 292–301, 296f.). Sie gibt sich (jedenfalls nach außen) als Grundgesetz-konform und gesprächsbereit, ist aber auch Gegnerin der kemalistisch-laizistischen Prinzipien der Türkei. Erheblich zugenommen hat in den letzten Jahren die Gruppe der Moscheen, die mit der türkischen Behörde für Religiöse Angelegenheiten (Diyanet) zusammenarbeiten, von ihr ihre Imame gestellt bekommen und dementsprechend die Konzeption des laizistischen (d.h. nicht von der Religion kontrollierten) Staates unterstützen.

Grundsätzlich konservativ eingestellt sind auch die Islamischen Zentren in Aachen und München, in denen deutsche Muslime eine besondere Rolle spielen; das Münchner Zentrum (Wallnerstr. 1–3, 8000 München 45) gibt auch eine Schriftenreihe (meist Broschüren) heraus sowie die Zeitschrift Al Islam.

Das Islamische Zentrum Hamburg ist von persischen Kaufleuten gegründet und schiitisch ausgerichtet (Zeitschrift »Al Fadschr« = die Morgendämmerung), steht aber durchaus in positivem Kontakt zu den anderen islamischen Zentren in Westdeutschland. – Für deutschsprachige Muslime hat der »Muslimische Weltkongreß« mit seinem Archiv in Soest (Repräsentant: M. S. Abdullah) besondere Bedeutung, aber auch die (unregelmäßig erscheinende) Zeitschrift »Islam und der Westen«, hg. v. S. Balić, der gleichzeitig UNO-Beobachter des Muslimischen Weltkongreß ist und einen liberal-progressiven Islam vertritt.

Einer der ersten Dialog-Vertreter des Islam in Deutschland war Prof. A. Falaturi, der in Köln die »Islamisch-Wissenschaftliche Akademie« aufgebaut hat und weiter ausbaut.

[312] *P. Löffler: Die Herausforderung der Kirche* durch den heutigen Islam. In: Religion, Mission, Entwicklung (Referate vom Düsseldorfer Kirchentag), Stuttgart (Kreuz) 1973, 64–78, 76f.

von andersartigem Denken und Empfinden zunimmt. Hier hilft vor allem der persönliche Kontakt mit Muslimen weiter.«

Welche Schwierigkeiten sich hier für eine christliche Gemeinde »vor Ort« ergeben können, beschreibt plastisch Wolfgang Weber, damals Pfarrer in dem Pforzheimer Ortsteil Brötzingen[313]:

»Die Situation in Brötzingen ist in dreifacher Hinsicht exemplarisch. Erstens traf uns die Fülle der Probleme, die mit einem rasch wachsenden Ausländeranteil auf unsre Gemeinde zukamen, direkt und in allen Bereichen. Sie ist identisch mit der Gesamtsituation. Zweitens stellten wir schnell fest, daß das sogenannte »Ausländerproblem« bilateral ist. Die Schwierigkeiten der Ausländer im Zusammenleben mit den Deutschen sind mindestens so groß wie deren Unsicherheiten und Ängste ihnen gegenüber. Drittens bilden die Türken unter den ausländischen Nationalitäten in Brötzingen die schwierigste Gruppe, da sie einem außereuropäischen Kultur- und Religionskreis entstammen.

Verunsicherung und Angst abbauen

Im Brötzinger Stadtteil, zu dem die Christusgemeinde gehört, kam es zusätzlich zum Verfall der dörflichen Sozialstrukturen im Zuge einer massiven Sanierung durch das Hereinströmen vieler türkischer Familien in wenigen Jahren zu einem heftigen Kulturaufprall: Prozesse ethnischer Abgrenzung kamen in Gang, die teilweise an den Rassismus vor vierzig Jahren erinnern. »Wenn das Türkengesoxe zu uns kommt, schmeißen wir es den Bahndamm hinunter!« Oder, etwas subtiler: ›Wir haben doch einen kirchlichen Kindergarten, da gehören doch keine Heiden hinein!‹ Beinahe tragisch das kulturell bedingte Mißverständnis eines gutwilligen Mannes: ›Jeden Tag, wenn ich meine türkische Nachbarin treffe, grüße ich ganz freundlich – und was macht die? Sie dreht den Kopf weg! So eine Unhöflichkeit, da hat man auch keine Lust mehr.‹ Für sie ist es unschicklich, sich in der Öffentlichkeit von einem Mann grüßen zu lassen, er empfindet ihre Reaktion als ungehörige Kontaktverweigerung.

So entsteht beidseitig ein Klima von Unsicherheit und Angst. Die Deutschen fürchten sich vor der Überfremdung, die Türken haben Angst davor, durch Eindeutschung und Christianisierung nicht nur ihre Heimat, sondern sich selbst zu verlieren. Sie erleben das täglich in ihrer Familie. Ein türkischer Jugendlicher: ›Täglich unternehme ich eine Reise von der Türkei nach Deutschland. Wenn ich morgens mein Elternhaus verlasse, verlasse ich damit die Türkei. Ich gehe zu meiner Arbeitsstelle oder zu meinen Freunden und bin in Deutschland. Abends kehre ich zurück und bin wieder in der Türkei. Zu Hause erzähle ich nichts von dem, was ich in der Schule erlebte oder bei Freunden, ich tue das, was meine Eltern von mir erwarten. Bei Freunden erzähle ich nichts von meinem Elternhaus, denn ich schäme mich für meine Mutter, die nicht lesen und schreiben kann und mache das mit, was meine Freunde machen.‹

Die beiden Kindertagesstätten der Kirchengemeinde bilden sozusagen die tägliche konkrete Kontaktfläche der Begegnung. Über Nacht sind sie durch Kinder

---

[313] *W. Weber: Christlich-islamische Begegnung:* Eine Kirchengemeinde und ihre türkischen Mitbürger. Materialdienst der EZW 12/1981, 340–349, 340f.

aus acht Nationalitäten ›multinational‹ geworden. Wie aber gestaltet sich ein Aufnahmegespräch, wenn die Mutter Analphabetin ist, das Kind gestern aus der Türkei ›importiert‹, Zweck und Ziel einer Elementarerziehung, geschweige denn Religionspädagogik im Kindesalter völlig unbekannt? Wie verhält man sich gegenüber Eltern verantwortlich, die ihre dreijährige Tochter schlagen, weil sie im Unterhemdchen mit Jungs zusammen im Freispiel war? Wie verkraften Kinder einen Erziehungsstil, der zu Hause patriarchalisch straff, im Kindergarten aber partnerschaftlich ist? Wie verhält sich eine Gemeinde, die ihren Kindergarten als Teil der Gemeindearbeit und als – auch religiöse – Erziehungshilfe für das Elternhaus versteht, wenn plötzlich mehr als die Hälfte der Kinder Muslime sind?

Das alles bedeutet für die Kirchengemeinde, ihren Platz und ihre Funktionen in einem sich total verändernden Stadtteil neu zu bestimmen. Noch vor ein oder zwei Jahrzehnten war die Kirche die öffentlich anerkannte Integrationsinstanz der verschiedenen Gruppen und Interessen, heute ist der Stadtteil zentrifugal auseinandergebrochen. Da sind die Alt-Brötzinger, deren Geschichte mit den Häusern stirbt, die sich nostalgisch einigeln. Gemeinde bedeutet für sie letztes Gefühl der Geborgenheit und Bindungslinie zur Vergangenheit. Da sind die Neu-Brötzinger, die weder zum Stadtteil noch zur Gemeinde eine Beziehung haben und die Kirche in eine ›Geh-Struktur‹ zwingen. Und da sind die Türken, denen die Gemeinde nur in sozialstaatlichen Einrichtungen begegnet.«

In diesem Bericht schlägt sich die Tatsache nieder, daß keine der wirtschaftlich bedingten Wanderungsbewertungen in unserem Jahrhundert, wie sie auch in anderen westeuropäischen Ländern vorgekommen sind, in der Kürze und in dem Ausmaß stattgefunden hat wie die Einwanderung der »Gastarbeiter« und die Nachwanderung ihrer Familien in die Bundesrepublik Deutschland und nach West-Berlin; dabei ist die Zunahme des türkischen und damit des »fremdesten« Bevölkerungsanteils am vehementesten ausgefallen[314].

Will man gleichwohl am Ziel einer offenen Gesellschaft festhalten, in der Angehörige verschiedener kultureller und religiöser Traditionen einander begegnen und miteinander leben, will man der Maxime folgen, daß »die neu erfahrene Nachbarschaft nicht als Bedrohung, sondern als Chance zur Erweiterung und Bereicherung der eigenen Lebenshorizonte zu begreifen« ist[315], so müssen bewußt Schritte aufeinander zu getan werden, die ein differenziertes Verständnis des Begriffes »Integration« (die sich sowohl von Segregation = Abgrenzung, als auch von Assimilation = einseitigen Angleichung unterscheidet) voraussetzen wie auch eine Vorstellung von der Langfristigkeit der Aufgabe. Diese Voraussetzungen sind

---

314 *J. Lähnemann:* Bewahrung von überkommener, Entwicklung von neuer *Identität* in zwei Kulturen und Religionen. Am Beispiel von Christen und Muslimen in Deutschland. Ev. Erzieher 6/1983, 552–566, 555f.

315 *J. Lähnemann: Muslime* und deutsche Schule. In: H.-J. Brandt/Cl.-P. Haase (Hg.): Begegnung mit Türken. Begegnung mit dem Islam. Ein Arbeitsbuch. Hamburg 1981, 2.9, S. 5.

bei dem Nürnberger Symposion »Begegnung der Kulturen in Schule und Studium« 1982 folgendermaßen formuliert worden[316]:

Unter Integration verstehen wir »das Bemühen gleichberechtigter Partner um gegenseitiges Verständnis, die Duldung anderer Traditionen und das Herausfinden gemeinsamer Lebensformen. Dieses anzustrebende Ziel ist nicht kurzfristig erreichbar. Man kann etwa folgende sich teilweise überschneidende Phasen beobachten:

1. Die erste Einwanderergeneration ist im allgemeinen zu weitgehender Anpassung bereit, weil sie der Meinung ist, nur so sei eine Existenz in der Fremde möglich. Das entspricht den Erwartungen der Bevölkerung des Gastlandes. Die Einwanderer rechnen zumeist noch mit einer Rückkehr in das Heimatland.

2. Die Einwanderer stellen fest, daß sich der Rückkehrtermin hinausschiebt. Sie erfahren, daß ihre Eingliederungsbemühungen von der Bevölkerung des Gastlandes zurückgewiesen werden. Die Beziehungen zwischen den verschiedenen Gruppen sind stark reduziert. Die Tendenzen zur Segregation verstärken sich. Das Getto bietet Schutz der Identität. Symbole der Eigenart werden deutlich herausgestellt.

3. Beide Gruppen, die ihre Identität aus der eigenen Tradition herleiten, bemühen sich um Kontakte und versuchen, im Dialog zu neuen gemeinsamen Lebensformen zu finden. Dieser Vorgang ist nicht abgeschlossen, sondern ein dynamischer Prozeß, der von beiden Seiten gestaltet wird und zu verantworten ist. Dieser Weg zur Integration kann auch verstanden werden als Begegnung zwischen zwei oder mehreren Kultursystemen.«

Es ist dies ein ganzheitlicher Vorgang, zu dem Wissen ebenso gehört wie Betroffenheit, persönliches Engagement ebenso wie gemeinsames Erleben. Folgende Skizze kann das verdeutlichen[317]:

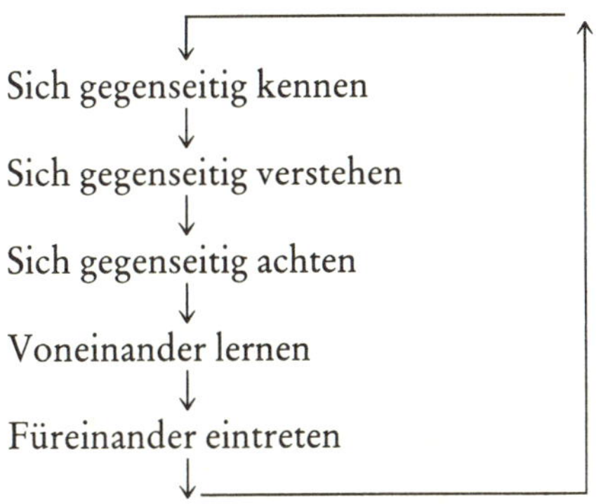

---

[316] *M. Zaiane/H.-J. Brandt:* Integration als Weg der Begegnung. – Aus der Arbeit der Gruppe 3. In: Lähnemann, Kulturbegegnung, 160–161, 160.

[317] Skizze und Zitat aus *J. Lähnemann:* Kulturbegegnung und *Ausländerpädagogik.* Zielvorstellungen und Konsequenzen. In: Lähnemann, Kulturbegegnung, 254–265, 257f.

»Ein Schritt wirkt auf den nächsten hin. Dabei muß die intellektuelle Bemühung nicht notwendig das Erste sein: oft wird sie erst von existentieller Betroffenheit getrieben werden. Ganzheitlich, das bedeutet: die Beteiligung ›von Kopf‹ (Interesse, Wißbegier, Lernen) – ›bis Fuß‹: Hingehen zum Anderen. Wichtig ist gerade das letzte: Die Erfahrung, sich persönlich zu kennen, das Erleben der Gastfreundschaft, das Abenteuer einer Freundschaft führt zu dem nötigen Staunen, führt dazu, neue Horizonte zu entdecken.«

Wie sich das in der Praxis gestalten kann, schildert ebenfalls W. Weber aus seiner Gemeinde in Pforzheim-Brötzingen[318]:

»Miteinander feiern

Unsere Überlegungen beim Versuch, diese Grundsätze in die Praxis zu übertragen, gingen davon aus, Erlebnisräume zu schaffen, deren Atmosphäre zu Offenheit und Neugier und damit zu Vertrauensbildung motivieren soll. Ansatzpunkt war der Gedanke, die türkischen Familien in einer offensichtlichen Stärke und nicht einer Schwäche zu fordern. Nun ist eine Stärke die soziale Dichte der Familie wie das hohe Maß selbstverständlicher Gastfreundschaft und nicht zuletzt die natürliche Offenheit, Feste zu feiern. Über den Elternbeirat wurde versucht, die Idee ›an den Mann‹ zu bringen: ›Ihr Türken feiert ein Fest mit Folklore, nationaler Küche, Landestracht usw. und ladet uns dazu ein. Wir stellen dazu die notwendigen Voraussetzungen.‹

Was im Vorfeld dieses Festes geschah, läßt sich nur in anekdotischen Begebenheiten beschreiben. Am ersten Elternabend erschienen geschlossen alle Eltern. Trotzdem befremdliche Zurückhaltung. Bis plötzlich klar wurde, daß die anwesenden Männer sich nicht so einfach etwas von der türkischen Elternbeirätin sagen lassen wollten. Plötzlich saßen die Männer in einer, die Frauen in der anderen Ecke. Danach standen wir eine geschlagene halbe Stunde herum, umgeben von lärmender Diskussion. Auf unsere Frage, was denn nun los sei, wurde sehr geheimnisvoll erklärt, dies gäbe eine Überraschung. Überrascht war zunächst unsere Leiterin, die am nächsten Tag in einem Auto nach Mühlacker verfrachtet wurde, um dort der rituellen Abschlachtung zweier kapitaler Hammel beizuwohnen, die sie vorher hatte aussuchen müssen. Sie kam etwas bleich zurück. Ebenso bleich war die Hausmeisterin des Gemeindehauses, als zwei Tage vor dem Fest acht türkische Mannsbilder die Gehwegplatten vor dem Gemeindehaus herauszuwuchten versuchten, um dort einen Grill einzugraben. Bei der letzten Besprechung ging es darum, wie nun ein inzwischen aufwendiges Fest zu finanzieren sei. Von deutscher Seite wurde eine Preistafel vorgeschlagen, was bei der türkischen Seite tiefste Beleidigung hervorrief. Dies sei ein Fest, dafür könne man doch kein Geld verlangen, oder es werde überhaupt nicht gefeiert. Am Ende wollten zehn türkische Familien aus eigener Tasche zweitausend Mark aufbringen, was wir durch den Kompromiß einer freiwilligen Einlage in ein Sparschwein verhindern konnten. Was dann aus den verschiedenen Familienküchen auf einem zehn Meter langen Bufett geboten wurde, hat uns neidvoll beschämt. Die Buntheit der Lan-

---

[318] Weber, Christlich-islamische Begegnung, 343f.

desfähnchen, der Trachten, der Darbietungen der Kinder und der Folklore der Jugend boten ein faszinierendes Gesamtbild.

Die Nachlese hat einiges zutage gebracht. Das gemeinsame Feiern und Erleben hat Mauern von Vorurteilen einstürzen lassen. Von zwei Familien weiß ich, daß sogar gemeinsame Urlaubseinladungen nach der Türkei vereinbart wurden. Der eigentlich entscheidende und tiefsitzende Erfolg dieser jährlichen Begegnungsfeste liegt in der Erschließung von Vertrauen. Die Tatsache, daß man miteinander Kinder hat und sich über sie freut, vereint alle Kreatur, die in dieser Welt Nester baut. Überhaupt sind die Kinder in vieler Hinsicht Schlüssel zum anderen. Man sitzt und teilt Sorgen mit, erlebt das hohe Maß an zurückhaltender Freundlichkeit, man hört zu, wenn von Familie und Heimat erzählt wird, und plötzlich entdeckt man befreiend Selbstverständliches: da sorgt sich auch einer um seine Familie, da hat ein anderer Hoffnungen und Pläne wie ich. Um elf Uhr abends stehe ich noch mit einigen türkischen Vätern um die Glut des Grills, werde in den Arm genommen und einer sagt in gebrochenem Deutsch: ›Wir sind auch Menschen.‹ So als ob er mir das erst beweisen müßte.«

In diesem Beispiel ist die spezifisch religiöse Dimension nur indirekt präsent. Es ist dennoch bewußt gewählt, weil es der Ausgangspunkt für eine sehr viel weitergehende Begegnung wurde. Die gemeinsame Erfahrung und das gewonnene Vertrauen haben auch Gespräche über den Glauben in Gang gebracht, die den anderen mit seinen Lebenswerten ganz neu sehen lehrten.

Ein weiterer Schritt kann sein, daß man sich zu den religiösen Hauptfesten – wie Weihnachten einerseits, Ramadan-Beiram andererseits – gegenseitig einlädt und damit einen neuen Zugang zum Frömmigkeits- und Festerleben der anderen gewinnt.

Ein Ort für gemeinsame Bemühungen können auch die in verschiedenen Städten bestehenden Arbeitskreise für ausländische Arbeitnehmer sein: in ihnen sind Angehörige christlicher Konfessionen wie auch Moslems vertreten; es werden konkret Arbeits-, Wohnungs-, Aufenthalts- und Eingliederungsfragen bearbeitet, so daß die spezifisch religiösen Fragen nicht isoliert gesehen und behandelt zu werden brauchen.

Die genannten Beispiele zeigen, eine wie umfassende »Lernaufgabe« im Feld der Religionsbegegnung wartet. Sie verdeutlichen, daß das Bemühen um Verständigung und Gemeinschaft nicht etwa nur auf Schule, Studium und Geisteswissenschaften beschränkt sein darf. Alle Pädagogik ist vielmehr angewiesen auf einen Lebenskontext, in dem sie sich entfalten kann und in den hinein sie wirken kann.

Besonders sichtbar wird das in den Arbeiten der (von mir im eb-Verlag Rissen/Hamburg hg.) Reihe »Pädagogische Beiträge zur Kulturbegegnung«, in der außer den beiden Kongreßbänden »Kulturbegegnung in Schule und Studium« Bd. 1 und »Erziehung zur Kulturbegnung« Bd.33 folgende Untersuchungen erschienen sind:

E. Glumpler: Schullaufbahn und Schulerfolg türkischer Migrantenkinder. Bd. 2 1985.

Um Mıhçıyazgan: Wir haben uns vergessen. Ein intrakultureller Vergleich türkischer Lebensgeschichten. Bd. 4 1986.

Andererseits haben Schule und Studium, zunehmend aber auch der tertiäre Bildungsbereich als Orte systematischen Lernens besondere Bedeutung für die Anbahnung von Begegnung und Verständigung[319]. Das soll im folgenden zusammenhängend entfaltet werden.

[319] Vgl. Lähnemann, Identität, 560.

3. Didaktische Bilanz

Die umfassende Aufgabe, auf eine neue Aufgeschlossenheit im Zusammenleben der Weltreligionen hinzuarbeiten, erfordert eine *curriculare* Reflexion des Themengebietes für den Unterricht.

Während der herkömmliche Lehrplan vor allem eine Stoffverteilung über bestimmte Altersstufen und Zeiträume enthielt, geht es beim Curriculum um eine umfassendere Bestimmung aller Lernvorgänge. Von einem Curriculum wird begründete Auskunft darüber verlangt, welche Verhaltensweisen im Rahmen eines Erziehungsprozesses erworben werden sollen (*Ziele*), welche *Inhalte* dazu herangezogen werden können, mit welchen *Methoden* und *Medien* sie sich vermitteln lassen und wie ein solches Curriculum revidiert werden kann. Verkürzt ausgedrückt: Ein Curriculum gibt an, *warum was wann wie* gelernt werden soll[1]. Ein besonderes Gewicht erhält dabei die Aufstellung der Lernziele (*Qualifikationen*), die auf *Lebenssituationen* vorbereiten sollen, die auf den Lernenden zukommen[2].

Zwar sind die Vorhaben langfristiger Curriculumforschung an Grenzen geraten – wegen der Unmöglichkeit der Erfassung aller relevanten Lebens- und Lernbedingungen sowie der Gefahr, daß ihre Forschungsergebnisse bei der schließlichen Erstellung eines Curriculums bereits veraltet sind; doch ist die Aufgabenstellung nicht überholt und in den Konzepten »mittelfristiger« Curriculumforschung[3] und »offener Curricula« (bei denen Lehrende und Lernende in Arbeitsgemeinschaft in einem bestimm-

---

[1] Nach *J. Lähnemann: Neue Wege* in die Theologie. Das Curriculum – Modeerscheinung oder Reform. Ev. Kommentare 1974/4, 220–223, 220.

[2] Zur Entwicklung der Curriculumforschung in Deutschland – nach der Übernahme des Begriffs aus der anglo-amerikanischen Forschung – siehe vor allem den von *F. Achtenhagen* und *H. L. Meyer* hg. Band: *Curriculumrevision.* Möglichkeiten und Grenzen. München (Kösel) 1971; – darin bes. die Einleitung der Herausgeber (*Curriculumforschung: Analyse* und Konstruktion, 11–21) und die Beiträge von *S. B. Robinsohn* (Ein *Struktur-Konzept* für die Curriculum-Entwicklung, 57–74) und *D. Knab (Konsequenzen der Curriculum-Problematik* im Hinblick auf Curriculumforschung und Lehrplanentscheidungen in der Bundesrepublik, 159–177).
Einen guten Überblick gibt *G. R. Schmidt:* Grundgedanken und Modelle der *Curriculum-Theorie.* In: *Wegenast, K.* (Hg.): *Curriculumtheorie und Religionsunterricht,* Gütersloh (G. Mohn) 1972 = HRU 12/13, 9–40.

[3] Siehe *F. Achtenhagen/P. Menck:* Langfristige Curriculumentwicklung und *mittelfristige Curriculumforschung.* In: Achtenhagen/Meyer, Curriculumrevision, 197–215.

ten vorgegebenen Rahmen gemeinsam die Lernprozesse planen[4]) weitergeführt worden.

Dementsprechend wäre es illusorisch, als Ergebnis dieser Untersuchung ein abgesichertes Curriculum zu erwarten. Doch sind curriculare Fragestellungen auch dann anzuwenden, wenn nicht alle relevanten Gesichtspunkte empirisch-analytisch abgesichert sind; denn auch ihre Reflexion in bescheidenerem Rahmen wirkt einer Verengung des Fragehorizontes entgegen und macht die didaktischen Entwürfe eher vergleichbar, kritisierbar und damit verbesserbar.

Dem curricularen Schema entsprechend werden zunächst Überlegungen zur Zukunft, auf die die Lernenden mit dem Themengebiet »Weltreligionen« vorbereitet werden sollen, angestellt; daraus ergeben sich Gesichtspunkte für die Ortsbestimmung des Themenbereichs im Rahmen evangelischer Religionsdidaktik[5].

In einem nächsten Schritt werden genauere unterrichtliche Intentionen beschrieben und in den Rahmen gegenwärtiger Lehrplanung für den Religionsunterricht hineingestellt.

Es folgen thematische Vorschläge für verschiedene Altersstufen mit der Angabe von Intentionen, thematischen Konkretionen, Querverweisen sowie Literatur und Arbeitshilfen. Diese Vorschläge sind noch nicht an eine ganz spezifische Lerngruppe gebunden. In einem weiteren Arbeitsgang soll ein Planungsbeispiel für konkrete Unterrichtsvorhaben geboten werden, bei dem genauer auf die Bedingungen einer bestimmten Lern-

---

[4] Hierzu gibt *D. Pohlmann* eine gute Übersicht: *Offene Curricula* und Religionsunterricht. Erziehungswissenschaftliche und theologische Aspekte im Überschneidungsfeld. Ev. Erzieher 1976/6, 384–395. Fortgeführt und erweitert wurden die Gesichtspunkte in *D. Pohlmanns* Dissertation: *Offene Lernplanung* in der Religionspädagogik. Kategorien einer theologischen Didaktik. Göttingen (Vandenhoeck & Ruprecht) 1982. = Arbeiten zur Religionspädagogik 1.

[5] Zur Ortsbestimmung religionsunterrichtlicher Fachdidaktik allgemein vgl. bes. *R. Lachmann:* Verständnis und Aufgabe religionsunterrichtlicher *Fachdidaktik.* In: *G. Adam/ R. Lachmann* (Hg.): *Religionspädagogisches Kompendium.* Ein Leitfaden für Lehramtsstudenten. Göttingen (Vandenhoeck & Ruprecht) 1984, 13–29. Lachmann geht dabei von einer die biblischen Grundlagen verarbeitenden und Gegenwartsfragen ernstnehmenden Systematischen Theologie sowie einer Pädagogik (als Bezugswissenschaften) aus, in der bildungstheoretische, lerntheoretische und kritisch-konstruktive Didaktik im Sinne von H. K. Beckmanns »realistischer Didaktik« miteinander verschränkt werden. Von Relevanz für unsere Aufgabenstellung ist diese Ortsbestimmung, insofern zu dem genannten Verständnis von Systematischer Theologie auch das Wahrnehmen der Herausforderungen durch die Begegnung mit den Weltreligionen gehört, und insofern in Beckmanns pädagogischem Konzept Sinn-, Wert- und ethische Dimensionen zu den Zielvorstellungen von Erziehung und Unterricht prinzipiell mit hinzugehören. Hierzu *H.-K. Beckmann: Didaktik und Methodik.* In: W. Spiel (Hg.): Die Psychologie des 20. Jahrhunderts Bd. XI. Zürich 1980, 779–805, sowie die Beiträge in dem von *H.-K. Beckmann* hg. Band: *Schulpädagogik und Fachdidaktik.* Stuttgart 1981.

gruppe Bezug genommen wird und insbesondere auch der Aufbau einer Unterrichtseinheit mit der dazugehörigen Auswahl von Teilzielen, Inhalten, Methoden und Medien erläutert wird.

3.1 Weltreligionen im Unterricht – die Aufgabenstellung für evangelische Religionsdidaktik

Die *Zukunft*, auf die der Lernende vorbereitet werden soll, ist bei den Ausführungen über Christentum und Islam (2.5) schon in verschiedener Hinsicht in den Blick gekommen. Danach gälte es, die Schüler für eine Situation der Begegnung auszurüsten, die nicht von Vorurteilsbarrieren belastet ist, in der vielmehr ein Hören aufeinander und ein Lernen voneinander möglich wird, das zur Entgrenzung und Bereicherung der Lebenshorizonte auf beiden Seiten führt – was einschließt, daß nicht nur ein besseres Verständnis der religiösen und kulturellen Wurzeln des anderen, sondern auch des eigenen Glaubens gewonnen werden kann.

Daß die Wahrheitsfrage hierbei nicht ausgeklammert ist, dürfte deutlich sein[6]. Die »Absolutheit« der Geltung des eigenen Glaubenssystems wird aber dem Gespräch nicht vorzuschalten sein; für evangelischen Glauben kann ohnehin nicht ein »System«, sondern nur das Evangelium Jesu Christi Absolutheit für sich beanspruchen; der evangelische Christ müßte sich von daher mit dem Vertrauen und der Hoffnung in das Gespräch hineinbegeben, daß im Austausch mit Andersglaubenden neue Konturen des Evangeliums (möglicherweise sogar gegen das eigene »System«) entdeckt werden können.

Wesentlich hierfür ist, daß der Lehrende selbst diese Zielvorstellung bejaht und in seiner eigenen Existenz um ihre Verwirklichung bemüht ist: Wenn er Lernbereitschaft zeigt, für sich selbst in der Auseinandersetzung mit nichtchristlichen Religionen Neues erwartet und zu entdecken vermag, wird er den Schüler sehr viel glaubwürdiger zur Teilnahme am Lernprozeß ermutigen können, als wenn er feste Urteile in den Unterricht mitbringt oder nur »neutrale« Inhaltsdarstellungen unternimmt.

Insofern kann folgende These D. Zilleßens, die er in seinem Versuch einer Verhältnisbestimmung von Theologie und Religionswissenschaft aufgestellt hat, positiv aufgenommen werden[7].

»RU nimmt Theorie und Praxis des Christentums und fremder Religionen (bzw. fremder Religiosität) *dialogisch* auf – nicht einfach arbeitsteilig. . . . Dieses

---

[6] Vgl. dazu oben unter 2.5.1.

[7] *D. Zilleßen: Theologie und Religionswissenschaft.* Eine Problemstellung mit religionspädgogischen Konsequenzen. Ev. Erzieher 1974/6, 370–383, 382.

Dialog-Modell ersetzt sowohl das Neutralitäts-Modell als auch das Missions-Modell[8], das von festen theoretischen Wahrheiten ausgeht. ... Solcher RU ist offen, obwohl in unserem Kulturkreis das Christentum die Chance hat, den RU zu verantworten, seine Vorstellungen vom unerschöpflichen Leben in die Diskussion einzubringen und die Orientierung an Jesus v. Nazareth[9] als Kriterium anzubieten.«

Dies setzt allerdings voraus, daß die Schüler etwas begriffen haben von dem exemplarischen Wert des Weges Jesu für Menschlichkeit überhaupt und für die notwendige ständige Erneuerung des Christentums im besonderen. Das kann nur gelernt werden in wirklicher Auseinandersetzung mit der Herausforderung des Weges Jesu. Wo diese Auseinandersetzung unterbleibt, wo die Schüler diesen Quell der Erneuerung unseres abendländischen Wertsystems nicht mehr kennen, werden sie auch der Gläubigkeit von Menschen aus anderen Religionen kaum mit wirklichem Verstehensvermögen begegnen können. Sind den Schülern aber die wesentlichen Impulse des Christentums bewußt und nicht einfach gleichgültig, so werden sie durch die Konfrontation mit nichtchristlicher Gläubigkeit ihren eigenen Standort besser erkennen, ihn kritischer sehen, in Frage stellen bzw. neu gewinnen können.

Freilich liegen die Bedingungen dazu, auf das Ziel einer neuen Zusammenarbeit der Religionen hinarbeiten zu können, nicht nur im Unterricht selbst, sondern wesentlich auch in seinem weiteren Umkreis[10] – nämlich in der Notwendigkeit, daß das Klima des religiösen Zusammenlebens bei uns und im internationalen Rahmen bewußter und aufgeschlossener wird, wie es oben unter 2.5 beschrieben wurde. Andererseits darf im Unterricht nicht tatenlos auf die Erfüllung dieser Bedingungen gewartet werden; er hat vielmehr seinen eigenen Beitrag dazu zu leisten.

Hieraus ergibt sich eine Korrektur des curricularen Modells, sofern es die Qualifikationen, die die Schüler erwerben sollen, nur aus der Analyse gegenwärtiger Lebenssituationen und hypothetisch erschlossener künftiger Situationen gewinnt. Vielmehr wird die Zukunft auch durch die Zielsetzungen und die Art des Unterrichts mitbestimmt, die in diesem Fall von begründeten, wertbestimmten Zukunfts-Projektionen (»von Konfrontation zu Kooperation«) beeinflußt sind. Normative Entscheidungen (die sich allerdings kritisch auf ihre Auswirkungen für

---

[8] Man sollte statt von einem »Missions-Modell« hier vielleicht besser von einem »Bekehrungsmodell, das von festen theoretischen Wahrheiten ausgeht«, sprechen. Denn von Mission im Sinne eines Vorlebens und eines Zeugnis-Gebens vom eigenen Glauben kann durchaus positiv gesprochen werden, wenn die Gefahr der »Proselytenmacherei« – bei der der Glaube der anderen verächtlich gemacht und womöglich noch wirtschaftlicher oder psychischer Druck in Richtung auf eine Bekehrung ausgeübt wird – vermieden wird.

[9] In unserer Untersuchung wird – in leichter Differenz zu diesem Zitat – immer vom Weg Jesu als ganzem (der Kreuz und Ostern einschließt) als der Mitte des Evangeliums ausgegangen (vgl. dazu oben unter 2.4.1 und Lähnemann/Hahlbohm, Jesus Christus, 28f.; 61ff.; 75ff.).

[10] Zum folgenden vgl. Lähnemann, Jesus und Mohammed, 414f.

die Lernenden hin befragen lassen müssen) fließen hier notwendig in die »Analyse der Lebenssituationen« mit ein.

Seinen eigenen Beitrag leistet der schulische Unterricht (zu dem – siehe unten unter 3.3 – kirchlicher Unterricht und Erwachsenenbildung ergänzend hinzukommen können) primär in dem Fachbereich, in dem religiöse, sinn-anthropologische und sozial-ethische Fragen behandelt werden – also im evangelischen und katholischen Religionsunterricht und in dem verschiedentlich schon als Alternative angebotenen Philosophie-, Ethik- bzw. Religionskundeunterricht.

Die besondere Aufgabe evangelischen Religionsunterrichts innerhalb dieses Fachbereichs besteht nun zwar darin, »Schülern die eigene Konfession und Religion in ihrer Geschichte, Lehre und in ihrer gesellschaftlich-politischen Auswirkung zur Kenntnis zu bringen und sie zur kritischen Auseinandersetzung mit ihr instand zu setzen«[11]; doch darf das nicht im Sinne konfessionalistischer Engführung mißverstanden werden. Vielmehr schließt dieser Unterricht – so die Stellungnahme des Rates der Ev. Kirche in Deutschland zu verfassungsrechtlichen Fragen des Religionsunterrichts vom 7. 7. 71[12] – die Aufgabe ein, »sich mit den verschiedenen geschichtlichen Formen des christlichen Glaubens (Kirchen, Denominationen, Bekenntnisse) zu befassen, um den eigenen Standpunkt und die eigene Auffassung zu überprüfen, um Andersdenkende zu verstehen und um zu größerer Gemeinsamkeit zu gelangen. Entsprechendes gilt für die Auseinandersetzung mit nichtchristlichen Religionen und nichtreligiösen Überzeugungen.« Evangelischer Religionsunterricht wird in seiner Bezogenheit auf das Evangelium Jesu Christi[13] von seinem Selbstverständnis her die Öffnung zur Begegnung mit Nichtchristen vollziehen müssen und ein Stück der nötigen Anwaltschaft für diesen Problembereich im öffentlichen Bewußtsein wahrzunehmen haben[14]. Dies gilt allerdings auch für den Konfirmandenunterricht der evangelischen Kirchen und ihre sonstige gemeindliche und übergemeindliche Bildungsarbeit.

Die Besonderheit des schulischen Religionsunterrichts besteht darin,

---

[11] Erklärung der Religionspädagogischen Studienkommission in Niedersachsen (Arbeitsgemeinschaft zwischen Vertretern der niedersächsischen ev. Landeskirchen und den Religionspädagogen an den Hochschulen des Landes) vom Mai 1974.

[12] Nach: Die ev. Kirche und die Bildungsplanung. Eine Dokumentation, Gütersloh und Heidelberg 1972, Abschnitt IV (4) der Stellungnahme.

[13] Siehe oben unter 2.5.2.

[14] Es wird hier also durchaus ein auf die »Grundsätze der Religionsgemeinschaften« bezogener (Grundgesetz der BRD Art. 7 Abs. 3) und in diesem Sinne »nicht-neutraler« Religionsunterricht für sinnvoll erachtet. Das konfessorische Moment bedeutet aber eben keine Einengung, sondern das selbstkritische und für Revisionen offene Einbringen der eigenen Position in den Unterricht.

daß er diese Aufgabe im Kontext anderer Schulfächer als einen Beitrag für die »Erziehung zur Mündigkeit« verfolgt.

Unter »Erziehung zur Mündigkeit« wird verstanden, daß in der Schule junge Menschen befähigt werden sollen zur Bewältigung ihrer Lebensaufgabe[15], d.h. zur verantwortlichen Gestaltung ihres Lebens in Familie, Beruf und Gesellschaft. »Verantwortung« ist dabei bezogen auf das Bild vom Menschen, das in der »Erklärung der Menschenrechte« 1948 entworfen wird, auf die sich auch das Grundgesetz der Bundesrepublik Deutschland stützt, d.h. auf ein Bild, nach dem nicht nur der einzelne Mensch vor den gröbsten Angriffen des anderen bewahrt wird, sondern nach dem er – in seiner Würde geachtet – sich in der menschlichen Gesellschaft frei entfalten kann.

Evangelischer Religionsunterricht ist in diesem Rahmen zugleich der neuzeitlichen Freiheitsgeschichte und der Christentumsgeschichte verpflichtet, die in Zusammenhang und Spannung zueinander stehen. Der ursprünglichen Intention der Christentumsgeschichte, die vom »befreienden Evangelium Jesu Christi« bestimmt ist, entspricht es, Freiheit nicht im Sinne von Freiheit auf Kosten anderer, sondern als Befreiung zu einem sinnerfüllten Leben in der Gemeinschaft zu verstehen[16].

Der schulische Religionsunterricht wird – anders als der kirchliche Unterricht – den gesamtgesellschaftlichen Auftrag der Schule zu berücksichtigen haben und dabei besonders auf Möglichkeiten der Zusammenarbeit mit anderen Fächern achten müssen. Einer gewissen Einengung gegenüber der rein kirchlichen Bildungsarbeit unterliegt der Religionsunterricht durch sein Eingespanntsein in schulische Strukturen: den festen Stundenplan, die relativ geringen Möglichkeiten der Aktivierung der Schüler für das Nebenfach über die festgesetzten Schulstunden hinaus. Andererseits besteht in diesem Unterricht die noch zu wenig genutzte Chance, über längere Zeiträume hinweg kontinuierlich zu arbeiten: unter curricularen Gesichtspunkten von Schulstufe zu Schulstufe aufzubauen.

In den so umschriebenen Gesamtrahmen wird das Themengebiet »Weltreligionen« neu einzubinden sein. Es ist über lange Zeit nur als ein Thema am Rande neben den beiden Grundtypen des »bibelorientierten« (d.h. vornehmlich auf die Erarbeitung und Aktualisierung christlicher Traditionen bezogenen) und des »problemorientierten« (d.h. von Gegen-

---

[15] Vgl. hierzu und zum folgenden *J. Lähnemann: Unterwegs nach Bethlehem.* Eine Einführung ins Thema Weihnachten (für ein 4. Schuljahr). Ev. Erzieher 5/1976, 367–378 (im Abschnitt 1. Zum Rahmen schulischer und religionspädagogischer Ziele).

[16] Mit dieser Erläuterung soll an das religionsdidaktische Konzept angeknüpft werden, das *K. E. Nipkow* in seinen *»Grundfragen der Religionspädagogik«* Bd. 1/2. Gütersloh (G. Mohn) 1975 = GTS. 105/6 entfaltet. – Wie die Auseinandersetzung mit den Weltreligionen sich auf das Selbstverständnis ev. Religionsdidaktik auswirken müßte, wird ausführlicher in Teil 4 dieser Untersuchung darzulegen sein.

wartsfragen und -themen ausgehenden und auf Bewältigung existentieller und sozialer Probleme ausgerichteten) Religionsunterrichts behandelt worden: sicher oft auf Fragen der Schüler hin, zur Auflockerung des Lehrplans, besonders seiner fremdartig-faszinierenden Aspekte wegen; viel mehr als eine »Tourismustheologie: Wir besichtigen, was es alles gibt«[17] mit vorschnellen Klassifizierungen konnte sich dabei nicht ergeben. Die Beschäftigung mit den Weltreligionen müßte von einer solchen Randerscheinung zu einem Themengebiet werden, das den Gesamtaufgaben des Religionsunterrichts zugeordnet ist – einem Themengebiet, das *im Überschneidungsbereich von »bibelorientiertem«, »problemorientiertem« und fächerübergreifendem Unterricht* steht.

»Bibelorientierte« Bezüge hat die Thematik insofern, als die Auseinandersetzung mit ihr zu »radikaler«, an die Wurzeln des Glaubens gehender Selbstbesinnung herausfordert. Der Vergleich von Jesus und Mohammed hat gezeigt, wie entscheidend die Rückfrage zu den Anfängen des jeweiligen Glaubens und den durch sie in Gang gesetzten Traditionen für das Verständnis der Religionsprägungen und für die Eröffnung eines Dialogs ist, der die geschichtlichen Belastungen für das interreligiöse Gespräch zu überwinden vermag. »Problemorientiert« müßte die Beschäftigung mit Weltreligionen sein, insofern diese Thematik in verschiedenste gegenwärtige Problembereiche hineinspielt: in die Suche nach Selbstfindung überforderter Menschen in den Industrienationen und damit nach alternativen Lebensmodellen (»Faszination aus Fernost«), in die Frage nach unserem Umgang mit moslemischen Mitbürgern, in die Wahrnehmung der Wechselbeziehungen zwischen Religion, Politik, Kultur und gesellschaftlichen Verhältnissen im nationalen und internationalen Rahmen usw.

Hieraus ergibt sich auch, daß die Beschäftigung mit nichtchristlichen Religionen in besonderer Weise zur Abstimmung mit anderen Fächern herausfordert bzw. – soweit es eben realisierbar ist – zu fächerübergreifender Bearbeitung einlädt:

Einmal sind Kenntnisse über die Weltreligionen für bestimmte Bereiche des Geschichts-, des Geographie- und des Gemeinschaftskundeunterrichts unerläßlich. Aber auch umgekehrt: Die Religionen sind ohne den geschichtlichen, den sozialen, den kulturellen, den geographischen und oft auch ohne den politischen Hintergrund, auf dem sie sich entfaltet haben und vor dem sie gegenwärtig existieren, gar nicht zu begreifen.

Aus der umschriebenen Aufgabenstellung ergeben sich Intentionen, die im Folgenden umrissen werden sollen.

---

[17] Zilleßen, Theologie und Religionswissenschaft, 370f.

3.2 Unterrichtliche Intentionen

Wenn hier versucht wird, wichtigste Lernziele zum Thema »Begegnung mit den Weltreligionen« zusammenzustellen, so geschieht das mit der Einschränkung, daß keine Totalerfassung des Gebietes »Nichtchristliche Religionen« beabsichtigt sein kann; der Bereich der Naturreligionen z. B. wird nicht miterfaßt. Es sollen vielmehr wesentliche Intentionen dargeboten werden, die der Grundaufgabe, von Konfrontation zur Kooperation mit den großen Religionen Islam, Hinduismus und Buddhismus zu gelangen, entsprechen.

Auf der anderen Seite werden die formulierten Ziele als sehr weitreichend – in mancher Hinsicht vielleicht zu umfassend – erscheinen. Doch erfolgt die Aufzählung der Ziele zunächst noch bewußt ohne altersstufenspezifische Differenzierung. Sie können z. T. erst – und auch das sicher nur unter guten Bedingungen – am Ende des schulischen Religionsunterrichts (und ergänzt durch fortbildende Maßnahmen der Erwachsenenbildung) erreicht werden. Es geht hier aber darum, den Gesamtzusammenhang möglicher Ziele, auf den die Zielbestimmungen für einzelne Altersstufen hin ausgerichtet sein sollten, in den Blick zu bekommen.

3.2.1 Gesamtziele im Bereich der Kenntnisse, der Einstellungen, der Handlungsmöglichkeiten

Die Einteilung erfolgt gemäß den Lernzieldimensionen, wie sie in der Curriculumforschung gebräuchlich sind[18], und zwar in Ziele

1. im Bereich der Kenntnisse (kognitiv),
2. im Bereich der Einstellungen (affektiv),
3. im Bereich der Handlungsmöglichkeiten (pragmatisch)[19].

Die Berücksichtigung dieser drei Dimensionen korrespondiert dem unterrichtlichen Ansatz, der mit dem Stichwort *»Begegnung* mit den Weltreligionen« bezeichnet ist und die Entgrenzung einer nur intellektuellen und distanzierten Beschäftigung mit den nichtchristlichen Religionen hin zu gegenseitiger Herausforderung und Befruchtung signalisiert.

---

[18] Vgl. *D. R. Krathwohl:* Der Gebrauch der *Taxonomie von Lernzielen* in der Curriculumkonstruktion. In: Achtenhagen/Meyer, Curriculumrevision, 75–97, bes. 79 ff.

[19] Der folgende Lernzielkatalog ist eine – aufgrund erweiterter Kenntnisse, Erfahrungen und Überlegungen – erfolgte Überarbeitung der Lernzielaufstellung, wie sie sich in Lähnemann, Jesus und Mohammed, 416 f., findet.

1. *Ziele im Bereich der Kenntnisse (kognitiv)*

1.1 Die Schüler (Lernenden) sollen wichtigste *Lehren und Lebensformen* der großen lebenden Religionen – deren Ausprägungen in der Gegenwart und ihre theologischen, geschichtlichen und gesellschaftlichen Hintergründe – kennen.

1.2 Sie sollen mit Hilfe dieser Kenntnisse die für die einzelnen Religionen spezifischen *Grunderfahrungen* (der Gottesbegegnung, der Lebensbewältigung, des mitmenschlichen Zusammenlebens) erschließen können, aber auch in der Lage sein, *Grenzen* des gegenseitigen Verstehens wahrzunehmen.

1.3 Sie sollen die religiöse und sozial-kulturelle *Situation der Anhänger anderer Glaubensgemeinschaften* einschätzen können, insbesondere die der andersgläubigen Ausländer im Abendland.

1.4 Sie sollen den spezifisch *christlichen Beitrag und Auftrag* (den Anstoß des befreienden Evangeliums Jesu Christi – als die Teilnahme Gottes an menschlicher Existenz, die uneingeschränkt allen Menschen – gleich welcher Kultur und Tradition – gilt) für die interreligiöse Begegnung darstellen können.

1.5 Sie sollen fähig sein zur Einordnung und zum *Vergleich* der verschiedenen religiösen Anschauungen sowie zur Wahrnehmung der *gegenseitigen Herausforderung* von Christentum und nichtchristlichen Religionen.

1.6 Sie sollen die Bedeutsamkeit der *interreligiösen Zusammenarbeit* für eine künftige Weltgemeinschaft aufzeigen können und in der Lage sein zur gegebenenfalls nötigen *Kritik* an religiösen Erscheinungsformen, die der angestrebten Kooperation und der Schaffung einer brüderlichen Weltgemeinschaft zuwiderlaufen.

2. *Ziele im Bereich der Einstellungen (affektiv)*

2.1 Die Schüler (Lernenden) sollen *Lernbereitschaft* und Entdeckungsfreude hinsichtlich nichtchristlicher Religionen und Kulturen, ihrer Lebensdeutungen und Heilsangebote entwickeln.

2.2 Sie sollen sowohl die *Nüchternheit* als auch die *Verständigungsbereitschaft* aufbringen, die nötig ist, um die geschichtlich gewachsenen und gegenwärtig in den Religionen bestehenden *Vor-Urteile* wahrzunehmen und aufarbeiten zu können.

2.3 Sie sollen Menschen aus anderen Religionen und Kulturen in ihrer Andersartigkeit verstehen und akzeptieren (*Toleranz*) und bereit sein, sich für bessere religiöse und kulturelle Verwirklichungsmöglichkeiten Andersgläubiger in unserem Kulturkreis einzusetzen.

2.4 Sie sollen sich der *Bedeutung der eigenen* – christlich geprägten, aber auch »radikal« (auf die Wurzeln zurückgreifend) kritisch befragten (siehe oben unter 3.1) – *Anschauungen* und Einstellungen bewußter sein.

2.5 Sie sollen bereit sein zu einem *Dialog*, der die gegenseitige kritische Hinterfragung der religiösen Überzeugungen, aber auch gegenseitige Ergänzung und Bereicherung ermöglicht.

2.6 Sie sollen bereit sein, mit Angehörigen nichtchristlicher Religionen *zusammenzuarbeiten:* für gemeinsame Belange, aber – besonders im Bereich sozialer und politischer Verantwortung – auch für andere Menschen.

3. Ziele im Bereich der Handlungsmöglichkeiten (pragmatisch)

3.1 Die Schüler (Lernenden) sollen beim Zusammentreffen mit Andersglaubenden nicht voreingenommen-ablehnend, sondern offen und *verständigungsbereit auftreten.*

3.2 Sie sollen in ihrem eigenen Lebenskreis *Verständnis* für die Fremd- und Andersartigkeit der Glieder anderer Religionsgemeinschaften *wecken* können.

3.3 Sie sollen sich für die *Verbesserung der sozialen Eingliederung* der Mitglieder anderer Religionen in unserem Kulturkreis engagieren.

3.4 Sie sollen ihre *eigene religiöse Grundhaltung* (ihren Glauben) bewußter und *verantworteter vertreten* können.

3.5 Sie sollen mithelfen, ihre *eigenen Glaubensgemeinschaften* im Blick auf interreligiöse Kontakte, Gespräche und gemeinsames Handeln zu *mobilisieren* und in der Lage sein, *Kontakt* mit Menschen anderen Glaubens zu *pflegen* und Zusammenarbeit mit ihnen zu üben.

Diese Zielübersicht ist so aufgebaut, daß die Einzelziele mit der gleichen Numerierung (1.1 – 2.1 – 3.1; 1.2 – 2.2 – 3.2 . . .) miteinander korrespondieren (nur das Ziel 3.5 korrespondiert zugleich den Zielen 1.5/1.6 und 2.5/2.6).

Ohne daß eine ganz stringente Abfolge der Ziele möglich und beabsichtigt wäre, ist doch eine gewisse Logik im Aufbau zu erkennen: Lernbereitschaft, Verständigungsbereitschaft und Grundkenntnisse (1) sind Voraussetzungen für eine offene Begegnung, in der Vorurteile aufgearbeitet und religiöse Grunderfahrungen erschlossen werden können (2). Dies wiederum ermöglicht Toleranz und den hilfsbereiten Einsatz für die Anhänger anderer Religionen in unserem Kulturkreis (3). Dabei werden christlich geprägte Überzeugungen nicht relativiert; sie werden vielmehr engagiert eingebracht, im Dialog kritisch befragt und können in der

Auseinandersetzung mit nichtchristlichen Überzeugungen Vertiefung und Bereicherung erfahren (4/5). »Endziel« ist die Fähigkeit zur interreligiösen Kooperation für eine brüderliche Weltgemeinschaft im lokalen wie im überregionalen Bereich (6).

Wie soll nun auf die sehr weit gesteckten Ziele hingearbeitet werden? Hilfreich ist hierfür das Bild von der Lern-»Spirale«: daß nämlich die anfänglich – auf einer niedrigen Altersstufe – gewonnenen einfachen Erkenntnisse und Verhaltensweisen auf der nächsten Altersstufe aufgegriffen und in einen weiteren Kontext mit anspruchsvolleren Zielsetzungen gestellt werden, so daß sich sowohl eine Vertiefung als auch eine Erweiterung der früher erworbenen Qualifikationen erreichen läßt. Dieser fortschreitende Lernprozeß wiederholt sich von Altersstufe zu Altersstufe.

3.2.2 Vergleich mit vorhandenen Richtlinienentwürfen

Sieht man neuere Richtlinien für den Religionsunterricht in der Bundesrepublik Deutschland und in West-Berlin durch, so gewinnt man den Eindruck, daß viele Richtlinienkommissionen die wesentlichen »Entgrenzungen« gegenüber früheren Lehrplänen, die mit den hier zusammengestellten Gesamtlernzielen intendiert sind, berücksichtigt haben: von einer nur lehrmäßigen Behandlung hin zur Berücksichtigung des Lebenskontextes der Religionen; von einer intellektuell-apologetischen Behandlung hin zur Berücksichtigung auch der emotionalen Komponenten; von einer Bearbeitung des Themengebietes fast ausschließlich in der gymnasialen Oberstufe hin zu einem sich entfaltenden Lernen von der Grundschule an aufwärts.

Am weitesten fortgeschritten ist immer noch der katholische Zielfelderplan[20]: Wird in der Grundschule bewußt angeknüpft bei Erlebnisbereichen, die hier den Schülern schon zugänglich sein können (z.B. im 2. Schuljahr: »Mein Freund heißt Mustafa«), so wird die Faszination für Fremdes und zeitlich-räumlich Fernes bei den 10-12jährigen zu einer

[20] *Zielfelderplan* für den katholischen Religionsunterricht in der *Grundschule*, Teil I: Grundlegung, hg. im Auftrag der Bischöflichen Kommission für Erziehung und Schule von der Zentralstelle für Bildung der Deutschen Bischofskonferenz (Auslieferung: Deutscher Katecheten-Verein, 8000 München 80, Preysingstr. 83c). München 1977.
Zielfelderplan für den katholischen Religionsunterricht der Schuljahre 5–10 (*Sekundarstufe I*). Grundlegung (weitere Angaben: s. o.). München 1973.
Die Diskussion um den Zielfelderplan ist besonders zu finden in: *Zielfelderplan, Dialog* mit den Wissenschaften, hg. v. R. Ott und G. Miller. München (Kösel) 1976.

umfassenden Behandlung des Islam genutzt. Die »Östlichen Hochreligionen« kommen ihrer noch ferneren und für uns schwierigeren Grundstruktur wegen zuletzt ins Blickfeld (im 8. Schuljahr). In der Sekundarstufe II werden – nimmt man etwa die nordrhein-westfälischen Richtlinien hinzu[21] – die Religionen mit ihrer eigenen Theologie, als Dialogpartner der Kirche und als Partner für gemeinsame Zukunftsaufgaben ernstgenommen.

Andererseits bleiben auch hinsichtlich des Zielfelderplans Fragen: Soll in der Grundschule auf den Islam in jedem Fall eingegangen werden – oder nur, wenn wirklich moslemische Kinder in der Schule sind bzw. moslemische Familien in der Nachbarschaft der Schüler wohnen? Ist es angemessen, die letzte thematische Behandlung des Islam in der Sekundarstufe I für das 6. Schuljahr vorzusehen? Können andererseits Hinduismus und Buddhismus im 8. Schuljahr schon so erschlossen werden, daß die Schüler wirklich Zugang zu diesen Religionen finden? Und klafft danach nicht eine zu große Lücke bis zum 11. Schuljahr?

Viel kritischer noch sieht es bei den evangelischen Richtlinien aus: Zwar ist eine zunehmende Beachtung des Themas Weltreligionen gegenüber früheren Lehrplänen festzustellen[22]. Doch sind weder vertikal (von Altersstufe zu Altersstufe) noch horizontal (Verbindung mit anderen Fragestellungen des Religionsunterrichts oder gar mit anderen Schulfächern) durchgehende Verknüpfungen zu finden[23]. Das hat verschiedene Gründe: Einmal läßt die regionale Aufspaltung der Kultushoheit der Länder der Bundesrepublik Deutschland und der Territorialkirchen gegenwärtig eine überregionale Lehrplanentwicklung kaum zu; viele Kommissionen arbeiten nebeneinander. Sodann sind auch innerhalb einzelner Länder für verschiedene Altersstufen unterschiedliche Kommissionen am Werk, zwischen denen nur in begrenztem Maße Kooperation stattfindet. Das wirkt sich verschärfend bei einem Themengebiet aus, das herkömmlich mehr am Rande stand und in der Diskussion um das Selbstverständnis des Religionsunterrichts nur bei wenigen Vertretern der Religionspädagogik

---

[21] *Curriculum – Gymnasiale Oberstufe – Katholische Religionslehre,* Schriftenreihe des Kultusministers des Landes Nordrhein-Westfalen, Schulreform NW, Sekundarstufe II, Arbeitsmaterialien und Berichte, 1972.

[22] Siehe den Überblick von *H. Schultze: Ev. Richtlinien* und Lehrpläne. In: *H. Schultze/ W. Trutwin* (Hg.): *Weltreligionen – Weltprobleme.* Ein Arbeitsbuch für Studium und Unterricht. Düsseldorf u. Göttingen (Patmos/Vandenhoeck & Ruprecht) 1973, 207–218. H. Schultze wird demnächst einen neuen Überblick (und zwar im europäischen Rahmen) in dem von mir hg. Band »Erziehung zur Kulturbegegnung« bieten.

[23] Das wird besonders sichtbar in den Lehrplansynopsen, die *K. Wegenast* bietet, in: *Religionsdidaktik Grundschule.* Voraussetzungen, Grundlagen, Materialien. Stuttgart (Kohlhammer) 1983, und *ders.: Der Religionsunterricht in der Sekundarstufe I.* Grundsätze – Planungsformen – Beispiele. Gütersloh (G. Mohn) 1980.

eine nennenswerte Rolle spielte. So wurde das Thema Weltreligionen z. B. in den Bayerischen Lehrplänen im gesamten Bereich der Grundschule und der Sekundarstufe I bis 1983 an keiner Stelle eigens thematisiert, während in Baden-Württemberg der Islam sowohl für das 4. wie für das 8./9. Schuljahr vorgesehen ist. Der neue bayerische Lehrplan für den Ev. Religionsunterricht an Hauptschulen (7.-9. Jahrgang) sieht immerhin das Thema Islam für den 8. Jahrgang vor (alternativ zu: Kirche und neue Religionen)[24].

Wollte aber ein Lehrer sinnvoll aufbauend in aufeinander folgenden Schulstufen Schüler in die Begegnung mit den Weltreligionen hineinführen, so bliebe ihm nichts anderes übrig, als sich aus den verschiedenen Anregungen in verschiedenen Bundesländern ein eigenes Teilcurriculum »Weltreligionen« zusammenzustellen[25].

Eben dies ist der Grund, weswegen im folgenden versucht wird, aus der Sicht, die sich in dieser Untersuchung ergeben hat, Ziele und thematische Konkretionen für die wesentlichen Altersstufen – von der Grundschule bis zur Erwachsenenbildung – auszuführen. Das ist gleichzeitig als Beitrag für die Weiterentwicklung der Lehrplanarbeit zu verstehen.

3.3 Thematische Vorschläge für verschiedene Altersstufen

Die thematischen Vorschläge stehen dem Grad ihrer Konkretheit nach zwischen den mit dem Themengebiet »Weltreligionen« verbundenen Gesamtzielen und ausgeführten Unterrichtsentwürfen. Sie sind einerseits orientiert an den oben umrissenen grundlegenden Intentionen, andererseits an den mit einer bestimmten Ausbildungsstufe verknüpften Lernbedingungen und den für sie projektierten allgemein-pädagogischen (sowie allgemein-religionspädagogischen) Zielsetzungen.

Die Vorschläge können und sollen nicht Elemente eines »geschlossenen« Curriculums sein, sondern tragen Anregungscharakter für eine offene curriculare Arbeit, die z. T. in der Richtlinienkonstruktion, entscheidend aber »vor Ort« von Fachkonferenzen und nicht zuletzt dem einzel-

---

[24] *Lehrplan* für den *Ev. Religionsunterricht* an *Hauptschulen* in *Bayern*. 7.–9. Jahrgang. München (Ev. Presseverband, Birkerstr. 22, 8000 München 19) 1983.

[25] Die weitgehende Zufälligkeit und Marginalität dieses Themengebietes, die damit faktisch in vielen Teilen Deutschlands noch gegeben ist, wird insbesondere von der englischen Religionspädagogik kritisch in Frage gestellt, wo man sich auf Grund der zunehmend multikulturellen Situationen, in denen sich die Schüler und ihre Familien vorfinden, in ganz anderer Weise – schon von der »infant school« an – auf die Begegnung mit den Weltreligionen eingestellt hat.

nen Lehrer (bzw. Pfarrer, Erwachsenenbildner) im Hinblick auf seine Schülergruppe und in Zusammenarbeit mit ihr zu leisten ist.

Der Aufbau der thematischen Vorschläge lehnt sich an ein Schema an, das verschiedentlich in der Richtlinienentwicklung angewandt wurde[26]: Zunächst werden wesentliche Bedingungen für die Behandlung des Themengebiets Weltreligionen in der jeweiligen Ausbildungsstufe umschrieben (1), danach altersstufenspezifische Intentionen formuliert (2); es folgen thematische Konkretionen (3), Querverweise zu anderen Themen des Religionsunterrichts und gegebenenfalls auch anderer Fächer (4) sowie schließlich Hinweise auf Literatur und Arbeitshilfen (5)[27].

Für die Ausarbeitung kompletter Unterrichtsentwürfe bleiben danach weitere Aufgaben: Die Berücksichtigung der Situation in der jeweiligen Ausbildungsinstitution (Schule, Hochschule, Gemeinde . . .), die Eingliederung des Themas in die jeweilige Fachplanung und insbesondere die Analyse der Situation in der Lerngruppe. Damit sind Voraussetzungen zur Formulierung genauerer Ziele und zur Auswahl der Inhalte, aber auch für die Bestimmung der unterrichtlichen Methoden und die Auswahl der Medien und Materialien gegeben – wobei zu bedenken ist, daß nicht selten das Vorhandensein bzw. Fehlen bestimmter Medien die Erreichung bestimmter Ziele überhaupt erst möglich (bzw. unmöglich) macht. Aus diesem komplexen Zusammenhang von Erwägungen ergibt sich die genaue Planung des Unterrichtsablaufs, wie sie in Teil I dieser Untersuchung an je einem Beispiel für den »Hinduismus« und den Buddhismus ausgeführt wurde und in diesem Band für den Islam exemplarisch gezeigt werden soll.

Das Schaubild zum »Bedingungsfeld des schulischen Unterrichts« zeigt die Hauptfaktoren, die zu berücksichtigen sind – und zwar sowohl auf der hier zunächst beschriebenen allgemeineren Ebene als auch bei der Detailplanung von Unterrichtseinheiten[28].

---

[26] So z.B. im *Lehrplan* für den *Ev. Religionsunterricht der Berufsschule* im Rahmen der *Sekundarstufe II*, Entwurf. Dortmund (Crüwell) 1974.

[27] Es werden nicht für jede neue Altersstufe völlig neue Intentionen, thematische Konkretionen und Arbeitshilfen aufzuführen sein; bestimmte Zielsetzungen (etwa die Ziele 2.1 und 3.1 aus dem Gesamtkatalog) werden bei jedem Unterrichtsvorhaben zum Thema präsent sein müssen und auf höheren Altersstufen jeweils reflektierter und fundierter zu verfolgen sein.

[28] Das Schaubild ist entnommen aus *J. Lähnemann:* Zwischen Theologie und Unterricht. Zur Konzeption eines *Fachpraktikums*. Ev. Erzieher 1974/2, 127–136, bes. 136.
Eine realistische und alle wesentlichen Gesichtspunkte berücksichtigende Planungsanleitung ist das von *B. Casper/H. Glöckel/R. Rabenstein* hg. Werk: *Die Vorbereitung des Unterrichts*. Bd. 2: Mit Beispielen aus der Sekundarstufe I. Bad Heilbrunn (J. Klinkhardt) 1972.

Bedingungsfeld des schulischen Unterrichts
(nach Wolfgang Schulz; leichte Erweiterungen von Günter Böhm und Johannes Lähnemann)

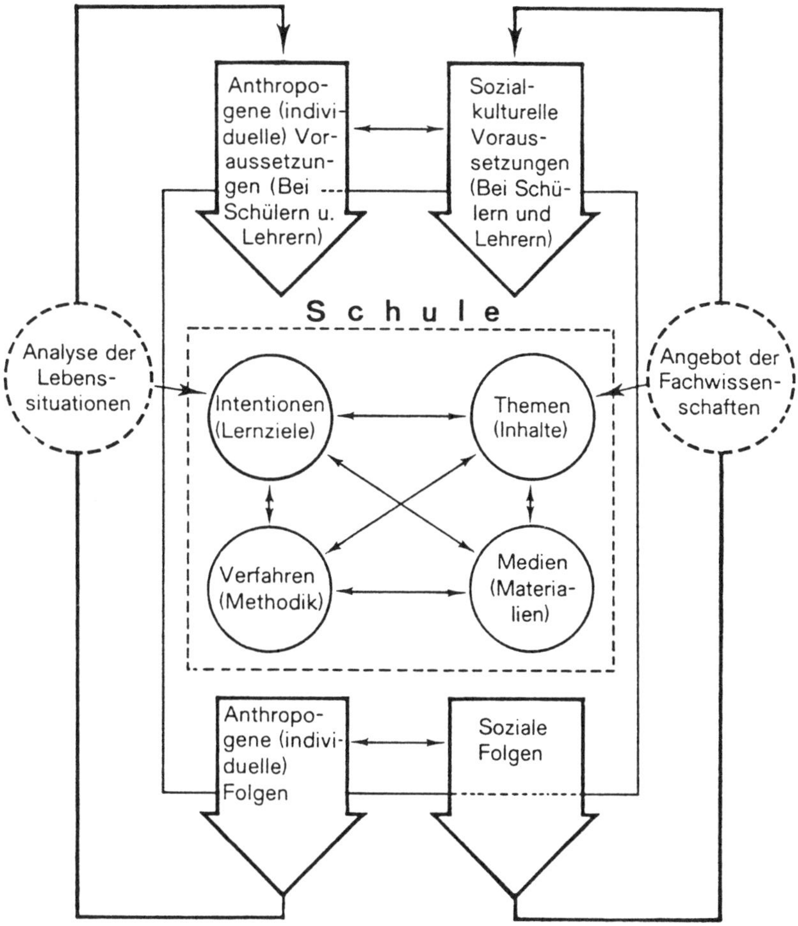

3.3.1 Grundlegende didaktische Literatur zu den Weltreligionen

Den thematischen Vorschlägen vorangestellt sei der Hinweis auf einige didaktische Arbeiten, die den neueren Diskussionsstand und Arbeitsrahmen zum Thema Weltreligionen umreißen und – gerade in ihrer Unterschiedlichkeit – dem Unterrichtenden die verschiedensten Anregungen geben können:

Große Fremde Religionen. Grundlagen für den Dialog mit den Weltreligionen. Ein Religionsbuch, hg. v. P. Freimark, H. Grothaus, H. Kittel, E. Lederer, D. Thyen. Dazu: Lehrerband, Hannover (Schroedel) 1978 (Neuauflage in Vorber.).

Auf dieses Werk wird als erstes hingewiesen, weil es im deutschsprachigen Raum bisher das einzige »Schulbuch« darstellt, das sich ausschließlich den großen Religionen Judentum, Islam, Hinduismus und Buddhismus widmet, für den Unterricht in der Sekundarstufe II, die Erwachsenenbildung und das Eigenstudium als lebendige Einführung herangezogen werden kann und durch den Lehrerband zusätzliche Anregungen und Hilfen bietet.

H. R. Schlette: Einführung in das *Studium der Religionen,* Freiburg (Rombach) 1971. Eine mit großem Engagement und fachlichem Verständnis verfaßte Schrift, die unmittelbar zu Dialog und Auseinandersetzung herausfordert.

U. Tworuschka/D. Zilleßen (Hg.): *Thema Weltreligionen.* Ein Diskussions- und Arbeitsbuch für Religionspädagogen und Religionswissenschaftler. Frankfurt/München (Diesterweg/Kösel) 1977: ein Werk, in dem Religionspädagogen und Religionswissenschaftler eine Bestandsaufnahme vornehmen mit vielen, auch praktischen Anregungen.

U. Tworuschka (Hg.): *Religionen heute.* Themen und Texte für Unterricht und Studium. München/Frankfurt (Kösel/Diesterweg) 1977. Problemorientierte Behandlung der Religionen, unter Verwendung modernster Texte.

U. Tworuschka: Methodische Zugänge zu den Religionen. Einführung für Unterricht und Studium, unter Mitarbeit von M. Tworuschka. Frankfurt/München (Diesterweg/Kösel) 1982: die bisher umfassendste Problematisierung verschiedener Begegnungsmöglichkeiten mit den Weltreligionen, eingeleitet von einer kurzen Geschichte nichtchristlicher Religionen im Religionsunterricht (letzteres jetzt ausführlicher in *U. Tworuschka:* Die *Geschichte nichtchristlicher Religionen* im christlichen Religionsunterricht. Ein Abriß. Köln/Böhlau 1983).

Besonders interessant und anregend ist ein Blick in die englischsprachige Literatur, in der sich vor allem die Arbeit der *Shap Working Party on World Religions in Education*, einer Vereinigung von religionspädagogisch engagierten Religionswissenschaftlern und Pädagogen, niederschlägt, durch die es in den letzten zwei Jahrzehnten direkt einen »Boom« an Curriculumentwürfen, Anleitungen für Lehrer, Unterrichtsbüchern und Unterrichtsmodellen gegeben hat, die die religiöse Unterweisung (die in staatlichen Schulen Englands ja nicht konfessionell gebunden ist) entscheidend inspiriert haben. Hier sei nur auf zwei – auch für deutsche Leser anregende – Titel hingewiesen:

W. O. Cole: Five Religions in the Twentieth Century, Amersham (Hulton) 1981.

W. O. Cole (Hg.): *World Faiths* in Education. London (George Allen & Unwin) 1978.

Einen deutschen Überblick hierzu bietet:
J. Shepherd: Religion in einer multikulturellen Schule – *Erfahrungen aus England.* In: *J. Lähnemann* (Hg.): *Kulturbegegnung* in Schule und Studium. Türken – Deutsche, Muslime – Christen, ein Symposion. Hamburg (E. B. Verlag Rissen) 1983, 171–182.
In diesem Band wird im übrigen die Situation, wie sie sich in Deutschland zwischen Christentum und Islam entwickelt hat, thematisiert.

3.3.2 Begegnung mit den Weltreligionen im Grundschulalter

1. Voraussetzungen

Der Gedanke, sich mit Weltreligionen bereits im Grundschulalter zu beschäftigen, lag deutschsprachiger Religionspädagogik über lange Zeit vollkommen fern: Wie soll es in dieser Altersstufe, in der zunächst anhand des direkten Umwelterlebens der Kinder gelernt wird – und zwar vornehmlich auf dem Wege des »Begreifens«[29] –, so etwas Fremdes wie eine andere Religion dargestellt werden können? Dementsprechend gibt es immer noch Rahmenrichtlinien für den ev. Religionsunterricht in der Grundschule, in denen dieses Themengebiet gar nicht vorgesehen ist[30].

Anders steht es damit in der englischen Religionspädagogik, in der bereits für die »infant school« der 5–7jährigen zahlreiche Unterrichtsent-

---

[29] Vgl. *H. Grosch: Religionsunterricht* – in der *Grundschule?* In *ders.* (Hg.): *Religion in der Grundschule.* Didaktische Reflexionen, Entwürfe und Modelle. Frankfurt und Düsseldorf (Diesterweg/Patmos) 1971, 11–40, 27. – Im Blick auf die altersstufenspezifischen Entwicklungen wird hier und im folgenden der Ansatz von *R. Oerter: Moderne Entwicklungspsychologie,* Donauwörth (Auer) 1967 zugrundegelegt, der die herkömmliche Phasenlehre mit der Annahme plötzlicher Entwicklungsschübe relativiert und die Entwicklung der Kinder stärker »als Sozialisationsprozeß, als Hineinwachsen des einzelnen in die Gesellschaft und die umgebende Kultur« (93) sieht.

[30] Aus der Lehrplansynopse am Ende von Wegenasts »Religionsdidaktik Grundschule« geht hervor, daß der Themenbereich in Bayern, Hamburg und Niedersachsen nicht eigens ausgeführt wird. In Hessen ist nur das Thema »Die Frage nach den Konfessionen« vorgesehen, in Rheinland/Pfalz und im Saarland in Verknüpfung mit der Frage nach den Religionen. Gesondert ausgewiesen ist das Thema in Nordrhein-Westfalen, der Islam ausdrücklich in Baden-Württemberg, Berlin und Bremen; in Schleswig-Holstein lautet die entsprechende Überschrift »Andere glauben anders«. Die Schuljahrsangaben beziehen sich durchgängig auf das 3./4. Schuljahr. Die Übersicht verrät insgesamt noch eine relativ große Unsicherheit: Die Wichtigkeit des Themas wird gesehen; aber die Erfahrungen mit ihm sind noch gering; das zeigt sich z.B. auch darin, daß in Bayern bei dem Thema »Die Kirche heute« (4. Schuljahr) nach einem kurzen Abschnitt über die katholische Nachbarkirche immerhin ein Hinweis auf Judentum und Islam (mit einem Verweis auf den »Sachtext« »Die Moslems« in *Vorlesebuch Religion 1:* für Kinder von 5–12, hg. v. *D. Steinwede* und *S. Ruprecht.* Lahr/Kaufmann 1971, 346f.) zu finden ist.

würfe zum Thema vorliegen[31]. Das hängt nicht zuletzt damit zusammen, daß in Großbritannien durch die Verbindungen mit dem Commonwealth schon sehr viel länger größere nichtchristliche Gruppen leben und bereits Kinder der untersten Schulstufen häufig mit gleichaltrigen Vertretern anderer Religionen zusammentreffen. Dabei wird »naturgemäß keine auch noch so elementarisierte Einführung in eine spezifische Weltreligion angestrebt. Vielmehr zielt der Unterricht darauf ab, bei den Schülern ›an attitude of welcoming acceptance and interest in another culture‹ zu wecken. Didaktische Ausgangssituation sind die ›basic needs‹ der Kinder, vor allem Liebe, Geborgenheit und Schutz.«[32] – Diese Zielsetzung trifft genau das, was in der Situation der ersten beiden Schuljahre vonnöten ist. Sie ist zu verfolgen, auch wenn nicht gerade nichtchristliche Mitschüler zur Klasse gehören.

Freilich ist die kulturell plurale Situation, nicht nur durch das Zusammenleben von evangelisch, katholisch oder stärker »säkular« geprägten Menschen, sondern insbesondere durch die Anwesenheit muslimischer Familien inzwischen bis weit in ländliche Regionen hinein vorgedrungen. Moslemische Mitschüler sind nahezu überall in der Nähe. Das bedeutet aber, daß die Begegnungssituation nicht mehr ausgeklammert und die

---

[31] Hierzu *U. Tworuschka:* Die Diskussion über das Thema *»Weltreligionen« in der modernen englischen Religionspädagogik.* Ev. Erzieher 1974/6, 424–428, 428. S. auch den Überblick von *B. Gates:* Die eine und die Vielen. *Weltreligionen* in kirchlichen und staatlichen Schulen Großbritanniens. Ev. Erzieher 6/1983, 566–577. Über die Anwesenheit und Probleme nichtchristlicher Gruppen in Großbritannien *E. G. Parrinder: The Ethics and Customs of the Main Immigrant People.* In: *Comparative Religion in Education.* A Collection of Studies, ed. by *J. R. Hinnels.* Newcastle upon Tyne (Oriel-Press) 1970, 72–91. – Dem Gewicht der Anwesenheit nichtchristlicher Religionen entsprechend gibt es in Großbritannien schon viel mehr an Erprobung im Bereich »Weltreligionen im Unterricht«, gerade in dem Sinne, der in dieser Untersuchung mit dem Stichwort »Begegnung« bezeichnet ist. Sehr erhellend sind z. B. die Artikel zur Behandlung des Islam auf verschiedenen Altersstufen in der Zeitschrift »Learning for Living«, Jan. 1972, und die Vorschläge zu »The Teaching of Hinduism«, in: *Hinduism,* ed. by *J.R. Hinnels* & *E. J. Sharpe.* Newcastle upon Tyne (Oriel Press) 1972.

[32] Tworuschka, »Weltreligionen« in der modernen englischen Religionspädagogik 428. Die Zielsetzung von *E. Wilson (Islam in the Primary School,* Learning for Living, Jan. 1972, 40–43, 42) läßt sich kaum ganz zutreffend ins Deutsche übertragen; gemeint ist in etwa, es solle eine Grundeinstellung bereitwilliger Offenheit und des Interesses gegenüber einer anderen Kultur bei den Kindern geschaffen werden (doch ist damit die Wärme des Ausdrucks nicht ganz getroffen). Was E. Wilson über gemeinsames Feiern mit Kindern aus verschiedenen Religionen in ihrer Klasse – über gemeinsames Danken für die Freude im Frühling in den verschiedenen Religionen, über Wahrnehmen und Verständnis-Gewinnen für die verschiedenen Anbetungs- und Gottesdienstformen mit Kindern der »infant school« zu berichten weiß, verdeutlicht in ungemein anschaulicher Weise, wie das Ziel der »welcoming acceptance« für die Religion der jeweils andersgläubigen Mitschüler bereits in dieser Altersstufe verfolgt werden kann.

Vorbereitung zu gegenseitigem Verstehen auch für Grundschüler nicht mehr aufgeschoben werden kann[33].

Von besonderem Belang ist gerade für den Grundschulunterricht die Frage, ob dem Lehrer hier brauchbare Modelle und Medien zur Verfügung stehen. Eine Durchsicht wichtigster Angebote soll helfen, die didaktische und methodische Aufgabe »einzukreisen«.

Es gibt inzwischen *Hilfen für den Unterricht,* die eine lebendige, weitgehend sachgerechte Begegnung mit dem Islam[34] ermöglichen:

Da ist zunächst noch das (leider längst vergriffene, sachlich auch an einigen Stellen zu korrigierende) *Unterrichtsmodell von Udo Kelch*[35], in dem erstmals die aktuelle Begegnungssituation in West-Berlin aufgearbeitet wurde und aus dem hier noch einige Ideen und Vorlagen (s. unten bei den Kopiervorlagen) aufgegriffen werden.

Es gibt die *Unterrichtsmappe »Judentum und Islam«* mit einem Schülerheft, das gut gestaltete, anregende Arbeitsbögen enthält, einem didaktischen Kommentar mit sachlich korrekter Information und einer Schallplatte (mit Ausschnitten aus Sendungen des Schweizer Rundfunks).

Insgesamt ist der Unterrichtsentwurf sehr kognitiv ausgerichtet und vom Anspruchsniveau her eher für die Orientierungsstufe (5./6. Schuljahr) geeignet; er enthält aber Einzelteile (wie etwa über das Leben Mohammeds, das Gebet, sehr

---

[33] Viele der bisher vorliegenden Unterrichtsvorschläge bzw. Modelle lassen guten Willen, nicht immer aber genügend sachliche Kenntnis und Sensibilität erkennen: Wenn es in einer Kurzinformation über den Islam (Vorlesebuch Religion 1 – s.o. Anm. 30) über die Kalifen als Mohammeds »Nachfolger« lapidar heißt, sie »kämpften für Allah mit Feuer und Schwert« (346) und über die Moslems allgemein: Sie »sind Hirten in den Steppen und Wüsten, sie sind Bauern auf kargem Land, sie sind Handwerker und Händler in den Städten« (347), so nährt das eher die traditionellen Vorstellungen vom Islam als einer Religion mit einerseits fanatischen, andererseits primitiven Zügen.
Aber auch der von den theologischen und didaktischen Überlegungen her begrüßenswerte Entwurf in *B. u. R. Veit: Religion im dritten Schuljahr.* Zürich/Lahr (Benziger/Kaufmann) 1980[2], 121–130, Kopiervorlagen 21–24 – »Der Glaube der Moslems« – weist noch terminologische und didaktische Probleme auf, wenn es z.B. von den Moslems heißt, daß sie den Propheten Mohammed »verehren« (121; 126), wenn sie auf den kritisierten Sachtext aus Vorlesebuch Religion 1 zurückgreifen und wenn eine deutlich für eine höhere Altersstufe gedachte Erzählung als Einstieg genommen wird.

[34] Die anderen großen Weltreligionen, mit denen deutsche Kinder faktisch kaum in Berührung kommen – insbesondere »Hinduismus« und Buddhismus –, können (im Unterschied zu Großbritannien, wo es vielfach auch größere Gruppen von Hindus und Sikhs in den Schulen gibt) im Unterricht der Primar- und Orientierungsstufe noch nicht sinnvoll behandelt werden.
Anders steht es mit dem Judentum, über das hier nicht ausführlicher zu handeln ist: Die Kenntnis der Lebensformen im Israel zur Zeit Jesu, die Kenntnis religiöser Bräuche in einer jüdischen Familie kann z.B. *die* notwendige Voraussetzung für das Verständnis alttestamentlicher Sachverhalte wie auch vieler Jesusgeschichten sein.

[35] Die genauen Angaben zu den besprochenen Modellen und Medien unten unter 5.: Literatur und Arbeitshilfen.

gute Buntfotos, einen Bastelbogen zur Moschee in Mekka), die auch im 4. Schuljahr bereits verwendbar sind. Die Schallplatte allerdings gibt einen Vortrag wieder, der dem Lehrer zur Information dienen kann, nicht aber den Schülern vorgeführt werden sollte (mit Ausnahme des Ezan = des Muezzinrufs am Ende der Schallplattenseite).

Als eine vielfältige, anregende Arbeitshilfe auch für den christlichen Lehrer kann der in Nordrhein-Westfalen entwickelte Richtlinienentwurf *»Religiöse Unterweisung für Schüler islamischen Glaubens«* gelten, weil hier eine erfahrungsorientierte Einführung moslemischer Schüler in ihren eigenen Glauben vorliegt. Die Ziele, die dort für das Kennenlernen »anderer Religionen« und damit vorrangig des Christentums in einer Unterrichtseinheit für das 4. Schuljahr vorgesehen sind, dürften umgekehrt ähnlich für christliche Schüler im Blick auf den Islam wichtig sein:

»*Was in der Unterrichtseinheit gelernt werden soll (Intention):* Wissen, daß es neben dem Islam noch andere große Religionen gibt, das Christentum als »Buchreligion« im Sinne des Korans kennenlernen und eine bereitwillige Offenheit und ein Interesse gegenüber Menschen anderen Glaubens entwickeln«[36]

In den didaktischen Erläuterungen heißt es dazu:

»Die Unterrichtseinheit faßt die bisherigen Kenntnisse der Schüler über die Christen und ihre Religion zusammen. Die Einführung in die christliche Religion sowie einige konfessionelle (evangelisch/katholische) Besonderheiten soll falsche Vorstellungen revidieren helfen und behutsam neue Erfahrungen aufbauen. Neben einer elementaren, das christliche Selbstverständnis berücksichtigenden Einführung in zentrale Glaubensinhalte wird insbesondere die christliche Praxis thematisiert (Taufe, Kirchgang, Feste usw.).«[37]

Hier wird neben der kognitiven auch die emotionale und die Erlebnisebene mit in den Blick genommen. Damit korrespondiert diese Art des Unterrichts den in der englischen Religionspädagogik vertretenen Anliegen. Im Blick auf die ersten Schuljahre macht E. Wilson[38] den Vorschlag, den Einstieg über Erzählungen (z.B. kindgemäße Fassungen von Episoden aus dem Leben großer Religionsstifter und Propheten usw.) zu nehmen. Dabei wird man aber darauf achten müssen, daß die Erkenntnis-

---

[36] Religiöse Unterweisung für Schüler islamischen Glaubens, 173.

[37] A.a.O. 174. Als mögliche Einzelthemen innerhalb der Unterrichtseinheit werden vorgeschlagen (a.a.O. 173):
- »Christian und Ali – gemeinsam in derselben Schule«
- »Allah birdir – Gott ist einzig«
  Christen und Muslime glauben an einen einzigen Gott
- »Weihnachten – ›Hz. Isa's‹ Geburtstag« (Hz. Isa = Hazrettin Isa = Jesus, der Gesegnete).

[38] Wilson, Islam in the Primary School, 42.

se, die der »hermeneutische Religionsunterricht« an biblischen Erzählungen gewonnen hat, auch bei diesen Erzählungen angewandt werden: d.h. sie so auszuwählen und darzubieten, daß sie den Glauben der Anderen wirklich erhellen[39] und nicht nur als spannende Mirakelgeschichten vorgeführt werden[40]. Andererseits soll damit auch nicht auf eine »Pan-Religiosität« abgezielt werden: Verständnis für die Eigenart nichtchristlicher Mitschüler kann am ehesten dann gewonnen werden, wenn den in der abendländischen Tradition beheimateten Schülern der Grund christlichen Glaubens anhand von biblischen Erzählungen, christlichen Bräuchen, Festen und Handlungsanleitungen erläutert worden ist.

Eine Hilfe zur Erstbegegnung mit dem Islam können auch islamische Kinderbücher sein, die etwa über die Islamischen Zentren in Aachen und München preiswert bestellt werden können; insbesondere *A. v. Denffers »Islam für Kinder«* macht sehr anschaulich, was ein moslemisches Kind im Grundschulalter wissen, lernen und üben soll.

Aus dem Bereich der audiovisuellen *Medien* lassen sich einmal einzelne Dias der Tonbildserien (z.B. aus »Die Welt des Islam«) heranziehen zu Lehrererzählungen (über das Leben Mohammeds; das Gebet der Moslems; die Moschee . . .). Die anregendste Unterrichtshilfe stellt hier gegenwärtig aber der Film *»Nazmiyes Kopftuch«* dar. Er ist nicht in erster Linie ein Informationsfilm. Vielmehr thematisiert er anhand eines Konfliktbeispiels – ein etwa neunjähriger deutscher Junge nimmt seiner türkischen Mitschülerin Nazmiye das Kopftuch weg – das alltägliche Zusammenleben türkischer und deutscher Kinder in deutschen Schulen und gibt einen ersten Einblick in Bräuche und Lebensgewohnheiten einer moslemischen Familie[41].

In seiner ersten Hälfte läßt sich dieser Streifen als »Fragezeichenfilm« (mit dem Konflikt, für den die Schüler dann »Lösungsmöglichkeiten« suchen können) einsetzen; mit seinem zweiten Teil eröffnet er erste Verständnismöglichkeiten und weckt weitere Fragen zum Leben der Moslems.

Obwohl es also eine Reihe gut verwendbarer Hilfen für den Grundschulunterricht zum Thema Islam gibt, dürfte am fruchtbarsten die *»Direktbegegnung«* sein: wenn moslemische Mitschüler (vielleicht Schüler

---

[39] Ein Beispiel dafür wären die mit dem Ramadan verbundenen Erinnerungen an die erste Gottesbotschaft für Mohammed.

[40] Hier bestünde die Gefahr, daß den Schülern gleichsam ein »religiöser Supermarkt« geboten würde. E. Wilson freilich, die den hier diskutierten Vorschlag gemacht hat, erliegt mit ihren Beispielen dieser Gefahr keineswegs (Islam in the Primary School, 42).

[41] Zu den Einsatzmöglichkeiten des Filmes ausführlicher *J. Lähnemann:* Filmbegleitkarte zu *»Nazmiyes Kopftuch«*. Grünwald (Institut für Film und Bild, Bavaria-Film-Platz 3, 8022 Grünwald) 1982.

höherer Klassen, die schon zu Hause bzw. in der Moschee an den religiösen Übungen teilnehmen) zugegen sind und von ihrer Religion erzählen, gegebenenfalls unterstützt von »Realien« wie Koran oder Gebetsteppich; – wenn Einladungen zum Ramadan-Beiram (und umgekehrt zum Weihnachtsfest) erfolgen; – wenn eine Moschee besucht werden kann.

Gerade im 3./4. Schuljahr kann auf diesem Wege das Vermögen der Kinder, Probleme und Erfahrungen wahrzunehmen, die über ihren engeren Lebenskreis hinausgehen, ebenso gefördert werden wie ihre Fähigkeit, die Bezüge, in denen sie selbst leben, differenzierter wahrzunehmen.

Im Horizont dieser Möglichkeiten sind die im folgenden formulierten Intentionen zu verstehen[42].

2. *Intentionen*

1. Die Schüler sollen Menschen anderer Konfession und Religion mit Verständnisbereitschaft entgegentreten können; sie sollen in der Lage sein, mit andersgläubigen Mitschülern offen – ohne Überheblichkeit, Angst und Vorurteile – umzugehen.
2. Ihnen sollen dazu erste Kenntnisse über die Hintergründe fremder Verhaltensweisen bei Kindern und Erwachsenen, die nicht ihrer Konfession angehören, vermittelt werden.
3. Sie sollen – im Blick auf den Islam – eine erste Vorstellung vom Leben Mohammeds haben und Verständnis entwickeln für die Hauptpflichten eines frommen Moslem.
4. Sie sollen am Beispiel großer Feste (Weihnachten/Ostern einerseits, Ramadan-Beiram andererseits) und der Frömmigkeitspraxis (christlicher Gottesdienst einerseits, moslemische Gebete andererseits) erste Vergleiche zwischen Christentum und Islam ziehen können und einen Zugang zum Glaubensleben der anderen gewinnen.

Die Beschäftigung mit dem Glauben der anderen leistet somit einen Beitrag zu dem umfassenden Grundschulziel: daß nämlich die Schüler lernen, gemeinsam in einer schulischen Gruppe zu leben, in der Kinder mit ganz unterschiedlichen Voraussetzungen zusammenkommen und in der die Schwächeren besonderer Förderung bedürfen.

---

[42] Wichtig ist dabei, die Situation in den Elternhäusern zu berücksichtigen bzw. ggf. die Familien der Kinder bei Begegnungen und Festen, aber auch hinsichtlich nötiger Informationen über den Glauben der Anderen mit einzubeziehen (s.u. die Überlegungen zur Erwachsenenbildung); denn wenn im Elternhaus vorhandene Vorurteile bestehen bleiben, sind allen unterrichtlichen Bemühungen um Verständnisbereitschaft bei den Kindern enge Grenzen gesetzt.

Gleichzeitig werden erste Fundamente zur Erreichung der Ziele 1.3; 2.1; 2.3 und 3.1 aus dem umfassenden Lernzielkatalog (siehe oben 3.2) gelegt.

3. *Thematische Konkretionen*

Die *Andersartigkeit moslemischer Mitschüler* und ihre Ursachen: Sprachschwierigkeiten; Differenzen in Sitte und Religion . . .
Das *Leben in einer moslemischen Familie:* die Gebete; die Waschungen; das Fasten; die Feste . . . (ein Mitschüler erzählt)
Aus dem *Leben des Propheten Mohammed:* Waisenkind; Kaufmann; Gesandter Gottes; Leiter der moslemischen Gemeinde
Vergleiche: Weihnachten/Ostern – Ramadan-Beiram (Şeker Bayramı – christlicher Gottesdienst – moslemische Gebetspraxis (wenn möglich: Besuch einer Moschee)
Wir erleben Şeker Bayramı bei moslemischen Freunden.
Wir laden moslemische Freunde zu Weinachten *ein* (zur Nikolausfeier in der Klasse . . .)...

4. *Querverweise*

- Andere religiöse Gruppen in unserer Stadt
- Jüdischer Glaube heute
- Schwierigkeiten ausländischer Arbeitnehmer und ihrer Familien.

5. *Literatur und Arbeitshilfen*

Zusammenleben mit Muslimen (Handreichung der EKD): vor allem zur Hintergrundinformation für den Lehrer
U. Kelch: Überlegungen und Vorschläge für die Behandlung des *Islam* an der Grundschule (5./6. Schuljahr), Informationen Ev. RU in Berlin 1/1972, bes. AB 4010 (türkische Kinder feiern Weihnachten mit, deutsche Kinder Ramadan-Beiram), AB 4011 (moslemische Kinder in der Religionsstunde), AB 4008 (Kirche – Moschee – Synagoge).
H. Angermeyer /G. Hößl: Türkische Kinder in deutschen Schulen. Unterrichtsprojekt Islam – Christentum für das 4.–6. Schuljahr (Mappe Mission – Unterricht 1974), Neuendettelsau (Freimund) 1974 (mit Lehrerinformationen, Schülerarbeitsmaterial und Photos).
Unterrichtsmappe Religion: *Judentum und Islam,* hg. v. religionspädagogischen Institut der Ev. Landeskirche in Baden, Karlsruhe. Lahr und Freiburg (Kaufmann/Christophorus) 1974.
Religiöse Unterweisung für Schüler islamischen Glaubens. 24 Unterrichtseinheiten für die Grundschule. Soest (Landesinstitut für Schule und Weiterbildung, Paradieser Weg 64, 4770 Soest) 1984.

A. v. Denffer: Islam für Kinder, hg. v. Islamisches Zentrum (Bilal-Moschee, Prof.-Pirlet-Str. 20, 5100 Aachen) 1977. Weitere Schriften für moslemische Kinder über das Islamische Zentrum (Wallnerstr. 1–3) 8000 München 45.

Medien:

Die Welt des Islam. 70 Dias, Tonband etwa 45 Minuten, Frankfurt (Jünger). – Brauchbare, qualitativ gute Dias, die aber nur in sparsamer Auswahl durch den Lehrer eingesetzt werden sollten (ohne das kompakte, inhaltlich problematische Tonband).

»Nazmiyes Kopftuch«, FWU (Institut für Film und Bild in Wissenschaft und Unterricht, Postf. 260, 8022 Gründwald), 323342, 16 mm LT, 18 min.

3.3.3 Islam als Thema für die Orientierungs- bzw. Förderstufe (5./6. Schuljahr)

1. Voraussetzungen

Die Orientierungs- bzw. Förderstufe wird gesondert in den Blick genommen, da sie als Eingangsphase zur Sekundarstufe I (5.–10. Schuljahr) besonderes Gewicht erhält, da hier aber auch – vor und zu Beginn der Pubertät – Lernbedingungen gegeben sind, die eine erste intensivere Beschäftigung mit dem Thema »Weltreligionen« nahelegen.

In den Unterrichtsempfehlungen für die Sekundarstufe I des Gymnasiums in Nordrhein-Westfalen (für Ev. Religionslehre) sind Beobachtungen hierzu enthalten[43], die nicht nur für eine gymnasiale Förderstufe, sondern für das 5./6. Schuljahr allgemein gelten dürften[44]. Es heißt dort, daß in der neuen Schulstufe die Schüler überaus lernmotiviert seien[45]. »Sie verstehen darunter vor allem das Kennenlernen von gänzlich Neuem, Fremdartigem und zeitlich-räumlich Fernem. Dabei interessiert den Schüler dieser Altersstufe vorwiegend das äußere Geschehen, der Vorgang in seiner Gegenständlichkeit.«[46] Die zumeist schon gemachte Erfahrung der Andersartigkeit fremdländischer bzw. fremdgläubiger Menschen kann sich bereits mit der Frage nach dem Woher dieser Andersartigkeit verbinden. Dadurch ist es möglich, auf den Islam in grundsätzlicherer Weise als in der Grundschule einzugehen. Die Tatsache, daß sich die

---

[43] Sekundarstufe I – Gymnasium. Ev. Religionslehre, N.-W.

[44] Das Folgende entspricht Lähnemann, Jesus und Mohammed, 418.

[45] Vgl. auch Oerters Ausführungen zur »Mittelstufe« (Entwicklungspsychologie, 92).

[46] Sekundarstufe I – Gymnasium. Ev. Religionslehre, N.-W. 17.

Glaubenshaltung der Moslems in ganz starker Weise in ihren – den Schülern fremd erscheinenden – Frömmigkeitsübungen ausdrückt, kann sie motivieren, sich auch den geschichtlichen Hintergrund der religiösen Bräuche vor Augen führen zu lassen[47]. Das sich in dieser Altersstufe stark entwickelnde Beobachtungsvermögen für das Verhalten anderer und die empfindsame Wahrnehmung von tatsächlichen oder vermeintlichen Ungerechtigkeiten zusammen mit der Bereitschaft, sich für den einzusetzen, dem Unrecht geschehen ist, ermöglichen es, schon sehr deutlich die Situation der Gastarbeiter in die Unterrichtsreihe einzubeziehen.

Eine theologisch vertiefende Besprechung des Islam wird auf dieser Altersstufe noch nicht möglich sein. Doch trägt auch das Kennenlernen der Entstehung und der gegenwärtigen Ausprägung der anderen Religion (auch einfache Vergleiche mit dem Christentum) dazu bei, den Andersgläubigen in seiner Eigenart besser zu verstehen, Vorurteile abzubauen und Verständnis zu gewinnen für die Schwierigkeiten, die ihm im teils christlich, teils säkular geprägten Abendland begegnen.

Für die Methode der Unterrichtsdurchführung muß unbedingt bedacht werden, daß es dem Schüler dieser Altersstufe wegen seiner großen Interessenvielfalt im allgemeinen schwer fällt, sich innerhalb einer Unterrichtseinheit längere Zeit auf einen Gegenstand zu konzentrieren und sich in derselben Arbeitsform zu betätigen. Abwechslung in der Methode und möglichst auch in den Sozialformen des Unterrichts ist deshalb besonders wichtig[48].

---

[47] Natürlich gibt es auch in »Hinduismus« und Buddhismus religiöse Bräuche von ähnlicher Ausdruckskraft und starkem Symbolgehalt, doch werden die hinter ihnen stehenden Denk- und Erlebnisweisen, die abendländischen Vorstellungen so fremd sind, Schülern dieser Altersstufe kaum befriedigend vermittelt werden können. Was ggf. schon geboten werden kann, ist ein Überblick über die Verbreitung der Weltreligionen (mit Landkarte, Zahlenmaterial usw.), um das Bewußtsein für die Existenz mehrerer großer Religionen zu wecken.
Anders steht es wiederum, wenn – wie in bestimmten Regionen Englands – auch Hindus bzw. Buddhisten in der Nachbarschaft der Kinder wohnen und auch deren Schulen besuchen. Dann wird es wichtig, den religösen und kulturellen Erlebnishintergrund etwa der indischen Kinder mit aufzugreifen. Hier hat wiederum die englische Religionspädagogik bereits einschlägige Erfahrungen gesammelt, die in dem Band Hinduism (ed. J. R. Hinnels & E. J. Sharpe), 135ff., für die verschiedenen Altersstufen aufgezeichnet sind.

[48] Eine Kooperation, zumindest aber eine Abstimmung mit anderen Fächern – in herkömmlichen Schultypen vor allem Geographie- und Geschichtsunterricht, in den neueren Schultypen besonders mit Welt- und Umweltkunde bzw. Sozialkunde (»Gastarbeiterprobleme«) sollte angestrebt werden, wobei davon auszugehen ist, daß die Richtlinien und Schulbücher dieser Fächer nur in seltenen Fällen – und auch dann nur sehr streiflichtartig – das Problem »Weltreligionen« berühren (vgl. Kelch, Islam, UE 34ff.).

2. *Intentionen*

Die unter 3.3.2 für die Grundschule formulierte erste Intention, in der auf Verständnisbereitschaft, Interesse und offenen Umgang mit Menschen anderen Glaubens abgehoben wird, gilt auch für die Orientierungsstufe. Aufgrund der größeren Lernfähigkeit und auch Lernbereitschaft gerade für »ferne« Dinge kann aber im 5./6. Schuljahr die inhaltliche Beschäftigung mit den anderen Religionen nun ein gutes Stück erweitert werden.

1. Die Schüler sollen wissen, daß es neben dem Christentum andere große Religionen gibt, in denen viele Millionen Menschen mit großer Hingabe ihren Glauben praktizieren[49].
2. Sie sollen am Beispiel des Islam eine Vorstellung von der Entstehung einer großen nichtchristlichen Religion gewinnen.
3. Sie sollen erste einfache Vergleiche zwischen Anschauungen und Geboten in Christentum und Islam vollziehen können und wissen, daß die Bezeugung des Heilsangebotes Jesu und Toleranz sich nicht ausschließen.
4. Sie sollen eine Anschauung vom Leben der Moslems im Orient haben.
5. Sie sollen Schwierigkeiten, denen Menschen einer anderen Religion in unserer Gesellschaft begegnen, erkennen, Vorurteile über sie wahrnehmen und sich über mögliche Ansätze zu ihrer Überwindung Gedanken machen[50].
6. Sie sollen mit moslemischen Mitschülern offen – ohne Überheblichkeit, Angst und Vorurteile (vgl. oben die Intentionen zur Grundschule) – umgehen und Möglichkeiten konkreter Begegnung mit Andersglaubenden entdecken.

Die genauere Beschäftigung mit dem Islam kann somit zur Erreichung des in der Orientierungsstufe verfolgten Zieles der Sozialintegration einerseits, zur Eröffnung differenzierterer Weltsicht einschließlich erster geschichtlicher Dimensionen andererseits mithelfen. Gleichzeitig werden Teilbeiträge für die Ziele 1.1; 1.3; 1.5; 2.1; 2.2; 2.3; 3.1 und 3.4 des umfassenden Lernzielkataloges (siehe oben 3.2) geleistet.

3. *Thematische Konkretionen*

Die *Verbreitung der Weltreligionen*, ihre jeweiligen Anteile an der Weltbevölkerung

Das *Leben im Orient* – als Hintergrund zum Verständnis moslemischer Sitten und Bräuche

---

[49] Nach Kelch, Islam, UE 40.

[50] Vgl. ebd.

Der Weg *Mohammeds* und die *Entstehung des Islam*

Die *Hauptpflichten* der Moslems (Bekenntnis, Gebet, Fasten im Ramadan, Almosen, Wallfahrt)

Vergleich von Bekenntnis, Geboten, der Rollen von Jesus, Mohammed, Bibel und Koran in Christentum und Islam

Moslems in deutschen Fabriken und Schulen (wenn möglich: Gespräche mit jugendlichen oder erwachsenen Moslems über ihren Glauben, Besuch einer Moschee . . .)

4. *Querverweise*

- Die Frage nach Gott (»Völker verehren Gott«)
- Propheten
- Judentum
- Anfänge des Christentums, Jesus
- Gastarbeiterprobleme (in Abstimmung mit den Fächern »Welt- und Umweltkunde«, Sozialkunde)

5. *Literatur und Arbeitshilfen*

Die unter 3.3.2 für die Grundschule genannten Arbeitshilfen (Zusammenleben mit Muslimen; Kelch, Islam; Angermeyer /Hößl, Türkische Kinder; Unterrichtsmappe Judentum und Islam) gelten auch für die Orientierungsstufe und können, da sie z. T. ohnehin für das 4.–6. Schuljahr konzipiert sind, hier umfassender genutzt werden. Weiterhin:

Lähnemann, Jesus und Mohammed. – Hier wird insbesondere nach der Religion ausländischer Arbeitnehmer als einem Element ihrer Sozialisation gefragt und ein Unterrichtsentwurf vorgestellt, der in die typische Situation einer deutschen Provinzstadt hineintreffen dürfte; vgl. unten 3.4.

Religionsbuch Zielfelder ru 5/6, bes. Thema 3 »Allah ist groß«, dazu anregendes Arbeitsmaterial im Schülerarbeitsheft für das 6. Schuljahr.

Als Vorlesebuch sehr geeignet:

R. Herrmann: Wir sind doch nicht vom Mond! *Klein-Istanbul* an der Elbe. Hamburg (Rowohlt Tb) 1975.

Medien: S. o. unter 3.3.2 die Besprechung und die Angaben zu »Nazmiyes Kopftuch« (Kurzfilm) und zu »Die Welt des Islam« (Tonbildserie). Weiterhin:

Islam. Brückenfilm. Buch und Gestaltung H. Loiskandl, München (jetzt zu bestellen bei Ev. Zentralbildkammer, Bielefeld, Cansteinstr. 1; für die Benutzung gilt auch hier: nur ausgesuchte Dias, nicht das kompakte Medium als ganzes einsetzen!)

Der Muezzin ruft. FT (Tonfilm) 549. 10 min, 16 mm LT. – Plastische Darstellung islamischen Lebens in Kairo (nicht als Einführung, wohl aber als Erweiterung und Vertiefung des Blickfeldes sehr geeignet).

Mohammed, Koran und Gebet: Grundzüge einer Weltreligion, WBF-Film (Institut für Weltkunde in Bildung und Forschung, Flachsland 27, 2000 Hamburg

76), 13 min, 16 mm LT u. S-8mm (Szenen zur Lebensgeschichte des Propheten; die 5 Säulen; Höhepunkt: Aufnahmen von der Pilgerfahrt nach Mekka; – der Film ist neuer und aktueller als »Der Muezzin ruft«: auch er sollte nicht zur Einführung eingesetzt werden, kann aber zur Zusammenfassung und Verlebendigung dienen).

3.3.4 Islam und »Hinduismus«[51] *in der Sekundarstufe I (7.–10. Schuljahr)*

1. Voraussetzungen

Die Altersstufe der Sekundarstufe I ist in besonderer Weise von äußeren und inneren Umbrüchen bei den Schülern geprägt[52]. »Äußerlich« fallen in diese Altersstufe die Einschnitte »Konfirmation«, Religionsmündigkeit und – zum Ende der Schulstufe hin – für viele der Ausblick auf künftige Berufstätigkeit. Die Schüler stehen damit vor wichtigen Entscheidungen, ohne daß die juristische Vormundschaft des Elternhauses aufgehoben wäre. Dem korrespondiert (»innerlich«) ein erster Ablösungsprozeß vom Elternhaus, die bewußtere Infragestellung vorgegebener Autoritäten, ein erwachendes Bewußtsein für soziale Ungerechtigkeiten im überpersonalen und überregionalen Maßstab, was oft zusammengeht mit der Suche nach überzeugenden Leitbildern und nach Identifikationsmöglichkeiten in der Gleichaltrigengruppe.

Da bei den Schülern besonders im 7./8. Schuljahr noch selten eine der Problemansicht entsprechende innere Festigkeit und sachlicher Überblick vorhanden sind, ist eine orientierende, stärkende – aber nicht gängelnde – Begleitung der Schüler wichtig, ebenso die Bemühung, ihnen eine fundierte »Durchsicht« durch von ihnen entdeckte Problemzusammenhänge zu vermitteln. Es ist dabei durchaus möglich, geschichtliche Entwicklungen und psychische Ursachen, die hinter bestimmten Gegenwartsproblemen stehen, einsichtig zu machen.

Die Schwierigkeiten dieser Altersstufe potenzieren sich beim Religionsunterricht: Häufig wird er (wegen des parallelen Konfirmandenunterrichts) im 7./8. Schuljahr nicht erteilt; nach der Konfirmation aber ist häufig eine besondere Religions- und Bibelmüdigkeit festzustellen, so daß eine bewußte Anknüpfung an früheren Religionsunterricht nur selten

[51] Der Begriff »Hinduismus« wird hier und im folgenden in Anführungsstrichen gesetzt, da er nicht dem Selbstverständnis der Hauptreligion des indischen Subkontinents entspricht, es andererseits für ihn keine allgemein anerkannte Alternative gibt (vgl. hierzu in Teil I dieses Werkes unter 1.1).

[52] Zum folgenden vgl. Sekundarstufe I – Gymnasium, Ev. Religionslehre, N.-W., 33.

möglich ist. Andererseits besteht vielfach ein deutliches Interesse an der Erörterung aktueller Lebens- und Glaubensfragen, bei dem sich anknüpfen läßt und von dem aus zu intensiverer Auseinandersetzung mit sinnerschließender Tradition des eigenen (christlich geprägten), aber auch anderer Kulturkreise geführt werden kann.

Beim Themengebiet »Weltreligionen« wird man mit Interesse auf seiten der Schüler rechnen können: In einer Schulstufe, in der systematisch Bereiche erschlossen werden, die zeitlich (»Geschichte«) und räumlich (»Geographie«) entfernt sind, wird sich die Frage nach religiöser Beeinflussung kultureller, sozialer, politischer Verhältnisse ebenso stellen wie auch die nach Alternativen zum Christentum im Weltmaßstab.

Dem trägt hinsichtlich des Geographieunterrichts z.B. das Schulbuch »Neue Geographie 7/8«[53] Rechnung, indem es in dem Kapitel »Religionen und Traditionen« in einem ausführlichen Abschnitt darstellt, wie der Islam als Religion Mensch und Raum prägt[54]: Seine Entstehung in Arabien, seine Verbindung mit den Wirtschaftsformen des Nomadismus und der Viehzucht, seine Ausbreitung, seine Kultur und insbesondere seine Prägung des orientalischen Städtewesens und der Menschen, die in ihnen leben, werden in komprimierter, dabei aber auch interessanter und übersichtlicher Weise dargeboten[55].

Von existentieller Bedeutung für die Klassengemeinschaft kann die Beschäftigung mit dem Islam besonders dann werden, wenn moslemische Mitschüler(innen) am Unterricht teilnehmen, die angesichts der moralischen Liberalität unter der deutschen Jugend in Rollenkonflikt mit Sitte und Herkommen in ihren Elternhäusern geraten[56].

Bei den fernöstlichen Religionen wird es kaum zu solch direkter Konfrontation kommen können; doch ist die Behandlung zumindest des »Hinduismus« für die Abschlußklassen der Sekundarstufe I angezeigt, besonders, weil im Geographieunterricht der Klassen 7–10 das Verhältnis von Religion und sozialen Verhältnissen (meist in Zusammenhang mit »Entwicklungshilfe«) in Indien verschiedentlich thematisiert wird[57]. Pro-

---

[53] *Neue Geographie 7/8.* Düsseldorf (Bagel) 1974.

[54] A.a.O. 87–98.

[55] Bedauerlich ist nur, daß zum »Heiligen Krieg« lediglich die Aufforderungen zum Kampf, nicht aber deren Einschränkungen und auch nicht die Sätze zur Toleranz aus dem Koran zitiert werden (a.a.O. 89).

[56] Eine Oldenburger Lehrerin berichtet nicht nur von Schwierigkeiten mit moslemischen Mädchen beim Fleischkochen im Haushaltsunterricht, sondern auch folgendes Beispiel: Ein moslemisches Mädchen mit gutem Abgangszeugnis erhält von den Eltern nicht die Erlaubnis, eine Lehre anzutreten; sie wird zu Hause behalten, um auch nach der beabsichtigten Rückkehr in die Türkei in jedem Fall als Braut in Frage zu kommen. Vgl. auch: Zusammenleben mit Muslimen 8f.; 15ff.

[57] So in den Schulbüchern *Geographie.* Bd. 3, 9. und 10. Schuljahr: Die Umwelt gestalten. Stuttgart (Klett) 1974, 218f.; *Welt und Umwelt 7/8.* Braunschweig (Westermann) 1973, 262; *Geographie 7–9.* Stuttgart (Klett), *Entwurf* (Manuskript) für Hauptschulen in Nord-

blematisch ist dabei, daß das Phänomen der entwicklungshinderlichen Religions- und Sozialstrukturen nur sehr äußerlich dargestellt wird[58]: Verehrung von Ratten und Kühen sowie das Kastenwesen sind die besonders auffälligen Beispiele in den Geographiebüchern; die unseren Vorstellungen fremde, ganz andersartige Daseinserfahrung von Geburt und Wiedergeburt, die den Hintergrund hinduistischer Lebens- und Denkweise bildet, kann in diesem Zusammenhang nur unzureichend angedeutet werden. Die im Lehrerheft zu »Welt und Umwelt« geäußerte Intention, Vorurteile gegen Entwicklungshilfe an Indien nicht zu zementieren, sondern zu überwinden[59], läßt sich auf diesem Wege kaum realisieren. – Hier wird fächerübergreifendes Arbeiten für Geographie und Religionsunterricht zur notwendigen Forderung[60]. Dabei werden nicht nur indische Religionsformen kritisch zu betrachten sein, sondern ebenso die zerstörerisch wirkenden Wirtschaftsideologien der westlichen Welt. Der Religionsunterricht sollte vor allem aber auch neuere hinduistische Positionen (Ramakrishna; Sri Aurobindo; Radhakrishnan; Ghandi . . .), die das verbreitete Klischee von der einseitig fortschrittsfeindlichen Religion sprengen können, einbringen. Andererseits kann es notwendig werden, auch auf die Problematik »hinduistischer« Bewegungen im Westen (z. B. die Krishna-Bewegung, die »Transzendentale Meditation« und die Bhagwan-Bewegung) einzugehen[61].

2. *Intentionen*

Im folgenden werden zunächst fünf Ziele aufgeführt, die für die unterrichtliche Behandlung beider Religionen – des Islam wie auch des »Hinduismus« – gelten können. Die Intentionen 6–7 sind dann speziell auf den

---

rhein-Westfalen, 156–159. *Blickpunkt Welt.* Ein Erdkundewerk für die Sekundarstufe I. Bd. 2. Unterägeri/Paderborn (Hirt/Schöningh) 1980 (7./8. Schuljahr), 89, *Seydlitz Bauer: Erdkunde* für die 8. Jahrgangsstufe. Kiel/Hannover (Hirt/Schroedel) 1979 (Ausgabe Bayern), 14ff. *Terra. Geographie* für Bayern. 8. Schuljahr Gymnasien. Stuttgart (Klett) 1979, 15–17. *Welt und Umwelt.* Geographie für das *8.* Schuljahr. Ausgabe Bayern – *Gymnasium.* München/Braunschweig (Oldenbourg/Westermann) 1980, 20f.

[58] Um einige Grade differenzierter: Seydlitz/Bauer, Erdkunde, 14–16; Welt und Umwelt – Gymnasium, 20f.

[59] Welt und Umwelt 7/8, Lehrerheft (1974), L 262.

[60] Eine Schwierigkeit liegt darin, daß im Gefolge einer Konzeption des Geographieunterrichts im Sinne von Sozialgeographie die Länderkunde insgesamt in den Hintergrund tritt und es von daher vom jeweiligen Autorenteam eines Geographiebuches abhängt, ob nun gerade Indien als Beispiel für ein Entwicklungsland auftaucht. Notfalls müßte also der Religionsunterricht auch allgemein-geographische und geschichtliche Vorkenntnisse vermitteln, was wiederum das Stundendeputat des Faches erheblich belastet.

[61] Vgl. in Teil I dieses Werkes unter 1.3.

Islam, die Intentionen 8–12 auf den »Hinduismus« bezogen. Der Komplex »Islam« könnte dabei bereits für ein 8. Schuljahr vorgesehen werden, während eine ausführlichere Auseinandersetzung mit dem »Hinduismus« den zehnten Klassen (bzw. allenfalls auch neunten Klassen als Abschlußjahrgängen der Hauptschule) vorbehalten bleiben sollte; das gilt auch, wenn im Geographieunterricht der 7.–9. Klassen[62] der »Hinduismus« bereits berüht wurde; im Religionsunterricht sollte versucht werden, wenigstens in Ansätzen einen Zugang zum »Wesen des Hinduismus« zu gewinnen – und das dürfte im 7./8. Schuljahr nur sehr schwer möglich sein.

1. Die Schüler sollen Lebens- und Glaubensformen in Islam und »Hinduismus« kennenlernen. Sie sollen begreifen, daß diese sich unter bestimmten religiösen, geschichtlichen und gesellschaftlichen Bedingungen entwickelt haben und in Beziehung zu Grundfragen und -erfahrungen der Gläubigen zu sehen sind.
2. Diese Einsicht soll ihnen helfen, vorhandene Vorurteile gegenüber diesen Religionen wahrzunehmen, sie kritisch zu befragen und zugunsten eines besseren Verständnisses zu überwinden.
3. Sie sollen Erlösungswege in diesen Religionen mit denen des Christentums vergleichen und die Besonderheit des Erlösungsgedankens im Christentum (Selbsthingabe Gottes, Befreiung von Schuld und Zuwendung zu anderen) herausstellen.
4. Sie sollen die Konflikte zwischen Tradition und Fortschritt, die sich für Islam und »Hinduismus« ergeben, und Versuche zu ihrer Lösung einschätzen können.
5. Sie sollen die Notwendigkeit der Überwindung der Schranken zwischen den Religionsgemeinschaften angesichts der verhängnisvollen Folgen von religiöser Intoleranz in Geschichte und Gegenwart einsehen.

Intentionen speziell zum *Islam:*

6. Die Schüler sollen Einblicke in die geschichtlichen Dimensionen der »Nachbarschaft« von Christentum und Islam – ihre kriegerischen Auseinandersetzungen, aber auch ihre gegenseitige kulturelle Befruchtung – gewinnen.
7. Sie sollen die besonderen Rollenprobleme, in denen Moslems in Deutschland und insbesondere Jugendliche unter ihnen stecken, wahrnehmen; sie sollen Taktgefühl im Umgang mit ihnen, aber auch Einsatzbereitschaft für ihre sozialen und religiös-kulturellen Belange entwickeln.

---

[62] Siehe Geographie 7–9, Entwurf, 156–159.

Intentionen speziell zum *»Hinduismus«:*

8. Die Schüler sollen den »Hinduismus« als eine in langer Geschichte gewachsene Volksreligion einordnen können.
9. Sie sollen das abendländischer Lebensauffassung gegenüber völlig andersartige Daseinsverständnis (das Eingespanntsein in den unaufhörlichen Kreislauf des Werdens und Vergehens) im »Hinduismus« in Ansätzen verstehen.
10. Sie sollen gängige Vorurteile über die Fortschrittsfeindlichkeit des »Hinduismus« (»Heilige Kühe«, Rattenverehrung, Kastensystem) wahrnehmen und auf ihre Ursachen hin befragen.
11. Sie sollen Erneuerungsversuche im zeitgenössischen »Hinduismus« kennenlernen und einschätzen können.
12. Sie sollen die Problematik der Übertragung hinduistischer Lebensformen in den Westen an Beispielen wahrnehmen, aber auch die Anfragen, die von neueren hinduistischen Denkern an westliche Wirtschaftsideologie und Fortschrittsgläubigkeit gestellt werden, als Anfragen an die eigene Lebensgestaltung ernstnehmen.

In dieser Lernzielübersicht für die Sekundarstufe I sind Beiträge zu nahezu allen Teilzielen des umfassenden Lernzielkatalogs (siehe oben 3.2) enthalten, abgesehen vielleicht von den Zielen 1.4 (Darstellung des christlichen Beitrags für die interreligiöse Begegnung) und 3.5 (Mobilisierung der eigenen Glaubensgemeinschaft für Kontakte mit Menschen anderen Glaubens). Es wird nur in den seltensten Fällen gelingen, allen diesen Zielen in der Sekundarstufe I nachzugehen; doch wird sich für den konkreten Unterricht eine verantwortete Auswahl von Zielen zusammenstellen lassen[63]. – Die konkrete Umsetzung der zum »Hinduismus« ausgeführten Ziele in einem Unterrichtsentwurf wird ausführlich im Teil I dieses Werkes demonstriert (unter 1.4).

3. Thematische Konkretionen

Zum *Islam:*

Die Bedeutung der *Botschaft Mohammeds* für Arabien
Ausbreitung, Geschichte und *Kultur* des Islam (möglichst in Zusammenarbeit mit Geschichts- und Geographieunterricht)
Geschichtliche Konfrontationen (»Heilige Kriege«, Kreuzzüge, Kolonialismus)

---

[63] Hinsichtlich des Islam muß für den Fall, daß bei den Schülern keine Vorkenntnisse vorhanden sind, auch auf Intentionen und thematische Konkretionen, die für die Orientierungsstufe vorgeschlagen wurden, zurückgegriffen werden.

einerseits, gegenseitige Befruchtung von Christentum und Islam (Literatur der Antike, Astronomie, Medizin . . .) andererseits

Heilsvorstellungen im Islam (Ergebung in den Willen Allahs, Erfüllung der Pflichten der Gläubigen, Paradiesverheißung) *und Chrsitentum* (Selbsthingabe Gottes in Jesus, Hingabe des Gläubigen an andere im Dienste Jesu, die »Reich Gottes«-Vorstellung)

Tradition und Moderne im Islam: Probleme mit den Pflichtgebeten, der Fastenpraxis, den Familienstrukturen . . .; Rollenkonflikte, soziale und kulturelle Schwierigkeiten der Moslems in Mitteleuropa

Zusammenleben der Religonen: Beispiele aus Deutschland (Berlin, Saarbrücken, Allendorf/Hessen . . .); Religionsauseinandersetzungen in anderen Ländern (Iran; Indien/Pakistan; Libanon); der Welt-Islam und die Kirchen

Zum *»Hinduismus«:*

Das vielfältige Gesichts des »Hinduismus«

Vielgötterei einerseits, Glaube an das Absolute andererseits . . .

Grundanschauungen des »Hinduismus« als einer fernöstlichen Religion: die Lehren von Wiedergeburt, Wiedervergeltung (Karma) und dem Nicht-Sein (Nirvana) als dem Zustand höchster Glückseligkeit

Der *Lebensweg eines gläubigen Hindu*

Erlösungsvorstellungen im »Hinduismus« (Befreiung vom Kreislauf der Wiedergeburten) und Christentum (Befreiung von Egoismus/Sünde, Ungerechtigkeit zum »neuen Leben« in der Nachfolge Jesu)

Das *Kastenwesen,* seine sozialen Auswirkungen (die »Unberührbaren« . . .) und die Bemühungen zu seiner Revision in der Gegenwart (in Abstimmung mit dem Geographieunterricht)

Impulse des *modernen »Hinduismus«* (Ramakrishna; Sri Aurobindo; Radhakrishnan; Ghandhi . . .; »Export« des Yoga in die westliche Welt . . .)

»Hinduistisches« Weltverständnis und *westliche Fortschrittsgläubigkeit*

4. Querverweise

- Geschichte des Mittelalters (Ausbreitung und Kultur des Islam – Voraussetzung für die abendländische Renaissance – als Thema des Geschichtsunterrichts)
- Reich Gottes-Vorstellungen im Christentum
- Ausländische Arbeitnehmer in der deutschen Industrie (als Thema in Gemeinschafts- bzw. Sozialkunde)
- Toleranz zwischen den Religionen und Weltanschauungen
- Entwicklungshilfe am Beispiel Indiens (in Ergänzung mit dem Geographie-Unterricht)

Große Fremde Religionen (bes. zur Geschichte des Islam und zum »Hinduismus«).

Weltmacht Islam. Lehrerheft (H. Angermeyer u.a.). Darin *L. Schmalfuß: Entwürfe* zu Unterrichtsblöcken für *Sekundarstufe I:* »Die Welt des Islam« (102–123).

Dazu *L. Schmalfuß: Die Welt des Islam.* Arbeitsheft für die Sekundarstufe I. 3., neubearb. Aufl., Göttingen (Vandenhoeck & Ruprecht) 1980. = Analysen und Projekte zum Religionsunterricht 7 (das beste spezifisch für diese Schulstufe entwickelte Schülerarbeitsheft zum Islam, das gelegentlich sogar von türkischen Religionslehrern für ihren islamischen Religionsunterricht mit herangezogen wird)[64].

Zusätzliche hilfreiche Lehrerinformationen enthält:

H. Angermeyer/G. Hößl/M. Jahnel: Muslimische Mitschüler in deutschen Schulen. Einführung in den Islam. Unterrichtsmodell für den 7.–9. Jahrgang. Neuendettelsau (Freimund) 1981. = Beilage 1 von »Mission 1981 – Mappe II: Unterricht.

H. Schmidt/J. Thierfelder: 27 Unterrichtseinheiten für den Religionsunterricht im 7./8. Schuljahr. Stuttgart (Calwer) 1978, darin: *Unterrichtseinheit Islam,* 463–481, eine (bis auf geringfügige Einzelheiten) sehr kundige und vielseitige Einführung. Als Buch für die Hand des Schülers dazu:

Kursbuch Religion. Arbeitsbuch für den Religionsunterricht im 7./8. Schuljahr. Stuttgart (Calwer)/Frankfurt (Diesterweg) 1978, 147–158.

J. Lähnemann: Hinduismus. Entwurf eines Schulbuchbeitrags für den 9./10. Jahrgang. Neuendettelsau (Freimund) 1982 (mit 20seit. Bildbeilage). = Beilage 2 von »Mission 1982 – Mappe II: Unterricht. Dieser Entwurf entspricht weitgehend dem Unterrichtsmodell »Indien – ›Hinduismus‹« in Teil 1 dieses Werkes (dort auch – unter 1.4.2 – ausführliche Besprechung von Unterrichtsbüchern und Medien). Ein von ähnlichen Intentionen geprägter Schulbuchbeitrag zum »Hinduismus« in: *Religion: Modelle* für Klasse *7–10,* Düsseldorf (Pro Schule)/Stuttgart (Metzler) 1974 (1982), 147–160.

Medien: Zum Islam s.o. die Angaben zur Orientierungsstufe. Darüber hinaus:

Sie dienen Allah und den Deutschen. FT 2536, 30 Min., 16-mm-LT. Der Film zeigt die Anwerbung türkischer Arbeitnehmer, ihre Situation am Arbeitsplatz, ihre Isolation in Wohnheimen, ihre religiös geprägten Lebensgewohnheiten.

---

[64] Nicht dem Stand der Diskussion entspricht *E. Knöpfel:* Der *Islam* – Herausforderung für die Christen. Wuppertal (Brockhaus) 1981. = Anregungen. Arbeitshefte für den Religionsunterricht in Schule und Gemeinde (+ Lehrerheft): Das Lehrerheft bietet wenig an fundierter Anleitung, vor allem aber das Arbeitsheft selbst ist eher geeignet, Vorurteile zu verstärken, als zu einer offenen Begegnung mit dem Islam zu ermutigen (»Hungernde islamische Afrikaner« – »Allah's Wille – Kampf gegen die Feinde des Islam« – »Ölscheich im Straßenkreuzer« – Bilder und Schlagworte wie diese – S. 4–6 – geben aller Information die Tendenz, die sich auch sonst häufig in europäischen Medien findet: Verstärkung untergründiger Ängste einerseits, verknüpft mit einer gewissen Faszination andererseits).

Obwohl er die Situation Anfang der 70er Jahre wiedergibt, ist er weiterhin herausfordernd, wobei unterrichtlich gerade auch auf Änderungen der Situation seit dieser Zeit eingegangen werden kann (ab 9. Schuljahr).

Die Ausbreitung des Islam über die Welt – 7. Jh. bis Gegenwart, WBF-Film, 14 Min., 16-mm u. S-8mm (vor allem Beispiele aus dem Bereich der kulturellen Leistungen des Islam).

Männer, Mächte und Moscheen – Aufbruch des Islam in unserer Zeit, WBF-Film, 14 Min., 16mm u. S-8mm (In diesem Film geht es um die Hintergründe des neueren politischen und ideellen Aufbruchs des Islam – mit Szenen auch des Schiitenführers Khomeini und anderer Staatsmänner des Islam).

H. Hübsch: Islam. Medienpaket für Schule, Jugendarbeit und Erwachsenenbildung. München (Kösel) 1983 (gerade auch einige der Overheadfolien sind bereits gut in der Sekundarstufe I einsetzbar).

Als Medien zum »Hinduismus« kommen insbesondere die in Teil I (unter 1.4.2.) besprochenen Filme »Benares«, »Glaube und Leben der Hindus«, »Sangham – Hilfe zur Befreiung« und »Bhaskar und die Christen« sowie (bedingt) die Tonbildserie »Hinduismus« (A. Loiskandl) in Frage.

Exkurs: Weltreligionen im Konfirmandenunterricht?

In der Altersstufe der Sekundarstufe I nehmen die meisten Schüler – zwei Jahre oder auch länger – am Konfirmandenunterricht teil. Mit Doppelung, »Konkurrenz« oder Ergänzung zu der Behandlung des Themengebietes Weltreligionen im schulischen Religionsunterricht ist allerdings hier bisher nicht zu rechnen: nicht nur deshalb, weil parallel zum Konfirmandenunterricht der Religionsunterricht häufig ausfällt, sondern vor allem deshalb, weil in Entwürfen zum Konfirmandenunterricht – auch aus neuerer Zeit – dieser Bereich faktisch nicht auftaucht.

Das ist vom Gang der Diskussion um den Konfirmandenunterricht her verständlich: Sie war (parallel zur Entwicklung des »problemorientierten« Religionsunterrichts) vor allem bestimmt durch die Abkehr vom reinen Katechismusunterricht hin zu Unterrichtsprogrammen, in denen das Leben der Gemeinden in den Mittelpunkt rückte. W. Flemmig nennt in seinem programmatischen Aufsatz zur Theorie des Konfirmandenunterrichts das Globalziel »Lernen, was es heißt, als Christ in unserer Zeit zu leben«[65], eine Zielsetzung, die verbreitet Anerkennung gefunden hat.

---

[65] *W. Flemmig: Lernen,* was es heißt, *als Christ* in unserer Zeit zu leben. ku-praxis 1, Gütersloh (G. Mohn) 1973, 26–30.

Weitere grundlegende Beiträge hierzu im Themaheft »Religionsunterricht und Konfirmandenunterricht« des »Ev. Erziehers« 1974/1, bes. die Beiträge von *K. Dienst: Religionsunterricht und Konfirmandenunterricht.* Die Neuorientierung des Konfirmandenunterrichts in ihrer Bedeutung für den Religionsunterricht, 1–10, und *H. N. Caspary: Konfirmandenar-*

Da es hierbei darum geht, den kirchlichen Bereich als Ort christlicher Lebensgestaltung (1) in seiner Beziehung zu Lebens- und Erfahrungsbereich der Konfirmanden (2) darzustellen und zu erfragen, was biblische Überlieferung und christliche Tradition (3) dazu einzubringen haben, ist ein Blick über die Grenzen des Christentums hinaus zu anderen Religionen im Themenangebot nicht vorgesehen[66]. Und in der Tat wird der Konfirmandenunterricht in erster Linie auf die eigene Gemeinde und Konfession, ihre Tradition und ihre Aufgaben in unserer Zeit bezogen sein müssen, um den Konfirmanden eine Orientierungshilfe und ein Identifikationsangebot zu bieten.

Wie aber steht es, wenn das Hinarbeiten auf eine neue Aufgeschlossenheit zwischen den Religionen als eine wesentliche Aufgabe christlicher Kirchen, Gemeinden und Gruppen erkannt ist[67]? Wird dann nicht auch der kirchliche Unterricht daran teilnehmen müssen, insbesondere dort, wo konkrete Begegnungsmöglichkeiten mit Nichtchristen vorhanden sind? Es kann hier nicht im einzelnen erörtert werden, wie die verschiedenen möglichen Themen des Konfirmandenunterrichts in Relation zu seinem Gesamtziel zu gewichten sind und wieviel Raum von daher für die Beschäftigung mit den Weltreligionen bleibt; dies wird letztlich vor Ort angesichts der Situation der jeweiligen Gemeinde, der jeweiligen Bedingungen für den Konfirmandenunterricht und der Bedürfnisse der Konfirmanden zu entscheiden sein. Es soll aber kurz erläutert werden, weswegen im Konfirmandenunterricht besondere Chancen gegeben sein könnten, die Gesamtintention »von Konfrontation zu Kooperation« im Zusammenleben der Religionen zu verfolgen: Sie liegen insbesondere in der strukturellen Offenheit und didaktisch-methodischen Variabilität, die im Konfirmandenunterricht wahrgenommen werden kann: daß er nicht gebunden ist an Schulstrukturen mit festen Zeiten und Anforderungen; daß hier »soziale Koedukation« in einem Alter fortgesetzt wird, in dem sie in der Schule meist nicht mehr voll praktiziert wird; daß eine starke Variation in den Arbeits- und Organisationsformen möglich ist – Kursunterricht, Praktika, Freizeit, Gottesdienstgestaltungen . . . Dementsprechend kann das Erfordernis, kognitive Leistungen zu erbringen, gegenüber affektiven (und pragmatischen) Zielen zurücktreten.

In diesem Sinne bezeichnet es H.-N. Caspary als spezifisches (und im Vergleich zu W. Flemmig noch dezidierter formuliertes) Ziel des Konfir-

---

beit zwischen schulischem Religionsunterricht und kirchlicher Jugendarbeit, 11–25. Vgl. auch den Überblick von *R. Leuenberger* und *K. Wegenast* zu: *Konfirmation* und Konfirmandenunterricht im *Handbuch der Religionspädagogik* (hg. v. E. Feifel, R. Leuenberger, G. Stachel, K. Wegenast), Bd. 3. Gütersloh (G. Mohn) 1975, 153–159 und 159–168.

[66] Siehe Flemmig, Lernen als Christ, 30.

[67] Vgl. oben 2.5.3.

mandenunterrichts, daß die Konfirmanden »eine Gemeinde als Lebens-, Dienst- und Sendungsgemeinschaft im Sinne Jesu erleben, so daß sie in eigener Auseinandersetzung mit dieser Lebensform zu einer größeren ›Selbstkompetenz und moralischen Mündigkeit‹ vor Gott gelangen können«[68].

»Dienst- und Sendungsgemeinschaft im Sinne Jesu«: Dies müßte sich auch in der Weise des Umgangs und der Suche nach Gemeinschaft mit Menschen anderen Glaubens erweisen. In Konfirmandengruppen könnte besonders hinsichtlich der Moslems in Deutschland Pionierarbeit im Sinne der oben umrissenen Kooperation[69] geleistet werden: Bemühungen um die Probleme moslemischer Familien könnten Ziel eines Praktikums sein, Besichtigung eines Gebetsraumes bzw. Gespräch mit einem kompetenten Moslem Teilstück eines Seminars; die Teilnahme am Freitagsgebet könnte zur Besinnung auf die Besonderheit christlichen Gottesdienstes beitragen, gegenseitige Teilnahme an Weihnachts-/Oster- bzw. Ramadan-Beiram-Fest Anfänge einer neuen Gemeinschaft stiften.

Eine nicht nur für die Schule, sondern gerade auch für Konfirmandenunterricht und Gemeindearbeit erstellte, exzellente Arbeitshilfe ist das Textheft (und begleitend dazu das Arbeitsheft): *»Die Liebe kennt keine Angst«*. Was sagen Christen den Muslimen? Was sagen Türken den Deutschen? Hamburg (Ev. Pressestelle für Weltmission, Mittelweg 143, 2000 Hamburg 13) 1982. – Die Ziele, dem anderen offen zu begegnen und im Gegenüber zu seinem Glauben auch den eigenen besser zu verstehen, werden mit vielen Texten, Bildern und pädagogischen Anregungen verfolgt – z.B. in einer Gegenüberstellung von

»Die Muslime und die 5 Säulen des Islam« mit

»Und woran glauben die Christen eigentlich?« (S. 4f.).

Die Schüler bzw. Konfirmanden werden vor dem Hintergrund des moslemischen Glaubensbekenntnisses, der Gebete, der Gebote, der Feste und der Pilgerfahrt angeregt, selbst Erläuterungen zu den entsprechenden Inhalten ihres eigenen Glaubens zu entwerfen.

Es finden sich auch konkrete Anleitungen zur Begegnung:

1. »Versucht gemeinsam alles zusammenzutragen, was ihr über Jesus und Mohammed wißt. Fragt mal Fußgänger oder den Pfarrer mit einem Kassettenrecorder hierzu.«

2. »Erstellt eine Wandzeitung über das Leben und Wirken Jesu. Wo sind Ähnlichkeiten und Unterschiede zu Mohammed? Schreibt auch darauf, was Ihr selbst glaubt.«

3. »Ladet einen gläubigen Muslim ein und sprecht mit ihm über den

---

[68] Caspary, Konfirmandenarbeit, 14.

[69] Siehe oben unter 2.5.3 S. 156ff.

Glauben der Muslime und über Euren christlichen Glauben. Erarbeitet vorher Fragen, die Euch wichtig sind.«

4. »Erstellt eine Collage zum Thema ›Wie Christen und Muslime in Deutschland leben‹.« (S. 6)

Konkreter Anlaß für eine solche Thematik kann neben den Festen des muslimischen wie des Kirchenjahres z. B. auch die »Woche des ausländischen Mitbürgers« sein.

Durch die Aufnahme dieser Anregungen in der Konfirmandenarbeit wäre hier ein erster Ansatzpunkt gegeben, zu den in den bisherigen thematischen Vorschlägen noch nicht rezipierten Zielen aus dem Katalog der grundsätzlichen Intentionen (s. o. 3.2) – 1.4 (der christliche Auftrag für die interreligiöse Begegnung) und 3.5 (Mobilisierung der eigenen Glaubensgemeinschaft für interreligiöse Kontakte) – erste Beiträge zu leisten.

Als *Unterrichtshilfen* können neben dem hier vorgestellten Textheft »Die Liebe kennt keine Angst« die für die Orientierungsstufe und Sekundarstufe I genannten Modelle, Texte und Medien herangezogen werden.

Dabei kann zur »Einstimmung« der Konfirmanden gut das Vorlesebuch von Ruth Hermann: Wir sind doch nicht vom Mond! Klein-Istanbul an der Elbe (s. o. unter 3.3.3) helfen, für die Arbeit mit den Konfirmandeneltern die Broschüre »Zusammenleben mit Muslimen«.

3.3.5 Auseinandersetzung mit Angebot und Anspruch der Religionen: Sekundarstufe II (11.–13. Schuljahr)

1. Voraussetzungen

In der – auch als Kolleg- oder Studienstufe bezeichneten – Sekundarstufe II sind die Vorbedingungen für die Beschäftigung mit den Weltreligionen gänzlich anders als in den vorgenannten Altersstufen. Hier war schon für herkömmliche Religionsdidaktik *der* Ort, sich – wenn auch vorwiegend informativ-intellektuell bzw. apologetisch – mit diesem Themengebiet zu befassen. Denn in dieser Schulstufe geht es nicht zuletzt darum, bei den Schülern die Voraussetzung zu einem wissenschaftlichen Studium zu schaffen, und dazu gehört wesentlich die Fähigkeit zur Auseinandersetzung mit Sinnsystemen, wie sie von Religionen und Weltanschauungen repräsentiert werden.

Für diese Altersstufe liegt so viel mehr an Arbeitsmaterial, Textsammlungen, Einführungen und Einzelpublikationen vor als für die früheren, daß es nicht leicht ist, für zeitlich begrenzte Kurse eine vertretbare Auswahl zu treffen.

Seit 1975 gibt es eine umfangreiche, in der Praxis erprobte Arbeitshilfe für Lehrer, Bildungsreferenten und Dozenten, die von P. Antes und G. Biemer herausgegeben wurde und neben religionswissenschaftlichen Einführungen, Originaltexten und Lernzielaufstellungen auch ausführliche Unterrichtsvorschläge enthält[70]. G. Biemer umschreibt dabei die altersspezifischen Kennzeichen und wertet sie für die Themenstellung »Weltreligionen« aus[71]. Er hebt dabei besonders auf die in diesem Alter lebendige Suche nach neuen Werten und Normen ab, die mit der Infragestellung bzw. Überwindung des kindlichen Weltbildes und übernommener Normen einsetzt. »Im Schnittpunkt zwischen primärer und sekundärer Sozialisation, in der Phase, da die Kenntnis der Rollen für das anstehende Erwachsenenleben in sprunghafter Weise zunimmt, ist nicht nur die Rollenunsicherheit des Jugendlichen als Christ oder Sonntagskirchgänger statistisch nachgewiesen, sondern auch die Suche nach entsprechenden religiösen bzw. weltanschaulichen Ersatzrollen.«[72]

Gerade in der Gruppe der Gleichaltrigen wird Orientierung in Konfrontation mit alternativen weltanschaulichen und religiösen Systemen gesucht. Eine starke religionskritische Grundhaltung (nicht zuletzt gegenüber dem Christentum) einerseits, die Faszination fernöstlicher Denkweisen, aber auch überzeugender Lebensmodelle im Christentum andererseits sind zu beobachten. »Diese Alters- und Lernstufe ist wie keine vorher zur Erschließung der Weltreligionen geeignet. Intelligenzreife, Abstraktionsfähigkeit, existentielle Offenheit, kritisches Einüben in die Rollen der Erwachsenengesellschaft und das Informationsbedürfnis im Welthorizont sprechen dafür.«[73]

Bei aller Hochschätzung der Lernbedingungen dieser Altersstufe darf allerdings nicht unterlassen werden, die Vorkenntnisse in der jeweiligen Lerngruppe nüchtern zu prüfen, damit vordergründige Faszination einerseits, vordergründige Ablehnung andererseits nicht die Basis der Auseinandersetzung sowohl mit dem Christentum als auch mit den nichtchristlichen Religionen bleibt. Wegen des leider häufigen Ausfalls von Religionsunterricht in Teilen der Sekundarstufe I wird es sich oft als nötig erweisen, über das Christentum und die in ihm erwachsenen neueren theologischen Impulse grundlegende Kenntnisse zu vermitteln, die eine Beschäftigung

---

70 *P. Antes/B. Biemer* (Hg.): *Weltreligionen* im Religionsunterricht – *Sekundarstufe II.* München (Don Bosco) 1975.

71 A.a.O. 9.

72 Ebd.

73 Ebd.

mit anderen Religionen erst fruchtbar machen können[74]. Allerdings könnte dies z.T. auch in religionsvergleichender Gegenüberstellung an exemplarischen Themen geschehen.

Im Kontext einer solchen inhaltlichen Auseinandersetzung werden folgende drei Dimensionen für die Beschäftigung mit nichtchristlichen Religionen von Bedeutung sein:

1. die existentielle Dimension, die sich dem Schüler etwa im Angebot fernöstlicher Religionen zu alternativen Lebensformen gegenüber westlich-technisiertem Leben darbietet; in vielen Fällen wird dies geeigneter Anknüpfungspunkt für die Arbeit am Thema Weltreligionen sein können;

2. die hermeneutisch-kritische Dimension, in der es um die Befragung religiöser, sozialer, politischer und kultureller Wirkungsweisen der Religionen im Dialog mit ihren genuinen (Ursprungs-)Intentionen geht;

3. die Dimension kritischen Engagements, d.h. die Frage der verantwortlichen Mitwirkung in den Aufgabenfeldern, die von den Religionen wahrgenommen werden.

Als Leitvorstellung kann dabei dienen, daß in der Sekundarstufe II die

---

[74] *G. R. Schmidt* geht in seinem Buch: Die *theologische Propädeutik* auf der gymnasialen Oberstufe. Heidelberg (Quelle & Meyer) 1969 sogar so weit, in einem Exkurs über »Die nichtchristlichen Religionen in der theologischen Propädeutik« (57–59) ihre Behandlung in der Sekundarstufe II deswegen grundsätzlich in Frage zu stellen, weil hier seines Erachtens nur oberflächliches Wissen zu erreichen ist: Einmal ist nach Schmidt der Unterricht schon fast überfordert, wenn er den Schülern einen Zugang zur »tragenden Mitte« des Christentums eröffnen will. Welchen Platz soll da noch eine Beschäftigung mit nichtchristlichen Religionen haben, die für diese Gleiches intendierte? Sodann kommen erschwerend die Sprachschwierigkeiten hinzu: »Das religiöse Vokabular sämtlicher europäischer Sprachen ist . . . so sehr christlich geprägt, daß Aussagen fremder Religionen vergröbert, manchmal völlig verzerrt werden. Wörter wie ›heilig‹, ›Gerechtigkeit‹, ›Sünde‹, ›Gott‹, ›Erlösung‹ rufen in uns Assoziationen hervor, die durch das Christentum bestimmt sind« (58). Erschwerend wirkt sich aber auch das beim Lehrer im Blick auf Fremdreligionen nicht vorhandene Lebensverhältnis zu ihnen aus.
Schmidt hat ohne Frage recht, wenn er sich gegen oberflächliche Streifzüge durch die nichtchristlichen Religionen wendet, die dazu noch der notwendig primär auf das Christentum bezogenen theologischen Propädeutik die Zeit nehmen.
Andererseits ist zu bedenken, daß mit der Ausklammerung des Themas »nichtchristliche Religionen« sowohl vorhandene Schülerinteressen übergangen werden als auch die neueren Herausforderungen zur interreligiösen Auseinandersetzung. Schmidt möchte das allenfalls zu vermittelnde Orientierungswissen über die nichtchristlichen Religionen dem Geschichts- und Geographieunterricht der Mittelstufe (= Sekundarstufe I) zuordnen (59); zu welchen Fehleindrücken dies aber führen kann, wurde oben zur Sekundarstufe I am Beispiel der Behandlung des »Hinduismus« in Geographiebüchern gezeigt.
Schmidt fehlte allerdings auch noch das Unterrichtsmaterial, das gerade zum Themengebiet Weltreligionen seit 1969 veröffentlicht wurde und in geeigneter Auswahl zumindest Verstehensprozesse für die einzelnen Weltreligionen in Gang setzen kann, die letztlich auch dem Verständnis des Christentums zugute kommen.

Diskussionsebene erreicht werden sollte, wie sie in dieser Untersuchung intendiert ist. Die am Beispiel des Islam angesprochenen Themen (und ebenso die in Teil 1 dargestellten Konturen fernöstlicher Religiosität) können sämtlich Gegenstand des Religionsunterrichts in der Sekundarstufe II werden.

Im Rahmen des Kurssystems der reformierten Oberstufe (= Sekundarstufe II) können Weltreligionen sowohl Inhalt von Grundkursen (je zwei Wochenstunden) als auch von Leistungskursen (je 5 Wochenstunden) werden. Dabei wird man darauf achten müssen, daß die (für die Abiturnoten wichtigen) Leistungskurse nicht nur durch die Speicherung und Dokumentation möglichst großer Wissensmengen über die Religionen bestimmt sind, sondern daß in ihnen auch Zeit eingeräumt wird für die Verarbeitung des Wissens im Sinne der oben skizzierten Dimensionen, während in den knapper angelegten Grundkursen umgekehrt darauf geachtet werden muß, daß die kritische Auseinandersetzung mit den Religionen nicht ohne eine minimale informative Basis betrieben wird.

In keinem Fall wird allerdings der Unterricht zum Thema kompendialen Ansprüchen genügen können und dürfen: Exemplarische Auseinandersetzung mit den Grundzügen *einer* Religion oder *einem* Thema, das religionsvergleichend behandelt wird, wird eher zu der intendierten Aufgeschlossenheit nichtchristlichen Religionen gegenüber führen als der Versuch einer Einführung in jede der großen Religionen, da bei exemplarischer Bearbeitung sowohl die Möglichkeiten gegenseitigen Verstehens als auch dessen Grenzen viel eher wahrgenommen werden können[75]. Dabei werden die Schüler mit ihren Interessen und Erwartungen an der Planung der Kurse zu beteiligen sein[76].

---

[75] Aus diesen Erwägungen heraus wurden in Teil I dieses Werkes – in einem Unterrichtsprojekt für die Sekundarstufe II – »Meditation und Gebet im Zen-Buddhismus und in der Communauté von Taizé« einander gegenübergestellt.

[76] Im Sinne dieses exemplarischen Arbeitens ist auch der unkonventionelle Versuch zu werten, die Grunderfahrung, die hinter dem Weg Buddhas steht, europäischen Schülern nahezubringen, den R. Feske in einer Sekundarstufe II in Hannover unternahm: Er griff zum Einstieg auf *J.-P. Sartres »Die Mauer«* (Geschichte aus dem spanischen Bürgerkrieg, Lübeck und Hamburg/Matthiesen o. J. = Die Lesestunde 55) zurück, jene Erzählung, in der die Existenzerfahrung eines zum Tode Verurteilten geschildert wird, für den alle bisherigen Lebensbezüge in der (wie er meint) letzten Nacht gegenstandslos werden: Liebe, Freundschaft, Verhältnis zum eigenen Körper . . . Ein solcher Einstieg vermag den Zugang zu buddhistischer Lebenserfahrung vielleicht eher zu eröffnen als der Einsatz mit einer religionsgeschichtlichen Beschreibung der buddhistischen Anschauungen. – Ähnlich elementar dürfte der Bericht von *E. Kroneberg: Buddha.* Berlin-Wilmersdorf. Annäherungsversuche an den Vollerwachten. Frankfurt 1980. = Fischer-Tb 3386 wirken, der das Jahr beschreibt, das er als »Mönch auf Zeit« in einem buddhistischen Kloster auf Ceylon verbrachte.

2. *Intentionen*

In der Sekundarstufe II ist prinzipiell keines der im Gesamtkatalog aufgeführten Ziele für den Unterricht auszuschließen. Um so wichtiger ist hier eine im Sinne »offener Curricula« (und damit unter Beteiligung der Schüler) vertretbare Auswahl der Intentionen.

Im folgenden werden drei Zielsetzungen aufgeführt, die in besonderer Weise an den Lernbedingungen und -aufgaben der Sekundarstufe II orientiert sind und auf die hin die Beschäftigung mit Weltreligionen schwerpunktmäßig ausgerichtet sein sollte.

1. Die Schüler sollen in der Lage sein, aus ausgewählten Beispielen Selbstverständnis und Erscheinungsformen nichtchristlicher Religionen (insbesondere die Relation ihrer Ursprungsimpulse zu gegenwärtigen religiösen, kulturellen, politischen und sozialen Wirkungsweisen) in einen kritischen Vergleich mit denen des Christentums zu bringen, aber auch die Grenzen des Verstehens anderer Religionen nüchtern einschätzen können.
2. Sie sollen insbesondere Zugang zu den Grunderfahrungen und Lebensmodellen anderer Religionen gewinnen, sie in den Dialog mit entsprechenden Erfahrungen des Christentums einbeziehen können und als Anfrage an ihre eigene Existenzerfahrung und -gestaltung wahrnehmen.
3. Sie sollen im Bereich der Zukunftsaufgaben der Religionen und Weltanschauungen (Kooperation in Richtung auf eine brüderliche Weltgemeinschaft) begründet Stellung beziehen können und zu eigenem Engagement bereit sein.

3. *Thematische Konkretionen*

Thematische Vorschläge in Zusammenhang mit ausgeführten Unterrichtsentwürfen können den beiden Unterrichtswerken »Weltreligionen im Religionsunterricht – Sekundarstufe II« (hg. von P. Antes und G. Biemer) und »Weltmacht Islam« (hg. von H. Angermeyer u.a.[77]) entnommen werden; sie ergeben eine ziemlich umfassende Einführung in die großen Religionen und ihre Gegenwartsprobleme und können gut als »Baustein« für Oberstufenkurse verwandt werden. – Die im folgenden aufgeführten thematischen Konkretionen sind demgegenüber stärker auf die oben skizzierten Intentionen hin zugespitzt; dabei wird vor allem auf Vergleiche mit dem Christentum abgehoben, die in dieser Altersstufe

[77] Weltmacht Islam, Lehrerheft, 124ff.

besonders ergiebig sein dürften. Allerdings tragen auch diese Vorschläge nur Anregungscharakter für eine durch Lehrer und Schüler zu vollziehende Auswahl.

Entstehungszusammenhänge und *Grundausprägungen* nichtchristlicher Religionen (wichtigste Lehren, Verhaltensanleitungen, Lebensformen – am besten am Beispiel einer der großen Religionen, im Vergleich zum Christentum)
Grenzerfahrungen menschlicher Existenz (Ausgeliefertsein, Tod, neues Leben) in Hinduismus, Buddhismus, Christentum
Religionserneuerung: Beispiele aus Hinduismus (Ramakrishna; Ghandi ...), Buddhismus (Zen ...), Islam (»Republikan. Brüder«[78]) und Christentum (»Theologie der Befreiung« in Lateinamerika ...)
»Alternative Lebensmodelle« in den großen Religionen (Yoga, »Transzendentale Meditation«, buddhistisches Mönchtum, neue Kommunitäten im Christentum: Taizé, Shalom-Gruppe in Holland ...)
Religionen zwischen Konfrontation und Dialog. – Traditioneller Absolutheitsanspruch in Christentum und Islam, im Widerstreit mit dialogischen Missionsauffassungen (Verlautbarungen des Vatikanum II und des Ökumenischen Rates der Kirchen, der islamischen Gipfelkonferenz von Lahore ...).
Religions-politische Konflikte (neue Abgrenzungstendenzen; die Kriege am Golf, im Libanon, in Afghanistan ...). – Toleranz und synkretistische Tendenzen im Hinduismus.
Das Verhältnis von Religion und Gesellschaft in den großen Religionen:
Religion und Politik (z.B. der Islam als »Ideologie der dritten Welt«);
Religion und soziale Fragen (Rassismus, Stellung der Frau, »Kasten« im Hinduismus ...);
Religion und Kultur (das kulturelle Erbe des Islam; Religion und Kunst in den Hochreligionen ...)
Die Religionen vor der *Herausforderung durch Marxismus und Säkularismus:*
Die Religionen unter dem marxistischen »Opiums-Vorwurf«. Buddhismus als »atheistische Religion«?
»Islamische Republiken« als Modell für die 3. und 4. Welt? Christentum und Befreiungskampf (Martin Luther King; Ernesto Cardenal; Antirassismus-Programm des Ökumenischen Rates der Kirchen).
Die Religionen vor der *Herausforderung durch das industrielle Zeitalter:*
Religiöse Bräuche und moderne Arbeitswelt.
Gebote/Pflichten und »neue Moral«.
Religionen und Umweltproblematik (»Machet euch die Erde untertan« im Christentum/Judentum – absolute Achtung des Lebens im Hinduismus ...)

---

[78] S.o. unter 2.3.4, Anm. 242.

4. *Querverweise*

Es sind nahezu unbegrenzt viele Querverbindungen zu anderen Themen- und Fächerbereichen möglich, die z.T. unmittelbar den thematischen Konkretionen abzulesen sind, insbesondere zu Philosophie (»Wettstreit der Systeme«), Geschichte (bes. zur Geschichte der Toleranz, der Menschenrechte ...), Biologie (Weltentstehung – Welterhaltung – Weltverantwortung); Chancen für kooperatives bzw. ergänzendes Unterrichten werden bei der Planung der Kurse immer zu reflektieren sein.

5. *Literatur und Arbeitshilfen*

Die unter 3.3.1 aufgeführte »Grundlegende didaktische Literatur zu den Weltreligionen« ist hier ebenso zu verwenden wie die zu den Einzelteilen dieses Werkes herangezogene Literatur. Besonders verwiesen sei aber auf die folgenden, z.T. schon erwähnten Werke:

Weltreligionen im Unterricht – Sekundarstufe II (hg. v. P. Antes und G. Biemer). Große Fremde Religionen. Hier hat der Schüler das meiste in *einem* Band zusammengefaßt.

Eine fundierte, anspruchsvolle *Serie* zu den großen Religionen (auch für die Hand des Schülers, aber ergänzt durch didaktische und methodische Hinweise):
D. Faßnacht: Weltreligionen. Geschichte – Quellen – Materialien. Frankfurt (Diesterweg)/München (Kösel):
Islam (1976). *Buddhismus* (1976). *Judentum* (1978). *Hinduismus* (1979).

Ein besonderes Angebot stellen die mit Kopiervorlagen, Overheadfolien und Dias ausgestatteten Arbeitsbücher *Weltreligionen heute*, hg. v. K. Bätz, dar:
K. Bätz u.a.: Hinduismus. Materialien für Schule und Erwachsenenbildung. Zürich/Köln/Lahr (Benziger/Kaufmann) 1980.
D. Back/W. Sonn: Buddhismus. Materialien für Schule und Erwachsenenbildung. Planung, Texte, Kopiervorlagen, Folien, Dias. Zürich/Köln/Lahr (Benziger/Kaufmann) 1983.
Einer knappen, aber fundierten inhaltlichen Einführung folgen religionspädagogische Hinweise und zu bestimmten Inhalten (im Hinduismus-Band: »Bausteinen«) zugeordnete Texte und Übersichten sowie Anleitungen zum Umgang mit den Medien.

Religionswissenschaftlich orientiert ist die von *R. Kakuschke* u. *U. Tworuschka* hg. Reihe »Religionen«, in der zunächst *M. Tworuschka: Islam* (unter Mitarbeit von U. Tworuschka) erschien. Göttingen (Vandenhoeck & Ruprecht) 1982. In dieser Reihe folgt als Band II
H.-J. Greschat/M. Kraatz: Buddhismus. Göttingen (ebd.) 1985 und als Band III – eine Besonderheit dieser Reihe – *R. Stolz: Christentum.* Göttingen (ebd.) 1985.

Weltreligionen. Theologisches Forum 8. – Eine sehr hilfreiche Zusammenstellung von alten und neuen Texten aus den Religionen und hinsichtlich der theologischen Perspektiven für den Dialog mit den Religionen.

Schultze/Trutwin, Weltreligionen – Weltprobleme. – Wichtig sind in diesem Studienbuch vor allem die Vorträge zu »brennenden Fragen im Dialog«.

Weltmacht Islam (H. Angermeyer u. a.). Darin bes. H. Renzing-Hombrecher, R. Hust, H. Kuntz: Entwürfe zu Unterrichtsblöcken für Sekundarstufe II: »Weltmacht Islam«, 124–165.

Dazu: *H. Kuntz u. a.: Weltmacht Islam. Arbeitsheft Sekundarstufe II.* Göttingen (Vandenhoeck & Ruprecht) 1975. = Analysen und Projekte zum Religionsunterricht 7.

Mehrere, gerade auch für die Sekundarstufe II gedachte Bücher widmen sich besonders dem *Religionsvergleich:*

Die *Antwort der Religionen.* Eine Umfrage mit 31 Fragen von *G. Szcesny* bei »Glaubensfachleuten« der großen Bekenntnisgemeinschaften Judentum, Katholizismus, Protestantismus, Islam, Hinduismus, Buddhismus, Reinbek/Hamburg (Rowohlt) 1971.

Christentum im Spiegel der Weltreligionen. Kritische Texte und Kommentare, hg. v. H.-J. Loth, M. Mildenberger, U. Tworuschka. Stuttgart (Quell) 1978. Knapper, aber bewußt auch für die Hand des Schülers bestimmt:

Christsein im Kontext der Weltreligionen, hg. v. H.-J. Loth u. M. u. U. Tworuschka. Frankfurt (Diesterweg) / München (Kösel) 1981.

Neue Möglichkeiten der Differenzierung im Religionsvergleich erbringt die Reihe *»Ethik der Religionen«,* hg. v. M. Klöcker u. U. Tworuschka. Bd. 1 ist dem Thema *»Sexualität«* gewidmet, Bd. 2 dem Thema *»Arbeit«,* Bd. 3 dem Thema *»Gesundheit«,* alle in München/Göttingen (Kösel/Vandenhoeck & Ruprecht) erschienen. In Vorbereitung befindet sind Bd. 4: *—Besitz und Armut«.* – Der Anthropologie wenden sich

G. Lanczkowski/H. Schmogro (Hg.): Das *Menschenbild* in den Religonen. Religionsphänomenologische Texte für die Sekundarstufe II. Göttingen (Vandenhoeck & Ruprecht) 1979. Lehrerheft (ebd.) 1980 zu.

Die zur Sekundarstufe I aufgeführten *Medien* sind sämtlich auch für die Sekundarstufe II noch geeignet. Ein Gesamtüberblick wird in Teil I dieses Werkes unter 2.4 geboten.

3.3.6 *»Große lebendige Religionen« als Themenangebot in der Erwachsenenbildung*

1. Voraussetzungen

Die Bemühungen um eine neue Aufgeschlossenheit im Zusammenleben der Religionen dürfen nicht mit der Schulzeit enden. Denn von Einstellung und Verhalten der Erwachsenen hängt nicht nur die Lerndisposition der Kinder und Jugendlichen wesentlich mit ab, sondern auch das Gesamtklima, das anderen Religionen bei uns entgegenschlägt[79]. Es läßt sich demgegenüber nicht mehr wie früher die vermeintlich verringerte Lernfähigkeit der Erwachsenen ins Feld führen; diese kann sich vielmehr auch nach dem 2. und 3. Lebensjahrzehnt unter entsprechenden Bedingungen weiter entfalten. »Soziale Faktoren wie Herkunft, bisherige Schulbildung und spezieller Beruf ... spielen eine weitaus größere Rolle für den Lernerfolg im Erwachsenenalter als sogenannte biologisch bedingte und ein für allemal feststehende ›Altersbesonderheiten‹.«[80]

Manche Voraussetzungen in der Erwachsenenbildung entsprechen denen in der Sekundarstufe II, insofern hier wie dort mit Selbständigkeit in der Interessenswahl, der Bedeutsamkeit existentieller Fragestellungen und dem Ernstnehmen von Alternativen zum Christentum gerechnet werden kann. – Andererseits gibt es gravierende Unterschiede: die größere Freiwilligkeit in der Struktur unserer Erwachsenenbildung, insbesondere aber die sehr divergierenden Lernvoraussetzungen in diesem Adressatenkreis, – divergierend nicht nur hinsichtlich der Vorkenntnisse über Weltreligionen, sondern noch stärker hinsichtlich der sozial und kulturell vorgeprägten Denkfähigkeit überhaupt: Der Arbeiter im Schichtbetrieb wird nur selten Kraft und Initiative aufbringen, an Angeboten der Erwachsenenbildung teilzunehmen (obwohl vielleicht gerade er ratlos oder vorurteilsbeladen seinem moslemischen Arbeitskollegen entgegentritt); dem Akademiker demgegenüber, dem ständig neue Lernleistungen abgefordert sind, wird das Mitdenken auch bei schwierigeren theologischen und religionswissenschaftlichen Gedankengängen ohne übergroße Mühe möglich sein.

---

[79] Die Vertreter der mittleren und älteren Generation haben insbesondere auch die entscheidenden Positionen innerhalb kirchlicher Gremien inne, die eine wesentliche Vermittlerrolle für die interreligiöse Begegnung wahrnehmen müßten.

[80] *Arbeitsgruppen Altersforschung* Bonn: *Altern* – psychologisch gesehen. Braunschweig 1971, 64. Siehe hierzu bes. den *Studienbrief 3* des Fernstudiums für Mitarbeiter in der Erwachsenenbildung: *Lernbedingungen im Erwachsenenalter,* v. G. Rückriem u.a., Hannover (Ev. Arbeitsstelle Fernstudium für kirchliche Dienste, Cranachstr. 5) 1975.

Hier liegt eine Grundschwierigkeit für alle Institutionen der Erwachsenenbildung – Volkshochschulen, Ev./Kath. Akademien, Familienbildungsstätten . . . –:daß es ihnen bisher nur in seltenen Fällen gelingt, mit ihrem Bildungsangebot über Angehörige der mittleren Bevölkerungsschichten hinaus auch Arbeiterfamilien oder gar sozial im Abseits Stehende zu erreichen. Damit ist keinesfalls ein negatives Urteil über diese Institutionen gefällt. Und es ist auch deutlich, daß bei unserem Thema nicht auf die herkömmlichen Formen der Erarbeitung wie Vortrag, Referat, Seminar verzichtet werden kann, auch wenn damit vorwiegend Angehörige mittlerer Schichten angesprochen werden: Die Aufgabenstellung ist so wesentlich, der Informationsstand hinsichtlich nichtchristlicher Religionen auch bei »Gebildeten« im allgemeinen so gering, daß in jedem Fall auf Arbeitsformen, mit denen schon vielfältige Erfahrungen gemacht wurden, zurückzugreifen ist.

Andererseits sollte überlegt werden, ob man in Bezirken, in denen viele moslemischen Mitbürger wohnen bzw. arbeiten, nicht »vor Ort« tätig werden kann – so wie ja auch Kurse der Erwachsenenbildung in Altersheimen, Landeskrankenhäusern usw. durchgeführt werden: daß in Wohngebieten mit religiös gemischter Bevölkerung gezielt Information betrieben wird; – die Broschüren des kirchlichen Außenamtes der Ev. Kirche in Deutschland – z. B. »Moslems in der Bundesrepublik« und »Zusammenleben mit Muslimen« – können dabei eine gute Hilfe sein. Darüber hinaus aber sollten Zusammenkünfte mit Andersgläubigen in die Wege geleitet werden. Hier lägen besondere Aufgaben für die Kirchengemeinden am Ort: Nachbarschaftshilfe zu organisieren, Gelegenheit zu gemeinsamen Festen zu nutzen – und in diesem Zusammenhang Möglichkeiten zu eröffnen, sich über den Glauben der Anderen zu unterrichten. Auf die Chancen, die sich hier durch Arbeitskreise für ausländische Arbeitnehmer ergeben, wurde schon hingewiesen[81]. Diese Arbeitskreise könnten sich auch am ehesten um Aufklärung in Betrieben mit moslemischen Arbeitnehmern bemühen. – Wo aber solche Arbeitskreise nicht bestehen, wäre es auch Aufgabe der örtlichen Institutionen der Erwachsenenbildung, an diesem Punkt initiativ zu werden.

Für die andere Ebene der Erwachsenenbildung – die herkömmliche Kursusarbeit – liegt bereits eine Publikation mit didaktischen und methodischen Hilfen vor: *P. Antes, W. Rück, B. Uhde: Islam – Hinduismus – Buddhismus.* Eine Herausforderung an das Christentum, Mainz (Grünewald) 1973 = Projekte zur theologischen Erwachsenenbildung 1. In ihr sind Material für Referate zur notwendigen Grundinformation über die großen Religionen, aber auch zur Auseinandersetzung des Christentums

---

[81] Siehe oben auch das Beispiel aus Pforzheim-Brötzingen unter 2.5.3.

mit nichtchristlichen Religionen und schließlich Texte für die Hand der Teilnehmer zusammengestellt, die sich gut verwenden lassen. Wenn eben möglich, sollte allerdings noch stärker teilnehmerorientiert vorgegangen werden, als es in diesem Buch vorgesehen ist: indem möglichst schon bei der Planung potentielle Teilnehmer des Kurses bzw. Seminars beteiligt und örtliche Besonderheiten (z. B. das Vorhandensein einer Moschee, die Anwesenheit nichtchristlicher Studenten aus Indien oder Japan ...) berücksichtigt werden, aber auch innerhalb des Kurses Raum für die Aufnahme besonderer Teilnehmerwünsche eingeräumt wird[82]. Dabei wird jedoch zu beobachten sein, daß gerade in den mittleren Bevölkerungsschichten bei uns Faszination und Vorurteil hinsichtlich fremder Religionen besonders nahe zusammenliegen, so daß in jedem Fall der informative Teil bei Seminaren der Erwachsenenbildung nicht zu kurz kommen darf.

Ein methodischer Versuch, Teilnehmerfragen aufzunehmen und mit der erforderlichen Information zu verknüpfen, stellt ein mehrfach in der Erwachsenenbildung vom Verfasser erprobtes Vorgehen zum Thema »Begegnung mit dem Islam« dar:

Am Anfang der (Vormittags-, Nachmittags- oder Abend-)Veranstaltung steht kein Referat. In einem ersten Arbeitsgang werden den Teilnehmern vielmehr Blätter für Eigennotizen verteilt, auf denen in Stichworten vorgegeben ist:
»Was fällt Ihnen ein zu:
Mohammed
Koran
Lehren im Islam
Lebensformen im Islam«.

Die Teilnehmer notieren zu diesen Punkten Kenntnisse, Fragen, Überlegungen, eigene Erfahrungen von Begegnungen oder Reisen. In einem (auf 30–45 Minuten begrenzten) Gesprächsgang werden die Beobachtungen und Fragen zusammengetragen (bei denen sich erfahrungsgemäß neben vielen Einzelkenntnissen auch Fehlinformationen und Vorurteile finden) und vom Referenten aufgegriffen, ergänzt, korrigiert. Hier entwickelt sich schnell eine lebendige, viele Teilnehmer einbeziehende Diskussions- und Informationsrunde.

In einem zweiten Schritt wird der Film »Mohammed, Koran und Gebet« (Angaben oben zur Orientierungsstufe / 3.3.3) gezeigt, der einen konzentrierten Überblick über Entstehung und Hauptpflichten des Islam gibt und somit viele Teilnehmerfragen aufgreift; bes. eindrucksvoll sind dabei Originalaufnahmen von der Pilgerfahrt nach Mekka. – Aus dem Sehen des Films ergeben sich unmittelbar weitere Rückfragen:

[82] Als Hinweis mag gelten, daß bei einer für Studenten aller Fachrichtungen offenen Seminarveranstaltung an der Pädagogischen Hochschule in Lüneburg die Hälfte der 16 teilnehmenden Kommilitonen bereits direkt Kontakt mit nichtchristlicher Religiosität hatten: durch Reisen, Nachbarschaft mit einer buddhistischen Wohngemeinschaft, Teilnahme an Kursen der »Transzendentalen Meditation«, Berufstätigkeit im Vorderen Orient ...

Schließlich wird ein (hektographierter) Kurzüberblick über die Hauptlehren und -Pflichten im Islam geboten, der vom Referenten abschließend erläutert wird. Aus dieser »Erstbegegnung« entwickelt sich häufig der Wunsch nach weiterführender Beschäftigung mit Einzelthemen zum Verhältnis von Christentum und Islam, mit anderen Religionen oder auch nach der persönlichen Begegnung mit Moslems.

Wenn es möglich ist, einen Hindu, Buddhisten oder Moslem einzuladen, sollte diese Gelegenheit genutzt werden. Den Teilnehmern wird allerdings bei dem ganzen Vorhaben zu verdeutlichen sein, daß auch mehrere informativ gestaltete Seminarabende immer nur kleine Ausschnitte aus dem Leben der verschiedenen Religionen wiedergeben können[83], daß sich zwar gröbste Barrieren des Mißverstehens beseitigen, erste Einblicke und ein anfängliches Verstehen vermitteln lassen, ein fundiertes Gesamtbild von den anderen Religionen aber keineswegs gewonnen werden kann.

2. *Intentionen*

Zielsetzungen für die nötige Grundinformation über die drei großen nichtchristlichen Religionen und die Auseinandersetzung des Christentums mit ihnen (letzteres vorwiegend aus katholischer Sicht) können dem Buch von Antes/Rück/Uhde entnommen werden. Die im folgenden aufgeführten Intentionen heben (wie auch bei der Sekundarstufe II) besonders auf den Lernprozeß ab, der mit diesem Themengebiet in der Erwachsenenbildung insgesamt in Gang zu setzen ist.

1. Die Teilnehmer sollen in der Lage sein, sporadisch vorhandene Kenntnisse über die Weltreligonen zu klären sowie vordergründige Faszination und vordergründige Vorurteile zugunsten eines besseren Verstehens des Lebenszusammenhanges anderer Religionen zu überwinden.
2. Dazu ist es nötig, daß ihnen Grundkenntnisse über die großen lebenden Religionen, ihre Entstehung und ihre für das Zusammenleben in der Gegenwart wichtigen Ausprägungen vermittelt werden.
3. Sie sollen dadurch zu einem besseren Verständnis für die Menschen und Völker mit anderer Religion und Kultur gelangen und den Angehörigen dieser Religionen aufgeschlossener begegnen können.
4. Sie sollen die Begrenztheit eigener Maßstäbe, religiöser und kultureller Traditionen erkennen, aber auch die Besonderheit christlichen Glaubens und christlicher Ethik deutlicher wahrnehmen und ihre Impulse in den Dialog einbringen können.

---

[83] Darauf weisen auch Antes/Rück/Uhde in ihrer Publikation ausdrücklich hin (Islam – Hinduismus – Buddhismus, 12).

Intentionen speziell für das Zusammenleben mit *Moslems:*

5. Die Erwachsenen sollen Verständnis für die Probleme, die mit der religiös-kulturellen Verpflanzung islamischer Arbeitnehmer und ihrer Familien entstehen, aufbringen.
6. Sie sollen in der Lage sein, an der Entwicklung eines Zusammenlebens, das von gegenseitiger Achtung, Anerkennung und Hilfestellung geprägt ist, mitzuwirken.

Intentionen speziell zur Begegnung mit *fernöstlicher Religiosität:*

7. Die Erwachsenen sollen eine Vorstellung von dem andersartigen Welt- und Lebensverständnis in »Hinduismus« und Buddhismus haben und die Anfragen, die von den fernöstlichen Religionen an das Christentum und an die Lebensformen westlicher Zivilisation ausgehen, ernstnehmen.
8. Sie sollen die Besonderheiten verschiedener »hinduistischer« und buddhistischer Bewegungen im Westen erkennen und zwischen ernsthaften und problematischen Erscheinungsformen differenzieren können (vgl. die Abschnitte 1.3.3.; 3.3.4 und 3.4.4 in Teil I).

3. Thematische Konkretionen

Im Sinne einer teilnehmerorientierten Planung können Themen zu den verschiedensten Interessensbereichen gefunden werden. Aktuelle Fragen – wie der Nahost-Konflikt, die Rolle der Religionen in Indien, die Ausstrahlung buddhistischer Lehren auf das Abendland – lassen sich ebenso aufgreifen wie das Interesse an Geschichte und Kultur der Religionen. Doch sollten dabei die oben umschriebenen Intentionen im Blick bleiben, damit nicht nur Einzelphänomene des Glaubens der Anderen gesehen werden, die ein verzerrtes Bild ergeben müssen, wie es etwa in den Geographiebüchern zur Sekundarstufe I mit Indien und dem Hinduismus geschieht.

Themen für Einzelreferate über die Religionen können (z.T. in Anlehnung an Überschriften in dieser Untersuchung) lauten:
Grundzüge des Hinduismus in traditionellen und modernen Ausprägungen
»Hinduistische« Bewegungen im Westen
Wege des Buddhismus
Zen-Buddhismus und christlicher Glaube
Begegnung mit Türken – Begegnung mit dem Islam
Der Islam als »Nachbarreligion« des Christentums in Geschichte und Gegenwart
Christlicher Wahrheitsanspruch und *Dialog* mit den Religionen?

4. Querverweise

Bereits die Überlegungen zu einer teilnehmerorientierten Planung zeigten, daß eine Fülle möglicher Beziehungen zu anderen Themengebieten besteht: so zur Gastarbeiterfrage, aber auch zu geschichtlichen (z.B. der »Hinduismus« und die Geschichte des indischen Subkontinents), kulturellen (z.B. die kulturelle Abhängigkeit des abendländischen Mittelalters von islamischer Wissenschaft), politischen (z.B. Islam als »Ideologie der dritten Welt«) und sozialen (z.B. Religion und soziale Strukturen in unterentwickelten Ländern) Fragen im Weltmaßstab. Auch die Frage nach Mensch und Schöpfung (»Umwelt«) wird hier wichtig. Im existentiellen Bereich sind es Fragen der Lebensbewältigung im wissenschaftlich-technischen Zeitalter, die Suche nach Sinn und Glück in verschiedenen weltanschaulichen Systemen, die im Dialog mit religiösen Lebensmodellen (und ihren Frömmigkeits- und Besinnungsformen – mit Gottesverehrung, Meditation, Gebet ...) anzusprechen sind. Weniger als in der Schule wird man bei offener erwachsenenbildnerischer Arbeit diese Querverbindungen in einen curricularen Bezugsrahmen einspannen können. Um so wichtiger ist die Reflexion der unter 2. aufgeführten Intentionen, wenn in anderen Zusammenhängen die Frage nach religiösen Einflüssen laut wird.

5. Literatur und Arbeitshilfen

Viele Einzelabschnitte der beiden Teile dieses Werkes sind so angelegt, daß sie auch in der Erwachsenenbildung Verwendung finden können; insbesondere die den Unterrichtsentwürfen in Teil I (zu »Hinduismus« – 1.4 – und Buddhismus – 3.5 – letzteres bes. im Vergleich zum Christentum) beigegebenen Texte und Materialien dürften hier hilfreich sein.

Es sei aber hier auf eine Reihe weiterer, in der Erwachsenenbildung bewährter Arbeiten hingewiesen:

P. Antes, W. Rück, B. Uhde, Islam – Hinduismus – Buddhismus. Ergänzend dazu:

P. Antes, B. Uhde: Das Jenseits der Anderen. Erlösung im Hinduismus, Buddhismus und Islam. Stuttgart (KBW) 1972. – Hier wird in verständlicher Weise noch mehr an Hintergrundinformationen geboten als in dem ersteren Titel.

Weltreligionen. Theologisches Forum 8 (siehe oben zu Sekundarstufe II).

Antwort der Religionen (G. Szczesny; siehe oben zu Sekundarstufe II).

P. Gerlitz: Kommt die Welteinheitsreligion? Das Christentum und die anderen Weltreligionen zwischen gestern und morgen. – Ein allgemeinverständlicher, anregender Überblick über alte und neue Entwicklungen in den Religionen. Hamburg (Furche) 1969. = Studenbücher 88.

E. Brunner-Traut (Hg.): *Die fünf großen Weltreligionen.* Hinduismus, Buddhismus, Islam, Judentum, Christentum. Freiburg (Herder) 1974: eine gute

Grundlage für eine »Erstbegegnung« mit den Religionen auch in der Erwachsenenbildung, da hier hervorragende Fachleute in Kurzartikeln erste Zugänge eröffnen.

P. Antes: Die Botschaft fremder Religonen. Hinduismus, Buddhismus, Islam. Mainz (Matthias-Grünewald) 1981: eine sehr lebendige und verständliche Hinführung zu der »Sinnmitte« der großen Religonen.

W. Trutwin: Licht vom Licht. Religionen in unserer Welt. Düsseldorf (Patmos) 1984: Hier wird in Judentum und Islam, »Hinduismus« und Buddhismus eingeführt, mit Vergleichen zum christlichen Glauben – das Resultat einer langjährigen »Vermittlungsaufgabe« in diesem Themenfeld.

Gerade für die Erwachsenenbildung gibt es auch von verschiedenen Institutionen preiswerte Arbeitshilfen.

Zunächst ist hier die

Evangelische Zentralstelle für Weltanschauungsfragen (EZW) zu nennen, die in einer Reihe Hefte mit *»Informationen«*, in einer zweiten Hefte mit *»Arbeitstexten«* herausgibt (für geringe Schutzgebühr zu bestellen in 7000 Stuttgart 1, Hölderlinplatz 2A).

Aus der Reihe der »Informationen« sind bes. relevant:

Nr. 51: *M. Mildenberger: Dialog der Religionen* und Weltanschauungen, 1972.

Nr. 52: *U. Reiter/D. Bendrath: Meditation* – wiederentdeckte Wege zum Heil? 1972.

Nr. 65: *A. Strebel: Meditation* in West und Ost. Wesen und Formen, 1976.

Nr. 76: *G. Adler/H. Aichelin: Reinkarnation* – Seelenwanderung – Wiedergeburt, 1979.

Nr. 78: *T. Riedel/M. Mildenberger: Bhagwan* Shree Rajneesh. Modell einer psycho-religiösen Bewegung, 1980.

Aus der Reihe der »Arbeitstexte« bieten besonders relevante Textzusammenstellungen (und Einführungen dazu):

Nr. 11: *K. Dockhorn: Neo-Hinduismus.* Indiens Auseinandersetzung mit dem 20. Jahrhundert, 1972.

Nr. 12: *H. Rzepkowski: Buddhismus* in geistiger Auseinandersetzung mit der modernen Welt, 1973.

Nr. 13: *P. Löffler: Islam vor den Problemen der Moderne* am Beispiel der arabischen Welt, 1974.

Nr. 18: *M. Mildenberger: Islam heute,* 1979.

Nr. 20: *A. Gepraägs:* Die *Weltreligionen und* die *ökologische Krise* – Alternativen zum westlichen Denken, 1979.

Nr. 21: *M. Tworuschka: »Re-Islamisierung«* – eine vieldeutige Erscheinung. Muslimische Stimmen zum gegenwärtigen Islam, 1981.

Vorwiegend dem Verhältnis von Christen und Muslimen sind die »Handreichungen« und »Beiträge zur Ausländerarbeit« gewidmet, die von der Evangelischen Kirche in Deutschland (bes. dem Kirchlichen Außenamt) in Zusammenarbeit mit fachlich qualifizierten Arbeitsgruppen herausgegeben werden und sämtlich in Frankfurt (O. Lembeck) aufgelegt sind:

Moslems in der Bundesrepublik. Handreichung.
Zusammenleben mit Muslimen.

G. Jasper (Hg.): *Muslime – unsere Nachbarn.* Beiträge zum Gespräch über den Glauben, 1977.
C. Huth/J. Micksch (Hg.): *Ausländische Frauen.* Interviews, Analysen und Anregungen für die Praxis, 1981.
J. Micksch/M. Mildenberger (Hg.): *Christen und Muslime im Gespräch,* 1982.
J. Micksch (Hg.): *Multikulturelles Zusammenleben.* Theologische Erfahrungen, 1983.
E. Fingerlein/M. Mildenberger (Hg.): *Ehen mit Muslimen.* Am Beispiel deutsch-türkischer Ehen, 1983.
M. Mildenberger/H. Vöcking (Hg.): Islam ve Hıristiyan Bayram Günleri – Islamische und christliche Feste, 1984: die erste zweisprachige Broschüre, die sich dementsprechend sehr zu Gesprächen mit türkischen Nachbarn und Gruppen in den Gemeinden eignet.
Von der Vereinigten Ev.-Luth. Kirche in Deutschland initiiert wurde die *Faltblattserie »Information Islam«*, die sich ihrer Knappheit, Klarheit und Fundiertheit wegen gerade in der Jugend- und Erwachsenenarbeit der Kirchengemeinden gut einsetzen läßt (Themen: Koran; Schiiten; Islam – Hingabe an den einen Gott; Frau und Familie; Mohammed; Muslimische Nachbarn; Fasten, Sozialabgaben, Wallfahrt; zu bestellen über: Luth. Kirchenamt, Postf. 51 04 09, 3000 Hannover 51).
Speziell die Erwachsenenbildung im Blick hat schließlich der E.B.-Verlag Hamburg-Rissen (Federführung: Dr. H.-J. Brandt; Iserbarg 1, 2000 Hamburg 56). Bekannt geworden ist er durch die Ringbücher
H.-J. Brandt / Cl.-P. Haase (Hg.): *Begegnung mit Türken – Begegnung mit dem Islam,* 1981 ff., die eine Fundgrube an geschichtlichen, politischen, theologischen, sozialwissenschaftlichen und pädagogischen Informationen darstellen. – Folgende Bände sind im gleichen Verlag erschienen:
H. Thomä-Venske: Islam und Integration. Zur Bedeutung von Kultur und Religion im Integrationsprozeß, 1981.
B. Wiethold: Kadınlarımız. *Frauen in der Türkei,* 1981 (die fundierteste Arbeit zu diesem Themenbereich).
C. Elsas: Identität. Veränderungen kultureller Eigenarten im Zusammenleben von Türken und Deutschen, 1983[84].
Lähnemann, Kulturbegegnung (mit 28seitiger Literaturliste).
Im gleichen Verlag sind vielseitige *Medienpakete* (jeweils mit Farbdias, Kassetten, Bildkommentar und Dokumentation) erschienen zu
Begegnung mit Türken: Teil I: Eingewandert aus der Türkei. Teil II: Vaters Heimat Türkei sowie zu
Das ist mein Islam. Ein Muslim erzählt seinen Glauben:
Teil I: Wir rufen – Gott antwortet.
Teil II: So erlebe ich den Alltag – so feiern wir Feste.
Im übrigen ist zu den *Medien* auf die entsprechenden Angaben zur Sekundarstufe I zu verweisen, besonders aber auf das Medienkapitel in Teil I dieses Werkes und die dortige Medienübersicht (2.4).

[84] Von *C. Elsas* ist als weitere hilfreiche Übersicht und Anleitung für die Gemeindearbeit der Band: *Ausländerarbeit* erschienen. Stuttgart (Kohlhammer) 1982.

3.4 »Begegnung mit dem Islam« – ein Unterrichtsentwurf für die Orientierungsstufe / Hauptschule

Für die Planung eines Unterrichtsentwurfs müssen – über die thematischen Vorschläge hinaus – weitere didaktische Schritte vollzogen werden. Sie sind bereits oben (zu Beginn von 3.3) anhand der Skizze zum Bedingungsfeld des schulischen Unterrichts erläutert worden: Wurden bei den thematischen Vorschlägen zunächst allgemeinere Überlegungen zu den Voraussetzungen einer bestimmten Altersstufe, zu Intentionen und Themen, zu Medien und andeutungsweise auch zu möglichen Methoden angestellt, so geht es jetzt um deren Konkretion angesichts der Bedingungen »vor Ort«.

Nachdem in Teil I dieses Werkes Unterrichtsentwürfe für Abschlußklassen der Sekundarstufe I (Indien – »Hinduismus«) und die Sekundarstufe II (Meditation und Gebet im Zen-Buddhismus und in der Communauté von Taizé) vorgestellt wurden, soll im folgenden eine Unterrichtseinheit für eine jüngere Altersstufe dargeboten werden. Sie ist – mit leichten Variationen – in einem 5./6. Schuljahr (Orientierungsstufe) und einem 7. Schuljahr (Hauptschule) durchgeführt worden.

Dabei haben die oben (unter 3.3.3) umrissenen Zielsetzungen für die Orientierungsstufe den Hintergrund gebildet, von dem her der Unterricht für die jeweilige Schülergruppe geplant wurde.

3.4.1 Die Situation in den Schülergruppen

Der schulische Kontext für den Unterricht war im einen Fall gegeben durch die Orientierungsstufe des Schulzentrums Kaltenmoor in Lüneburg, die zu diesem Zeitpunkt als Modellschule für diese Schulform galt, im anderen Fall durch die Hauptschule Hummelsteiner Weg in der Nürnberger Südstadt.

Die Altersdifferenz fiel wegen der in Nürnberg relativ jungen 7. Klasse kaum ins Gewicht. Für sie wie auch für die Orientierungsstufenklasse in Lüneburg bestätigten sich weitgehend die für die Altersstufe des 5./6. Schuljahrs allgemein zu beobachtenden Merkmale (s.o. unter 3.3.3) – vor allem, was das Interesse an Fremdartigem und zeitlich-räumlich Fernem angeht.

Parallelen im schulischen Umfeld bestanden auch darin, daß in beiden Fällen der Einzugsbereich der Schulen ein sozial teilweise schwieriges Vorstadtgebiet ist (in Lüneburg eine Hochhaussiedlung, in Nürnberg ein Viertel mit hohem Ausländeranteil). In beiden Schulen gab es eine Anzahl ausländischer, vor allem türkischer Mitschüler, um deren Integration die

Lehrerkollegien vorbildlich bemüht waren. In beiden Klassen bestand ein starkes Leistungsgefälle innerhalb der Schülergruppe – in der Orientierungsstufe, weil hier noch keine endgültige Entscheidung für die weitere Schullaufbahn getroffen war, in der Nürnberger Hauptschulklasse, weil auch hier noch potentielle Realschüler zugegen waren; in beiden Klassen aber überwog der Anteil späterer Hauptschüler bei weitem.

Eine Besonderheit der Lüneburger Situation bestand darin, daß die (12zügige!) Orientierungsstufe Teil eines Schulzentrums mit annähernd 2000 Schülern war: überdurchschnittliche Unübersichtlichkeit, viele Fahrschüler (mit Fahrtzeiten bis zu 1 ½ Stunden, Wartezeiten usw.), riesige Schülermengen in den Pausen (mit entsprechenden Gelegenheiten zur »Aggressionsaufladung«) stellten das Ziel der Sozialintegration, das ja mit der Orientierungsstufe dezidiert verfolgt werden soll, teilweise wieder in Frage. Auf der anderen Seite ermöglichte das große Kollegium gute Fachkonferenzen zur gegenseitigen Abstimmung des Unterrichts (auch im Hinblick auf den kursmäßig vom 11. Lebensjahr an durchgeführten Konfirmandenunterricht der benachbarten Kirchengemeinde) und zu vielen gegenseitigen Anregungen.

In Nürnberg lag eine Besonderheit darin, daß drei türkische Mitschüler die Klasse besuchten und eine von ihnen (mit ausdrücklicher Billigung des Imams der benachbarten Moschee!) an der Unterrichtseinheit teilnahm. Sie konnte nicht nur »Realien« (Koran, Gebetsteppich . . .) in den Unterricht mitbringen und erläutern, sondern auch beim Besuch der Moschee dolmetschen.

Eine Schwierigkeit bestand darin, daß beide Schülergruppen mit der in vielen Unterrichtseinheiten erwarteten Selbständigkeit hinsichtlich der Mitgestaltung des Unterrichtsgeschehens noch nicht fertig wurden. Gruppenarbeit brachte ausgesprochene Schwierigkeiten mit sich, während Einzelarbeit und teilweise auch Partnerarbeit besser bewältigt wurden. Durch gelegentliche Mitarbeit hospitierender Studenten ließ sich aber auch Gruppenarbeit immer wieder üben.

Für die Unterrichtsplanung bedeutete das, daß der Frage der Motivation und der Auswahl und Variation in der Methode besondere Aufmerksamkeit zu widmen war: Basteln, Malen, Ausfüllen von Lückentexten, plastische Lehrererzählung (insbesondere, wenn sie durch Bilder unterstützt wurde) u. ä. waren Formen der Erarbeitung, bei denen am ehesten die ganzen Schülergruppen zu aktivieren waren.

Am Religionsunterricht nahmen beide Gruppen mit viel Interesse teil. Hinsichtlich des Islam waren allerdings fast keinerlei Kenntnisse vorauszusetzen. Auf der anderen Seite war in beiden Klassen kurze Zeit vorher die Umwelt Jesu und das Auftreten Jesu in einer ausführlichen Unterrichtseinheit bearbeitet worden, wodurch erste Religionsvergleiche beim Thema Islam möglich wurden.

3.4.2 *Anknüpfungspunkte und Ziele für die Unterrichtseinheit*

Als besonders geeigneter Anknüpfungspunkt stellten sich die persönlichen Erfahrungen dar, die der Verfasser aus mehreren Reisen in die Türkei und durch Gespräche mit Moslems dort und in Deutschland einbringen konnte; solche Erlebnismomente wirken sich ausgesprochen motivierend auf das Unterrichtsgeschehen aus und sollten – wo immer möglich – einbezogen werden.

Ein alternativer Anknüpfungspunkt (beim Fehlen solcher Erfahrungen) könnten z.B. Photos (bzw. Wandbilder, wie es sie in vielen türkischen Wohnung gibt) von Moscheen sein, die ein moslemischer Mitschüler mitbringt, zu denen er etwas erzählt und zu denen die anderen Schüler erste Beobachtungen machen können. – Es ließe sich aber zum Einstieg auch der (im unten skizzierten Unterrichtsverlauf erst später eingesetzte) Film »Nazmiyes Kopftuch« verwenden. Dabei sollte man den Film nicht ganz zeigen, sondern an der Stelle unterbrechen, an der Nazmiye ihr Kopftuch weggenommen worden ist und ihr Bruder erscheint. »Hier haben die Kinder zunächst Gelegenheit zu spontaner Reaktion in Identifikation und Distanzierung. Es können weitere Beispiele genannt oder Fragen zu den im Film geschilderten Vorgängen gestellt werden, aber auch Überlegungen werden auftauchen, was man eigentlich über Nazmiye, ihre Familie, ihren Glauben wissen müßte, um sie zu verstehen«[85]. Diese Fragen werden im zweiten Teil des Filmes aufgegriffen, ohne daß endgültige »Lösungen« geboten werden, so daß dieser Film wirklich ein geeignetes Eröffnungs-Medium darstellt.

Unter Aufnahme dieser Anknüpfungspunkte und mit Hilfe der unter 3.3.3 aufgeführten Unterrichtsmodelle, -materialien und Medien läßt sich eine Unterrichtseinheit vorbereiten, in der die für die Orientierungsstufe zum Thema Weltreligionen angegebenen Intentionen im wesentlichen aufgegriffen werden können.

Auf Grund dieser Vorüberlegungen haben sich folgende *Gesamtziele* für die Unterrichtseinheit ergeben:

1. Die Schüler sollen den *Islam als eine Weltreligion in der »Nachbarschaft« des Christentums* kennenlernen.
2. Sie sollen eine Vorstellung von der *Entstehung des Islam*, von *Mohammed* als dem Gesandten Allahs und der Bedeutung seiner Botschaft haben. Sie sollen *Vergleiche* ziehen können zwischen dem Weg Jesu und dem Weg Mohammeds.
3. Sie sollen wichtigste *Lehren und Pflichten im Islam* verstehen und beschreiben können – insbesondere zur Bedeutung des Koran und zu den »5 Säulen« (Bekenntnis, Gebet, Almosen, Fasten, Pilgerfahrt).

---

[85] Lähnemann, Filmbegleitkarte »Nazmiyes Kopftuch«, 3.

4. Sie sollen eine Vorstellung von der *Ausbreitung des Islam* und von seiner *kulturellen Weltleistung* haben[86].
5. Sie sollen *Schwierigkeiten*, denen *Menschen einer anderen Religion in unserer Gesellschaft* begegnen, erkennen, Vorurteile über sie wahrnehmen und sich über mögliche Ansätze zu ihrer Überwindung Gedanken machen.
6. Sie sollen diese Inhalte zusammen mit ihren *muslimischen Mitschülern* erarbeiten und auf diesem Wege sich darin üben, mit ihnen offen – ohne Überheblichkeit, Angst und Vorurteile – über Fragen der Religion nachzudenken und zu sprechen[87].

Angesichts der »Neuheit« des Themas für die zu unterrichtenden Klassen liegt das Gewicht in diesen Intentionen stärker im Bereich der Entdekkung und Erkundung des Glaubens der anderen als auf der Profilierung des eigenen Glaubens, obwohl sich einfache Vergleiche schon vom Jahrgangsaufbau des Religionsunterrichts her ergeben und der Lehrer eine Stellungnahme überlegt haben sollte für den Fall, daß die Schüler an ihn die »Wahrheitsfrage« (»Warum sind Sie Christ und nicht Moslem?«) richten[88].

---

[86] Dieses Ziel ist frühestens für das 7. Schuljahr, nicht für das 5./6. in den Blick zu nehmen und am besten in Kooperation mit dem Geschichtsunterricht zu verfolgen. Hierzu: *J. Lähnemann/W. Fürnrohr:* Vorschlag zur interfakultativen *Kooperation* von Geschichts- und Religionsunterricht. In: *W. Fürnrohr* (Hg.): *Die Welt des Islams im Geschichtsunterricht* der Europäer. Dortmund (Lehrstuhl f. Didaktik der Geschichte/Prof. Kirchhoff, Universität) 1984. = Dortmunder Arbeiten zur Schulgeschichte und historischen Didaktik 5.

[87] Der inhaltlichen Ausprägung nach korrespondieren die hier aufgestellten Ziele in vielen Punkten der Lerneinheit »Islam«, wie sie im Lehrplan Ev. Religionsunterricht Hauptschulen Bayern für das 8. Schuljahr vorgeschlagen wird (67ff.).

[88] Eine Antwort im Sinne des in dieser Untersuchung Erarbeiteten könnte etwa lauten: Ich bin Christ, weil für mich der Weg Jesu insgesamt noch überzeugender ist als der Weg Mohammeds: Jesus zeigt, wie Gott die Menschen liebt, indem er sich allen Menschen, vor allem den besonders Liebebedürftigen, die es in der Menschengemeinschaft schwer haben, mit seinem ganzen Leben schenkt und sie auf diesem Wege ohne Gewaltanwendung, ohne Unterdrückung zu einem völlig neuen Leben gewinnt. – Doch muß ich, wenn ich Jesus folge, wahrnehmen, daß Menschen, die sich Christen genannt haben, oft weniger in seinem Sinne gehandelt haben als Menschen anderen Glaubens. So haben Moslems nie schlecht über Jesus gesprochen, wohl aber haben Christen oft Mohammed verächtlich gemacht, ohne viel von ihm zu wissen. Ich folge Jesus, meine aber, wenn ich mit Menschen anderen Glaubens zusammenkomme, viel von ihnen für mich lernen zu können, und hoffe, daß sie an mir etwas erkennen können davon, wie Jesus Gott uns Menschen nahegebracht hat.

3.4.3 Aufbau der Unterrichtseinheit

Für den Aufbau gilt, daß der Motivationsphase, in der die Entdeckungsfreude und das Interesse der Schüler zu wecken ist, besondere Bedeutung zukommt. Sie soll in eine Erarbeitungsphase münden, in der notwendigste Grundkenntnisse über den Islam (und ansatzweise auch seiner Besonderheiten gegenüber dem Christentum) vermittelt werden, wobei besonders auf Variation in der Methode und auf Zwischenmotivationen zu achten ist. Schließlich ist eine Phase der Aktualisation zu planen, bei der zur Fragestellung »Moslems unter uns« die von den Schülern erworbenen Kenntnisse und Erkenntnisse angewandt werden können.

Die Unterrichtsplanung entspricht im einzelnen der unten wiedergegebenen Planungsskizze:

Um in der ersten Teileinheit Interesse zu wecken, Phantasie und Fragebereitschaft der Schüler anzuregen, wird ein Bericht über eine Reise in die Türkei als Lehrererzählung eingesetzt. Er ist genetisch aufgebaut und wird durch Phasen des Unterrichtsgesprächs, durch den Einsatz von Dias und eventuell einer Kassette mit dem Ruf eines Muezzin und dem »Interview« mit einem Imam ergänzt (zu alternativen Einstiegsmöglichkeiten s.o. unter 3.4.2).

Die Schüler erhalten sodann die Aufgabe, eine Moschee oder etwas aus einer Moschee zu zeichnen bzw. zu basteln. Dies Aufgabe ist nicht vom intellektuellen Leistungsstand des einzelnen Schülers abhängig und bewirkt doch eine erste intensive Auseinandersetzung mit dem Unterrichtsgegenstand. In die Besprechung der Zeichnungen lassen sich wiederum Informationen über den Islam einflechten. Vertiefung und ein erster Vergleich lassen sich durch das Ausfüllen des Arbeitsblattes »Kirche – Moschee – Synagoge« erreichen[89]. Die Hausaufgabe (weitere mögliche Fragen an den Imam zu notieren) dient der Anregung neuer Fragestellungen.

Die nächsten Teileinheiten sind der systematischen Einführung in wichtigste Grundlagen des Islam gewidmet. Da hier sehr viel Information weiterzugeben ist, wird auf optische Impulse, Veranschaulichungen, klare Übersichten besonderer Wert gelegt.

In der zweiten Teileinheit wird durch einen Lehrervortrag mit Dias das Leben Mohammeds in den Blick genommen. Der Lehrervortrag vermag am ehesten einen Gesamteindruck des Weges Mohammeds vom Waisenkind zum Propheten und höchsten Herrscher Arabiens zu vermitteln.

---

[89] Die Schüler werden insbesondere dann dazu in der Lage sein, den Vergleich durchzuführen, wenn – wie im vorliegenden Fall – schon in einem früheren Zusammenhang ausführlicher über das Thema »Judentum« gehandelt wurde.

Der kompakte Eindruck des (wenn auch aufgelockerten) Vortrags bedarf der Vertiefung, die in einer anderen Arbeitsform – durch das Zusammenfügen eines »Puzzles« zum Leben Mohammeds durch die Schüler – erfolgen soll. Daran läßt sich ein erster Vergleich der Gestalten Jesu und Mohammeds anschließen[90], und es ist gut, wenn eine mögliche Stellungnahme zur »Wahrheitsfrage« vorbereitet ist[91].

Die folgenden Teileinheiten sind davon geprägt, daß in ihnen nicht nur in der Nürnberger – s.o. unter 3.4.1 –, sondern auch in der Lüneburger Situation ein moslemischer Mitschüler(in) eingeladen ist und – im Gespräch mit Lehrer und Schülern – aus seiner Sicht das islamische Glaubensbekenntnis, den Koran und seine religiösen Pflichten erläutert. Dadurch ist gerade in der nicht einfachen Erarbeitungsphase eine Belebung des Unterrichtsgeschehens zu erreichen, darüber hinaus aber der erste Anfang einer »Begegnung« gemacht, in der die Schüler Moslems nicht bloß als Angehörige einer fremden Religion sehen, sondern als unter ihnen lebende Mitmenschen mit ganz spezifischen religiösen Vorstellungen, Grundsätzen, aber auch Schwierigkeiten, die ihnen im Gastland erwachsen. Dabei achtet der Lehrer darauf, daß aus dem Gespräch heraus und in Ergänzung zu ihm ein in Ansätzen systematischer Überblick über die Bedeutung des Koran und die Pflichten des Moslem gewonnen wird. Dazu kann sowohl der Film »Mohammed, Koran und Gebet« helfen (der mit seinen lebendigen Bildern, andererseits in seiner Kompaktheit an dieser Stelle bisherige Kenntnisse vertiefen, neue anbahnen kann) als auch die beigefügten Arbeitsblätter.

Hier fügt sich vom Aufbau her am günstigsten der Besuch einer Moschee ein, wenn am Ort die Möglichkeit dazu gegeben ist. Eventuell können türkische Mitschüler oder ein türkischer Lehrer beim Dolmetschen helfen. Bei unserem Besuch in der Moschee in der Landgrabenstraße /Nürnberg war der Imam nicht nur bereit, die Wißbegier der Schüler zu stillen, sondern auch, den ganzen Gebetsritus in korrektem Ablauf zu zeigen.

In der fünften Teileinheit geht es thematisch um die Situation islamischer Familien in Deutschland. Die Auswertung der Hausaufgabe im Gespräch bereitet die Aufgabe vor: die Geschichte einer türkischen Familie in Nürnberg (bzw. anderswo) weiterzuführen. Es ist zu erwarten, daß dabei sowohl Ursachen für die Isolierung dieser Familien – religiöser, aber auch allgemein sozialer Art (die Schüler haben hier zumeist schon dezidierte Erfahrungen) – zur Sprache kommen als auch Vorschläge, wie geholfen werden kann. Alternativ oder ergänzend hierzu läßt sich auch

[90] Da eine ausführliche Einheit zum Thema Jesus vorausgegangen ist, müßten die Schüler hier bereits eigene Beobachtungen anstellen können.

[91] Siehe dazu oben Anm. 88.

der Film »Nazmiyes Kopftuch« einsetzen, wenn er nicht schon zu Beginn der Unterrichtseinheit gezeigt wurde.

Die sich hierbei ergebenden Perspektiven werden abschließend in einem ausführlichen Unterrichtsgespräch (bzw. mit Hilfe eines Rollenspiels) ausgewertet, wobei insbesondere mögliche Kontakte der Schüler mit türkischen Kindern und deren Familien, aber auch Möglichkeiten, den Glauben der Anderen besser kennenzulernen bzw. auch den Anderen Zugangsmöglichkeiten zu christlicher Überlieferung, Festen, diakonischen Aufgaben . . . zu eröffnen, durchdacht werden sollen.

Für die Auswertung der Unterrichtseinheit werden mehrere Hilfen beigefügt: ein Testbogen, aber auch zwei »Lernspiele«; bei dem Lernspiel mit christlichen und moslemischen Begriffen ist der Lerngewinn besonders dann zu konstatieren, wenn die Schüler entdecken, daß die hier einander zugeordneten Worte nur teilweise wirklich Paralleles in den beiden Religionen (entsprechen sich wirklich Kirche und Moschee, Bibel und Koran, Bethlehem und Mekka . . .?) bezeichnen.

3.4.4 Erfahrungen im Unterricht

Die Gesamtplanung hat sich in der Durchführung weitgehend bewährt; die zu Beginn gewonnene Motivation konnte durchgehalten werden; die Schüler arbeiteten zumeist lebendig und eifrig mit. Als didaktisch besonders fruchtbar erwiesen sich die Aufgaben, etwas aus der Moschee zu zeichnen (1), die Beteiligung des moslemischen Mitschülers (2) und schließlich die von den Schülern »weiterzuschreibende« Geschichte.

Die Zeichnungen zur Moschee – meist sehr bunt und phantasiereich – enthielten verschiedentlich charakteristische »Fehler«. So erschienen auf einigen Bildern Kreuz, Altar oder auch ein Bild an der Wand. Das war geeigneter Anlaß, sich genauer über die moslemischen Symbole und Gottesdienstvorschriften zu unterrichten.

Die Beteiligung moslemischer Mitschüler erbrachte in den Klassen eine erfreuliche Aufmerksamkeit. Es war für die Schüler beeindruckend, was die jungen Moslems teilweise über ihren Glauben wußten, an Gebeten auswendig sagen konnten und auf was sie alles zu achten hatten; natürlich interessierte sie der arabische Koran und der Gebetsteppich mit einer Abbildung der Kaaba in Mekka besonders. So kam es, daß in der Fortführung der Geschichte in der letzten Teileinheit soziale ebenso wie religiös-kulturelle Gründe für den Rückkehrwillen der türkischen Kinder genannt wurden; aber auch Vorschläge wie Nachbarschaftstreffen wurden bereits in den schriftlichen Ausarbeitungen gemacht; hier konnte im Unterrichtsgespräch gut angeknüpft werden.

Schwierigkeiten, die bei der ersten Erprobung in der zweiten Teileinheit aufgetreten waren – das »Puzzle« zum Leben Mohammeds war ohne vorherigen Lehrervortrag verteilt worden und überforderte die Schüler –, sind in der folgenden Planungsskizze bereits berücksichtigt.

3.4.5 Planungsskizze zum Unterrichtsentwurf

	Inhalte	Methodische Hinweise	Medien
0.	Begrüßung der muslim. Mitschüler, *Einführung* des Themas	Die christl. begrüßen die moslem. Ss (Schüler) mit einem Kanon	Gitarre, Kanon: »Vom Aufgang der Sonne...«
1.	Eine Reise in die Türkei – *Begegnung mit der islamischen Welt:* »Reisebericht«	L(ehrer)erzählung u. K(lassen)G(espräch)	Dias, Projektor
	Alternative: Bilder aus der islamischen Welt	Moslem. Mitschüler erzählen zu mitgebr. Bildern, die anderen beobachten, beschreiben	Poster/Wandbilder von Moscheen, Postkarten, Dias...
	oder evtl. auch »Nazmiyes Kopftuch« (Erläuterung oben 3.4.2)	Zeigen des 1. Filmteils, KG, – der 2. Filmteil	Film »Nazmiyes Kopftuch«, FWU 323342 (18 Min.)
	Gespräch mit einem Imam	Vorführen des Interviews (evtl. von Ss vorbereitet) Ss-Reaktionen. Auftrag: Unterstreicht, was über das Gebet gesagt wird und was beim Gebet wichtig ist. E(inzel)A(rbeit), P(artner)A(rbeit). KG: Auswertung der Ergebnisse	Interview-Text (*M 1*) Kassette, Recorder
	Das Innere und Äußere einer Moschee	Zeichnen bzw. Basteln (ein Grundriß, auf den ausgeschnittene Einzelteile geklebt werden) in EA, PA. KG über die Ergebnisse	Papier, Farbstifte (Schere, Klebstoff)

	Inhalte	Methodische Hinweise	Medien
	(das folgende ergänzend o. evtl. alternativ dazu) Vergleich: Kirche–Moschee–Synagoge	Ausfüllen in EA, Auswertung	Arbeitsblatt »Kirche–Moschee–Synagoge« (*M 2*)
		H(aus)A(ufgabe): Schreibt auf, was ihr den Imam noch gerne fragen würdet.	
		Aufgreifen der Ss-Fragen	
2.	*Mohammed und die Entstehung des Islam:* Der Lebensweg Mohammeds und seine Sendung	L-Vortrag mit ausgewählten Dias, Ss-Rückfragen	z. B. Dias 2, 16, 3, 5, 7, 9, 10, 11, 43, 15, 42, 44 aus der Tonbildserie »Die Welt des Islam« (Jünger-Verlag Frankfurt)
	Die verschiedenen Abschnitte des Lebens Mohammeds	EA(PA) mit L-Hilfe: Ausschneiden/richtiges Einkleben der Abschnitte der Kurzbiographie. – Beantworten der »Fragen zum Leben Mohammeds«	»Puzzle zum Leben Mohammeds« (*M 3*) Arbeitsblatt dazu (*M 4*) (AB)
	Jesus und Mohammed: ein erster Vergleich	Gelenktes KG, T(afel) B(ild), Hefteintrag	AB »Zum Vergleich zwischen Jesus und Mohammed« (*M 5*)
3.	Wichtigste *Lehren und Pflichten* im Islam		
3.1	Koran und Bekenntnis, Gebet	Einer der moslem. Mitschüler erläutert, demonstriert.	
		Vertiefendes KG zu »Heiligen Büchern«,	Von moslem. Mitschülern mitgebracht: Koran, Gebetsteppisch, Tesbih (Gebetskette)...
		Tafelbild, Gebet muslimisch–christlich (Gespräch mit moslem. Mitschülern)	Vorschlag zum TB (*M 6*) AB zum »Gebet« (*M 7*)

Inhalte	Methodische Hinweise	Medien
3.2 Almosen, Fasten, Pilgerfahrt	Betrachtung, Auswertung des Films (bes. die noch nicht besprochenen Pflichten)	Film »Mohammed, Koran und Gebet« (WBF-Film), 13 Min.
	Brettspiel	»Wer wird als erster ein Hadschi?« (*M 8*)
3.3 Zusammenfassung: die »5 Säulen«	Gestaltung eines Schmuckblatts	AB »Die 5 Hauptpflichten eines Moslem« (*M 9*)
	HA: Notiert, in welche Schwierigkeiten Moslems in Deutschland geraten können, wenn sie ihre Pflichten ernstnehmen.	
4. *Besuch einer Moschee am Ort*	Besuch einer Moschee, Erläuterung durch den Imam (evtl. moslem. Mitschüler als Dolmetscher?), KG	
5. Zusammenleben mit Moslems bei uns	Anknüpfen bei der HA, KG	
	Ss überlegen (oder »malen«) eine Fortsetzung	AB »Beginn einer Geschichte« (*M 10*)
	KG o. Rollenspiel über Begegnungsmöglichkeiten (evtl. Planung von gegenseitigen Festeinladungen)	(Anleitungen zum Rollenspiel)
	Alternative: Zeigen der 1. Filmhälfte, Arbeitsteil. GA	Film »Nazmiyes Kopftuch« (wenn nicht unter 1. gezeigt)
Fragen zur GA:	1. Was würdet ihr dem Torsten sagen? 2. Was könnte Nazmiye ihren Eltern sagen? 3. Wie könnte die Geschichte weitergehen? Zeigen der 2. Filmhälfte, KG	
6. *Lernkontrolle* zur Unterrichtseinheit	Ausfüllen der Testbögen	Testbogen »Der Islam – eine große Weltreligion« (*M 11*)

Inhalte	Methodische Hinweise	Medien
(6. *Lernkontrolle* zur Unterrichtseinheit)	»Spielen« – Ordnen	Lernspiel zu christlichen und moslemischen Begriffen (*M 12*) bzw. zu islamischen Symbolen (*M 13*)

3.4.6 Unterrichtshilfen: M 1–13

M 1: *Gespräch mit einem Imam in einer türkischen Moschee*[92]

Wir: Imam-Bey, sehr geehrter Herr Imam. Wir kommen aus Deutschland und sind zum ersten Mal in einem islamischen Gotteshaus. Dürfen wir wohl einige Fragen an Sie stellen?

Imam: Seien Sie willkommen. Gerne dürfen Sie mir Fragen stellen.

Wir: Herr Imam. Wir verstehen einiges nicht: Warum *waschen* sich die Gläubigen bei Ihnen, bevor sie zum Gebet in die Moschee treten? Warum ziehen sie ihre *Schuhe* aus? Und warum blicken Sie beim Gebet alle in die gleiche Richtung?

Imam: Oh, Sie haben gleich eine ganze Reihe von Fragen, Ich will versuchen, sie der Reihe nach zu beantworten:
Wir tun alles, wie es uns unser *Prophet Mohammed* (Friede sei mit ihm) als *Allahs Willen* geboten hat:
Wir *waschen* uns vor dem Gebet, um *rein* vor Gott zu treten. Das Gebet soll an einem *abgesonderten Platz* stattfinden, damit wir uns ganz Allah zuwenden können. Deshalb kommen die Gläubigen in die *Moschee*. Ist das nicht möglich, so breiten sie einen *Gebetsteppich* aus und verrichten darauf ihr Gebet. Die *Schuhe* ziehen wir aus, um an dem abgesonderten Platz, fern von dem Staub der Straße, vor Gott zu stehen.
Und schließlich: Die *Richtung*, in der wir beten, ist so, daß wir uns nach *Mekka* hinwenden.

Wir: Aber warum wenden Sie sich gerade nach Mekka?

Imam: Nun, Sie müssen wissen: *Mekka* ist unsere heilige Stadt. In

[92] Interview-Text nach einem in der Türkei geführten Gespräch vom Vf.

Mekka, im Land Arabien, befindet sich das *Heiligtum*, das einst der Prophet *Abraham* für Allah gebaut hat. Dort hat dann später *unser Prophet Mohammed* gelebt und Gottes Worte gesagt und aufgeschrieben. Dort hat er die ersten *Gläubigen* um sich gesammelt. Dorthin machen wir wenigstens einmal in unserem Leben, wenn wir es nur können, eine *Pilgerfahrt.*

Wir: Ach, ist es dann so, daß für sie Mohammed die gleiche Bedeutung hat wie für uns Christen Jesus Christus?

Imam: Ja und *nein.* Sicher ist es einmal so, daß Mohammed der *wichtigste Mensch* ist, den Gott uns gesandt hat, so wie Sie es auch von Jesus sagen. Aber Mohammed ist *nicht unser Heiland,* unser Retter, wie die Christen es von Jesus sagen. Er ist nichts anderes als ein *Prophet,* ein Gesandter, wenn auch der wichtigste und letzte der Propheten. Aber wir nennen auch Jesus, den Sohn der Maria, einen Propheten, auch David und Abraham. Jeder von ihnen hat den Willen Gottes den Menschen gesagt; aber zuletzt und endgültig hat Mohammed ihn uns mitgeteilt. Doch es ist falsch, wenn die Christen uns als Mohammedaner bezeichnen, weil nicht Mohammed unser Retter ist, sondern allein Allah über uns herrscht. Allah sind wir ergeben, und deshalb nennen wir uns die Gottergebenen, die Muslime.

Wir: Verstehen wir es dann richtig, daß Sie auch deshalb beim Gebet sogar mit der *Stirn* den Boden berühren, um Gott, um Allah Ihre besondere Ergebenheit zu erweisen.

Imam: Genauso ist es.

Wir: Eine letzte Frage noch, Herr Imam: Sie haben die *Gebete* auswendig den Gläubigen vorgesprochen: Haben Sie diese Gebete frei formuliert, oder haben Sie für die Gebete einen festen, vorgeschriebenen Text.

Imam: Wir nehmen die Gebete hauptsächlich aus unserem *heiligen Buch,* aus dem *Koran,* wie wir ihn nennen. Im *Koran* stehen *all die Worte* aufgezeichnet, die *Allah dem Propheten Mohammed gesagt hat.* Unter diesen Worten sind viele *Lobpreisungen Allahs,* und diese Lobpreisungen sind es vor allem, die wir im Gebet sprechen.

Wir: Herr Imam, wir bedanken uns bei Ihnen, daß Sie uns dies alles so freundlich erklärt haben.

Imam: Aleikam salaam. Der Friede sei mit Ihnen, meine Freunde.

KIRCHE	MOSCHEE	SYNAGOGE
	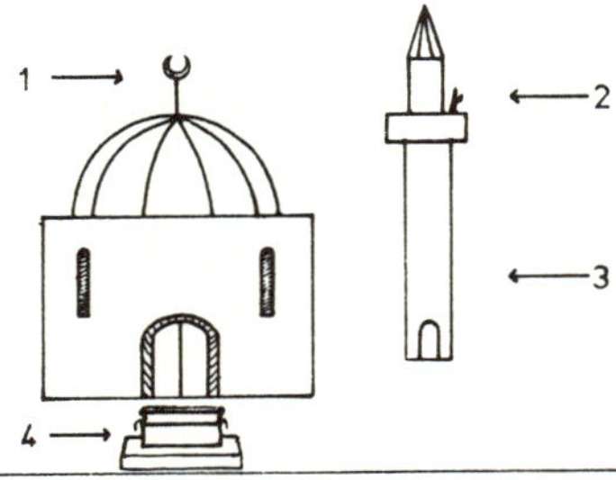	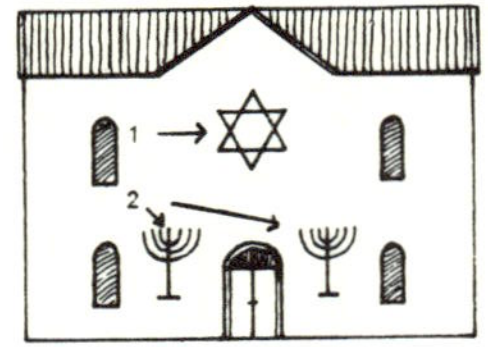
1. 2.	1. 2. 3. 4.	1. 2.
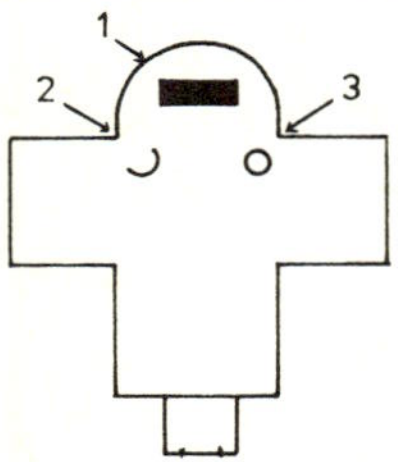	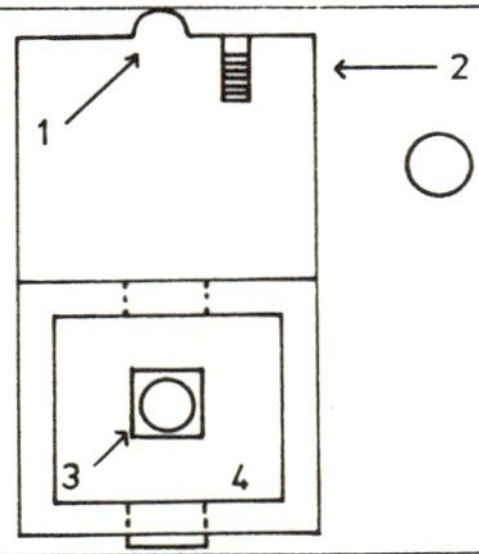	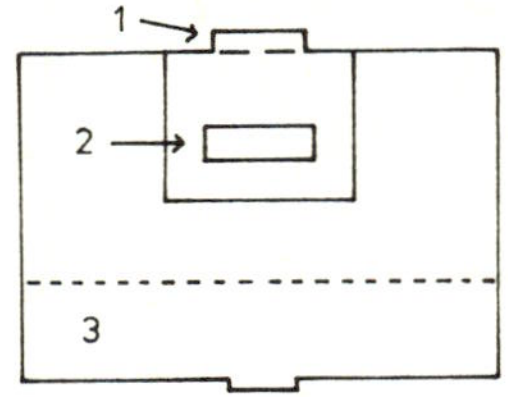
1. 2. 3.	1. 2. 3. 4.	1. 2. 3.

M 3: *Texte für das »Puzzle« zum Leben Mohammeds*[94]

Mohammed (d.h. der Gepriesene) wurde um das Jahr 570 in Mekka geboren. Er entstammte der Familie der Haschimiten, einer verarmten Seitenlinie des berühmten Geschlechts der Koraischiten. Da sein Vater und seine Mutter frühzeitig starben, wurde er von seinem Großvater und später von seinem Onkel Abu Talib erzogen. Nach einer harten Jugend – er mußte als Hirt zum Lebensunterhalt der Familie beitragen – trat er als Karawanenführer in den Dienst der reichen Kaufmannswitwe Chadidscha. Diese fand Gefallen an dem schönen und begabten jungen Mann, er erhielt bald eine Vertrauensstellung, und schließlich schlug sie ihm vor, sie zu heiraten. Der fünfundzwanzigjährige Mohammed ging auf dies Angebot freudig ein und lebte in glücklicher Ehe mit der um fünfzehn Jahre älteren Frau.

Als Mohammed von Mekka nach Medina übergesiedelt war, änderte sich sein Leben sehr. Hatte er zuerst als junger Mann unter den Menschen gewohnt, ohne als religiöser Denker aufzufallen, und war dann aus dem Kaufmann der religiöse Denker und Prophet geworden, so entwickelte er sich jetzt zu einem weitblickenden Staatsmann:

Mit Hilfe der Anhänger, die ihn von Mekka her begleitet hatten, gelangt es ihm, sich allmählich zum unbestrittenen Herrn von Medina zu machen. Erfolgreiche Überfälle auf die Karawanen aus Mekka ließen ihm und den Seinen reiche Beute zufallen. Im Jahr 624 erfocht er mit seinen Anhängern einen Sieg über eine dreifache Übermacht. Von da an trug er den Ruhm eines siegreichen Heerführers. – Im Jahre 630 schließlich zog er siegreich in seine Heimatstadt Mekka ein.

---

[93] Nach Kelch, Islam AB 4008. Die korrekten Eintragungen bei den 6 Abb. sind:

	Kirche	*Moschee*	*Synagoge*
(Aufriß)	1. Kreuz 2. Glocke	1. Halbmond 2. Muezzin 3. Minarett 4. Brunnen	1. Davidsstern 2. Siebenarmiger Leuchter
(Grundriß)	1. Altar 2. Kanzel 3. Taufbecken	1. Gebetsnische (Mihrab) 2. Kanzel (Minbar) 3. Brunnen 4. Vorhof	1. Thoraschrein 2. Lesepult 3. Frauenempore

[94] Text für das »Puzzle« vom Vf.

Die arabische Halbinsel ist ungefähr 4mal so groß wie Deutschland. Sie ist nur sehr dünn besiedelt (Wassermangel). Ihre Bewohner sind zumeist Nomaden, die keinen festen Wohnsitz haben (Beduinen).

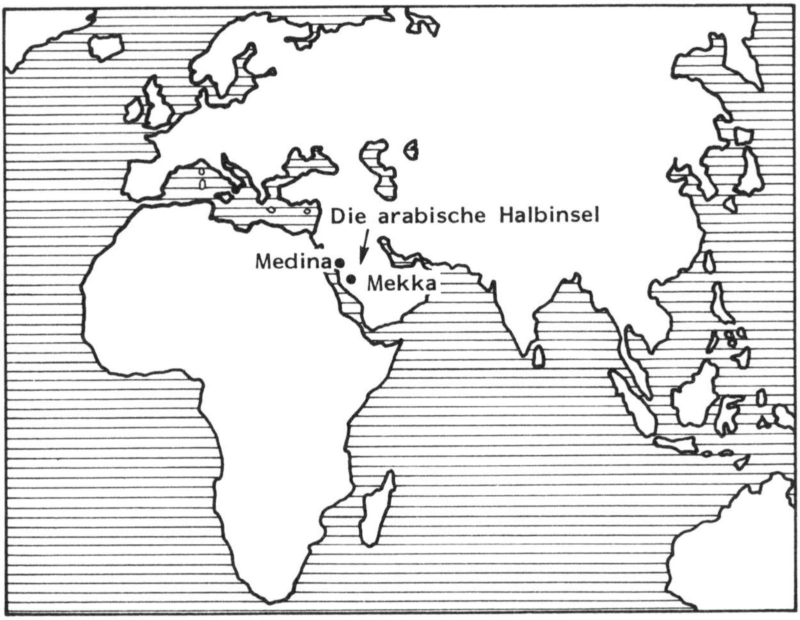

Bevor Mohammed Arabien zu einer Einheit machte, lagen die Volksstämme in ständigem Krieg miteinander. Nur in den 4 heiligen Monaten des Jahres ruhten die Waffen. Dann pilgerten viele Leute zu dem Heiligtum der Handelsstadt Mekka. In dem Heiligtum (der würfelförmigen »Kaaba«) waren viele Holz- und Steinbilder aufgestellt: sie stellten die Götter dar, an die man glaubte.

Das Leben in der reichen Stadt Mekka war aber keineswegs fromm: Die herrschenden Familien suchten nur immer mehr Besitz an sich zu raffen und halfen den Armen – besonders auch den Witwen und Waisen – wenig.

Durch seine Ehe mit Chadidscha war Mohammed zu einem reichen Kaufmann geworden. Er soll mit Erfolg große Geschäftsreisen ausgeführt haben. Wahrscheinlich wird er bei diesen Reisen auch christliche Predigten gehört haben, in denen auf das kommende Weltgericht hingewiesen wurde. Dadurch wurde Mohammed zu einem stillen, nachdenklichen Mann. Er fastete und betete viel. Als er 40 Jahre alt geworden war, hatte er in einer Höhle bei Mekka ein Erlebnis, das sein ganzes Leben veränderte:

Während er schlief, erschien ihm der Engel Gabriel mit einem beschriebenen Seidentuch und forderte ihn auf zu lesen. Da Mohammed das zuerst nicht tat, drückte ihn der Engel so, daß er fast erstickt wäre. Da konnte Mohammed auf einmal die Schrift erkennen:

Lies im Namen deines Herrn, der . . . den Menschen schuf . . .

Der . . . den Menschen lehrte, was er nicht wußte . . .

Als Mohammed erwacht ins Freie getreten war, hörte er eine himmlische Stimme sagen: »Mohammed, du bist der Gesandte Gottes, und ich bin Gabriel.«

In großer Aufregung kehrte er nach Hause zurück und erzählte seiner Frau sein Erlebnis. Diese vermutete sogleich, daß ihm eine Offenbarung zuteil geworden sei. – So wurde Mohammed zum Propheten.

Nach der Einnahme Mekkas war Mohammeds Ansehen so groß, daß von überallher Gesandtschaften arabischer Stämme zu ihm kamen, um ihm mitzuteilen, daß auch sie Moslems geworden seien. In wenigen Jahren war es so Mohammed gelungen, mit der Religion des Islam ganz Arabien zu einigen.

Mohammed war jetzt nicht nur Prophet, nicht nur Verkünder der Befehle Allahs, nicht nur Vorbeter bei den 5mal täglich stattfindenden Gebeten. Er war jetzt auch oberster Herrscher über Arabien. Dabei wohnte und kleidete er sich sehr bescheiden. Drei Dinge jedoch erfreuten sein Herz: gute Speisen, Wohlgerüche und Frauen (Mohammed war, wie das in Arabien vor seiner Zeit möglich war und auch später noch wohlhabenden Moslems erlaubt wurde, mit mehreren Frauen verheiratet, nachdem seine erste Frau Chadidscha gestorben war).

Im Jahre 632 (im 10. Jahr nach seiner Auswanderung von Mekka nach Medina) unternahm Mohammed noch einmal eine Wallfahrt von Medina zur Kaaba in Mekka. In der gleichen Weise, wie Mohammed diese Pilgerfahrt vollzog, führen auch heute noch die gläubigen Moslems ihre Pilgerfahrt durch.

Kurz nach der Rückkehr von dieser Wallfahrt erkrankte Mohammed. Er starb am 8. Juni 632 in Medina. Sein Werk wurde von seinen Nachfolgern, den Kalifen, fortgesetzt, die in nicht langer Zeit die Länder von Nordafrika (ja sogar Spanien) bis Indien für den Islam gewannen.

Als Mohammed in Mekka als Prophet auftrat, fand er zunächst wenig Anklang. Seine Botschaft, daß es nur den einen Gott Allah gibt, paßte den meisten Leuten in Mekka nicht. Sie wollten weiter an ihrem Glauben an viele Götter festhalten, der ihnen ja auch viel Geld einbrachte, weil jedes Jahr viele Leute aus ganz Arabien als Pilger zumHeiligtum der Kaaba in Mekka kamen, in dem damals die vielen Götter verehrt wurden (bevor Mohammed das Heiligtum von Götzenbildern reinigte).

Es paßte ihnen auch nicht, daß Mohammed ihr schlechtes Verhalten gegen die Armen anprangerte.

So gewann Mohammed zunächst nur im engsten Familienkreis und unter Sklaven und Beduinen Anhänger.

Als nun im Jahr 619 seine Frau Chadidscha starb und auch sein Onkel Abu Talib, der ihn immer geschützt hatte, entschloß sich Mohammed, mit seinen Anhängern nach Medina auszuwandern. Diese Auswanderung in das 300 km entfernte Medina ist der Anfangspunkt für den großen Erfolg des Propheten Mohammed. Nach dieser Auswanderung – sie heißt auf arabisch »Hedschra« –, die am 6. Juli 622 n. Chr. stattfand, beginnt deshalb auch die islamische Zeitrechnung.

M 4: *Überschriften zur Ordnung der Textabschnitte aus dem »Puzzle« zum Leben Mohammeds*[95]*:*

1. Wie sah es in Arabien vor Mohammeds Auftreten aus?
2. Geburt und Kindheit Mohammeds
3. Vom Kaufmann zum Propheten
4. Mißerfolg in Mekka, Auswanderung nach Medina
5. Mohammed als Prophet und Heerführer in Medina
6. Mohammed als Herrscher über Mekka und ganz Arabien, sein Tod

(Die Textabschnitte sind auf DIN-A-4-Blättern der Reihenfolge nach unter den Überschriften zu ordnen)

Fragen zum Leben Mohammeds

(Unterstreiche die Stellen im Text, die die Antwort auf diese Frage geben)

1. Wie groß ist die arabische Halbinsel?
2. Wie heißt das würfelförmige Heiligtum in Mekka?
3. In welchem Jahr wurde Mohammed geboren?
4. Welchen Beruf hatte Mohammed, bevor er Kaufmann wurde?
5. Was las Mohammed auf dem Seidentuch, das ihm der Engel Gabriel zeigte?

[95] Überschriften und Fragen vom Vf.

6. Warum gefiel den Leuten in Mekka Mohammeds Predigt zuerst nicht?
7. Wann wanderte Mohammed nach Medina aus?
8. Wann besiegte Mohammed mit seinen Anhängern eine dreifache Übermacht?
9. Was unternahm Mohammed noch kurz vor seinem Tod?

M 5: *Zum Vergleich zwischen Jesus und Mohammed*[96]

Jesus	Mohammed

1. *Wieviel Jahre liegen zwischen dem Auftreten von Jesus und Mohammed?*

etwa 580 Jahre

2. *Unter welchen Verhältnissen sind sie aufgewachsen?*

Beide sind in sehr einfachen Verhältnissen aufgewachsen.

Jesus	Mohammed
	Mohammed war ein Waisenkind.

3. *Was predigten sie ihren Landsleuten?*

Jesus	Mohammed
Jesus predigte, daß das Reich Gottes nahe ist. Er redete oft in Gleichnissen. Er hat gesagt, daß Gott die Menschen wie ein guter Vater liebt und daß jeder seinen Nächsten lieben soll wie sich selbst.	Mohammed sagte, daß es nur einen Gott gibt und daß in der Kaaba keine Bilder von Göttern aufgestellt werden sollen.

Beide haben gesagt, daß die Leute sich bessern und daß Reiche den Armen etwas abgeben sollen.

[96] Fragen zum Vergleich vom Vf. – Die hier eingetragenen Antworten wurden in einer vom Vf. geleiteten Klasse von den Schülern in Gruppen erarbeitet und sollen nur Hinweis auf ein mögliches Ergebnis dieses Arbeitsganges sein.

Jesus	Mohammed
4. *Was taten sie?*	
Jesus predigte, er teilte mit den Armen, er heilte Kranke; er nahm Zöllner als Jünger an.	Mohammed hat geheiratet, war ein reicher Kaufmann. Dann predigte er in Mekka von dem einen Gott. 622 mußte er nach Medina auswandern. Mit den Leuten von Medina kämpfte er für seinen Glauben.
5. *Welchen »Erfolg« hatten sie?*	
Die Leute wollten Jesus hören, mit seinen Predigten. Er hatte viele Anhänger *im Volk*, aber nicht die Soldaten (Römer) und Priester. Er opferte sich für sein Volk. Er ist auferstanden.	Mohammed hat eine Schlacht gegen Mekka gewonnen, die eine dreifache Übermacht hatten. Er erreichte, daß alle Menschen (in seinem Land) an Allah glaubten. Er wurde Herrscher über Arabien.
6. *Wie endete ihr Leben?*	
Jesus wurde im Gegensatz zu Mohammed, der natürlich gestorben ist, verhaftet und gekreuzigt. Er gab sein Leben für andere.	Mohammed – der Große, Berühmte – erkrankte und starb einen normalen Tod.

M 6: *Vergleich Bibel–Koran. Vorschlag für ein Tafelbild*[97]

	Bibel	*Koran*
Entstehungszeit:	1000 v.– 150 n. Chr. (1150) Jahre	610–632 (22 Jahre)
Sprachen:	Hebräisch (Altes Testament) Griechisch (Neues Testament)	Arabisch
Einteilung:	Bücher, Kapitel	Suren (der Länge nach geordnet)
verkündigt durch:	viele Gottesboten	Mohammed allein

[97] Entwurf zum Tafelbild vom Vf.

الحي القيوم لا تأخذه سنة ولا نوم

A

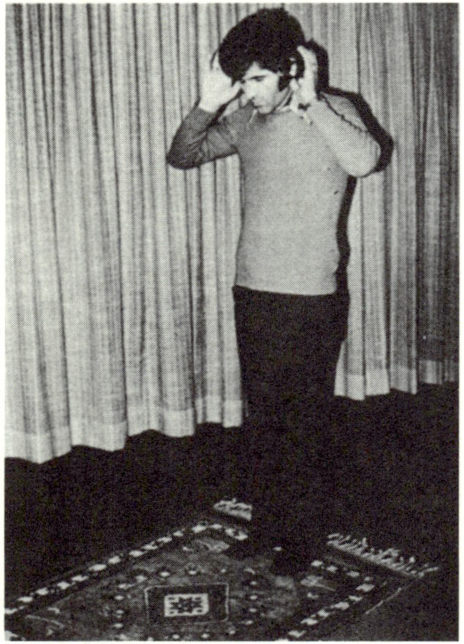

Allahu akbar –
groß ist Allah . . .

B

Ich habe mich an den gewandt,
der Himmel und Erde geschaffen hat . . .

C

Heilig ist mein Herr . . .

D

Allahu akbar – groß ist Allah – Heilig mein Herr, Schöpfer und Helfer

E

O Allah, verzeih mir die Sünden sei mir gnädig und leite mich auf dem rechten Weg – behüte mich vor allem bösen . . .

F

Friede sei bei euch und Allahs Gnade!

M 7: *Die täglichen Gebete*[98]: Ein islamisches Hauptgebet

Im Namen Allahs, des Gnädigen,
des Barmherzigen!
Lob sei Allah, dem Herrn der Welt,
Dem Barmherzigen, dem Erbarmer,
dem Herrn am Tage des Gerichts.

Dich beten wir an, dich bitten wir um Hilfe.
Führe uns den geraden Weg,
den Weg derer, denen du gnädig bist,
nicht den Weg derer, denen du zürnst,
und nicht der Irrenden.

(Sure 1 des Koran: »al-fatiha«)

[98] Aus: Unterrichtsmappe Judentum und Islam 14.

M 8: *»Wer wird zuerst Hadschi?«*[99]

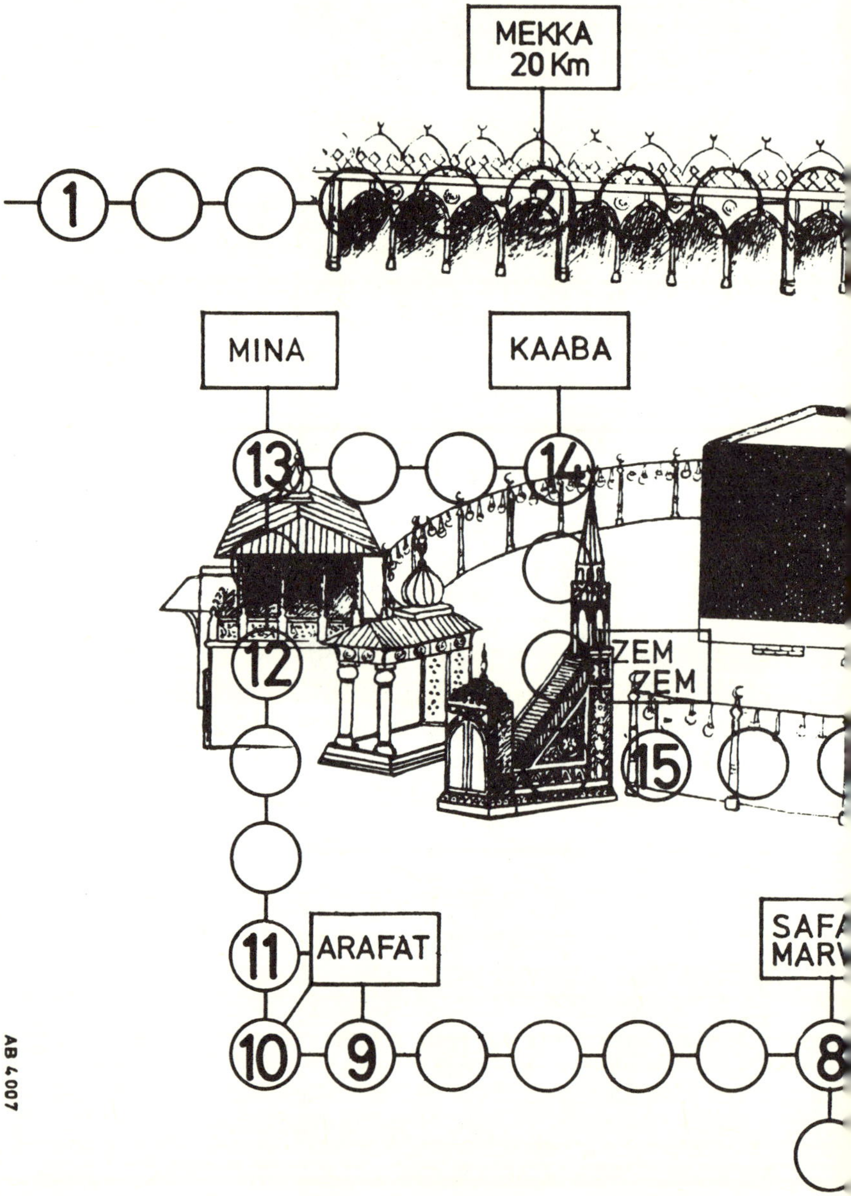

[99] Aus: Kelch, Islam AB 4007 und 4007a.

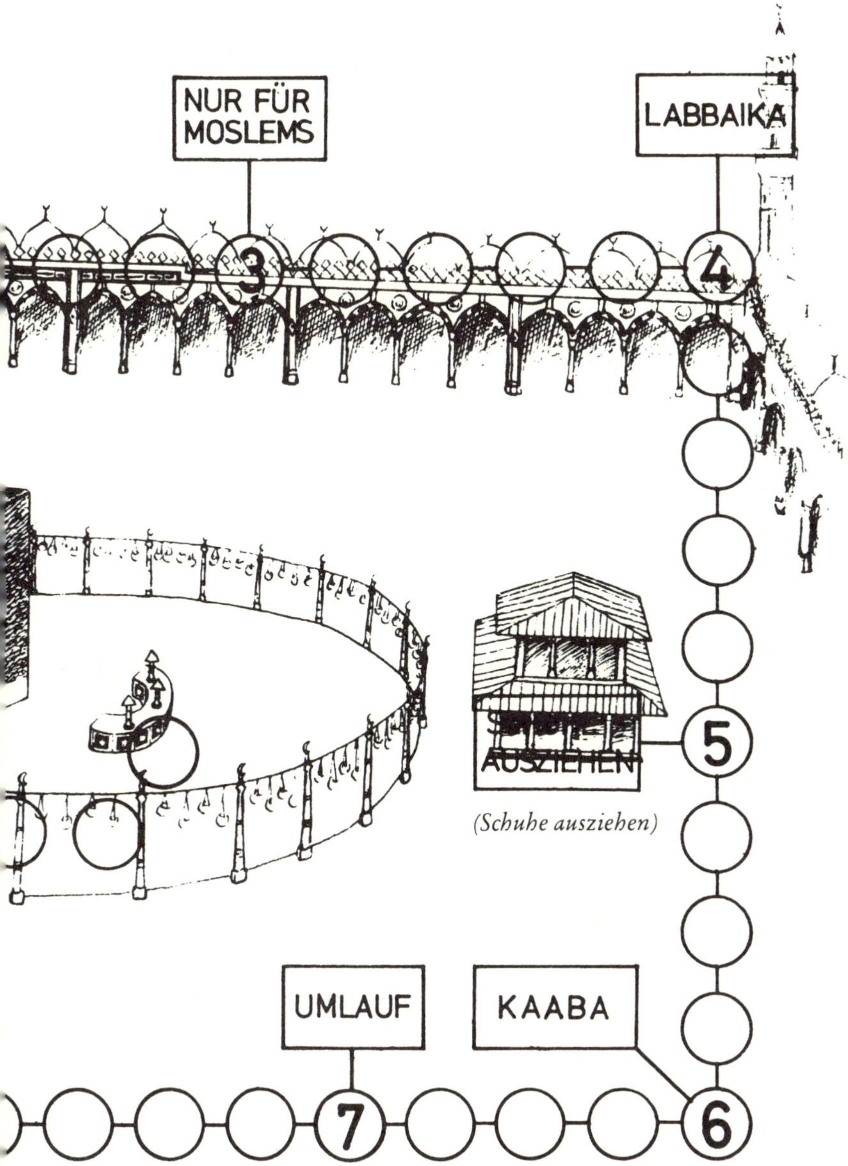
NUR FÜR MOSLEMS
LABBAIKA
3
4
AUSZIEHEN
5
(Schuhe ausziehen)
UMLAUF
KAABA
7
6

Spielanweisung für das Lernspiel: Wer wird zuerst Hadschi

Während der Wallfahrt nach Mekka verpflichten sich die Moslems, keinem Lebewesen ein Leid zuzufügen. Sie fühlen sich dabei wie eine große Familie und behandeln sich gegenseitig mit großer Ehrerbietung. Wir wollen das in unserem Spiel auch zum Ausdruck bringen. Immer wenn eine Spielfigur auf ein schon besetztes Feld vorrückt, darf die Figur, die schon auf dem Feld stand, auf das nächste freie Feld vorrücken.

1. Einmal in seinem Leben soll der Moslem den Hadsch (Wallfahrt) nach Mekka ausführen. Wer eine Eins gewürfelt hat, darf anfangen.

2. 20 km vor Mekka reinigt sich der Pilger und legt das aus zwei ungesäumten weißen Tüchern bestehende Pilgergewand an. Von nun an befindet er sich für die Dauer der Wallfahrt im Zustand der kultischen Reinheit und darf sich daher nicht mehr waschen, rasieren und kämmen. Du hast das alles richtig erfüllt. Rücke fünf Felder vor.

3. Mekka darf nur von Moslems betreten werden.
   In der Nähe der Stadt stehen überall Wachtposten, die jeden zurückweisen, der nicht Moslem ist. Bis jetzt ist es erst sehr wenigen Christen geglückt, heimlich die heilige Stadt zu betreten.
   Du wirst entdeckt und mußt daher noch einmal von vorn anfangen.

4. Tausende von Pilgern ziehen jetzt auf der staubigen Straße nach Mekka. Überall hört man den typischen Wallfahrtsruf: »Labbaika (zu Diensten, zu Befehl)«. Du stimmst in diesen Ruf ein und darfst soviel Felder wie das Wort Silben hat vorrücken.

5. Endlich stehst du vor den Toren der großen Moschee. Im Hof siehst du schon das große Heiligtum, die würfelförmige Kaaba. Du bist äußerst gespannt und vergißt dabei, dir die Schuhe auszuziehen. Die Moscheewächter schicken dich zurück. Rücke auf Feld zwei zurück.

6. Einer der Höhepunkte der Wallfahrt ist das Küssen des schwarzen Steines in einer Ecke der Kaaba. Dir ist es geglückt, trotz des großen Andrangs bis zu diesem Stein vorzudringen. Rücke um 7 Felder vor.

7. Zu den Pflichten der Wallfahrt gehört es, siebenmal um die Kaaba herumzulaufen. Du hast dich verzählt und mußt daher auf Feld 5 zurück.

8. Die Moslems verehren als ihren Stammvater Ismael, einen Sohn Abrahams. Ismaels Mutter Hagar suchte einmal im Tale von Mekka nach Wasser für ihren verdurstenden Sohn. Auf ihr Gebet hin entsprang die Quelle Sem-Sem in der Nähe der Kaaba. Zur Erinnerung an das verzweifelte Suchen der Hagar läuft der Pilger siebenmal zwischen den Bergen Safa und Marwa hin und her. Du bist von der Hitze, dem Gedränge und von dem Laufen so erschöpft, daß du dich jetzt etwas ausruhen mußt. Hole dir zur Gesellschaft die Figur eines Mitspielers auf dein Feld. Es ist egal, ob er vor oder hinter dir stand.

9.–11. Am achten Tag der Wallfahrt ziehen die Pilger zur Ebene Arafat. Dort lagern sie vom Mittag bis zur Abenddämmerung am Fuße eines Hügels, auf dem Mohammed seine letzte Predigt gehalten hat. Du setzt einmal mit Würfeln aus.

12. Die letzte Station der Wallfahrt ist in Mina. Auf dem Wege dorthin haben die Pilger kleine Steinchen gesammelt, mit denen sie die drei Satanssäulen bewerfen. Einer alten islamischen Legende zufolge soll Abraham an dieser Stelle den Teufel mit Steinwürfen vertrieben haben. Du hast deine sieben Steinchen geworfen und darfst sieben Felder vorrücken.

13. In Mina findet auch das einzige Schlachtopfer des Islam statt. Für jeden Festpilger wird ein Stück Kleinvieh oder für je sieben Personen zusammen ein Stück Großvieh geschlachtet. Nach dem Schlachtopfer wird das Pilgergewand abgelegt und das Haar wieder geschnitten. Der Zustand der kultischen Reinheit ist hiermit beendet. Du bringst es nicht übers Herz, ein Tier für dich schlachten zu lassen. Würfle noch einmal und rücke die entsprechende Anzahl Felder zurück.

14. Die Pilger kehren nach Mekka zurück und besuchen noch einmal die Kaaba. Du schließt dich ihnen an. Rücke drei Felder vor.

15. Du verweilst noch etwas am heiligen Brunnen Sem Sem und füllst eine Flasche mit dem wunderkräftigen Wasser, das du deinen Freunden in Deutschland mitbringen willst. Du kannst erst weiter, wenn du eine Sechs gewürfelt hast.

Wer zuerst durchs Ziel gekommen ist, darf sich Hadschi nennen und hat das Recht, einen grünen Turban zu tragen.

Das Ziel ist erst dann erreicht, wenn die gewürfelte Zahl in der Kaaba endet. Bei höheren Würfen muß vom Ziel aus wieder entsprechend zurückgesetzt werden.

M 9: *Die 5 Hauptpflichten eines Muslim*[100]

Die 5 Hauptpflichten eines Muslim können mit einem Tor verglichen werden, das auf 5 Säulen steht und das zum Paradies führt. Im folgenden findet ihr die 5 Hauptpflichten, die im Koran (dem heiligen Buch der Moslems) an verschiedenen Stellen angeordnet werden, zusammengefaßt. Sucht jeweils den Hauptbegriff aus den Geboten heraus und tragt je einen unter jeder der 5 Säulen des unten aufgezeichneten Tores ein:

Jeder Gläubige soll das Bekenntnis ablegen:
Es gibt keinen Gott außer Allah; Mohammed ist sein Prophet.
Verrichtet 5mal am Tage das Gebet!
Gebt von dem, was ihr besitzt und verdient, regelmäßig ein Almosen, besonders für die Witwen, Waisen und Bettler!
Fastenzeit ist der Monat Ramadan, der Monat, in dem der Koran herabgesandt wurde als eine Anleitung zum rechten Verhalten für Menschen. Wer jedoch krank ist oder auf einer Reise, der faste eine gleiche Anzahl anderer Tage.
Wenigstens einmal in eurem Leben sollt ihr eine Wallfahrt nach Mekka unternehmen, wenn ihr das Geld dafür aufbringen könnt und eure Familie wohl versorgt wißt.

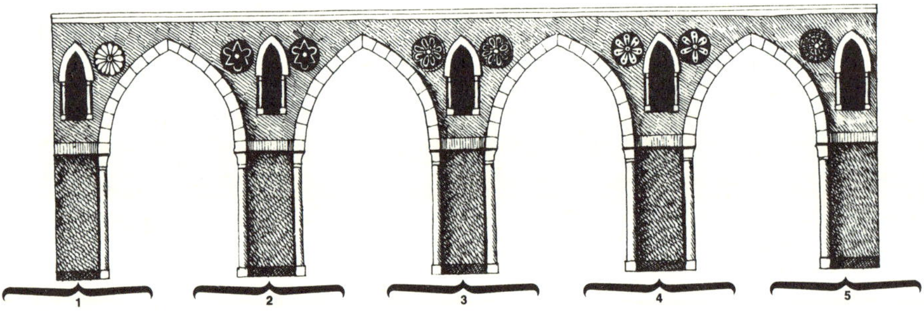

M 10: *Beginn einer Geschichte*[101]*:*

Eine türkische Familie kommt nach Nürnberg. Der Vater hat hier Arbeit gefunden. Die Kinder haben sich sehr auf die weite Reise und das fremde Land gefreut.
Aber nach einger Zeit sagen sie zu ihren Eltern:
»Wir möchten wieder nach Hause, hier gefällt es uns nicht!« . . .

---

[100] Textzusammenstellung vom Vf. – Die Skizze zum Schmuckblatt nach Unterrichtsmappe Judentum und Islam 17.
[101] Kurztext vom Vf.

M 11: *Lernkontrolle zum Thema*
»Der Islam – eine große Weltreligion«[102]

1. Christen versammeln sich in *Kirchen.*
Muslime versammeln sich in *Moscheen.*
Schreibe die folgenden Wörter in die Spalte »Kirche« oder »Moschee« (ein Wort kannst du in beide Spalten eintragen):

Gebetsnische – Kirchturm – Taufstein – Minarett – Altar – Brunnen für die Waschung – Kreuz – Kanzel – Halbmond

Kirche	Moschee

2. Was soll der gläubige Moslem tun, wenn er zum Gebet in die Moschee tritt?

3. In welche Richtung verneigen sich die gläubigen Moslems beim Gebet?

[102] Testbogen vom Vf.

4. Schreibe vor die folgenden Sätze jeweils ein J (für »Jesus«) oder ein M (für »Mohammed«), je nachdem, ob sie für Jesus oder Mohammed zutreffen (bei einem der Sätze kannst du J *und* M davorschreiben):

_____ Er wurde in Arabien geboren.

_____ Er wurde in Israel geboren.

_____ Er stammte aus einer einfachen Familie.

_____ Er predigte: Unterwerft euch Allah, dem einzigen, erhabenen Gott, und folgt seinen Geboten.

_____ Er predigte: Du sollst den Herrn, deinen Gott lieben aus deinem ganzen Herzen und deinen Nächsten (deinen Mitmenschen) wie dich selbst.

_____ Er heilte Blinde und Kranke und half Zöllnern und Sündern.

_____ Er drohte den reichen Kaufleuten in Mekka, die sich nicht um die Armen, Witwen und Waisen kümmerten, die Strafe Allahs an.

_____ Er sagte: Liebet eure Feinde, – und wehrte sich nicht, als er gefangen genommen wurde.

_____ Er kämpfte mit seinen Anhängern und siegte einmal sogar gegen eine dreifache Übermacht, die aus seiner Vaterstadt gegen ihn geschickt worden war.

_____ Er wurde am Kreuz zwischen Verbrechern hingerichtet.

_____ Er starb als Herrscher über ganz Arabien.

_____ Seine Anhänger halten ihn für den letzten, größten Propheten, den Gott geschickt hat.

_____ Seine Anhänger glauben, daß Gott ihn vom Tode erweckt hat und daß er der Heiland und Retter für alle Menschen ist.

5. Die Worte Allahs, die Mohammed weitergesagt hat, stehen aufgeschrieben im ______________________

Die Worte Jesu stehen in der ______________________

6. Nenne zwei (oder mehr) Pflichten, die ein gläubiger Moslem in seinem Leben erfüllen soll.

7. Wann dürfen die frommen Moslems im Monat Ramadan etwas essen und trinken, wann sollen sie fasten?

8. Wie feiern die Moslems das Fest des »Fastenbrechens«, Ramadan-Beiram? (Diese Frage brauchst du nur zu beantworten, wenn genügend Zeit ist.)

9. Hast du Ideen, was wir tun können, damit sich islamische Familien bei uns wohlfühlen?

10. Wenn du noch Zeit hast, zeichne entweder einen schönen Gebetsteppich, ein Minarett oder etwas anderes, was dir für den Islam typisch zu sein scheint.

M 12: *Christliche und moslemische Begriffe*[103]

Jesus	Mohammed
Christ	Moslem
Glocke	Muezzin
Kirchturm	Minarett
Kreuzigung	Hedschra
Passionszeit	Ramadan
Bethlehem	Mekka
Kyrie Eleison	Inschallah
Pastor	Imam
Bibel	Koran
Kapitel	Sure
Jerusalem	Medina
Weihnachten	Ramadan-Beiram
Kirche	Moschee

[103] Lernspiel nach Kelch, Islam AB 4016.

1 13: *Lernspiel zu islamischen Symbolen*[104]

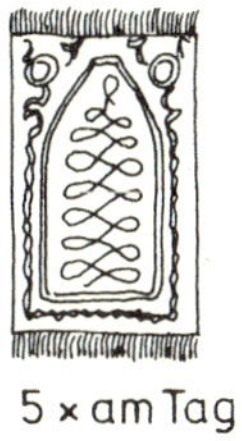	2 	*Gebetsteppich* 5mal am Tag betet der Moslem in Richtung Mekka	*Moschee* Islamisches Versammlungs-haus
3 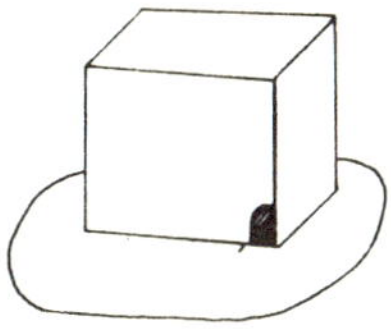	4 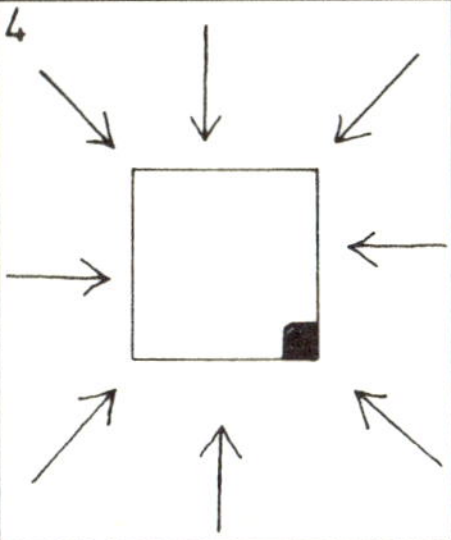	*Die Kaaba* Zentralheiligtum des Islam in Mekka. Zielpunkt der Wallfahrt	*Der Hadsch* Die Wallfahrt nach Mekka
	6 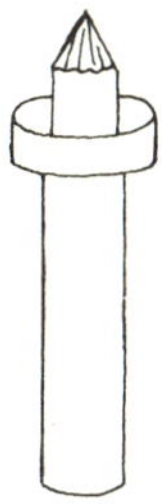	*Ramadan* Der Fastenmonat. Essen und Trinken nur nachts erlaubt	*Minarett* 5mal am Tag ruft von hier der Muezzin zum Gebet
	8 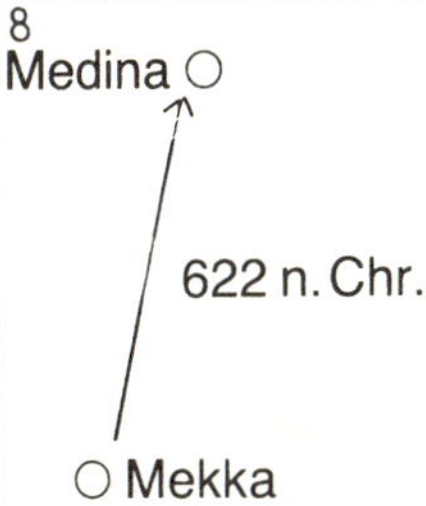	*Koran* Das heilige Buch des Islam. Mohammed wörtlich von Allah offenbart	*Hedschra* Auswanderung Mohammeds von Mekka nach Medina 622 n. Chr.
	10 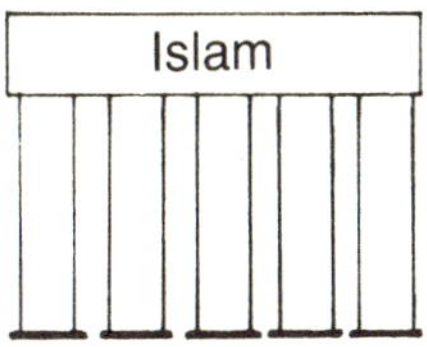	Das islamische *Glaubensbekenntnis* Es gibt keinen Gott außer Allah, Mohammed ist sein Gesandter	Die »Säulen« des *Islam* Glaubensbekenntnis, Gebet, Ramadan, Almosen, Wallfahrt

[104] Lernspiel nach a. a. O. AB 4006.

4. Die Bedeutung des Themas »Weltreligionen« für das Selbstverständnis evangelischer Theologie und Religionspädagogik

Zum Abschluß soll noch einmal die Frage vom Beginn der Untersuchung aufgegriffen werden:

Was ergibt sich aus der Beschäftigung mit den großen lebenden Religionen (und den die Religionen erschließenden Wissenschaften) für das Selbstverständnis evangelischer Theologie und Religionsdidaktik?

Die Diskussion hierzu entzündet sich vornehmlich an zwei Punkten, nämlich 1. daran, wie das Verhältnis der Religionsdidaktik zu den Religionswissenschaften einerseits, zur Theologie andererseits zu bestimmen ist, und 2. der Auseinandersetzung um den Religionsbegriff.

Zu beiden Punkten haben sich im Laufe der Untersuchung Leitgedanken ergeben, die im Folgenden wieder aufzugreifen sind.

Ihren Niederschlag fanden sie bereits in dem Untertitel dieser Arbeit. Wenn in ihm von einer »theologischen Didaktik« die Rede ist, dann beinhaltet das die These, daß evangelische Religionsdidaktik nicht auf christliche Theologie als primäre Bezugswissenschaft verzichten kann und darf, wenn sie sich in einer offenen – das Selbstverständnis der Anderen sorgsam erfragenden – Weise dem Anspruch nichtchristlicher Religionen stellt.

4.1 Zur Verhältnisbestimmung von theologischer und religionswissenschaftlicher Arbeit

Mit dem Vorhaben, eine »theologische Didaktik der Weltreligionen« zu entwerfen, wird einerseits die an evangelischer Theologie mit vollem Recht geübte Kritik aufgegriffen, daß sie hinsichtlich nichtchristlicher Religionen lange Zeit einen ausgesprochenen »Blindfleck« hatte. Es soll andererseits darauf aufmerksam machen, daß der Aufgabe, auf ein neues Zusammenleben der Religionen hinzuarbeiten, eine ausschließlich religionswissenschaftliche Frageweise nicht gerecht werden kann: Erst wenn die Religionen beginnen, mit Hilfe ihrer Theologie ihren Wahrheitsanspruch angesichts des Wahrheitsanspruches der Anderen zu formulieren,

so daß sie sich gegenseitig darüber verständigen können, ist eine neue Gemeinschaft unter ihnen möglich[1].
Dabei wird auf ein Selbstverständnis von Theologie und Religionswissenschaft abgehoben, nach dem beide nicht in Konfrontation oder auch einem bloßen Nebeneinander verharren, sondern sich der Überschneidung ihrer Frageweisen und der Notwendigkeit kritischer gegenseitiger Korrektur bewußt sind. D.h., daß das Gegenüber einer Offenbarungstheologie, der die kritische Reflexion der Vermittlungsvollzüge des Glaubens weitgehend gleichgültig ist, und einer rationalistischen Religionswissenschaft, die religionswissenschaftliche Aussagen nur auf rein empirischer (und damit vermeintlich »objektiver«) Grundlage gelten lassen will, nicht bejaht werden kann[2].

Nun fragt Theologie – als »Denken des Glaubens« – schwerpunktmäßig vom religiösen Vollzug aus und auf religiösen Vollzug hin, während Religionswissenschaft sich bemüht, den religiösen Vollzug und den Wahrheitsanspruch der einzelnen Religionen nicht von vornherein wertend aufzunehmen, sondern religiöse Erscheinungsweisen mit Hilfe historischer, philologischer, soziologischer, psychologischer u.a. Methoden zu deuten. Doch dürfte eine Theologie, die den Wahrheitsgehalt einer Religion bzw. Konfession angesichts gegenwärtiger Herausforderungen aktualisieren will, nicht darauf verzichten, ihn mit philosophischen Denkmodellen und anthropologisch erschließbaren Erfahrungen in den Dialog zu bringen (auch wenn sie im Bewußtsein halten muß, daß »Gott« oder das »Absolute« – konsequent als alle menschlichen Vorstellungen übersteigende Wirklichkeit gedacht – niemals völlig angemessen in solchen Sprachversuchen eingefangen werden kann). Ohne diese Bemühung kann dem Anspruch religiöser Wahrheit auf umfassende Geltung, wie ihn gerade auch Offenbarungstheologie wahren will, kaum Rechnung getragen werden[3]. Auf der anderen Seite wird der Religionswissenschaftler im

---

[1] Vgl. *C. Gestrich:* Der *»Absolutheitsanspruch«* des Christentums im Zeitalter des Dialogs. Erwägungen zur theologischen Begründung der Mission in der Gegenwart. ZThK 1980, 106–128, 120, der hier Gedanken von U. Mann (»interreligiöse Kontroverstheologie«) aufgreift.

[2] Zur Auseinandersetzung zwischen dem »irrationalen« Zweig (R. Otto, Fr. Heiler, J. Wach, G. Mensching, K. Goldammer) und der modernen rationalistischen Richtung (W. Baetke, K. Rudolf, und die Skandinavier wie z.B. A. Hultkranz und G. Widengren) in der Religionsphänomenologie vgl.
U. Tworuschka: Moderne Religionswissenschaft. Ein Leitfaden für den Religionspädagogen. Ev. Erzieher 6/1974, 389–398, bes. 390–394.
Hierzu und zum folgenden vgl. auch *C. Colpe:* Religionswissenschaft als *Bezugswissenschaft* zu Unterricht. In: Religionsunterricht, Religionskunde, Alternativunterricht. Loccumer religionspädagogische Studien und Entwürfe 14, Loccum 1976, 72–82, bes. 72–76.

[3] Vgl. *H. J. Margull:* Zu einem christlichen Verständnis des *Dialogs* zwischen Menschen verschiedener religiöser Traditionen.Evangelische Theologie 39/1979, 195–211, 210.

Bewußtsein halten müssen, daß es »rein objektive« Wissenschaft nicht geben kann: Religiös-kulturelle Vorprägungen und Wertentscheidungen fließen schon in die Auswahl und Gewichtung von Inhalten und Methoden mit ein[4]. Darüberhinaus sind Religionswissenschaftler auch auf die Arbeit der Theologen insofern angewiesen, als sie dem Selbstverständnis einer Religion nur dann nahekommen können, wenn sie die theologischen Bemühungen, dieses Selbstverständnis dem denkenden und handelnden Vollzug zu erschließen, ernstnehmen. Das gilt für die ja zunächst in der »westlichen Welt« entwickelte Religionswissenschaft hinsichtlich der Theologien im christlich-abendländischen Einflußbereich, stärker aber noch hinsichtlich des in vielem prinzipiell »Fremden« und empirisch kaum Faßbaren der Religonen in anderen Kontinenten[5].

Entsprechend dieser Verhältnisbestimmung von Theologie und Religionswissenschaft hat es auch in dieser Untersuchung ein vielfältiges Ineinandergreifen religionswissenschaftlicher und theologischer Fragestellungen gegeben:

Historisch-kritische Arbeit (als eine zwar besonders in evangelischer Theologie entwickelte, aber eigentlich – sofern sie sich religiösen Vorgängen zuwendet – religionswissenschaftlich-historische Disziplin) war bei der Darstellung des Lebens Mohammeds und der Verkündigung Jesu unerläßlich. *Religionssoziologische Aspekte* tauchten z. B. in der Darstellung des Einflusses auf, den Mohammed mit seiner Lehre auf die Entwicklung einer eigenen Gesellschaftsform des Islam ausübte, *religionsphänomenologische Gesichtspunkte* in der Betrachtung der Rolle von Prophetie, heiligen Schriften usw., *religionspsychologische* in der Umschreibung der Grundstrukturen islamischen Glaubensverständnisses[6].

---

[4] So zeigt *C. Colpe*, daß viele Aussagen, die als religionswissenschaftlich »belegt« gelten, die Prägung durch den christlich-abendländischen Denkhorizont deutlich verraten (*Kritische Anfragen* zu D. Zilleßen. In: *D. Zilleßen/U. Tworuschka*/Hg.: *Thema Weltreligionen.* Frankfurt/Diesterweg 1977, 22f.).

[5] Vgl. hierzu oben unter 1., S. 28f. Das Aufeinander-angewiesen-sein theologischer und religionswissenschaftlicher (und dabei insbesondere religionsphilosophischer) Frageweisen kommt im englisch-sprachigen Raum – in dem es z.B. keine genaue Übersetzung für »Religionswissenschaft« gibt – etwa in dem Ausdruck »religious studies« zur Geltung: Er »umfaßt mehr als nur die sog. religionswissenschaftlichen Methoden: Philosophische, theologische und andere Wege, die Wahrheit und den Wert religiöser Formulierungen und Praktiken zu erforschen, sind darin eingeschlossen« (*N. Smart: Kritische Anfragen* zu D. Zilleßen. In: Tworuschka/Zilleßen, Thema Weltreligionen 18f., 18).

[6] Vgl. hierzu Colpe, Bezugswissenschaft 76f. Einen guten, knappen Überblick über religionswissenschaftliche Disziplinen und Schulen gibt Tworuschka, Moderne Religionswissenschaft (in stark überarbeiteter und erweiterter Fassung wieder abgedruckt unter dem Titel: *U. Tworuschka: Was ist Religionswissenschaft?* In: Tworuschka/Zilleßen, Thema Weltreligionen 31–43). Auch die von ihm dargestellten neueren Forschungszweige der Religionsgeographie und -ökologie (Moderne Religionswissenschaft 395ff.) deuteten sich

Schwerpunktmäßig theologisch argumentiert wurde dagegen etwa in der Darstellung der Aufgaben des Christentums in der Religionsbegegnung und besonders in den dabei angestellten christologischen Reflexionen. – Die gleiche Verbindung theologischer und religionswissenschaftlicher Frageweisen wiederholte sich auch bei den religionspädagogischen Entwürfen.

Diese Angewiesenheit der Religionsdidaktik (auch als einer »evangelischen« Religionsdidaktik) auf die Verschränkung theologischer und religionswissenschaftlicher Fragestellungen, auf ihre gegenseitige Befruchtung und Kritik, ist im neueren Diskussionsfeld durchaus nicht selbstverständlich[7]. Hier standen sich eine primär auf Kirche und Theologie einerseits, auf Religion in einem allgemeinen Sinne und Religionswissenschaft bezogene Religionsdidaktik andererseits lange Zeit ziemlich unversöhnlich gegenüber[8].

Sichtbar wird die Kontroverse vor allem in der Auseinandersetzung um den Religionsbegriff. Da die negative Einschätzung von »Religion« auf der einen, ihre positive Bewertung auf der anderen Seite für die Beschäftigung mit den nichtchristlichen Religionen gerade in evangelischer Religionsdidaktik erhebliche Folgen hat, soll versucht werden, an einigen exemplarischen Punkten 1. den neueren religionspädagogischen Streit um den Religionsbegriff und 2. die hinter ihm stehenden Erfahrungen und Anliegen ev. Theologie im 20. Jahrhundert zu durchleuchten[9].

---

z. B. in unserer Darstellung der Verhältnisse im Arabien Mohammeds vor seinem Auftreten (s. o. unter 2.2.1) an.

[7] Der auch wissenschaftstheoretisch reflektierte Ansatz hierzu, den *D. Zilleßen* vorgetragen hat (*Theologie und Religionswissenschaft.* Eine Problemstellung mit religionspädagogischen Konsequenzen. Ev. Erzieher 6/1974, 370–383, bes. 379ff.), ist zunächst kaum aufgenommen worden und hat erst 1977 ein breiteres Forum gefunden, indem Zilleßen ihn in erweiterter und überarbeiteter Fassung zusammen mit den Stellungnahmen verschiedener Theologen, Religionswissenschaftler und Religionspädagogen in dem Band »Thema Weltreligionen« abdruckte und ihm ein »Plädoyer für die Weiterführung des Gesprächs« beifügte (Thema Weltreligionen 5–31).

[8] Die Kontroverse läßt sich z. B. sehr deutlich studieren an *»Religion und Religionsunterricht – 3 Thesenreihen* und 1 Kommentar«, von J. F. Konrad, G. Kittel, P. Schwarzenau und I. Baldermann. Ev. Erzieher 1/1973, 56–76.

[9] In diesem Rahmen ist es allerdings nicht möglich, die Diskussion vollständig zu erfassen. Für die Diskussionslage nach Wiederaufnahme des Religionsbegriffs in die Religionspädagogik um 1970 sei z. B. auf die folgenden Bände hingewiesen:
K. Wegenast (Hg.): *Religionsunterricht – wohin?* Neue Stimmen zum Religionsunterricht an den öffentlichen Schulen. Gütersloh (G. Mohn) 1971.
N. Schneider (Hg.): *Religionsunterricht* – Konflikte und Konzepte. Beiträge zu einer neuen Praxis. Hamburg/München (Furche/Kösel) 1971.
Die Diskussion kommt besonders zum Tragen in *E. Feifels* Art.: Grundlegung der Religionspädagogik im *Religionsbegriff. Handbuch der Religionspädagogik*, hg. v. E. Feifel, R. Leuenberger, G. Stachel, K. Wegenast Bd. *I* (Gütersloh/Zürich; G. Mohn/Benziger 1973), 34–48, sowie in

4.2 Für und wider »Religion« – aus der religionspädagogischen Kontroverse

Nahezu jeder, der seine Ausbildung im Rahmen der deutschen protestantischen Theologie des 20. Jahrhunderts erhalten hat, hat in irgendeiner Form die Worte Karl Barths über die Religion im Ohr: »Religion ist Unglaube; Religion ist eine Angelegenheit, man muß geradezu sagen, *die* Angelegenheit des gottlosen Menschen.«[10] Viele werden auch wissen, daß diese Abwertung der Religion die radikale Selbstbesinnung ev. Theologie auf die ihr eigenen Aufgaben kennzeichnet, die in Antithese zur religionsgeschichtlichen und religionspsychologischen Begründung der Theologie vor dem ersten Weltkrieg steht. Der religiöse Versuch, von anthropologischen Ansatzpunkten her zur Gotteserkenntnis durchzustoßen, wurde als Verleugnung der eigentlichen Selbstbekundung Gottes bloßgestellt, die den Menschen vollkommen von außerhalb seiner Erkenntnisse und Fähigkeiten her erreicht[11].

Wie aber soll bei einer solchen Position noch ein Gespräch mit den Religionen möglich sein? – Wer im Vergleich hierzu wahrnimmt, daß vom Katholizismus aus die Gottesverehrung in den Religionen als Vorform zu der Gotteserkenntnis veranschlagt wird, die in ihrer Fülle in der katholischen Kirche präsent ist, oder wer sieht, daß vom Islam aus jeder, der sich dankbar der göttlichen Schöpfungsordnung einfügt, als Muslim bezeichnet werden kann, oder wer etwas von der religiösen Offenheit des Hinduismus erfährt, kann nicht umhin, die protestantische Denkform, die sich in der skizzierten Weise auf Karl Barth bezieht, als im höchsten Maße intolerant zu empfinden. Ob damit die Barthschen Impulse richtig aufgegriffen werden, sei zunächst dahingestellt.

Jedenfalls ist von daher die fast überschwengliche Hinwendung zu Tillichschen Definitionen begreiflich. Wenn der Begriff »Religion« positiv bezogen wird auf das Empfangen von Offenbarung – im Christentum *und* in anderen Religionen – und darüberhinaus im weitesten Sinne den »Zustand des Ergriffenseins von einem letzten Anliegen«[12] bezeichnen

---

K.E. Nipkow: Grundfragen der Religionspädagogik Bd. *1/2.* Gütersloh (G. Mohn) 1975. = GTB 105/6, bes. Bd. I, 129ff. und *H. Halbfas: Religion.* Stuttgart (Kreuz) 1976. = Themen der Theologie, Erg.-Bd., bes. 221ff.

[10] *K. Barth: Die Kirchliche Dogmatik I/2.* Zürich (Theologischer Verlag) 1938, 327f.; vgl. 329ff.

[11] S. hierzu *G. Sauter:* Über die Brauchbarkeit des *Religionsbegriffes* für Kirche und Theologie heute. In: *Religionskritik als theologische Herausforderung,* hg. v. H. Breit u. K.-D. Nörenberg. München (Kaiser) 1972. = ThEx 170, 108–132.

[12] *P. Tillich:* Das Christentum und die Begegnung der *Weltreligionen.* In: Die Frage nach dem Unbedingten. Schriften zur Religionsphilosophie. Ges. Werke Bd. V Stuttgart (Ev. Verlagswerk) 1964, 51–98, 52.

kann, dann scheint damit eine Offenheit für das interreligiöse Gespräch gegeben zu sein, die auch in der geläufigen katholischen Position nicht erreicht ist.

In den Mittelpunkt religionspädagogischer Theorie hineingeholt wurde der Religionsbegriff – nach langer Verbannung aus der Diskussion – von Hubertus Halbfas und Siegfried Vierzig, – zu einer Zeit, als das Bewußtsein wuchs, daß unsere Gesellschaft sich nicht mehr von vornherein als christliche versteht, in der die großen Volkskirchen ihr weltanschauliches Monopol verloren haben und der konfessionelle Religionsunterricht in Frage gestellt wurde. Der Religionsbegriff steht hier für eine Religionspädagogik, die nicht nur überkonfessionell zu verstehen ist, sondern auch nichtchristliche Religionen und atheistische Überzeugungen in ihren Ansatz aufnehmen kann.

Halbfas definierte: Religiosität nennen wir die leidenschaftliche »Ergriffenheit des Menschen von der Frage nach dem eigenen Wesen und der Bestimmung des Daseins . . . Religiosität ist demnach nicht Glaube an die Existenz Gottes . . ., sie realisiert sich nicht notwendig in kultischen Akten oder institutionellen Einrichtungen etablierter Religionen . . .«[13]. – Vierzig brachte als Beispiel für gegenwärtiges religiöses Fragen der Jugend die Neuentdeckung und über alles Normalmaß hinausgehende Betonung der Sexualität; hier sprach sich für ihn die religiöse Sehnsucht nach Identität, nach Freiheit, Glück und Sinn aus; gerade das aber seien Erscheinungsweisen der Religion[14]. Dementsprechend konnte er schreiben: »Religion gehört zum Menschen als Menschen, . . . ob er sich ›religiös‹ versteht oder nicht. Kein Mensch kann auf ›Religion‹ verzichten, so wenig er darauf verzichten kann, nach Deutungen und Wertungen zu leben, an denen er Rückhalt findet, wenn es um das Ganze und Letzte geht, um Heil und Unheil, um Tod und Leben«[15].

Es ist deutlich, daß dieser weitgefaßte Religionsbegriff nicht nur den nichtchristlichen Religionen, sondern auch allen Sinn-Problemen im säkularen Bereich gegenüber eine große Offenheit einschließt. Insofern kann er zur Begründung eines »Religionsunterrichts für alle« in einer Schule dienen, die sich in ihrem Selbstverständnis auf eine plurale, nicht von vornherein als christlich zu definierende Gesellschaft bezieht. Als Bezugswissenschaft für solchen Religionsunterricht wird primär die Religionswissenschaft, nicht die Theologie angesehen[16].

---

[13] *H. Halbfas: Fundamentalkatechetik.* Sprache und Erfahrung im Religionsunterricht. Stuttgart (Calwer) 1968, 25.

[14] *S. Vierzig:* Das *Bedürfnis nach Religion.* In: Schneider, Religionsunterricht 23–32, 28.

[15] A. a. O. 26.

[16] S. *H. Halbfas: Von der Theologie zur Religionswissenschaft.* In ders.: Aufklärung und Widerstand. Beiträge zur Reform des Religionsunterrichts und der Kirche. Stuttgart/Düsseldorf (Calwer/Patmos) 1971, 79–87.

Gegenüber dieser Fundierung des Religionsunterrichts im Religionsbegriff haben sich nicht nur Befürchtungen von Seiten der Kirchenbehörden eingestellt, die um die Konfessionsbezogenheit des Religionsunterrichts bangen, sondern auch von kirchenkritischen Religionspädagogen, die fragen, ob man mit diesem weitgefaßten Religionsbegriff nicht viele Dinge, die säkular zu deuten sind – wie Natur und Geschichte, Personalität und Gemeinschaft, Glück und Unglück oder eben auch Sexualität –, religiös überhöht[17] und damit vorletzte Werte zu letzten Werten macht. Helmuth Kittel, der Namensgeber des religionspädagogischen Konzepts der Evangelischen Unterweisung, das bewußt auf den Religionsbegriff verzichtet, setzt dem das reformatorisch verstandene »Evangelium« entgegen: Es befreie diese Wirklichkeiten zu sich selbst und beanspruche sie nicht als religiösen Sinnbereich. Er weist dazu darauf hin, daß es die Konzentration auf das Evangelium war, die die Vertreter der Evangelischen Unterweisung zu Vorkämpfern für die Entkonfessionalisierung der Schule werden ließ[18].

Jede Seite beansprucht also für sich ein Stück zutreffender Wirklichkeitsdeutung und ein Stück notwendiger Befreiung – von verengter Konfessionalität einerseits, von religiös überhöhten menschlichen Phänomenen andererseits.

Die Auseinandersetzung ist nicht nur von Religionspädagogen, die der »Evangelischen Unterweisung« nahestehen, weitergetrieben worden, sondern insbesondere auch von Karl Ernst Nipkow. In seiner Darstellung von »Grundfragen der Religionspädagogik« schreibt er u. a.:

»– Die Allgemeinheit des Religionsbegriffes soll zeitgemäß sein, neigt aber zu Geschichtslosigkeit und Gesellschaftsferne.
– Sie soll neue Phänomene der Religiosität erfassen, die jedoch durch den verwendeten Religionsbegriff selbst erst als religiös definiert werden müssen.
– Sie soll von dogmatischen Denktraditionen befreien, wobei man meist nicht beachtet, daß die neuen kritischen Kriterien von dem her leben, was sie kritisieren, der christlichen Tradition. . . .«[19]

Die wiederum kritische Rückfrage von Hubertus Halbfas, in der er sich ausdrücklich auf Nipkow bezieht, ist nicht ausgeblieben: »In der gegen-

---

[17] *H. Kittel: Evangelische Unterweisung im Religionsunterricht.* Versuch einer Selbstinterpretation. Die Spur 3/1976, 76–86, 78.

[18] A.a.O. 84ff. Hinzuweisen ist auch auf Kittels Bejahung einer nicht-konfessionellen Religionskunde neben dem konfessionsbezogenen Religionsunterricht. In *ders.: Freiheit zur Sache.* Eine Streitschrift zum Religionsunterricht. Göttingen (Vandenhoeck & Ruprecht) 1970, 76f.

[19] Nipkow, Grundfragen der Religionspädagogik Bd. I, 139f.

wärtig etablierten einseitigen Zuordnung der Religionspädagogik zu Kirche und konfessioneller Theologie liegen Folgen, die nicht hinzunehmen, sondern als Aufgaben zu verstehen sind:

- Fast alle von der Religionspädagogik in unserer Gesellschaft mitverantworteten religiösen Lernprozesse bleiben auf binnentheologische und kirchliche Rahmen gespannt; die für eine humane Zukunft dringenden Aufgaben interkultureller Kommunikation werden kaum wahrgenommen oder rücken nicht in das Bewußtsein der westlichen Gesellschaft.
- Die Forschungserträge der Religionswissenschaft, der Ethnologie und Kulturanthropologie gewinnen keine systematische Relevanz für den Bildungsauftrag der Schulen. Der sogenannte ›Religions‹-Unterricht macht hier bestenfalls Gelegenheitsanleihen. . . «[20]

Hier hat sich eine Alternative herausgebildet: Religionspädagogik einerseits bezogen auf Kirche und Theologie in ihrem gesellschaftlichen Rahmen – bei gleichzeitiger Einschränkung von »Religion« und Religionswissenschaft; Religionspädagogik andererseits bewußt bezogen auf einen weiten Religionsbegriff, Religionen und Religionswissenschaft – bei gleichzeitiger Abwertung des konfessionellen Bezuges und der Theologie als Bezugswissenschaft. Angesichts der theologischen und religionsdidaktischen Aufgabenstellung, die sich in dieser Untersuchung herauskristallisiert hat, ist diese Alternative zu relativieren.

Die Religionspädagogik stünde sonst in Gefahr, der Erfahrungen verlustig zu gehen, die in den maßgeblichen theologischen Entwürfen aus der ersten Hälfte unseres Jahrhunderts, auf die sie sich bezieht, aufgenommen sind. Um die Diskussion zu entgrenzen, sollen deshalb diese Erfahrungen und die ihnen korrespondierenden theologischen Anliegen in knappen Umrissen dargestellt werden, und zwar anhand der Bestimmung von »Religion« bei Dietrich Bonhoeffer (mit seinem Rückgriff auf Karl Barth) und Paul Tillich. Diese Theologen sind nicht nur deshalb als Beispiel gewählt, weil sie mit ihren gegensätzlichen Aussagen über »Religion« zu den Kronzeugen der gegenwärtigen Kontroverse gehören, sondern auch deshalb,weil sie die Umbrüche in der ersten Hälfte unseres Jahrhunderts in ihrem ganzen Lebensweg mitvollzogen haben; das verleiht ihren theologischen Aussagen besondere Lebenskraft.

Eine weitere Entgrenzung des Gesichtsfeldes, die dringend erforderlich ist, soll danach durch die Betrachtung des Religionsverständnisses bei Gustav Mensching als einem prominenten Religionswissenschaftler vorgenommen werden.

---

[20] Halbfas, Religion 225.

4.3 Das Religionsverständnis bei Bonhoeffer, Tillich und Mensching – Erfahrungen und Anliegen aus der ersten Hälfte unseres Jahrhunderts

Mit den Entwürfen Dietrich Bonhoeffers über »Religion«, »Religionslosigkeit« und die sogenannte »Nichtreligiöse Interpretation« wird deshalb begonnen, weil er einerseits den Ansatz von Karl Barth aufnimmt und weiterverfolgt, andererseits aber noch stärker als Barth die Erfahrung der Säkularität unseres Jahrhunderts ernst nimmt und reflektiert.

4.3.1 Die Erfahrung der Religionslosigkeit bei Dietrich Bonhoeffer

Dietrich Bonhoeffer kommt am Ende seines Lebens, als Gefangener des Nazi-Regimes, in den Briefen an seinen Freund Eberhard Bethge, zu seiner Prognose von der Religionslosigkeit: Die »Zeit der Religion«, die »Zeit der Innerlichkeit« ist vorüber. »Wir gehen einer völlig religionslosen Zeit entgegen; die Menschen können einfach, so wie sie nun einmal sind, nicht mehr religiös sein. Auch diejenigen, die sich ehrlich als ›religiös‹ bezeichnen, praktizieren das in keiner Weise . . .«[21]. Diese Sätze spricht Bonhoeffer aber keineswegs als Resignierter. Die »Religionslosigkeit«, wie er sie sieht, ist für ihn vielmehr eine Herausforderung zu neuem theologischem Nachdenken: Was ist das Christentum und wer ist Christus heute für uns? »Wie sprechen . . . wir ›weltlich‹ von ›Gott‹, wie sind wir ›religionslos-weltlich‹ Christen . . .?«[22] »Die Religiösen sprechen von Gott, wenn menschliche Erkenntnis . . . zu Ende ist oder wenn menschliche Kräfte versagen – es ist eigentlich immer der deus ex machina (erg.: der Gott, der als Patentlösung eingesetzt wird), den sie aufmarschieren lassen, entweder zur Scheinlösung unlösbarer Probleme oder als Kraft bei menschlichem Versagen, immer also in Ausnutzung menschlicher Schwäche bzw. an den menschlichen Grenzen; . . . ich aber möchte von Gott nicht an den Grenzen, sondern in der Mitte, nicht in den Schwächen, sondern in der Kraft, nicht also bei Tod und Schuld, sondern im Leben und im Guten des Menschen sprechen.«[23]

Diese Sätze wirken gerade in ihrer Skizzenhaftigkeit und Unabgeschlossenheit, die Bonhoeffer selbst deutlich gesehen hat, herausfordernd. Es tauchen allerdings auch unmittelbar kritische Rückfragen auf:

---

[21] *D. Bonhoeffer: Widerstand und Ergebung.* Briefe und Aufzeichnungen aus der Haft. Hg. v. E. Bethge. München/Hamburg (Siebenstern Tb 1) 1964, 132.

[22] A.a.O. 133f.

[23] A.a.O. 134f.

1. Was ist für Bonhoeffer eigentlich Religion? und 2. Wie kommt er zu dieser Einschätzung seiner Zeit?

Hinsichtlich des Religionsbegriffs ist Bonhoeffer geprägt von dem bereits angedeuteten theologischen Aufbruch nach dem ersten Weltkrieg, der vor allem mit dem Namen Karl Barth verknüpft ist. Für Barth – wie auch für Tillich – war in der Katastrophe des Weltkrieges deutlich geworden, wie verhängnisvoll im 19. Jahrhundert die Verbrüderung von christlicher Religiosität und nationalen Gefühlen, die religiöse Überhöhung der herrschenden Kulturauffassung und Sitte und wie kläglich demgegenüber das Versagen der Kirche in der sozialen Frage gewesen war. Religion als Vertröstung, als Flucht vor der Wirklichkeit, als Rückzug auf die Innerlichkeit – diese Vorwürfe der Religionskritiker des 19. Jahrhunderts machte sich Barth zu eigen. Religion war für ihn der immer wiederholte Versuch des Menschen, von sich aus zu Gott vorzustoßen, Gott, der doch mit menschlichen Vorstellungen, menschlichen Begriffen gar nicht zu fassen ist. Von daher rührt seine negative Fassung des Religionsbegriffs (Religion als »Unglaube . . .«). Diese negative Wertung hat Bonhoeffer sich zu eigen gemacht, auch wenn er dann hinterher nicht so selbstverständlich von christlicher Offenbarung und den überkommenen christlichen Lehren sprechen kann wie Barth.

Bonhoeffers Aussagen über die Religionslosigkeit müssen aber darüber hinaus im Zusammenhang mit seinem Lebensweg gesehen werden[24]: Bonhoeffer war schon vor 1933 – trotz seiner hervorragenden Eignung für die akademische Laufbahn – in den kirchlichen Dienst getreten und hatte später das Predigerseminar der Bekennenden Kirche in Finkenwalde bis zu dessen Auflösung durch die Nationalsozialisten unter schwierigen Bedingungen geleitet. – Er war dann 1939, trotz verlockender Angebote bei einer Amerikareise, als theologischer Lehrer in den Vereinigten Staaten zu bleiben, in das Kriegsdeutschland zurückgekehrt und wurde hier Mitglied des politischen Widerstandes gegen Hitler, mit all den Zweideutigkeiten, die zu geheimdienstlicher Tätigkeit und zu einer Konspiration gehören.

In dieser Zeitgenossenschaft mit den Menschen des Widerstandes, die zum großen Teil nicht religiös vorgeprägt waren, schreibt er seine Entwürfe über die Religionslosigkeit, oder besser gesagt: über die Bedeutung Christi für eine mündig gewordene Welt.

Die Theologie der Bekennenden Kirche, die sich ganz in den Hort der Rechtgläubigkeit zurückgezogen hat, wird ihm zunehmend fragwürdi-

---

[24] Hierzu *E. Bethge:* Dietrich *Bonhoeffer.* Theologe, Christ, Zeitgenosse. München (Kaiser) 1970, bes. zu den Wendepunkten in Bonhoeffers Leben: vom »Theologen zum Christen« und vom »Christen zum Zeitgenossen«, 246ff.; 760ff.

Rücksendegrund (Schlüsselzahlen)

Artikel sagt nicht zu:
45 Kleidung fällt zu eng aus
46 Kleidung fällt zu kurz aus
47 Kleidung fällt zu weit aus
48 Kleidung fällt zu lang aus
37 falsche Größe/Farbe bestellt
33 Schnitt/Form der Kleidung passt nicht
35 schlechtes Material/Verarbeitung
41 Preis-/Leistungsverhältnis stimmt nicht
42 anders als im Katalog dargestellt
43 gefällt nicht*
44 Artikel zur Auswahl bestellt

Material:
11 Material-/Funktionsfehler*
14 Artikel nicht vollständig*
16 Artikel beschädigt/zerbrochen/verschmutzt*
17 Transportschaden/Karton beschädigt

Lieferung:
22 Artikel nicht bestellt
23 Paket kam zu spät
24 unerwünschter Ersatz-Artikel geliefert
28 Kombinationsartikel nicht geliefert

Bitte legen Sie Ihrer Rücksendung **keine neue Bestellung** bei. Sie vermeiden dadurch unnötige Verzögerungen.

Ihr Rückgabe-Recht: kostenlose Rücksendung!

■ Sie haben 14 Tage Zeit, die Produkte kosten- und risikolos an uns zurückzuschicken (mit Ausnahme von personalisierten Artikeln und entsiegelten Kassetten, CDs u. CD-ROMs).

■ Es reicht, wenn Sie uns in dieser Frist die Ware zurücksenden oder Ihren Rücksende-Wunsch schriftlich mitteilen. Nach den 14 Tagen wird der Kauf wirksam. Kosten und Gefahr der Rücksendung tragen wir.

■ Natürlich interessiert uns, warum Sie die Artikel zurückschicken. Deshalb können Sie uns auf dem Rücksende-Schein Ihre Gründe mitteilen.

Und so geht's:

1. Legen Sie den Liefer- und Rücksendeschein Ihrer Rücksendung bei.
2. Kleben Sie immer den vorbereiteten Rücksendeaufkleber auf Ihr Paket. Wir übernehmen dann das Rückporto.
3. Ihre Rücksendungen können Sie einliefern:
   - bei den Hermes PaketShops – Infos unter „PaketShop finden": www.hermespaketshop.de
   - bei den Filialen der Deutschen Post – Infos unter „Filiale suchen": www.deutschepost.de

*Bitte geben Sie zum Rücksendegrund noch eine nähere Erläuterung auf dem Rücksendeschein an. Danke!

ger. Er erlebt, daß er den sogenannten »religiösen« Menschen gegenüber Schwierigkeiten hat, den Namen Gottes zu nennen, während er Religionslosen gegenüber gelegentlich wie selbstverständlich von ihm reden kann.

Bonhoeffer sieht als Aufgabe, zu einer »nicht-religiösen Interpretation« zu kommen. Nichtreligiöse Interpetation ist mehr als nur Entmythologisierung. Es sollen nicht nur mythologische Begriffe wie Wunder, Himmelfahrt o. ä. übersetzt werden, sondern auch von solch zentralen Sachverhalten wie Schöpfung, Menschwerdung Gottes, Kreuzigung und Auferstehung Jesu Christi ist »weltlich« zu reden. Nur solches »weltliche« Reden kann der vollen Teilhabe Gottes an dieser Welt – daß er sich total in die Diesseitigkeit hineinbegeben hat, daß er mit Menschen in dieser Welt leidet, ohnmächtig ist und der Welt gerade dadurch Erlösung bringt – entsprechen. So lautet dann auch der entscheidende Christustitel für Bonhoeffer »der Mensch für andere«[25].

Gott wird dabei nicht zu einer menschlichen Idee verflüchtigt, im Gegenteil: die Erfahrung der Nähe und Kraft Gottes – als eines personalen Gegenübers – ist gerade den Gebeten und Gedichten aus der Haftzeit unmittelbar abzuspüren.

Entwürfe wie die Bonhoeffers in einer solchen Situation sind keine festen Lehrgebäude; sie sind zuerst Provokationen zu neuem Denken und neuem Handeln. Bonhoeffers theologische und politische Existenz bleibt überzeugend, auch wenn man in anderer Situation neu wird fragen müssen, ob seine Prognose der »Religionslosigkeit« wirklich die einzig mögliche ist und ob die negative Festlegung von »Religion« die Wirklichkeiten decken kann, die sich mit diesem Wort verbinden.

Damit ist unmittelbar die Frage nach dem theologischen Entwurf Tillichs aufgeworfen, der »Religion« in einen sehr viel weiteren Sinnzusammenhang einordnet.

4.3.2 Der universale Ansatz bei Paul Tillich

Paul Tillich ist einerseits – wie Bonhoeffer – von den Entwicklungen geprägt, die der erste Weltkrieg hervorgerufen hat. Auch er litt an den leeren Sprachformen überkommener christlicher Dogmen, an der Blindheit der evangelischen Kirche gegenüber den Nöten und Bedürfnissen der Arbeiter und daran, daß das erneuernde reformatorische Erbe so wenig lebendig war. Als religiöser Sozialist war er einer der frühen gründlichen Kritiker des aufkommenden Nationalsozialismus und wurde als erster

---

[25] Bonhoeffer, Widerstand und Ergebung 192.

nichtjüdischer Professor nach der Machtergreifung fristlos entlassen, weil er für den Ausschluß von NS-Studenten eintrat, die jüdische und linke Studenten zusammengeschlagen hatten[26].

Anders aber als Bonhoeffer, der vor allem in kirchlichen Aufgabenfeldern Theologie betrieb, führte bei Tillich sein Unbehagen an überkommener kirchlicher Lehre zu einem ständigen Wechselgespräch mit anderen Wissenschaften und Denksystemen, mit dem Marxismus, aber auch mit nichtchristlichen Religionen. In dieser Existenz auf der Grenze von Theologie und Philosophie, von Religion und Kultur konnt er »Religion« nicht wie Bonhoeffer als vorübergehende Erscheinung von Jenseitigkeit und Innerlichkeit abtun. Er mußte sie umfassender definieren, ohne damit Religionskritik überflüssig zu machen.

Und so ist Religion für ihn *»im weitesten und tiefsten Sinne des Wortes das, was uns unbedingt angeht«*[27] bzw. (wie oben schon angedeutet) der »Zustand des Ergriffenseins von einem letzten Anliegen . . . einem Anliegen, das alle anderen Anliegen zu bloß vorläufigen macht . . .«[28]. Religion ist hiernach nicht festgelegt auf die geschichtlich gewachsenen Religionen, sondern umgreift auch diejenigen säkularen Bewegungen, die gewisse Züge mit den herkömmlichen Religionen gemeinsam haben[29] – wie Nationalismus, Marxismus und Humanismus/Liberalismus. Religion ist eine Grundbefindlichkeit des Menschen, die ihn immer begleitet.

Zwei Fragen stellen sich angesichts dieser umfassenden Bestimmung von Religion: 1. Wie ordnet Tillich das Phänomen ein, das Bonhoeffer »Religionslosigkeit« nennt: die Erfahrung, daß die herkömmlichen religiösen Bindungen und Antworten einer allenthalben fortschreitenden Diesseitigkeit Platz gemacht haben? und: 2. Wie bestimmt Tillich das Verhältnis der konkreten, geschichtlich gewachsenen Religionen zu dem, was er unter Religion versteht?

Die erste Frage – nach der vermeintlichen Religionslosigkeit der Gegenwart – beantwortet Tillich bewußt anders als Bonhoeffer: »Innerhalb der Geschichte ist eine Vergangenheit oder Zukunft unvorstellbar, in der der Mensch nicht nach dem Sinn seines Lebens fragte, das heißt aber, in der er ohne Religion lebte; denn in dieser Frage drückt sich das Wesen des Menschen aus«[30]. Zwar sieht Tillich auch, daß der Einbruch der Technik

---

[26] S. *W. Hartmann: Paul Tillich.* In: H. J. Schultz (Hg.): Tendenzen der Theologie im 20. Jahrhundert. Stuttgart/Olten (Kreuz/Walter) 1966, 270–276, 274.

[27] *P. Tillich: Religion als eine Funktion des menschlichen Geistes?* In: Die Frage nach dem Unbedingten. Schriften zur Religionsphilosophie. Ges. Werke Bd. V. Stuttgart (Ev. Verl-Werk) 1964, 37–42, 40.

[28] Tillich, Weltreligionen 52.

[29] A.a.O. 52f.

[30] *P. Tillich:* Die Frage nach der *Zukunft der Religion.* In ders.: Ges. Werke V, 32–36, 32.

die traditionellen Kulturen und Religionen angegriffen hat, daß sich religiöse Indifferenz verbreitet hat. Er ist jedoch der festen Überzeugung, daß sich die Frage nach dem Sinn der eigenen Existenz nur vorübergehend verdrängen läßt. Dieser Zustand habe immer nur kurze Zeit angehalten, in der eine geheiligte Tradition ihre Bedeutung verloren hatte und eine neue Antwort noch nicht gefunden war. So waren in der Tiefe des technischen Schaffens und des säkularen Denkens bereits religiöse Elemente vorhanden – wie der Wunsch nach Befreiung aus autoritären Fesseln, das leidenschaftliche Verlangen nach Gerechtigkeit und einer besseren Gesellschaftsordnung, so daß sich hieraus säkulare Bewegungen wie Nationalismus, Marxismus und Humanismus/Liberalismus aufbauen konnten. Tillich nennt sie Quasi-Religionen, weil die Ähnlichkeit mit den herkömmlichen Religionen unbeabsichtigt, wenn auch tatsächlich vorhanden ist[31].

Hier ergibt sich die zweite Frage – nach der Rolle, die in dieser Entwicklung den geschichtlich gewachsenen Religionen zukommen kann: Tillich sieht alle gegenwärtig bedeutsamen Weltreligionen in die Auseinandersetzung mit den säkularen Quasi-Religionen hineingezogen[32]. Dabei haben sie nicht lediglich überholte Antworten zu geben. Aus ihren eigenen geschichtlichen Erfahrungen heraus haben sie Kritik zu üben an Gefahren der Verabsolutierung von Teilwahrheiten, an einem neuen inhumanen Dogmatismus, wie er auch in den Quasi-Religionen vorkommt – etwa an der Verkehrung des Sozialismus in einen Kommunismus stalinistischer Prägung.

- Allerdings sind auch alle geschichtlichen Religionen nur bedingte Konkretionen dessen, was für Tillich Religion eigentlich ist. Sie leben immer in der Gefahr, daß in ihnen ein sakramentaler Raum geschaffen wird, wodurch dann der übrige Bereich der Wirklichkeit der Sinnlosigkeit preisgegeben ist.
- Ihre Größe aber liegt darin, daß sie über sich selbst hinausweisen können auf das Unbedingte[33].

Das gilt auch für das Christentum: Es kann als konkrete Religion nicht einen universalen Anspruch erheben. Die Offenbarung, auf die es verweist, ist nicht sein exklusiver Besitz. Allerdings trägt der zentrale Inhalt der christlichen Botschaft in bestimmter Hinsicht letztgültigen und normgebenden Charakter: insofern er auf das neue Sein in Jesus als dem Christus verweist, in dem die entscheidenden Existenzfragen der Men-

---

[31] Tillich, Weltreligionen 53.

[32] A. a. O. 57f.

[33] Hierzu und zum Folgenden a. a. O., bes. 98, sowie *P. Tillich: Systematische Theologie Bd. III.* Stuttgart (Ev. Verlagswerk) 1966, 386.

schen ihre Antwort gefunden haben. Jesus als der Christus steht, indem er als Mensch total an den Zweideutigkeiten des Lebens teilnimmt und dabei doch die ungebrochene Einheit mit dem Grund des Seins und d.h. mit Gott selbst bewahren kann, für die Überwindung der Entfremdung des Menschen[34]. Tillich hat von hier aus einen offenen Dialog mit Vertretern anderer Religionen geführt, der nicht auf die Einverleibung der Andersgläubigen in eine christliche Konfession zielte, sondern auf gegenseitige Kritik und Bereicherung[35]. – Von seinem Denkansatz und dem Ort seines Wirkens her hatte er ein viel offeneres Feld vor sich, als Bonhoeffer es – zumal in den Gefängnisjahren – überhaupt haben konnte. Das wird man beim Vergleich zu berücksichtigen haben.

Tillich hat dabei auch aufmerksam die Erkenntnisse der Religionswissenschaften herangezogen und verarbeitet. – So ist es an dieser Stelle sachgemäß zu fragen, wie ein maßgeblicher Religionswissenschaftler Religion im Vergleich zu Tillichs weitem Religionsbegriff definiert.

4.3.3 Anwalt der Religionen: Gustav Mensching

Gustav Mensching ist einen anderen Weg gegangen als Bonhoeffer und Tillich: Seit seiner frühen Habilitation 1927 als akademischer Lehrer tätig, nahm er nicht in der gleichen unmittelbaren Weise am politischen Weltgeschehen teil wie die beiden Theologen. Und doch hat er – wenn auch weniger auffällig – ein gutes Stück Zeitgenossenschaft und Solidarität mit Menschen bewiesen, die nicht dem eigenen Kulturhorizont angehören: als Anwalt der Religionen und des interreligiösen Dialogs in einer Welt, die unvergleichlich viel enger zusammengerückt ist als in früheren Zeiten, in der das Zusammentreffen von Menschen verschiedener Kultur und verschiedenem Glauben unausweichlich geworden ist und in der neu nach

---

[34] S. *P. Tillich: Das Neue Sein in Jesus* dem Christus als die Überwindung der Entfremdung. In ders.: Auf der Grenze. Aus dem Lebenswerk Paul Tillichs. Stuttgart (Ev. Verlagswerk) 1962, 86–88.

[35] Von daher kommt Tillich noch in seiner letzten Rede zur Anregung einer »Theologie der Religionsgeschichte«, die dem systematischen Theologen helfen soll, »die Gegenwart und unseren eigenen geschichtlichen Standort zu verstehen, sowohl als spezifisch christlichen Standort wie als Standort mit einem universalen Anspruch« (*P. Tillich:* Die Bedeutung der *Religionsgeschichte* für den systematischen Theologen. In: Werk und Wirken Paul Tillichs. Ein Gedenkbuch. Stuttgart (Ev. Verlagswerk) 1967, 185–203, 191). Er erhofft sich dabei gerade von der Intensivierung des Dialogs mit den Weltreligionen die Regeneration des westlichen Christentums, seine Reintegration in die gesellschaftlich-kulturelle Lebenswirklichkeit hinein, durch die vielleicht auch dem (verhängnisvollen) permanenten Entstehen von »Quasi-Religionen« im Raum des Säkularismus gewehrt werden könne(a. a. O. 198).

dem Beitrag der Religionen für die Weltentwicklung zu fragen ist. – Mensching ist als Religionswissenschaftler nicht nur damit befaßt, Einzelmaterial über die Religionen zusammenzutragen; er sucht darüber hinaus das Grundwesen einer jeden Religion zu ergründen, den Denkern in den Religionen »nachzudenken« und ihre Anliegen auch einem breiteren Leserkreis zugänglich zu machen[36].

Es kann nicht verwundern, daß er dabei in Auseinandersetzung mit den von Karl Barth beeinflußten theologischen und kirchlichen Richtungen gerät, die »Religion« nur als negatives Thema kennen und die durch ihre Einstellung das Durchdringen neuerer religionswissenschaftlicher Erkenntnisse im protestantischen Raum stark behindert haben.

Und doch sieht sich Mensching auch im religionswissenschaftlichen Feld einer Gegnerschaft gegenüber, weil er nicht rein philologisch, rational-historisch und empirisch arbeitet, sondern darüber hinaus nach der »Lebensmitte« der Religionen fragt und – im Gefolge seines Lehrers Rudolf Otto – irrationale Elemente in den Religionen ernstnimmt. Der Position Menschings wird hier vorgeworfen, sie untergrabe den wissenschaftlichen Charakter der Religionswissenschaft und liefere sie letztlich der Theologie und Metaphysik aus[37]. – Was hier nicht gesehen wird, ist, daß Mensching die irrationalen Momente in den Religionen beschreibt (soweit dieses möglich ist), keineswegs aber mit ihnen Theologie treibt, während seine Kritiker offenbar von der rationalistischen Denkvoraussetzung ausgehen, etwas Irrationales sei gleich auch schon irreal.

Mensching sitzt hier »zwischen den Stühlen« neuorthodoxer Auswirkungen der Theologie Barths einerseits und rationalistischer Religionswissenschaft andererseits. Gerade dabei aber bemüht er sich um die notwendige differenzierte Sicht: Ihm liegt jede Auflösung der Religion ins bloß Säkulare hinein fern, sowenig er andererseits übersieht, daß die Religionen mit dem Gegenüber des Säkularismus vor ihrer größten Herausforderung stehen.

Sein Religionsbegriff ist – im Anschluß an Rudolf Otto – bewußt bezogen auf das sogenannte »Heilige«, von dem auch Tillich häufig spricht, andererseits aber deutlich abgegrenzt gegenüber säkularen Bewegungen, wie Tillich sie seinem Religionsbegriff zugeordnet hat. Die Definition lautet: *»Religion ist erlebnishafte Begegnung mit dem Heiligen und antwortendes Handeln des vom Heiligen bestimmten Menschen.«*[38] –

[36] Zum Weg Menschings und seinem religionswissenschaftlichen Standort s. die differenzierte Darstellung von *U. Tworuschka:* Begegnung und Antwort. Gustav *Mensching* und die Religionswissenschaft. Anthropos 71/1976, 579–601.

[37] A.a.O. 580f.

[38] *G. Mensching:* Die *Religion.* Erscheinungsformen, Strukturtypen und Lebensgesetze. München (Goldmann-Tb. 829/30) o. J. (urspr. 1959), 15.

Diese Definition erscheint zunächst ähnlich formal wie die Tillichs, setzt aber Religion nicht einfach als Grundstruktur menschlichen Lebens voraus, der auch der säkulare Mensch nicht ausweichen kann, sondern ist aus einer sorgsamen Erkundung der konkreten Religionen gewonnen.

Was aber bedeutet *»erlebnishafte Begegnung mit dem Heiligen«?* Begegnung mit dem Heiligen ist ein allen Religionen zugehöriges Grundelement, das in den verschiedensten Weisen vorkommen kann: in einer das Leben wandelnden Erkenntnis – wie bei Buddha; als Schau – wie im Traum Jakobs; als Überwältigtwerden von Gottes Auftrag – wie bei den Propheten. – Das antwortende Handeln des Menschen kann kultisch gesehen – in Opfer, Gebet, Lied – aber auch in verschiedenen Formen der Nachfolge oder bestimmtem ethischem Handeln[39].

Von der Realität des Heiligen ist Mensching fest überzeugt: »Schon die Tatsache, daß allenthalben in der Welt der Religionen Menschen nicht nur die gleiche Sehnsucht nach dem Heiligen bekunden, sondern auch oft unter größten Opfern . . . die Werte verteidigt und bekannt haben, die ihnen von ihrer Religion vermittelt wurden, läßt sich ohne Vorurteile nicht anders erklären als durch die Annahme, daß in all jenen Religionen eine wirkliche Begegnung mit dem Heiligen erlebt wurde.«[40] Die Fehldeutung der Religion im Sinne einer primitiven Weltdeutung ist damit ausgeschlossen[41].

Menschings intensive Beschäftigung mit den Religionen, sein tiefes Verständnis für ihre Grundgedanken und verschiedenen Ausprägungen führen ihn nicht zur Vision einer Welteinheitsreligion; das Ergebnis einer solchen Zusammenschmelzung könnte nur ein lebloses Kunstprodukt sein. Die einzelnen Religionen dürfen ihre eigentümliche und unverwechselbare Eigenart, ihre Lebensmitte nicht verlieren; in ihrer Vielheit sollen sie vielmehr den gleichen Ernst, dieselbe Sehnsucht und Liebe und dieselbe Opferbereitschaft entdecken, die sie aus der Konfrontation zur Kooperation bringen[42].

---

[39] A. a. O. 15f.
Auf die Fülle weiterer Arbeiten Menschings z. B. im religionsphänomenologischen und religionssoziologischen Bereich (hingewiesen sei nur auf seine grundlegenden Unterscheidungen zwischen Volks- und Universalreligion, prophetischen und mystischen Religionen) kann hier nur verwiesen, aber nicht näher eingegangen werden.

[40] A. a. O. 352f.

[41] A. a. O. 16. Hierzu und zum folgenden vgl. *U. Tworuschka: Religionsbewertung* als Problem und Aufgabe. Die Haltung Gustav Menschings zur Religionsmessung. ZRGG XXVII/1975, 122–140.

[42] A. a. O. 351ff.
Es konnte hier nicht der gesamte Kontext neuzeitlicher Bemühungen um den Religionsbegriff skizziert werden; zu ihm gehören neben den theologischen und religionswissenschaftlichen auch die philosophischen, soziologischen und psychologischen Bestimmungsversu-

4.3.4 Korrespondenzen zwischen den Positionen von Bonhoeffer, Tillich und Mensching

Unabhängig davon, wie die Bestimmung von »Religion« in den drei dargestellten Entwürfen zu beurteilen ist, soll zunächst einmal in Thesenform zusammengefaßt werden, an welchen Punkten sich Entsprechungen zwischen Bonhoeffer, Tillich und Mensching ergeben, weil hierdurch die gegenwärtige religionspädagogische Kontroverse eine nicht unerhebliche Relativierung erfährt:

1. In allen drei Positionen kommen wesentliche geschichtliche Erfahrungen und denkerische Verarbeitung zusammen:

a) bei Bonhoeffer die Solidarität mit den Menschen in einer mündigen Welt und das existentielle Fragen danach, was unter dieser Herausforderung christlicher Glaube bedeutet;

b) bei Tillich der Dialog mit Philosophie, Kultur, Religionen und Weltanschauungen und das Bemühen, die überkommene Wahrheit in neue Sprach- und Denkformen zu fassen;

c) bei Mensching Begegnung und Gespräch mit den Weltreligionen und das Hören auf ihre je besondere Botschaft zur Entgrenzung des eigenen Horizontes.

Eine Religionspädagogik ohne »Scheuklappen« wird keine dieser Erfahrungen und Denkbemühungen für unwesentlich erklären können. Dabei ist eine Entprovinzialisierung hinsichtlich der Weltreligionen besonders wichtig, und zwar gerade für eine »evangelisch« konzipierte Religionspädagogik, die im Gefolge des Barthschen Religionsbegriffs hier lange Zeit zu wenig offen war.

2. In allen drei Positionen geht es um eine Überwindung herkömmlicher konfessionalistischer Konfrontationen, insofern Solidarität geübt wird mit Menschen, die nicht primär im Blickfeld konfessioneller Kirchlichkeit stehen. Diese Menschen werden *in* ihrer Situation mit den Fragen und Anliegen, die sie haben, ernstgenommen. Dadurch geht von allen drei Positionen ein antidogmatischer und kirchenkritischer Impuls aus, der nicht zuletzt (insbesondere bei Bonheffer) in der Gestalt Jesu begründet wird.

3. Eine besondere Übereinstimmung zwischen Bonhoeffer und Tillich besteht darin, daß sie die Überwindung herkömmlicher kirchlicher Aus-

---

che. Es sei aber auf zwei problemgeschichtliche Darstellungen verwiesen, die hierzu umfassender informieren:

Sauter, Religionsbegriff.

C. Elsas: Problemgeschichtliche Einleitung. In ders. (Hg.): Religion. Ein Jahrhundert theologischer, philosophischer, soziologischer und psychologischer Interpretationsansätze. München (Kaiser) 1975. = Theologische Bücherei 56, 15–82. Vgl. auch Tworuschka, Was ist Religionswissenschaft?

druckswelsen für dringend notwendig halten. Der Bemühung um neue Sprach- und Denkformen bei Tillich korrespondiert Bonhoeffers Aufgabenstellung einer »nichtreligiösen Interpretation«.

In diesem Zusammenhang ist die Beobachtung wichtig, daß dem Begriff des »Religiösen« bei Bonhoeffer der Begriff des »Supranaturalen« bei Tillich entspricht. So wie Bonhoeffer von der »religiösen«, so will Tillich von der »supranaturalen« Einkleidung der christlichen Botschaft freikommen.

4. Das bedeutet nicht, daß die drei Positionen gleichzusetzen wären. An jede der Positionen sind (von der Warte der anderen her) kritische Fragen zu stellen.

a) Zu Bonhoeffer: Ist bei seiner negativen Fassung des Religionsbegriffs wirkliche Solidarität mit anders geprägten Menschen – insbesondere Anhängern anderer Religionen – möglich?
b) Zu Tillich: Läßt sich Bonhoeffers Erfahrung der mündigen Welt dadurch relativieren, daß auch säkularen Bewegungen das Prädikat »religiös« erteilt wird?
c) Zu Mensching: Bleiben bei seiner Nebeneinanderstellung der Religionen nicht letztlich doch nur subjektive Maßstäbe hinsichtlich der Wahrheitsfrage übrig? Führt totale Offenheit (»Ein und derselbe Mond spiegelt sich in allen Wassern . . .«[43]) nicht doch zur Verringerung von Eigenart und kritischer Kraft in den einzelnen Religionen?

5. Insgesamt ist aber so viel an gemeinsamen Leitfragen und Anliegen in den Positionen vorhanden, daß von hier aus die harte gegenwärtige religionspädagogische Kontroverse, die sich am Religionsbegriff festmacht, zu entschärfen wäre.

Ein Versuch dazu soll im folgenden unternommen werden.

4.4 Konsequenzen für den theologischen und religionsdidaktischen Umgang mit dem Religionsbegriff

Der Rückbezug auf die ausgewählten theologischen und religionswissenschaftlichen Bestimmungen von »Religion« aus der ersten Hälfte unseres Jahrhunderts hat gezeigt, daß der Religionsdidaktik nicht damit gedient sein kann, wenn man einen der Theologen in vorschneller Rezeption zum »Kirchenvater« der Religionspädagogik erhebt und die jeweils andere Position zur Negativ-Schablone stilisiert. Gerade bei Barth und Tillich als den beiden Hauptpolen für die theologische Orientierung der Religionspädagogik nach dem zweiten Weltkrieg finden sich Seiten ihres Denkens,

[43] Mensching, Religion 357.

die einer schematischen Konfrontation zuwiderlaufen, *auch* hinsichtlich des Themenfeldes »Nichtchristliche Religionen«:

Tillich ist mißverstanden, wenn man seinen Definitionen unterschiebt, sie führten zu einer gleichen Gewichtung aller Religionen und Weltanschauungen. Seine Unterscheidung zwischen wahrer und falscher Unbedingtheit[44] ist ebenso im Auge zu behalten wie die Zentralität der Christologie in seiner Systematischen Theologie[45]. Die neueren religionspädagogischen Entwürfe, denen Tillich als theologischer Kronzeuge dient, werden immer wieder kritisch darauf befragt werden müssen, ob sie diesen Differenzierungen Rechnung tragen. Man wird auch im Bewußtsein halten müssen, wie sehr Tillich selbst dessen gewärtig war, daß seine Theologie nicht ohne den reformatorischen Hintergrund zu verstehen ist, auf dem sie erwuchs: Das »protestantische Prinzip« und der »prophetische Protest« gegen gefährliche Unbedingtheitsansprüche in Nation, Kultur und Kirche als ein Grundelement seiner Systematischen Theologie verbindet ihn stärker mit der »dialektischen« Theologie, als man heute oft wahrhaben will[46].

Die Theologie Barths andererseits ist mißverstanden, wenn sie dahingehend ausgelegt wird, daß die Rede von der Absolutheit der Gottesoffenbarung in Christus zur Abkapselung der diese Offenbarung besitzenden Kirche führen dürfe. Barth will mit seinem Offenbarungsbegriff alles andere als eine Kirchenideologie fördern; sein Offenbarungsbegriff ist vielmehr kritische Instanz für die verfaßte Kirche, so wie die wirkliche Begegnung mit der Selbstbekundung Gottes in Christus den Christen in die Krisis seines Menschseins hineinführt. Als der von dieser Selbstbekundung Gottes Getroffene hat sich der Christ dem Gespräch darzubieten, nicht sich ihm zu verschließen[47].

Von hier aus ergeben sich Perspektiven für den Gebrauch des Religionsbegriffs und die theologische Fundierung evangelischer Religionsdidaktik, die in den folgenden Thesen umrissen werden[48]:

---

[44] *P. Tillich:* Was der *Glaube* ist. In: Glauben heute, hg. v. G. Otto. Hamburg (Furche) 1965. = Stundenbücher 48, 255–282, 265f.

[45] *P. Tillich: Systematische Theologie Bd. I,* 3. Aufl., Stuttgart (Ev. Verlagswerk) 1956, 161ff. und *Bd. II,* 3.Aufl., Stuttgart 1958, 163ff.

[46] *P. Tillich: Protestantische Gestaltung.* In ders.: Auf der Grenze, 89–109, bes. 89ff. Man wird deshalb fragen müssen, ob Tillich selbst Kittels Vorwurf einer religiösen Überhöhung menschlicher Kategorien wirklich trifft. Zu H. Kittel, Evangelische Unterweisung im Religionsunterricht 78.

[47] Auf Fehlinterpretationen Barths an diesem Punkt weist vor allem *W. Kohler* hin in: Das Verhältnis des Christentums zu Religion und Religionslosigkeit. Die heutige *japanische Situation* als Herausforderung an Kirche und Theologie. In: Probleme japanischer und deutscher Missionstheologie, hg. v. F. Hahn. Heidelberg (Deutsche Ostasienmission) 1972, 11–29, 13ff.

[48] Das folgende z.T. in Weiterführung von Lähnemann, Nichtchristliche Religionen – Schwerpunkt: Islam 16ff.

1. Daß »Religion« bei der Aufgabenstellung dieser Arbeit nicht als negativer Wertbegriff (= »Unglaube«) benutzt werden kann, ist mehrfach deutlich geworden. Das gilt auch, wenn anzuerkennen ist, daß die negative Fassung des Wortes sowohl bei Karl Barth und Dietrich Bonhoeffer als auch bei Helmuth Kittel primär selbstkritisch auf das Christentum bezogen ist und dieses vor dem Aufgehen in einer allgemeinen, konturenlosen und ideologie-anfälligen »Religion« bewahren soll. Denn faktisch hat sich diese Begriffsbestimmung dahingehend ausgewirkt, daß die Diskussionsebene in evangelischer Theologie und Religionsdidaktik lange Zeit den christlich-abendländischen Horizont kaum verlassen hat und daß junge evangelische Theologen auch gegenüber den »Religionen« eine kognitive und emotionale Vorbelastung mitbringen[49].

Andererseits gibt es eine ganze Reihe von Erfahrungen und Anliegen in »dialektischer Theologie« und »Evangelischer Unterweisung«, die dringend wachgehalten werden müssen:

etwa a) die kritische Frage, ob christliche Theologie nicht erneut in Gefahr steht, ihre ureigenen Inhalte in allgemein als fortschrittlich empfundenen Kategorien (bloß-emanzipatorischen und vordergründig Identität verheißenden Theoremen) aufgehen zu lassen; oder b) Bonhoeffers Erfahrung der jeder supranaturalen Bevormundung entwachsenen Welt, die gleichzeitig doch auf Zeichen echter Christusnachfolge angewiesen ist. Und ist c) Kittels Anliegen, daß im Religionsunterricht der Lehrer sich selbst persönlich-verantwortlich einbringt, wie es der in Jesus total geschenkten Liebe Gottes entspricht, angesichts der ungeheuren Dominanz der Sach-Aufgaben und -Zwänge in den modern-technokratischen Schulsystemen nicht zunehmend von Bedeutung[50]?

Die verschiedentlich anzutreffende Abwertung der »dialektischen Theologie« als »Neuorthodoxie« und der »Evangelischen Unterweisung« als »Hineinregieren der Kirche in die Schule« geht an den Anliegen ihrer Initiatoren – an notwendigem »prophetischen Protest« und der Verantwortung für eine nicht bevormundete Welt – vorüber.

2. Damit sind bereits Gründe genannt, weswegen auch der weite Religionsbegriff, der »Religion« als Seinsstruktur des Menschen faßt (Ergriffenheit von der Frage nach der Bestimmung des Daseins) nicht uneingeschränkt übernommen werden kann. Zwar wird anerkannt, daß mit ihm ein Gegengewicht gegen einseitig konfessionell-fixierten und den Lebensvollzügen der Schüler gegenüber teilweise fremden Religionsunterricht geschaffen werden konnte. Doch bleibt die Beobachtung, daß diese Be-

---

[49] Hier ist der Kritik von Halbfas, Religion 225 zuzustimmen.

[50] S. hierzu *H. Kittel:* Der *Erzieher als Christ.* Göttingen (Vandenhoeck & Ruprecht) 1951.

griffsbestimmung zu Geschichtslosigkeit und Gesellschaftsferne tendiert[51], daß sie vorschnell Philosophie und säkulare Bewegungen als »Religion« vereinnahmt und dadurch einem wirklichen Dialog (als einem echten Wechselgespräch mit säkularen Weltanschauungen und anderen Religionen) eher im Wege steht. Von daher unterliegt diese Begriffsbestimmung auch religionswissenschaftlicher Kritik[52]. – Daß diese Kritik auf Tillich (mit den von ihm vorgenommenen Differenzierungen des Begriffs und seiner protestantisch-theologischen Rückbindung) selbst allerdings weniger zutrifft als auf seine religionspädagogische Rezeption, wurde bereits angedeutet[53].

Positiv aufzunehmen ist andererseits das Anliegen, Offenheit für Sinn- und Wertfragen a) außerhalb des religiös-kulturellen Horizontes im christlichen Abendland – also gerade auch hinsichtlich nichtchristlicher Religionen – und b) auch im säkularen Bereich herzustellen. Bei der Annahme einer »religionslosen« Welt vermag man z.B das in religiöser Subkultur, nationalen Ideologien oder Erfolgs-Ritualien steckende Fragen nicht deutlich genug als quasi-religiöses Fragen zu identifizieren, zu dechiffrieren und damit zu kritisieren. – Deswegen erscheint es sachgemäß, das Adjektiv »religiös« durchaus zur Kennzeichnung bestimmter auch in den säkularen Weltanschauungen vorkommender Phänomene zu gebrauchen, ohne daß darum Marxismus, Nationalismus u.ä. als ganze als »Religionen« zu kennzeichnen sind.

3. Insofern zeichnet sich als Ergebnis unserer Überlegungen die Tendenz zu einer Bestimmung von Religion ab, die wie die wesentlichen religionswissenschaftlichen Entwürfe von einer Befragung der vorhandenen Religionen ausgeht; nur so kann die Diskriminierung nichtchristlicher Religionen einerseits, eine zu weite Fassung des Begriffes andererseits vermieden werden. Allerdings unterliegen auch die religionswissenschaftlichen Bestimmungen angesichts der kaum faßbaren Fülle religiöser Phänomene der Schwierigkeit, daß sie entweder sehr formal bleiben oder – wenn sie inhaltlich genauere Festlegungen treffen – nur auf einen »kleinsten gemeinsamen Nenner« kommen, der viele wesentliche Bereiche der einzelnen Religionen nicht miterfassen kann.

Ein Versuch, sowohl Spezifisches aller Religionen als auch die Weite religiöser Erscheinungen auf den Begriff zu bringen, ist G. Menschings im

---

[51] Nipkow, Grundfragen der Religionspädagogik Bd. I, 139.

[52] S. z.B. Tworuschka, Mensching 592f.: »In modernistischen Definitionsversuchen wird immer wieder der Fehler begangen, die Religion ihres eigentlich religiösen Propriums zu entkleiden.«

[53] Vgl. auch die entsprechenden Beobachtungen bei *H. Schrödter:* Die *Religion* der Religionspädagogik. Untersuchung zu einem vielgebrauchten Begriff und seiner Rolle für die Praxis. Zürich (Benziger) 1975. = Religionspädagogik – Theorie und Praxis 29, 46ff.

voraufgehenden Kapitel erläuterte Definition: *»Religion ist erlebnishafte Begegnung mit dem Heiligen und antwortendes Handeln des vom Heiligen bestimmten Menschen.«*[54]

Mensching rekurriert damit auf ein außerhalb der Machbarkeit des Menschen stehenden Absolutes, wie es in allen geschichtlich gewachsenen Religionen – seien sie nun theistisch (wie Christentum, Judentum, Islam) oder nicht-theistisch (wie der Hinayana-Buddhismus und moderne Formen des »Hinduismus«) – als wesentliches Grundelement vorkommt, und andererseits auf die vielfältigen Formen des menschlichen Handelns in kultischen, magischen und ethischen Akten, die auf die Begegnung mit dem Heiligen antworten. – Sein Begriff ist damit auch für religionssoziologische und -psychologische Analysen geeignet, die sich mit den Auswirkungen religiöser Begegnungen und Handlungen auf die Strukturen des Individuums und menschlicher Gemeinschaften befassen[55]. – Auch für christliche Theologie ist ein Religionsbegriff, der Strukturen und Wirkungsweisen christlichen Glaubens der Befragung durch die Humanwissenschaften zugänglich macht, durchaus nicht abträglich, insofern es auch Aufgabe christlicher Theologie ist, sich diese Wirkungsweisen kritisch zu vergegenwärtigen und in Konfrontation mit den Ursprungsimpulsen und geschichtlichen Erfahrungen christlichen Glaubens zu überprüfen.

Allerdings bringt der auf das »Heilige« bezogene Religionsbegriff die Schwierigkeit mit sich, daß »heilig« im allgemeinen Sprachgebrauch im Sinne partikular-sakraler Vorstellungen vorbelastet ist, der Begriff also, der erläutern soll, zunächst selbst auf umfangreiche Interpretation angewiesen ist.

In diesem Sinne bedeutet der Versuch Hermann Schrödters den Ansatz zu einer Weiterführung. In seiner Untersuchung »Die Religion der Religionspädagogik« gewinnt er aus einer methodologischen Grundlegung (Teil 1) und einer empirischen Bestandsaufnahme der Religionsbegriffe in der Religionspädagogik (Teil 2[56]) Kriterien für den Religionsbegriff: Er müsse anthropologische Fundamentalität (ein fundamentaler Sinn-Aspekt menschlicher Wirklichkeit ist in spezifischer Weise zu thematisieren) und empirische Relevanz angesichts vorliegender Religionen und Religiosität vermitteln, damit Religionspädagogik sich als wissenschaftliche Disziplin konstituieren kann[57]. Seine Definition lautet:

---

[54] Mensching, Religion 15.

[55] Vgl. hierzu Elsas, Problemgeschichtliche Einleitung 68 ff.

[56] Hier kommen ähnliche Überlegungen zum Tragen, wie sie oben unter 2. kritisch zum weiten Religionsbegriff bei Halbfas und Vierzig geäußert wurden.

[57] A. a. O. 81 ff.

»Unter ›Religion‹ verstehen wir die Gesamtheit der Erscheinungen, in denen Menschen das Bewußtsein der radikalen Endlichkeit ihrer Existenz und deren reale Überwindung ausdrücken.«[58]

Damit ist – wie bei Mensching – das Feld freigegeben »für areligiös-atheistische Standpunkte, die nicht religiös vereinnahmt werden sollten«[59]. Anstelle der »Begegnung mit dem Heiligen« bei Mensching steht das *»Bewußtsein der radikalen Endlichkeit ihrer* (erg.: menschlichen) *Existenz und deren reale Überwindung«*.

Diese Beschreibung ist anthropologisch eher zu fassen (allerdings auch stärker ontologisch geprägt) als diejenige Menschings; daß mit ihr ein fundamentaler Sinn-Aspekt der Religionen getroffen ist, ist unbestreitbar; die nicht-theistischen Religionen könnten sich in dieser Definition wahrscheinlich eher wiederfinden. Andererseits trägt sie – wessen sich auch Schrödter weitgehend bewußt ist[60] – eher den Charakter eines relativ kleinen »gemeinsamen Nenners« als die Bestimmung Menschings. Zwar betont Schrödter die unaufhebbare Beziehung zwischen dem »Bewußtsein der radikalen Endlichkeit« *und* ihrer realen Überwindung; die Negativerfahrung, an die angeknüpft wird, darf nicht ohne die Negation des Negativen in den Religionen, die dem Menschen eine Vollendung »über alles ihm mögliche Maß eigener Entfaltung hinaus« anbietet, gesehen werden[61]. – Doch kommt hier die Möglichkeit einer Gottes-Begegnung als einem wesentlichen Moment in den meisten Religionen weniger in den Blick als in Menschings Begriff des »Heiligen«. Und darüber hinaus wird der Religionsbegriff von der Grenze menschlicher Existenz her aufgerollt, was zwar unleugbar zu aller religiösen Erfahrung hinzugehört, die Mitte menschlichen Lebens aber erst im Nachhinein ins Spiel bringt. Hier bestand ja ein besonderes Anliegen Bonhoeffers: » . . . ich möchte von Gott nicht an den Grenzen, sondern in der Mitte, nicht in den Schwächen, sondern in der Kraft, nicht also bei Tod und Schuld, sondern im Leben und im Guten des Menschen sprechen«[62].

Aber auch etwa das islamische Lebensgefühl, das vornehmlich von der Ergebenheit und Dankbarkeit gegenüber Allah als dem Schöpfer geprägt ist (allerdings das Bewußtsein radikaler Endlichkeit als Klammer des irdischen Lebens auch deutlich bewahrt), würde von Schrödters Definition her nicht unmittelbar zu greifen sein.

Trotzdem bleibt unbestritten, daß die Definitionen von Schrödter und Mensching nicht nur für die Religionswissenschaften, sondern auch für

---

58 A. a. O. 83.
59 A. a. O. 10 (im Vorwort von Günter Stachel).
60 A. a. O. 84.
61 A. a. O. 83ff., bes. 85.
62 Bonhoeffer, Widerstand und Ergebung 135.

Theologie und Religionspädagogik eher in Frage kommen als der negative Religionsbegriff Barths oder der weite Religionsbegriff bei Halbfas und Vierzig. Es sind Definitionen, mit denen man arbeiten kann, weil sie ganz entscheidende Momente der Religionen, die diese von anderen Erscheinungen unserer Wirklichkeit abheben, hervorkehren – wobei das »Ergriffensein von dem Unbedingten« (Tillich) durchaus als weiteres Inhaltsmerkmal hinzugenommen werden kann, wenn man dabei im Bewußtsein hält, daß dies auch in säkularen Weltanschauungen vorkommt. Man wird dabei die begrenzte Leistungsfähigkeit von Definitionen im Auge behalten müssen, die solch weite und komplexe Gebilde wie die Religionen auf den Begriff bringen wollen. Die Definitionen von Mensching und Schrödter zeigen gleichzeitig, daß es eine von den Religionen losgelöste »Religion« nicht gibt[63], daß man den Wirklichkeiten, auf die der Begriff hinweisen soll, erst im sorgsamen Studium der verschiedenen Religionen und Religionsformen auf die Spur kommen kann.

Nur als Versuch auf dem Weg der Begegnung mit den Religionen soll darum die folgende eigene Begriffsbestimmung verstanden werden: *»Religion« ist der Name für eine Gemeinschaft, in der Menschen aus Erfahrungen mit einer über menschliche Grenzen hinausweisenden Macht/Größe leben, von denen her grundsätzliche Bestimmung und Sinngebung des Lebens vermittelt sowie grundsätzliche Anleitungen zum Verhalten gegeben werden.*

Ergebnis dieses Arbeitsganges ist jedenfalls, daß der Religionsbegriff Theologie und Religionswissenschaft, christlichen Religionsunterricht und Religionskundeunterricht nicht trennen muß[64], auch wenn christliche Theologie und Religionspädagogik den nichtchristlichen Religionen

---

[63] S. hierzu Mensching, Religion 16.
Eben dies hebt auch Hans Küng in seinem zusammen mit religionswissenschaftlichen Fachkollegen herausgegebenen Buch hervor:
H. Küng/ J. v. Ess / H. v. Stietenkron / H. Bechert: *Christentum und Weltreligionen*, Hinführung zum Dialog mit Islam, Hinduismus und Buddhismus. München (Piper) 1984. Sein Definitionsversuch für »Religion« berührt sich – auf Grund ähnlicher Überlegungen wie der hier vorgetragenen – stark mit meinem eigenen Versuch einer Begriffsbestimmung. Küng schreibt: »›Religion‹ läßt sich ... für die Zwecke dieses Dialogunternehmens wie folgt umschreiben: Religion ist die *in einer Tradition und Gemeinschaft sich lebendig vollziehende* (in Lehre, Ethos und meist auch Ritus) *sozial-individuell realisierte Beziehung zu etwas, was den Menschen und seine Welt übersteigt oder umgreift:* zu einer wie immer zu verstehenden allerletzten wahren Wirklichkeit (das Absolute, Gott, Nirvāna). Im Unterschied zur Philosophie geht es in der Religion um *Heilsbotschaft* und *Heilsweg* zugleich.« (a.a.O. 19).

[64] Vgl. hierzu bes. die Thesen von *C. H. Ratschow* zur Angewiesenheit der Systematischen Theologie auf die Religionswissenschaft in: *Systematische Theologie.* In: U. Mann (Hg.): Theologie und Religionswissenschaft. Der gegenwärtige Stand ihrer Forschungsergebnisse und Aufgaben im Hinblick auf ihr gegenseitiges Verhältnis. Darmstadt (Wiss. Buchgesellschaft) 1973, 413–424, bes. 423f.

aus einer anderen Geprägtheit vom eigenen Glauben her gegenübertreten werden als die verschiedenen religiösen Phänomenen gleich verpflichteten Religionswissenschaften.

Wie angesichts der Herausforderung durch nichtchristliche Religionen und die sie erschließenden Wissenschaften das Spezifikum evangelischen Glaubens durch christliche Theologie und Religionsdidaktik zur Geltung zu bringen ist, soll abschließend noch einmal näher erläutert werden.

4.5 Die weltweite Dimension des Evangeliums – das Christusgeschehen als Begründung dialogischer Theologie und Religionspädagogik

Die Überschrift dieses Abschnitts bringt eine Grunderkenntnis zur Geltung, die an anderer Stelle (im Anschluß an H.-W. Gensichen) bereits formuliert wurde: daß das Christentum nur dann sinnvoll in den Dialog mit den nichtchristlichen Religionen treten kann, »wenn es die Bedingung der Möglichkeit des Dialogs aus der Tiefe seiner Identität gewinnt«[65].

Ansatzpunkte dazu können nicht nur der Theologie Tillichs, sondern ebenso der Karl Barths und Dietrich Bonhoeffers entnommen werden. So beinhaltet für Karl Barth[66] die Inkarnation Gottes in Jesus Christus, daß im Menschen Jesus von Nazareth der ewige Schöpfer selbst in geschöpflicher, zeitlicher Wirklichkeit lebt. Die darin begründete Einheit von Gott und Mensch – und damit die Versöhnung des Menschen – gilt der ganzen Welt. Es gibt demgemäß keine exklusive Versöhnung für die Kirche.

Indem die Christengemeinde weiß, daß die Versöhnung Gottes auf die ganze Welt gerichtet ist, besteht ihre besondere Aufgabe darin, Zeichen der Versöhnung in dieser Welt (und das kann nur bedeuten: auch in nichtchristlichen Bereichen!) aufzurichten[67].

Von Dietrich Bonhoeffer ist diese weite Dimension der Liebe Gottes besonders deutlich festgehalten in seinem Gedicht »Christen und Heiden«, dessen dritte Strophe folgendermaßen lautet:

---

[65] *H.-W. Gensichen: »Wagen, um zu wissen«.* Voraussetzungen und Möglichkeiten des Religionsgespräches heute. In: *H. Schultze/W. Trutwin* (Hg.): *Weltreligionen – Weltprobleme.* Ein Arbeitsbuch für Studium und Unterricht. Düsseldorf/Göttingen (Patmos/Vandenhoeck & Ruprecht) 1973, 13–22, 21.

[66] Die folgenden Überlegungen schließen sich vor allem an Ausführungen *K. Barths* in der *Kirchlichen Dogmatik* Bd. IV/1 und 3. Zürich (Theologischer Verlag) 1953/1959 an.

[67] S. z.B. KD. IV/1, 114ff. KD IV/3, 872ff. – Das Kapitel mit der bezeichnenden Überschrift: »Die Gemeinde *für* die Welt«.

»Gott geht zu allen Menschen in ihrer Not,
sättigt den Leib und die Seele mit Seinem Brot,
stirbt für Christen und Heiden den Kreuzestod,
und vergibt ihnen beiden.«[68]

Hier zeigt Bonhoeffer ganz deutlich, daß mit seiner negativen Fassung des Religionsbegriffs keinesfalls eine Abkehr von Nichtchristen gemeint ist.

Ganz ähnlich macht Tillich darauf aufmerksam, daß die Offenbarung, auf die das Christentum verweisen kann – das neue Sein in Jesus als dem Christus – nicht exklusiver Besitz des Christentums als konkreter Religion ist[69]. Ihm geht es allerdings deutlicher noch als Barth und Bonhoeffer darum, daß im Dialog auch der Wahrheitsanspruch der anderen Religionen in seiner Eigenheit ernstgenommen wird, ohne daß damit der Christ Standpunktlosigkeit erstreben müßte. In seinen Ausführungen über den christlich-buddhistischen Dialog nennt er folgende Voraussetzungen für das interreligiöse Gespräch:

»Die erste Voraussetzung ist, daß beide Partner der Religion des anderen nicht ihren Wert absprechen, sondern sie als Religion gelten lassen, die letztlich auf Offenbarungserfahrung beruht – nur so kann die Aussprache der Mühe wert erscheinen. Die zweite Voraussetzung ist, daß beide Partner ihren religiösen Standpunkt mit Überzeugung vertreten können, so daß das Gespräch eine ernsthafte Gegenüberstellung der verschiedenen Standpunkt ist. Die dritte Voraussetzung ist, daß es eine gemeinsame Basis gibt, die sowohl Einigkeit wie Widerspruch ermöglicht, und schließlich ist es nötig, daß beide Partner der Kritik zugänglich sind, die gegen ihre eigene religiöse Stellung gerichtet ist.«[70]

Während in den bisherigen Ausführungen der Ort Evangelischer Theologie und Religionsdidaktik im Feld der Religionsbegegnung (mit Hilfe des Religionsbegriffs) eher induktiv-einkreisend beschrieben wurde, geht es im folgenden um einen konstruktiven Entwurf, bei dem – ausgehend vom Christusgeschehen als der Mitte christlichen Glaubens – Standort und Aufgaben genauer umrissen werden.

In dem Versuch einer christologischen Besinnung im Felde der Religionsbegegnung ist bereits umrissen worden[71], was das Christentum von

---

[68] Bonhoeffer, Widerstand und Ergebung 182.
Den heute problematischen Begriff »Heiden« wird man Bonhoeffer – in seiner damaligen Situation – nicht negativ anlasten dürfen. Er ist von ihm auch in keiner Weise negativ gemeint.

[69] S.o. unter 4.3.2.

[70] Tillich, Weltreligionen 81.

[71] S.o. 2.5.2 sowie *J. Lähnemann:* Der *Wahrheitsanspruch* des christlichen Glaubens und die Religionen. Mission 1985 – Mappe 1: Gemeindedienst. Beilage 6. Neuendettelsau (Freimund), 6ff.

Jesus her in den Dialog einzubringen hat. Die neuere Frage nach dem historischen Jesus hat Inhalte und Konturen aufgewiesen, die den entgrenzenden Charakter der Zuwendung Gottes in Jesus noch plastischer vor Augen treten lassen als die systematisch-theologischen Erwägungen Barths und Tillichs:

daß sich nämlich Gott in Jesus in radikaler Menschlichkeit gezeigt hat, einer Menschlichkeit, die dort Neuanfänge für den Einzelnen und die Gemeinschaft aufzudecken vermag, wo sie aller herkömmlichen Erfahrung nach nicht geahnt und gefunden werden. Der Maßstab der Liebe Gottes, wie er ihn verkörpert, liegt im übrigen quer zu menschlichen Grundtendenzen in allen Ideologien und Religionen (einschließlich der christlichen): daß im Angesicht Gottes der Mensch jenseits von Können und Vermögen angenommen ist – nicht nach dem Maß seiner Leistungsfähigkeit, sondern nach dem Maß seiner Liebesbedürftigkeit.

Seinen Höhepunkt erfährt der Weg der Liebe Gottes im *Leiden und Sterben Jesu:* Ausgeliefert dem machtpolitischen Kalkül der Behörden, von seinen Jüngern verraten, verlassen, verleugnet, bleibt doch das Bild dessen, der auch in diesem Ausgeliefertsein seiner Sendung treu bleibt bis hin zur Bitte für seine Feinde.

Die Jünger haben diesen Weg zu *Ostern als von Gott bestätigt erfahren.*

Ostern bedeutet für die verschiedenen neutestamentlichen Zeugen:

- *Leben des Gekreuzigten:*
  Auferweckung,
  Durchbrechung der Macht des Todes;
- *Leben des Gekreuzigten:*
  Erhöhung,
  Herrschaft über alle Mächte und Gewalten;
- *Leben des Gekreuzigten:*
  Sendung: Die Fülle dessen was Jesus gelehrt und getan hat, wird von den Jüngern neu als ihr Auftrag begriffen.

Die Jünger verkündigen Jesus nun als das *ganze* Heil für die Menschheit und finden sich beauftragt, dieses Heil weiterzutragen. Sie haben den Anstoß Jesu richtig begriffen, wenn sie die Grenzen ihrer ererbten Religiosität konsequent überschreiten; und sie müssen immer wieder auf das Verhalten Jesu selbst zurückweisen, um ihr Vorgehen zu rechtfertigen.

Der Wahrheitsanspruch christlichen Glaubens bedeutet dabei vor allem:

Am Kreuz und an der Auferstehung Jesu Christi teilhaben und d.h.

1. teilhaben an der bedrohten, geängsteten Welt und
2. teilhaben an Christi Herrschaft über alle Mächte und Gewalten, die ihre Interessen zu Herrschaftsinstrumenten der Unterdrückung machen. Er bedeutet: neues Leben suchen, darstellen, bezeugen!

In diesem Sinne ist auch der Sendungsbefehl »Gehet hin und machet zu Jüngern alle Völker . . .« (Mt 28,18) zu verstehen. Für Matthäus ist »Jünger sein« die Existenz in der Nachfolge. Das »lehret sie halten alles, was ich euch befohlen habe« (28,20) bezieht sich auf den glaubwürdigen Lebensvollzug im Sinne des Evangeliums, nicht auf eine bloße »Lehre«. Die Zusage »Siehe, ich bin bei euch alle Tage bis an der Welt Ende« beinhaltet einmal die Nähe und Gegenwart des Erhöhten, andererseits aber auch die ständige Gegenwart Christi im geringsten Bruder (Mt 25,40): » . . . ich war hungrig, und ihr habt mir zu essen gegeben; ich war durstig, und ihr habt mich getränkt; ich war fremd, und ihr habt mich beherbergt; nackt, und ihr habt mich bekleidet; ich war krank, und ihr habt mich besucht; ich war im Gefängnis, und ihr seid zu mir gekommen.« (Mt 25, 35f.)

Konsequenzen:

1. Christen haben das »Heil in Christus« als *Angebot*, nicht als »Besitz« einer Kirche oder Konfession (oder gar als Herrschaftsinstrument) darzubieten.

2. Das »Heil in Christus« ist *inhaltlich vom Weg Jesu her zu füllen* und bleibt im Dialog kritischer Maßstab eigenen religiösen Kultus und Verhaltens, ein Maßstab, der als »Evangelium« in der Begegnung mit Menschen anderer Religionen zu leben und zu bezeugen ist. Die Werte und Erfahrungen der anderen können dabei zu einer Entgrenzung der eigenen Heilserfahrung führen (wie es etwa der Glaube des Hauptmanns von Kapernaum zeigt) und nicht selten neue Dimensionen des Evangeliums ans Licht bringen.

3. *Christliche Wahrheit* erweist sich in der Nachfolge Jesu: in der Überwindung von Selbstruhm (mit dem man sich oder seine Wünsche/Ansprüche zum Gott macht), – in der Entlarvung der Götzen (»Mächte, Gewalten«, ideologische Herrschaftsansprüche) und der Überwindung der Angst vor ihnen, – in der Aufrichtung von Zeichen der Herrschaft Gottes durch Teilnahme am Leiden in der Welt, durch »Dasein füreinander« und durch Wahrnehmung der Verantwortung für die Schöpfung.

Die Herrlichkeit Gottes in der Niedrigkeit, die Verwandlung menschlichen Leides durch die radikale Teilnahme an ihm, die Verwandlung der Feindschaft durch eine Liebe, die auch vor dem Gegner nicht halt-macht, die Freude über den Neuanfang des Verlorenen, die radikale Hinterfragung der Gesetze und Einstellungen, die der Liebe Gottes keinen Raum lassen – dies sind Maßstäbe des Evangeliums, die Christen in die Begegnung mit Menschen anderen Glaubens einzubringen haben. – Verstanden werden die Christen am ehesten dann, wenn sie diese Maßstäbe nicht als bloße Lehrsätze verkünden, sondern wenn diese als in ihrem eigenen Leben wirksam erkannt werden können. Für die Einstellung zum Dialog bedeuten sie die Entäußerung von Herrschaftsansprüchen, den Ansprüchen auf das von vornherein bessere Wissen, aber auch von dem Anspruch, die besseren moralischen Normen oder die bessere Kultur zu besitzen – ohne daß darum die eigene Tradition, insofern sie Erfahrung im Umgang mit diesen Maßstäben (sowohl ihrer Aktualisation und Anwendung als auch ihrer Mißachtung) in sich trägt, gleichgültig würde.

Hier wird auch deutlich, was in der Überschrift dieses Abschnitts mit der »weltweiten Dimension« des Evangeliums gemeint ist: daß nämlich der Weg Jesu – als die Offenbarung, auf die sich Christen beziehen – darauf angelegt ist, über die herkömmlichen konfessionellen Grenzen hinauszuwirken: Was die kirchliche Rückbesinnung auf das Evangelium erbringt, hat sein Anwendungsfeld weithin außerhalb direkter kirchlicher Bezüge – in der Mitverantwortung für eine von Liebe, gegenseitiger Achtung und Schutz für die Schwachen geprägten menschlichen Gemeinschaft, für die Bewahrung der Schöpfung und besonders auch für das gute Zusammenleben von Menschen aus verschiedenen Kulturen und Religionen.

Die hier genannten Leitvorstellungen werden in jüngster Zeit ähnlich bei einer ganzen Reihe christlicher – insbesondere im Feld der Missions- und Religionswissenschaft engagierter – Theologen entwickelt.

So schreibt Hans Küng provozierend: »›Ökumene‹ darf ... heute weniger denn je eng, verengt, ekklesiozentrisch verstanden werden: Ökumene darf sich nicht auf die *Gemeinschaft der christlichen Kirchen* beschränken, sie muß die *Gemeinschaft der großen Religionen* einbeziehen, wenn Ökumene – nach dem ursprünglichen Wortsinn verstanden – den gesamten ›bewohnten Erdkreis‹ meint.«[72] – Gemeinsam ist den neueren Bemühungen, daß die Aufgabe des Dialogs aus der Mitte christlichen Glaubens heraus entfaltet und eng mit dem Sendungsauftrag verknüpft wird.

So kann Horst Bürkle programmatisch von missionarischer »Grenzüberschreitung und Zuwendung zu anderen« sprechen, die in der (in Christus geschenkten) »Befreiung des Menschen von seinem ihm angeborenen, selbst verfügenden Anspruch auf Wahrheit«[73] wurzele.

Immer wieder wird dabei vom Weg Jesu Christi, besonders von seinem Leiden und seinem Kreuzestod, aber auch von der österlichen Bestätigung seiner Sendung her argumentiert. So führt Christof Gestrich aus: »Die Kirchen blicken hier auf Christus als auf *die Wahrheit selbst*, die sich für die Geltung ihres Anspruchs dieser Welt kreuzigen läßt – und diese Geltung gerade nur so in Kraft setzt.«[74]

---

72 Küng u. a., Christentum und Weltreligionen 16.

73 *H. Bürkle: Toleranz und Sendungsauftrag*. Die Bedeutung der nichtchristlichen Religionen im Blick auf die universale Gestalt der Kirche. In: *T. Rentorff* (Hg.): *Glaube und Toleranz*. Das theologische Erbe der Aufklärung. Gütersloh (G. Mohn) 1982, 138–144, 140; 138.

74 Gestrich, Absolutheitsanspruch 109.

Dieses wird auch hier kritisch gegenüber jeder »Selbstverabsolutierung« der Kirche hervorgehoben[75].

Der katholische Fundamentaltheologe Hans Waldenfels hat parallel dazu eine ausführliche »Theologische Meditation« unter dem Titel »Der Gekreuzigte und die Weltreligionen«[76] verfaßt, in der er pointiert schreibt: »Für den Christen ist der Ausgangspunkt des eigenen Weges das Kreuz Christi, die Blickrichtung des Gekreuzigten. ...

Der Weg aber – das ist die bleibende Herausforderung – führt in eine hingebende, selbstlose, dienstbereite Liebe zu allen, die in dieser Welt leiden, oder nirgendwohin.«[77]

Hans Jochen Margull hat für diese von der »theologia crucis« herkommende Solidarität mit allem Leidenden das Stichwort der »Verwundbarkeit« eingeführt[78] und darauf verwiesen, daß der »Dialog« mit den Weltreligionen keine förmlich-akademische Sache sein darf, sondern die »Verletzungen« zu verarbeiten hat, die als Last auf der Geschichte der Religionen liegen (sei es das durch die Kolonialgeschichte verletzte Bewußtsein der Muslime und Hindus, sei es das Leiden der Juden im 20. Jahrhundert)[79].

Dieses Verständnis des *Dialogs,* bei dem in besonderem Maße auf die Arbeiten des jüdischen Religionsphilosophen Martin Buber zurückgegriffen wird[80], kommt zur Geltung sowohl in der »Erklärung über das Verhältnis der Kirche zu den nichtchristlichen Religionen« auf katholischer Seite als auch in den »Leitlinien zum Dialog mit Menschen verschiedener Religionen und Ideologien« des Ökumenischen Rates der Kirchen[81]. In ihnen heißt es: »In den Dialog eintreten bedeutet, sich dem anderen mit Herz und Sinnen zu öffnen.«[82] Dialog ist hiernach also nicht nur ein geistiger Austausch, sondern gleichsam eine »Lebensform«. Dabei kommen Maßstäbe des Evangeliums zur Geltung, wenn es in der 21. These heißt:

---

[75] Ebd.

[76] *H. Waldenfels:* Der *Gekreuzigte* und die Weltreligionen. Zürich (Benziger) 1983. = Theologische Meditationen 61.

[77] A.a.O. 86.

[78] *H. J. Margull: Verwundbarkeit.* Bemerkungen zum Dialog. Evang. Theologie 34/1974, 410–420.

[79] Margull, Dialog 200ff.

[80] *M. Buber: Das dialogische Prinzip.* Heidelberg (Lambert Schneider) 1973³: »Die dialogische Grundbewegung ist die Hinwendung. ... Die monologische Grundbewegung ist nicht etwa die Abwendung als Gegensatz zur Hinwendung, sondern die Rückbiegung. ... Rückbiegung nenne ich es, wenn eine sich der wesensmäßigen Annahme einer anderen Person ... entzieht und den Anderen nur als das eigene Erlebnis, nur als eine Meinheit bestehen läßt.« (170ff.; vgl. Margull, Dialog 197).

[81] *Ökumenischer Rat der Kirchen: Leitlinien zum Dialog* mit Menschen verschiedener Religionen und Ideologien. EZW 1979. = Arbeitstexte 19.

[82] A.a.O. 22.

»Wenn Christen sich in diesem Geist den theologischen Fragen zuwenden, sollten sie sich leiten lassen von . . .

Bußfertigkeit, denn sie wissen, wie leicht sie Gottes Offenbarung in Jesus Christus mißdeuten, sie in ihrem Tun verraten und sich eher als Besitzer der göttlichen Wahrheit ausgeben denn als das, was sie wirklich sind, nämlich unwürdige Empfänger der Gnade;

Demut, denn sie entdecken oft in Menschen anderer Religionen und Ideologien in solchem Maße Spiritualität, Hingabe, Mitgefühl und Weisheit, daß es sich ihnen verbieten sollte, gleichsam von einer überlegenen Warte aus ein Urteil über andere zu fällen; vor allem sollten sie sich hüten, Begriffe wie »anonyme Christen«, »christliche Präsenz«, »unbekannter Christus« in einem Sinne zu verwenden, in dem diese Formulierungen von denen, die sie zu theologischen Zwecken geprägt haben, nicht gemeint waren, oder so, daß sie dem Selbstverständnis von Christen und anderen schädlich sind;

Freude, denn sie predigen nicht sich selbst; sie predigen Jesus Christus, den viele Menschen der Religionen und Ideologien unserer Zeit als Propheten, Heiligen, Lehrer, Vorbild anerkennen; den aber die Christen als Herrn und Heiland, als treuen Zeugen und als den, der da kommt (Off. 1, 5–7), bekennen;

Lauterkeit, denn nur in dieser bußfertigen, demütigen Freude in Jesus Christus können sie den Dialog mit anderen beginnen und anderen von ihren Erfahrungen und ihrem Zeugnis berichten, gleichzeitig aber auch deren tiefste Überzeugung und Einsicht kennenzulernen suchen. Dies alles bedeutet: sich zu öffnen und sich auszusetzen, sich verletzen zu lassen – eine Fähigkeit, die wir am Vorbild unseres Herrn Jesus Christus sehen und die wir mit dem Wort Verwundbarkeit zusammenfassen.«[83]

In diesem Sinne ist der Kirche aufgetragen, selbstlos Zeichen des Heils zu sein, das Gott letztlich für alle Menschen bereit hält. Diese *eschatologische Dimension* wird besonders von Horst Bürkle herausgearbeitet, wenn er hervorhebt, daß es zur »universalen Gestaltwerdung der Kirche Jesu Christi« nötig sei, »daß eine Beziehung zustande kommt, in der das, was des anderen ist, nicht nur toleriert, d.h. ertragen wird, sondern ersehnt, und als notwendig für das eigene Christsein beteiligt wird«[84].

---

[83] A.a.O. 12f. – Der Kontext dieser Erklärung wird weiter entfaltet in dem von *M. Mildenberger* herausgegebenen Band: *Denkpause im Dialog.* Perspektiven der Begegnung mit anderen Religionen und Ideologien. Frankfurt/Main (Lembeck) 1978.

[84] Bürkle, Toleranz und Sendungsauftrag 141. – *Bürkle* selbst unternimmt das beispielhaft, wenn er in seiner »Einführung in die *Theologie der Religionen«* (Darmstadt/Wissenschaftliche Buchgesellschaft) 1977 »Paradigmen des theologischen Gesprächs mit fremden Religionen« – hier exemplarisch mit dem Hinduismus, dem Buddhismus und den Stammesreligionen Afrikas – entfaltet.

Das bedeutet kein Aussteigen aus der Geschichte, kein Hineindrängen in eine mystische Religionseinheit, in der die eigene Tradition verschwindet[85], sondern:

> »Für den Glauben der Christen wird es dabei bleiben müssen, daß sich der Anspruch der Offenbarung nur in treuen Schritten im Gang der Geschichte der Kirche festhalten läßt. Es sind Schritte des bereits manifest gewordenen Leibes Christi zu seiner umfassenderen Gestalt, die wir noch nicht kennen. ... In der Christenheit Asiens und Afrikas zeichnen sich die Erträge solcher Grenzüberschreitungen im Namen des *totus Christus* heute in Ansätzen ab. Vielfältig ist dieses Gotteslob, wunderbar die Gestalten, in denen die Gegenwart des Herrn erlebt und bezeugt wird. Aber dies alles scheinen mehr Zeichen und Hinweise auf das noch zu Erwartende zu sein, was an universalem Ausdruck der Christenheit noch aussteht.«[86]

Mit der Fundierung evangelischer Religionsdidaktik in einem so verstandenen »Evangelium« ist auch eine Ortsbestimmung im gegenwärtigen religionspädagogischen Feld gegeben: Danach wird ein »evangelischer« Religionsunterricht auch im schulischen Feld durchaus für sinnvoll erachtet[87]. Er schließt aber interkonfessionelle und interreligiöse Verständigung und Kooperation (auch in der konkreten Unterrichtsform!) keineswegs aus, sondern gerade ein – so wie sich die Maßstäbe des Evangeliums nicht nur gegen falsche Totalitätsansprüche, Dogmatisierungen und inhumane Strukturen in nichtchristlichen Religionen und säkularen Bewegungen (und z.B. auch in einer technokratischen Schule) richten, sondern auch – im Sinne der »ecclesia semper reformanda« – gegen gleiche Tendenzen in der eigenen institutionalisierten Form des Christentums.

Dabei nimmt evangelische Religionsdidaktik die Grenzen des menschlich Schaffbaren – wie sie angesichts des Weges Jesu und im Lichte der Hoffnung auf Heil und Erlösung im umfassenden Sinne sichtbar werden – ernst: nicht so, daß damit menschliche Bemühungen abgewertet, im politischen, sozialen und pädagogischen Bereich diskriminiert werden; vielmehr geht es »um die Kritik an einer Selbstüberschätzung des Menschen, dem alles machbar erscheint, um die Gelassenheit und Distanz gegenüber dem Diktat der ›Zwänge‹ und um den Spielraum freier Zuwendung an Menschen und Sachen, um das uns Mögliche zu tun, im Vertrau-

---

[85] Vgl. hierzu die hilfreichen und deutlichen Ausführungen von *G. Sauter: Wahrheit und Toleranz.* Die Wurzeln der Toleranz im christlichen Glauben – und ihre Bestimmung in der christlichen Hoffnung. In: T. Rendtorff: Glaube und Toleranz 128–137.

[86] Bürkle, Theologie der Religionen 138.

[87] Zur Einbindung dieses Unterrichts in den schulischen Gesamtauftrag s.o. 3.1.

en darauf, daß Gott allein für das ›Ganze‹ und für die ›Vollendung‹ einstehen kann.«[88]

Diese spezifischen Impulse christlichen Glaubens sind wachzuhalten auch in einer Religionspädagogik, die die Erfahrungswelt des Schülers mit Hilfe empirischer Wissenschaften als eine eigene Größe (und nicht nur auf biblisch-kirchliche Inhalte zugeschnitten) wahrnimmt[89]. So wichtig es ist, daß Religionspädagogik als Korrespondenzwissenschaft zwischen einer Theologie, die sich nicht nur im historischen Rückblick erschöpft, sondern die Gegenwartsherausforderungen in ihre Entfaltung mit aufnimmt, und den die Wirklichkeit des Schülers erschließenden Wissenschaften vermittelt, so wichtig ist es andererseits, daß sie als Disziplin mit eigenständigem Beitrag im pädagogischen Feld erkannt werden kann. Dazu gehört, daß nicht nur die sozialpolitische Dimension des Evangeliums zu aktualisieren ist, sondern auch der dargestellte »eschatologische Vorbehalt« und die Bedeutung des Evangeliums im individual-religiösen und individual-ethischen Bereich. Gerade im letztgenannten Feld erfahren die Heranwachsenden gegenwärtig weithin so viel an Desorientierung in der Sinngebung und Zielbestimmung des Lebens und auch in ethischen Fragen, daß ihnen nicht nur kritische Analysen zugemutet werden dürfen, sondern auch Angebote zur »Beheimatung«, zu »transzendentaler Identität«[90] zu unterbreiten sind, aus denen heraus erst Engagement und Kritik (*auch* gegenüber dem eigenen religiösen Herkunftsort) erwachsen können[91].

Die weltweite Dimension des Evangeliums kommt in besonderer Weise in den Thesen zum Ausdruck, die Dietrich Zilleßen aus seiner Verhältnisbestimmung von Theologie und Religionswissenschaft folgert und an die bereits früher angeknüpft wurde[92]. In ihnen plädiert er dafür, daß der Religionsunterricht Theorie und Praxis des Christentums und fremder Religionen (bzw. fremder Religiosität) dialogisch aufnimmt.

---

[88] *U. Becker: Erziehung in christlicher Verantwortung*. Thesenreihe. Hannover 1974 (Masch.) 2f. – Diese Dimension evangelischer Religionspädagogik ist prinzipiell und systematisch entfaltet worden von *D. Pohlmann: Offene Lernplanung* in der Religionspädagogik. Kategorien einer theologischen Didaktik. Göttingen (Vandenhoeck & Ruprecht) 1982, indem er die Kategorien »Identität«, »Emanzipation« und »Sinn« in kritische Verschränkung bringt mit Grundlinien der reformatorischen Rechtfertigungslehre.

[89] S. hierzu die Darstellung der Konzeptionen von P. Biehl, R. Preul, A. Stock und S. Vierzig durch *K. Wegenast: Theologie und Religionspädagogik*, Problemanzeigen und Lösungsversuche. Ev. Erzieher 3/1976, 156–177, – bes. auch Wegenasts eigenen Ansatz a. a. O. 173–177, mit dem er besonders auf die nötige Sensibilisierung des Religionspädagogen für das, was die von ihm angesprochenen Schüler wirklich bewegt (ihre Erlebnisbereiche, Bedürfnisse und Fragen), abhebt.

[90] S. o. S. 25.

[91] ebd.

[92] S. o. S. 163f. zu *D. Zilleßen: Theologie und Religionswissenschaft*. Eine Problemstellung mit religionspädagogischen Konsequenzen. Ev. Erzieher 1974/6, 370–383.

Die Orientierung an Jesus von Nazareth wäre dabei das Kriterium, mit dem das Christentum in den Dialog eintritt[93]. Allerdings bleibt auch hier zu fragen, ob der Terminus »Evangelium« nicht noch deutlicher und für das Christentum sachgemäßer ist. Denn er umschließt den Weg Jesu als ganzen, wie er in der neutestamentlichen Überlieferung dargeboten wird – einschließlich der österlichen Bestätigung des irdischen Jesus. Hierin bliebe festgehalten, daß dem Christentum nicht nur Lehre und Handeln des irdischen Jesus als Vorbild vor Augen stehen, sondern daß die einzigartige Gottesbeziehung Jesu und sein implizit messianischer Anspruch in dem Glauben der Gemeinde ihre Erfüllung finden, daß hier Gott selbst gehandelt, selbst in Menschengestalt am Geschick der Menschen teilgenommen hat. – In diesem Glauben gründet die Kraft, auch beim Wissen um die Grenzen des eigenen Vermögens auf die Ziele hin zu handeln und zu leben, die Jesus im Angesicht der anbrechenden Gottesherrschaft seinen Jüngern gegeben hat.

Das bedeutet nun nicht, daß Jesus – als nur dieser christologischen Interpretation zugänglich – dem interreligiösen Dialog entnommen wäre. Im Gegenteil: Der irdische Jesus – mit seinen Herausforderungen – wird ja im Lichte von Ostern nicht aufgehoben, sondern bestätigt.

Wenn abschließend noch einige Themen für den interreligiösen Dialog angedeutet werden, bei denen sich gegenseitige Befruchtung und Kritik erreichen ließen, kann darum auch gerade auf die Gestalt Jesu verwiesen werden: Sie bildet ein Thema für den Dialog auch da, wo sie von den Anderen nicht christologisch gesehen wird. Das gilt sowohl für das Gespräch mit Juden, Hindus, Moslems – als auch etwa mit einem Marxisten wie Machoveč. Das Gespräch kann hier Erfahrungsbereiche für das Evangelium erbringen, die im Christentum lange verschüttet gewesen sind. – Ein Beispiel dafür ist, daß Martin Luther King, der mit seinem gewaltlosen Widerstand in der Bekämpfung des Rassismus in den USA bewußt an Jesu Gebot der Feindesliebe anknüpfte[94], die Handlungsmodelle hierzu nicht primär im Christentum, sondern bei Mahatma Gandhi fand[95].

Ein anderer Bereich, in dem aus dem geistigen Austausch der Religionen Gewinn zu schöpfen wäre, ist das Verhältnis des Menschen zur Natur, die sicher nicht zufällig im christlich-abendländischen Kulturkreis jene »Verzweckung« erfahren hat, die sich jetzt in Form der »Umweltkrise« gegen den Menschen wendet. Hier lesen sich Texte Gandhis oder Radhakrishnas, die inzwischen Jahrzehnte zurückliegen, wie aktuelle

[93] A. a. O. (Zilleßen) 382.

[94] S. z. B. *M.L.King: Freiheit.* Kassel (Oncken) 1964, 47; 107.

[95] Und umgekehrt greift *Milan Machoveč* als marxistischer Philosoph eben dieses Feindesliebegebot auf, um die Dogmatisierung des Gewaltprinzips im Marxismus kritisch zu hinterfragen (in: *Jesus für Atheisten.* Stuttgart/Kreuz 1972, 22f.; 130f.).

Anfragen an menschliche Selbstherrlichkeit gegenüber der Kreatur, die heute ihre Folgen zeitigt[96].

Als ein letztes Themenbeispiel für den Dialog (dem sich noch eine große Anzahl weiterer Themen anfügen ließe) sei die Verständigung in der Gottesfrage genannt, wie sie etwa in dem Band »Glauben an den einen Gott«[97] hinsichtlich Christentum und Islam versucht wird. Nicht, daß hier nur gegenseitige Vorurteile abzubauen wären – wie das islamische Vorurteil vom »Polytheismus« im Christentum oder das christliche Vorurteil vom despotischen Herrschergott im Islam.

Dem Moslem wird im offenen Gespräch sicher etwas deutlich zu machen sein von der am Weg Jesu sichtbar werdenden Zuwendung Gottes, der sich in Liebe auch der notvollsten Erfahrungen menschlicher Ausweglosigkeit annimmt. – Und Christen werden sich von Moslems daran erinnern lassen, daß die Verflüchtigung Gottes in bloße Mitmenschlichkeit hinein schwerlich die Freiheit und Gelassenheit zu vermitteln vermag, die davor bewahren kann, im Handeln für den Menschen nicht letztlich doch an den menschlichen Grenzen zu verzweifeln, weil man alles Heil in innerweltlicher Erfüllung erwartet[98].

---

[96] *M. Ghandi, Freiheit ohne Gewalt.* Eingeleitet, übers. u. hg. v. K. Klostermeier, Köln (Hegner) 1968, 107ff. Zu Radhakrishnan s. Teil I unter 1.4.4. M 14.

[97] *Falaturi, A./Strolz, W.* (Hg.): *»Glauben an den einen Gott«.* Menschliche Gotteserfahrung im Christentum und im Islam. Freiburg (Herder) 1975.
Die von W. Strolz als Leiter der kath. Stiftung ORATIO DOMINICA moderierten und edierten Religionsgespräche haben inzwischen zu einer christlich (katholisch)-theologischen Aufarbeitung geführt, die vorliegt in
W. Strolz: Heilswege der Weltreligionen. Bd. I: Christliche Begegnung mit Judentum und Islam. Freiburg (Herder) 1984. Der zweite Band, in dem Schwerpunkte der christlichen Begegnung mit Hinduismus, Buddhismus und Taoismus behandelt werden, soll 1986 vorliegen.
Eine besonders schöne und weiterführende Ausarbeitung ist das von *M. Borrmans* in Zusammenarbeit mit dem Sekretariat für die Nichtchristen des Vatikans erstellte Buch: *Wege zum christlich-islamischen Dialog.* Frankfurt (CIBEDO) 1985.

[98] Ein Beispiel, in dem theologische, pädagogische und »praktische« Begegnung zusammenkommen, ist dokumentiert in dem von mir hg. Band
J. Lähnemann (Hg.): *Kulturbegegnung in Schule und Studium.* Türken – Deutsche, Muslime – Christen. Ein Symposion. Hamburg (eb-Verlag Rissen) 1983. Hier sind – angesichts der Anwesenheit von ½ Million muslimischer Kinder in deutschen Schulen – die Ebene des Religionsgesprächs und die Aufgabe gemeinsamer Erziehung junger Menschen verschiedenen Glaubens verknüpft worden durch die Zusammenarbeit von muslimischen und christlichen Theologen, Islamwissenschaftlern, Fachleuten aus Pädagogik und Sozialwissenschaft, Vertretern der Schulverwaltung, der türkischen Konsulate, aber nicht zuletzt auch türkischen und deutschen Lehrern und Studenten. Die Dokumentation der Fortsetzung dieser Arbeit beim 2. Nürnberger Forum im Okt. 1985 erscheint unter dem Titel: *J. Lähnemann* (Hg.): *Erziehung zur Kulturbegegnung.* Modelle für das Zusammenleben von Menschen verschiedenen Glaubens. Schwerpunkt: Christentum – Islam. Hamburg (eb-Verlag Rissen) 1986 = Pädagogische Beiträge zur Kulturbegegnung Bd. 3.

Ein Zeichen für solches Aufeinander-Hören in der Gottesfrage ist das Gebet, mit dem der muslimische Inder Hasan Askari seinen Vortrag beim Religionstreffen 1971 in Arnoldshain abschloß[99]. Es sei an den Schluß dieser Arbeit gestellt:

»Im Namen Gottes des Schöpfers und des Wissenden,
des Helfenden und des Erhörenden danke ich meinen
Brüdern für ihre Liebe und Freundlichkeit.
Gott loben und danken ist ein Anfang, nach der Mitte unserer Existenz zu streben.
Ich bete, daß einer, der unter vielen erhaben
und gelassen bleibt und uns trotz unseres
Stolzes nicht verläßt, uns helfen und führen möge,
einander auf dem Boden der Liebe zu begegnen
und unseren Augen die Kraft wiedergeben möge,
sein Licht zu sehen, das schon immer auf dieser
Erde war, auch wenn wir es nicht sehen.«

Literaturverzeichnis

Abkürzungen nach *»Die Religion in Geschichte und Gegenwart«*, 3. Aufl.; Die Veröffentlichungen werden beim ersten Erscheinen in Text oder Anmerkung mit vollem Titel aufgeführt, danach mit dem *Kurztitel*, der sich aus den hervorgehobenen Wörtern im Literaturverzeichnis ergibt. – Weitere Abkürzung: EZW = Evangelische Zentralstelle für Weltanschauungsfragen (D-7000 Stuttgart 1, Hölderlinplatz 2 A)

Abdullah, M. S.: Gemeinsam in die Zukunft. Christlich-islamischer Dialog von *Colombo.* Aus der Welt des Islam. Altenberge (Verlag für Christlich-Islamisches Schrifttum) 1982 = Aktuelle Fragen 7.

– Islam für das *Gespräch mit Christen.* Altenberge (Verlag für Christlich-Islamisches Schrifttum) 1984.

– *»Islam-Gipfel«* in Lahore. Der Überblick, Zeitschr. für ökumen. Zusammenarbeit und weltweite Begegnung (7 Stuttgart 1, Gerockstr. 17) 2/1974, 40–42.

– (Hg.): *Islamische Stimmen* zum Dialog. Köln 1981. = CIBEDO-Dokumentation 12.

Abdullah, M. S./Mildenberger, M.: Moslems unter uns. Situation, Herausforderung, Gespräch. Stuttgart (Quell) 1974.

Achtenhagen, F./Menck, P.: Langfristige Curriculumentwicklung und *mittelfristige Curriculumforschung.* In: Achtenhagen/Meyer, Curriculumrevision, 197–215.

Achtenhagen, F./ Meyer, H. L. (Hg.): Curriculumrevision. Möglichkeiten und Grenzen. München (Kösel) 1971.

Adam, G./Lachmann, R. (Hg.): Religionspädagogisches Kompendium. Ein Leitfaden für Lehramtsstudenten. Göttingen (Vandenhoeck & Ruprecht) 1984.

Adler, G./Aichelin, H.: Reinkarnation – die Seelenwanderung – Wiedergeburt. EZW 1979. = Information 76.

Ahmad, A.: Islamic Modernism in India and Pakistan 1857–1964. Oxford (University Press) 1967.

Algar, H.: Zur *Frage des Säkularismus* in der islamischen Welt. In: Falaturi/Strolz, Glauben an den einen Gott, 130–156.

Al Ghasali: Das *Elexier der Glückseligkeit,* übertragen von H. Ritter. Jena u. Köln (Diederichs) 1923, Nachdruck 1959.

Allemann, F. R. (Hg.): Die arabische Revolution. *Nasser über seine Politik,* Frankfurt 1958. = Ullstein-Tb. 610.

»Allgemeine Islamische Menschenrechtserklärung«, eingeleitet von M. Forstner. Frankfurt 1982. = CIBEDO-Dokumentation 15/16.

Andrae, T.: Mohammed, sein Leben und sein Glaube (aus dem Schwedischen). Göttingen (Vandenhoeck & Ruprecht) 1932.

Angermeyer, H./Hößl, G./Jahnel, M.: Muslimische Mitschüler in deutschen Schulen. Einführung in den Islam. Unterrichtsmodell für den 7.–9. Jahrgang. Neuendettelsau (Freimund) 1981 = Beilage 1 von »Mission 1981 – Mappe II: Unterricht«.

– */Hößl, G.: Türkische Kinder* in deutschen Schulen. Unterrichtsprojekt Islam –

Christentum für das 4.–6. Schuljahr (Mappe Mission – Unterricht 1974). Neuendettelsau (Freimund) 1974 (mit Lehrerinformationen, Schülerarbeitsmaterial und Photos).
Antes, P.: Die *Botschaft fremder Religionen.* Hinduismus, Buddhismus, Islam. Mainz (Matthias-Gründewald) 1981.
– *Ethik* und Politik im Islam. Stuttgart/Kohlhammer 1982.
– *Das Verhältnis zu den Ungläubigen* in der islamischen Theologie. In: Falaturi/Strolz, Glauben an den einen Gott, 117–129.
– *Die Weltreligionen als Herausforderung des Christentums,* Rundbrief 1976/113 der Gesellschaft Ev. Akademie Niedersachsen. Hannover, 7–17.
– */Biemer, B. (Hg.): Weltreligionen* im Religionsunterricht – *Sekundarstufe II.* Nünchen (Don Bosco) 1975.
– */Rück, W./Uhde, B.: Islam – Hinduismus – Buddhismus.* Eine Herausforderung an das Chrisıentum Mainz (Grünewald) 19F3. = Projekte zur theologischen Erwachsenenbildung 1.
– */Uhde, B.: Das Jenseits der Andeen.* Erlösung im Hinduismus, Buddhismus und Islam. Stuttgart (KBW) 1972.
Die *Anwort der Religionen.* Eine Umfrage mit 31 Fragen von *G. Szesny* bei »Glaubensfachleuten« der großen Bekenntnisgemeinschaften Judentum, Katholizismus, Protestantismus, Islam, Hinduismus, Buddhismus. Reinbek/Hamburg (Rowohlt) 1971.
Arbeitsgruppe Altersforschung Bonn: Altern – psychologisch gesehen. Braunschweig 1971.
Asad, M./Zbinden, H.: Abendland und Islam. Ein einführendes Gespräch. In dies. (Hg.): *Islam und Abendland.* Begegnung zweier Welten. Eine Vortragsfolge, Olten und Freiburg i. Br. (Walter) 1960.
Askari, H.: Die Probleme der Welt aus der Sicht des Islam. In: Schultze/Trutwin, Weltreligionen-Weltprobleme, 46–69.
Back, D./Sonn, W.: Buddhismus. Materialien für Schule und Erwachsenenbildung. Planung, Texte, Kopiervorlagen, Folien, Dias. Zürich/Köln/Lahr (Benziger/Kaufmann) 1983. = Weltreligionen heute (hg. v. K. Bätz).
Badawi, A.: Der *Islam in Ägypten* während der letzten hundert Jahre. In: R. Italiaander (Hg.): Die Herausforderung des Islam. Göttingen (Musterschmidt) 1965, 71–82.
Bätz, K. u.a.: Hinduismus. Materialien für Schule und Erwachsenenbildung. Zürich/Köln/Lahr (Benziger/Kaufmann) 1980. = Weltreligionen heute (hg. v. K. Bätz).
Balić, S.: Islamische Bildung im europäischen Kontext – Probleme religiöser Erziehung im deutschsprachigen Raum. In: Lähnemann, Kulturbegegnung, 162–170.
– Das *Jesus-Bild* in der heutigen islamischen Theologie. In: *A. Falaturi/W. Strolz,* Glauben an den einen Gott, 11–21.
– *Ruf vom Minarett.* Weltislam heute – Renaissance oder Rückfall? Eine Selbstdarstellung. 3. überarb. Aufl. Hamburg (eb-Verlag Rissen) 1984.
Baljon, J.M.S.: Modern Muslim Koran Interpretation (1880–1960). Leiden (Brill) 1961.
Barth, K.: Die Kirchliche Dogmatik I/2. Zürich (Theologischer Verlag) 1938.

– *Kirchliche Dogmatik* Bd. IV/1 und 3. Zürich (Theologischer Verlag) 1953/1959.
Becker, U.: Erziehung in christlicher Verantwortung. Thesenreihe. Hannover 1974 (Masch.).
Beckmann, H.-K.: Didaktik und Methodik. In: W. Spiel (Hg.): Die Psychologie des 20. Jahrhunderts Bd. XI. Zürich 1980, 779–805.
– *Schulpädagogik und Fachdidaktik.* Stuttgart, 1981.
Berger, M.: Islam in Egypt Today. Social and Political Aspects of Popular Religion. Cambridge (University Press) 1970.
Bethge, E.: Dietrich *Bonhoeffer.* Theologe, Christ, Zeitgenosse. München (Kaiser) 1970.
Blickpunkt Welt. Ein Erdkundewerk für die Sekundarstufe I. Bd. 2. Unterägeri/Paderborn (Hirt/Schöningh) 1980 (7./8. Schuljahr).
Bonhoeffer, D.: Widerstand und Ergebung. Briefe und Aufzeichnungen aus der Haft. Hg. v. E. Bethge. München/Hamburg (Siebenstern Tb 1) 1964.
Bornkamm, G.: Jesus von Nazareth. Stuttgart (Kohlhammer) 1983[13].
Borrmans, M. (in Zusammenarbeit mit dem Sekretariat für die Nichtchristen des Vatikan): *Wege zum christlich-islamischen Dialog.* Frankfurt (CIBEDO) 1985.
Bouman, J.: Die guten Werke im Islam. In: Ethik im Islam, 14–29. = Christentum und Islam, H. 4.
Brandt, H.-J./Haase, Cl.-P. (Hg.): *Begegnung mit Türken – Begegnung mit dem Islam.* Hamburg (eb-Verlag Rissen) 1981 ff.
Brenner, H.: Brief aus Amman, in: Der Schneller Bote, Nachrichten aus dem Syrischen Waisenhaus IV/1976, 16–19.
Brugmann, J.: Entwicklung des Islam als Religion und Theologie. In: Geschichte des Islam, 36–50. = Christentum und Islam 2.
– *Ursprung des Islam* und seine Entwicklung als Gemeinschaft. In: Geschichte des Islam, 22–35. = Christentum und Islam H. 2.
Brunner-Traut, E. (Hg.): *Die 5 großen Weltreligionen* Hinduismus, Buddhismus, Islam, Christentum, Judentum. Was sie unterscheidet – was sie verbindet. Freiburg (Herder) 1974.
Buber, M.: Das dialogische Prinzip. Heidelberg (Lambert Schneider) 1973[3].
Bürkle, H.: Einführung in die *Theologie der Religionen.* Darmstadt (Wissenschaftliche Buchgesellschaft) 1977.
– *Toleranz und Sendungsauftrag.* Die Bedeutung der nichtchristlichen Religionen im Blick auf die universale Gestalt der Kirche. In: Rendtorff, Glaube und Toleranz, 138–144.
Buhl, F.: Art. *»Al Kor'ān«,* Enzyklopaedie des Islām, Bd. II. Leiden und Leipzig (Brill/Harrassowitz) 1927, 1139–1153.
– Das *Leben Mohammeds,* deutsch von H. Schäder (aus dem Dänischen). Leipzig 1930. Nachdruck Heidelberg (Quelle & Meyer) 1955.
Cahen, C.: Der Islam I. Vom Ursprung bis zu den Anfängen des Osmanenreiches. Frankfurt/M. 1968. = Fischer Weltgeschichte 14.
Caspary, H. N.: Konfirmandenarbeit zwischen schulischem Religionsunterricht und kirchlicher Jugendarbeit. Ev. Erzieher 1974/1, 11–25.
Casper, G./Glöckel, H./Rabenstein, R. (Hg.): *Die Vorbereitung des Unterrichts.* Bd. 2: Mit Beispielen aus der Sekundarstufe I. Bad Heilbrunn (J. Klinkhardt) 1972.

Christsein im Kontext der Weltreligionen, hg. v. H.-J. Loth u. M. u. U. Tworuschka. Frankfurt (Diesterweg)/München (Kösel)1981.
Christentum im Spiegel der Weltreligionen. Kritische Texte und Kommentare, hg. v. H. J. Loth, M. Mildenberger, U. Tworuschka. Stuttgart (Quell) 1978.
Christentum und Islam. Schriftenreihe (H. 1ff.), hg. im Auftrag des Orientdienstes v. W. Höpfner. Wiesbaden/Breklum (Ev. Mission in Oberägypten/Christian Jensen Vlg.) 1971ff.
Cole, W. O.: Five Religions in the Twentieth Century. Amersham (Hulton) 1981.
– (Hg.): *World Faiths* in Education. London (George Allen & Unwin) 1978.
Colpe, C.: Rligionswissenschaft als *Bezugswissenschaft* zu Unterricht. In: Religionsunterricht, Religionskunde, Alternativunterricht. Loccumer religionspädagogische Studien und Entwürfe 14, Loccum 1976, 72–82.
– *Kritische Anfragen* zu D. Zilleßen. In: Tworuschka/Zilleßen, Thema Weltreligionen, 22–23.
Curriculum – Gymnasiale Oberstufe – Katholische Religionslehre, Schriftenreihe des Kultusministers des Landes Nordrhein-Westfalen, Schulreform NW, Sekundarstufe II, Arbeitsmaterialien und Berichte, Düsseldorf 1972.
Denffer, A.v.: Islam für Kinder, hg. v. Islamisches Zentrum (Bilal-Moschee, Prof.-Pirlet-Str. 20, 5100 Aachen) 1977.
Dienst, K.: Religionsunterricht und Konfirmandenunterricht. Die Neuroientierung des Konfirmandenunterrichts in ihrer Bedeutung für den Religionsunterricht. Ev. Erzieher 1974/1, 1–10.
Dietrich, E.L.: Art.: *»Pharisäer«,* in: Die Religion in Geschichte und Gegenwart, 3. Auflage, Bd. V. Tübingen (Mohr) 1961, 326–328.
Dilger, K.: Tendenzen der Rechtsentwicklung. In: Islam in der Gegenwart, 170–197.
Dockhorn, K.: Neo-Hinduismus. Indiens Auseinandersetzung mit dem 20. Jahrhundert. EZW 1972. = Arbeitstext 11.
Edsman, C.-M.: Die *Hauptreligionen* des heutigen *Asiens,* aus dem Schwedischen von P. Smekal. Tübingen (Mohr/Siebeck) 1976. = UTB 448.
The *E*ncyclopaedia of *I*slam. New Edition. Leiden/Londeon (Brill/Luzac) 1960ff., Bd. Iff.
Eid, S.: Suche nach der islamischen Einheit. Ev. Kommentare 8/1974, 487–493.
Elsas, C.: Ausländerarbeit. Stuttgart (Kohlhammer) 1982.
– *Identität.* Veränderungen kultureller Eigenarten im Zusammenleben von Türken und Deutschen. Hamburg (eb-Verlag Rissen) 1983.
– *Problemgeschichtliche Einleitung.* In ders. (Hg.): Religion. Ein Jahrhundert theologischer, philosophischer, soziologischer und psychologischer Interpretationsansätze. München (Kaiser) 1975. = Theologische Bücherei 56, 15–82.
Ende, W.: Der schiitische Islam. In: Islam in der Gegenwart, 70-90.
Die *Errungenschaften der islamischen Revolution* im Iran nach einem Jahr, hg. v. Generalkonsulat der Islamischen Republik Iran Hamburg (1980).
Ethik der Religionen, hg. v. M. Klöcker u. U. Tworuschka. Göttingen (Vandenhoeck & Ruprecht) 1985. Bd. 1: Sexualität. Bd. 2: Arbeit. Bd. 3: Gesundheit.
Evangelischer Erwachsenenkatechismus. Kursbuch des Glaubens. Im Auftrag der Katechismuskomission der Vereinigten Evangelisch-Lutherischen Kirche

Deutschlands hg. v. W. Jentsch, H. Jetter, M. Kießig u. H. Reller. Gütersloh (G. Mohn) 1977[3].
Die ev. Kirche und die Bildungsplanung. Eine Dokumentation. Gütersloh und Heidelberg 1972.
Falaturi, A.: Der *Islam im Dialog.* Köln (Islam. wiss. Akademie) 1979[2].
Falaturi, A./Strolz, W. (Hg.): *Glauben an den einen Gott.* Menschliche Gotteserfahrung im Christentum und im Islam. Freiburg (Herder) 1975.
Fasten, Sozialabgaben, Wallfahrt, hg. v. AG »Information Islam« der VELKD. Hannover (Luther. Kirchenamt, PF 51 04 09) 1984. = Information Islam 7.
Faßnacht, D.: *Weltreligionen.* Geschichte – Quellen – Materialien. Frankfurt (Diesterweg)/ München (Kösel): *Islam* 1976. *Buddhismus* (1978). *Judentum* (1978). *Hinduismus* (1979).
Feifel, E.: Grundlegung der Religionspädagogik im *Religionsbegriff.* Handbuch der Religionspädagogik I, 34–48.
Fingerlin, E./Mildenberger, M. (Hg.): *Ehen mit Muslimen.* Am Beispiel deutsch-türkischer Ehen. Frankfurt (O. Lembeck) 1983.
Flemmig, W.: *Lernen,* was es heißt, *als Christ* in unserer Zeit zu leben. ku-praxis 1. Gütersloh (G. Mohn) 1973.
Fürnrohr, W. (Hg.): Die Welt des *Islams im Geschichtsunterricht* der Europäer. Dortmund (Lehrstuhl f. Didaktik der Geschichte/Prof. Kirchhoff, Universität) 1984. = Dortmunder Arbeiten zur Schulgeschichte und historischen Didaktik 5.
Gandhi, M.: *Freiheit ohne Gewalt.* Eingeleitet, übers. u. hg. v. K. Klostermeier. Köln (Hegner) 1968.
Gardet, L.: Art. *»Allah«.* E I Bd. I, 406–417.
– *Der Islam.* Der Christ in der Welt. Reihe XVII, Bd. 4, Aschaffenburg (Pattloch) 1961.
Gates, B.: Die eine und die Vielen. *Weltreligionen* in kirchlichen und staatlichen Schulen Großbritanniens. Ev. Erzieher 6/1983, 566–577.
Gebhardt, G.: Religionen für Menschenwürde und Weltfrieden. Die *Weltkonferenz* der Religionen für den Frieden in Nairobi 1984. Materialdienst der EZW 4/1985, 92–101.
Geense, A.: Der *Dialog der Religionen* und das Bekenntnis der Kirche. Kerygma und Dogma 26/1980, 264–276.
Gensichen, H.-W.: *»Wagen, um zu wissen«.* Voraussetzungen und Möglichkeiten des Religionsgesprächs heute. In: Schultze/Trutwin, Weltreligionen – Weltprobleme, 13–22.
– Weltreligonen und *Weltfriede.* Göttingen (Vandenhoeck & Ruprecht) 1985.
Geographie Bd. 3, *9. und 10. Schuljahr:* Die Umwelt gestalten. Stuttgart (Klett) 1974.
Geographie 7–9. Stuttgart (Klett). *Entwurf* (Manuskript) für Hauptschulen in Nordrhein-Westfalen, 1976.
Geprägs, A.: Die *Weltreligionen* und die *ökologische Krise* – Alternativen zum westlichen Denken. EZW 1979. = Arbeitstexte 20.
Gerlitz, P.: *Kommt die Welteinheitsreligion?* Das Christentum und die anderen Weltreligionen zwischen gestern und morgen. Hamburg (Furche) 1969. = Stundenbücher 88.

Gestrich, C.: Der »*Absolutheitsanspruch*« des Christentums im Zeitalter des Dialogs. Erwägungen zur theologischen Begründung der Mission in der Gegenwart. ZThK 1980, 106–128.
Glasenapp, H. v.: Die fünf Weltreligonen: Brahmanismus, Buddhismus, chinesischer Universismus, Christentum, Islam, 3. Aufl. Düsseldorf u. Köln (Diederichs) 1972.
Goldziher, I.: Vorlesungen über den Islam, 3. Aufl (Nachdruck der 2., v. F. Babiner umgearb. Aufl., 1925; 1. Aufl. 1910). Heidelberg (C. Winter Univ.-Verl.) 1963.
Gómez, E. G.: Maurisches Spanien. In: Lewis, Welt des Islam, 225–244.
Goodall, N. (Hg.): *Bericht aus Uppsala 1968.* Genf (ÖRK) 1968.
Gottschalk, H.: Weltbewegende Macht Islam. Weilheim (O.-W. Barth) 1962.
Grabar, O.: Städte und Städter. In: Lewis, Welt des Islam, 89–116.
Greschat, H.-J./Kraatz, M.: Buddhismus. Göttingen (Vandenhoeck & Ruprecht) 1985. = Religionen II.
Grimme, H.: Mohammed, I. Münster/W. 1892.
Grosch, H.: Religionsunterricht – in der *Grundschule?* In ders. (Hg.): Religion in der Grundschule. Didaktische Reflexionen, Entwürfe und Modelle. Frankfurt und Düsseldorf (Diesterweg/Patmos) 1971, 11–40.
Große Fremde Religionen: Grundlagen für den Dialog mit den Weltreligionen. Ein Religionsbuch, hg. v. P. Freimark, H. Grothaus, H. Kittel, E. Lederer u. D. Thyen. Dortmund (Crüwell) 1976. Dazu: Lehrerband (3. neu bearb. Aufl. bei Schroedel/Hannover im Druck).
Grunebaum, G.E. v.: Der *Islam.* In: Die Entstehung Europas. Berlin 1963. = *Propyläen-Weltgeschichte,* Band 5, 21–179.
– *(Hg.): Der Islam II.* Die islamischen Reiche nach dem Fall von Konstantinopel. Frankfurt/M. 1971. = Fischer Weltgeschichte 15.
Gstrein, H.: Der heilige *Ölkrieg.* Vormarsch des Islam in Afrika. Evangelische Kommentare 9/1975, 544f.
Hage, W.: Die *kirchliche Situation in der frühislamischen Zeit,* in: Die *Kirchen im Raum des Islam* (1971), 17–29. = Christentum und Islam H. 1.
– Die *kirchliche Situation in der vorislamischen Zeit,* in: Die *Kirchen im Raum des Islam* (1971), 9–16. = Christentum und Islam H. 1.
Hagemann, L.: Christentum für das *Gespräch mit Muslimen.* Altenberge (Verlag für Christlich-Islamisches Schrifttum) 1982.
Haim, S. G. (Hg.): Arab Nationalism. An Anthology. Berkeley, Los Angeles und London (University of California Press) 1962.
Halbfas, H.: Fundamentalkatechetik. Sprache und Erfahrung im Religionsunterricht. Stuttgart (Calwer) 1968.
– *Religion.* Stuttgart (Kreuz) 1976. = Themen der Theologie, Erg.-Bd.
– *Von der Theologie zur Religionswissenschaft.* In ders.: Aufklärung und Widerstand. Beiträge zur Reform des Religionsunterrichts und der Kirche. Stuttgart/Düsseldorf (Calwer/Patmos) 1971, 79–87.
Handbuch der Religionspädagogik, hg. v. E. Feifel, R. Leuenberger, G. Stachel, K. Wegenast. Bd. 1. Gütersloh/Zürich (G. Mohn/Benziger) 1973–1975.
Hartmann, W.: Paul Tillich. In: H. J. Schultz (Hg.): Tendenzen der Theologie im 20. Jahrhundert. Stuttgart/Olten (Kreuz/Walter) 1966, 270–276.

Heiler, F.: Die Religionen der Menschheit in Vergangenheit und Gegenwart. Stuttgart 1959.
Hengel, M.: War Jesus Revolutionär? Stuttgart 1970. = Calwer Hefte 110.
Herrmann, R.: Wir sind doch nicht vom Mond! *Klein-Istanbul* an der Elbe. Hamburg (Rowohlt Tb) 1975.
Hinduism ed. by *J.R. Hinnels* & *E.J. Sharpe.* Newcastle upon Tyne (Oriel-Press) 1972.
Höpfner, W.: Das Jesusbild im Koran. In: *Glaube im Islam* (1971), 26–31. = Christentum und Islam, H. 3.
Hunke, S.: Allahs Sonne über dem Abendland. Unser Arabisches Erbe. Frankfurt/M./Hamburg 1965. = Fischer Bücherei 643.
Huth, S./Micksch, J. (Hg.): *Ausländische Frauen.* Interviews, Analysen und Anregungen für die Praxis. Frankfurt (O. Lembeck) 1981.
Der *Islam in der Gegenwart.* Hg. v. W. Ende u. U. Steinbach unter red. Mitarbeit v. M. Ursinus. München (Beck) 1984.
Jasper, G. (Hg.): *Muslime – unsere Nachbarn.* Beiträge zum Gespräch über den Glauben. Frankfurt (O. Lembeck) 1977.
Jeremias, J.: Die *Gleichnisse* Jesu. 6. Aufl. Gütersloh 1976. = Siebenstern Tb 43.
– Das *Vaterunser* im Lichte der neueren Forschung. Stuttgart 1962. = Calwer Hefte 50.
Kelch, U.: Überlegungen und Vorschläge für die Behandlung des *Islam* an der Grundschule (5./6. Schuljahr). Informationen Ev. RU in Berlin 1/1972.
Khalid, D.: Der »moderne« Islam. In: Brandt/Haase, Begegnung mit Türken – Begegnung mit dem Islam, 9.
Khoury, A. Th.: Begegnung mit dem Islam. Eine Einführung. Freiburg 1982². = Herder-Tb. 815.
– Einführung in die *Grundlagen des Islams.* Graz (Styria) 1981² = Islam und westliche Welt 3.
– *Das islamische Rechtssystem* – ein wichtiges Teilproblem im Zusammenhang mit Integrationsfragen. In: Lähnemann, Kulturbegegnung, 106–113.
King, M.L.: Freiheit. Kassel (Oncken) 1964.
Kirchbach, R. v.: Welche Bindungen und welche Freiheiten verändern sich im *Dialog* mit Menschen anderen Glaubens. Unveröfftl. Manuskript 1984.
Kittel, H.: Der *Erzieher als Christ.* Göttingen (Vandenhoeck & Ruprecht) 1951.
– *Evangelische Unterweisung im Religionsunterricht.* Versuch einer Selbstinterpretation. Die Spur 3/1976, 76–86.
– *Freiheit zur Sache.* Eine Streitschrift zum Religionsunterricht. Göttingen (Vandenhoeck & Ruprecht) 1970.
Klages, G./Heutger, N.: Weltreligionen u. Christentum im Gespräch. Die Weltreligionen im Unterricht. Hildesheim /New York (Olms) 1977. = Hildesheimer Beiträge zu den Erziehungs- u. Sozialwiss. 2.
Klinke-Rosenberger, R.: Das Götzenbuch (Kitâb al-Aşnâm) des Ibn al-Kalbî. Leipzig (Harrassowitz) 1941.
Klug: Katholische Kirchengeschichte, 5. verb. u. erw. Aufl. Regensburg 1966.
Knöpfel, E.: Der *Islam* – Herausforderung für die Christen. Wuppertal (Brockhaus) 1981. = Anregungen. Arbeitshefte für den Religionsunterricht in Schule und Gemeinde (+ Lehrerheft).

Kohler, W.: Das Verhältnis des Christentums zu Religion und Religionslosigkeit. Die heutige *japanische Situation* als Herausforderung an die Kirche und Theologie. In: Probleme japanischer und deutscher Missionstheologie, hg. v. F. Hahn. Heidelberg (Deutsche Ostasienmission) 1972, 11–29.

Der *Koran.* Im Auszug übers. v. *F. Rückert.* Hg. v. A. Müller. Hildesheim (Gerstenberg) 1980.

Der *Koran,* aus dem Arabischen übertragen von Max *Henning* (1901). Stuttgart (Reclam).

Der Koran. Kommentar und *Konkordanz* von Rudi *Paret.* Stuttgart (Kohlhammer) 1971.

Der *Koran,* Übersetzung von Rudi *Paret.* Stuttgart (Kohlhammer) 1962.

Krathwohl, D. R.: Der Gebrauch der *Taxonomie von Lernzielen* in der Curriculumkonstruktion. In: Achtenhagen/Meyer, Curriculumrevision, 75–97.

Kreiser, K.: Art. *»Geburtstagsfeier des Propheten«.* Lexikon der islamischen Welt, Bd. I, 193.

Kroneberg, E.: Buddha. Berlin-Wilmersdorf. Annäherungsversuche an den Vollerwachten. Frankfurt 1980. = Fischer-Tb 3386.

Krüger, H. u. a. (Hg.): Bericht aus Nairobi 1975. Frankfurt (Lembeck) 1976.

Küng, H./Ess, J. v./Stietenkron, H. v./Bechert, H.: *Christentum und Weltreligionen.* Hinführung zum Dialog mit Islam, Hinduismus und Buddhismus. München (Piper) 1984.

Kuntz, H.: u. a. *Weltmacht Islam. Arbeitsheft Sekundarstufe II.* Göttingen (Vandenhoeck & Ruprecht) 1975. = Analysen und Projekte zum Religionsunterricht 7.

Kursbuch Religion. Arbeitsbuch für den Religionsunterricht im 7./8. Schuljahr. Stuttgart (Calwer)/Frankfurt(Diesterweg) 1978.

Lachmann, R.: Verständnis und Aufgaben religionsunterrichtlicher *Fachdidaktik.* In: Adam/Lachmann,Religionspädagogisches Kompendium, 13–29.

Lähnemann, J.: Kulturbegegnung und *Ausländerpädagogik* Zielvorstellungen und Konsequenzen. In: ders., Kulturbegegnung, 254–265.

– (Hg.): *Erziehung zur Kulturbegegnung.* Modelle für das Zusammenleben von Menschen verschiedenen Glaubens. Schwerpunkt: Christentum – Islam. Hamburg (eb-Verlag Rissen) 1986. = Pädagogische Beiträge zur Kulturbegegnung Bd. 3.

– Zwischen Theologie und Unterricht. Zur Konzeption eines *Fachpraktikums.* Ev. Erzieher 1974/2, 127–136.

– *Große Fremde Religionen. Rezension* im Evangelischen Erzieher 1980/2, 156–161.

– *Hinduismus.* Entwurf eines Schulbuchbeitrages für den 9./10. Jahrgang. Beilage 2 von »Mission 1982 – Mappe II: Unterricht«. Neuendettelsau (Freimund) 1982 (mit Bildbeilage).

– Bewahrung von überkommener, Entwicklung von neuer *Identität* in zwei Kulturen und Religionen. Am Beispiel von Christen und Muslimen in Deutschland. Ev. Erzieher 6/1983, 552–566.

– *Islamischer Religionsunterricht* an deutschen Schulen? Zeitschrift für Mission 3/1983, 147–155.

– *Jesus und Mohammed,* Christoph und Ali. Zur Problematik des Fremdreligionsunterrichts am Beispiel des Islam. Ev. Erzieher 1974/6, 409–424.
– (Hg.): *Kulturbegegnung* in Schule und Studium. Türken – Deutsche, Muslime – Christen. Ein Symposion. Hamburg (eb-Verlag Rissen) 1983.
– *Muslime* und deutsche Schule. In: Brandt/Haase, Begegnung mit Türken – Begegnung mit dem Islam, 2.9.
– Filmbegleitkarte zu *»Nazmiyes Kopftuch«.* Grünwald (Institut für Film und Bild, Bavaria-Film-Platz 3, 8022 Grünwald) 1982.
– *Neue Wege* in die Theologie. Das Curriculum – Modeerscheinung oder Reform. Ev. Kommentare 1974/4, 220–223.
– *Nichtchristliche Religionen im Unterricht.* Beiträge zu einer theologischen Didaktik der Weltreligionen. *Schwerpunkt: Islam.* Gütersloh (G. Mohn) 1977. = HRU 21.
– *Religiöse Erziehung im Islam.* In: Rendtorff, Glaube und Toleranz, 171–178.
– *Unterwegs nach Bethlehem.* Eine Einführung ins Thema Weihnachten (für ein 4. Schuljahr). Ev. Erzieher 5/1976, 367–378.
– Der *Wahrheitsanspruch* des christlichen Glaubens und die Religionen. Mission 1985 – Mappe I: Gemeindedienst. Beilage 6. Neuendettelsau (Freimund) 1985.
— *Zugänge zu den Weltreligionen.* In: Adam/Lachmann, Religionspädagogisches Kompendium, 323–339.
Lähnemann, J./Fürnrohr, W.: Vorschlag zur interfakultativen *Kooperation* von Geschichts- und Religionsunterricht, in: Fürnrohr, Islam im Geschichtsunterricht der Europäer, 266–270.
Lähnemann J./Hahlbohm U.: Jesus Christus. Erarbeitet auf Grund der Studienbriefe »Jesus v. Nazareth/Christologie« der Ev. Arbeitsstelle Fernstudium für kirchliche Dienste Hannover. Frankfurt/Aarau (Diesterweg/Sauerländer) 1980. = Studienbücher Religion.
Lähnemann, J./Nielsen, J.S./Razvi, M.: Muslim Children in Europe's Schools. Birmingham (Centre for the Study of Islam and Christian-Muslim Relations, Selly Oak Colleges) 1983. = Research Papers 17.
Lanczkowski, G./Schmogro, H. (Hg.): Das *Menschenbild* in den Religionen. Religionsphänomenologische Texte für die Sekundarstufe II. Göttingen (Vandenhoeck & Ruprecht) 1979. Lehrerheft (ebd.) 1980.
Das *Leben Mohammeds nach Mohammed Ibn Ishak* und Abdek Malik Hisham (Auswahl aus der Übersetzung des Orientalisten G. Weil). Berlin und Wien (Ullstein) o. J. (1910). = Die 50 Bücher, Bd. 14.
Lehrplan für den *Ev. Religionsunterricht* der *Berufsschule* im Rahmen der *Sekundarstufe II,* Entwurf, Dortmund (Crüwell) 1974.
Lehrplan für den *Ev. Religionsunterricht* an *Hauptschulen in Bayern.* 7.-9. Jahrgang. München (Ev. Presseverband, Birkerstraße 22, 8000 München 19) 1983.
Leuenberger, R./Wegenast, K.: Konfirmation und Konfirmandenunterricht. In: Handbuch der Religionspädagogik Bd. 3, 153–159; 159–168.
Lewis, B.: Der Glaube und die Gläubigen. In: ders., Welt des Islam, 25–56.
– *Welt des Islam.* Geschichte und Kultur im Zeichen des Propheten, aus dem Englischen übertragen von R. Allemann, H. Fähndrich, M. Nagel und D. Rondorf, Braunschweig (Westermann) 1976.

Lexikon der islamischen Welt, hg. v. K. Kreiser, W. Diem, H.G. Majer. Stuttgart (Kohlhammer) 1974, Bd. I–III.
Löffler, P.: Die Herausforderung der Kirche durch den heutigen Islam. In: Religion, Mission, Entwicklung (Referate vom Düsseldorfer Kirchentag). Stuttgart (Kreuz) 1973, 64–78.
– *Islam vor den Problemen der Moderne* am Beispiel der arabischen Welt. EZW 1974. = Arbeitstexte 13.
Machoveč, Milan: Jesus für Atheisten. Stuttgart (Kreuz) 1972.
Maechler, W.: Religion: Flucht oder Wirklichkeit? Jahrestagung der Ständigen Konferenz Europäischer Juden, Christen und Moslems vom 4. bis 8. November 1974 in der Ev. Akademie Berlin/West. In: Kommunität, Vierteljahreshefte der Ev. Akademie Berlin 1974, 174–177.
Mahler, G.: Fragen zur Begegnung – ein Grußwort des Bayer. Staatsministeriums für Unterricht und Kultus. In: Lähnemann, Kulturbegegnung, 9–11.
Margull, H. J.: Zu einem christlichen Verständnis des *Dialogs* zwischen Menschen verschiedener religiöser Traditionen. Evang. Theologie 39/1979, 195–211.
– *Verwundbarkeit.* Bemerkungen zum Dialog. Evang. Theologie 34/1974, 410–420.
Margull, H. J./Samartha, S. J. (Hg.): *Dialog* mit anderen Religionen. Material aus der ökumenischen Bewegung. Frankfurt/M. (O. Lembeck) 1972.
Maudoodi, S. A.: Weltanschauung und Leben im Islam. *Islamische Fibel.* Freiburg i. Br. (Herder) 1971. = Herder Bücherei 397.
May, B.: Die Religionspolitik der ägyptischen Fatimiden 969–1171. Diss. Hamburg (masch.) 1975.
Meier, F.: Der mystische Weg. In: Lewis, Welt des Islam, 117–140.
Mensching, G.: Der offene Tempel. Die Weltreligionen im Gespräch miteinander. Stuttgart (Deutsche Verl.-Anst.) 1974.
– Die *Religion.* Erscheinungsformen. Strukturtypen und Lebensgesetze. München o. J. (urspr. 1959). = Goldmann Tb. 829/30.
Micksch, J. (Hg.): *Multikulturelles Zusammenleben.* Theologische Erfahrungen. Frankfurt (O. Lembeck) 1983.
Micksch, J./Mildenberger, M. (Hg.): *Christen und Muslime im Gespräch.* Frankfurt (O. Lembeck) 1982.
Mildenberger, M. (Hg.): *Denkpause im Dialog.* Perspektiven der Begegnung mit anderen Religionen und Ideologien. Frankfurt/M. (O. Lembeck) 1978.
– *Dialog der Religionen* und Weltanschauungen. Zur Begegnung der Christen mit Menschen anderen Glaubens. EZW 1972. = Information 51.
– *Heil aus Asien?* Hinduistische und buddhistische Bewegungen im Westen. Stuttgart (Quell) 1974.
– *Hinduismus – Buddhismus – Islam in Deutschland.* EZW 1973. = Information 53.
– *Islam heute.* EZW 1979. = Arbeitstexte 18.
– *Türken in Deutschland.* Materialdienst der EZW 11/1980, 292–301.
Mildenberger, M./Vöcking, H. (Hg.): Islam ve Hıristiyan Bayram Günleri – Islamische und christliche Feste. Frankfurt (O. Lembeck) 1983.
Moslems in der Bundesrepublik: Handreichung, erarb. v. Ausschuß der EKD f.d.

Dienst an ausländ. Arbeitnehmern, hg. v. Kirchenamt der EKD. Frankfurt (O. Lembeck) 1974.
Müller-Römheld, W. (Hg.): Bericht aus Vancouver 1983. Frankfurt (O. Lembeck) 1983.
Muir, M. W.: Annals of the early caliphate, from original sources. London (Smith/ Elder) 1883.
Muslime in Deutschland, hg. v. Sekretariat der Deutschen Bischofskonferenz. Bonn (Kaiserstr. 163) 1982.
Nagel, T.: Der *Koran.* Einführung – Texte – Erläuterungen. München (Beck) 1983.
Neue Geographie 7/8, Düsseldorf (Bagel) 1974.
Nienhaus, V./Vöcking, H.: zakât: Das islamishe Steuerwesen. Frankfurt 1982. = CIBEDO-Texte 18.
Nipkow, K. E.: Grundfragen der Religionspäädagogik Bd. 1/2. Gütersloh (G. Mohn) 1975. = GTB 105/6.
Nissen, A.: Gott und der Nächste im antiken Judentum. Untersuchungen zum Doppelgebot der Liebe. Tübingen (Mohr/Siebeck) 1974. = Wiss. Untersuchungen zum NT 15.
Ökumenischer Rat der Kirchen: Leitlinien zum Dialog mit Menschen verschiedener Religionen und Ideologien. EZW 1979. = Arbeitstexte 19.
Oerter, R.: Moderne Entwicklungspsychologie. Donauwörth (Auer) 1967.
Paret, R.: Mohammed und der Koran. Geschichte und Verkündigung des arabischen Propheten, 3. Aufl, Stuttgart (Kohlhammer) 1972. = Urban-Taschenbücher 32.
Parrinder, E. G.: The Ethics and Customs of the Main Immigrant People. In: *Comparative Religion in Education.* A Collection of Studies, ed. by *J.R. Hinnels.* Newcastle upon Tyne (Oriel-Press) 1970, 72–91.
Pellat, C.: Goldschmiede des Wortes. In: Lewis, Welt des Islam, 141–160.
Pesch, R.: Das *Markusevangelium.* Freiburg 1980². = Herders theologischer Kommentar zum NT 2/2.
Pohlmann, D.: Offene Curricula und Religionsunterricht. Erziehungswissenschaftliche und theologische Aspekte im Überschneidungsfeld. Ev. Erzieher 1976/6 384–395.
– *Offene Lernplanung* in der Religionspädagogik. Kategorien einer theologischen Didaktik. Göttingen (Vandenhoeck & Ruprecht) 1982. = Arbeiten zur Religionspädagogik 1.
Potter, Ph. (Hg.): *Das Heil der Welt heute.* Dokumente der Weltmissionskonferenz Bangkok 1973. Stuttgart (Kreuz) 1973.
Ratschow, C. H.: Systematische Theologie. In U. Mann (Hg.): Theologie und Religionswissenschaft. Der gegenwärtige Stand ihrer Forschungsergebnisse und Aufgaben im Hinblick auf ihr gegenseitiges Verhältnis. Darmstadt (Wiss. Buchgesellschaft) 1973, 413–424.
Reiter, U./Bendrath, D.: Meditation – wiederentdeckte Wege zum Heil? EZW 1972. = Information 52.
Religiöse Unterweisung für Schüler islamischen Glaubens. 24 Unterrichtseinheiten für die Grundschule. Soest (Landesinstitut für Schule und Weiterbildung, Paradieser Weg 64, 4770 Soest) 1984.

Religion: Modelle für Klasse *7–10.* Düsseldorf (Pro Schule) / Stuttgart (Metzler) 1974(1982).

Rendtorff, T. (Hg.): *Glaube und Toleranz.* Das theologische Erbe der Aufklärung. Gütersloh (G. Mohn) 1982.

Religionskritik als theologische Herausforderung, hg. v. H. Breit u. K.-D. Nörenberg. München (Kaiser) 1972. = ThEx 170.

Religion und Religionsunterricht – 3 Thesenreihen und 1 Kommentar, v. J.F. Konrad, G. Kittel, P. Schwarzenau, I. Baldermann. Ev. Erzieher 1/1973, 56–76.

Der *Religionswandel unserer Zeit* im Spiegel der Religionswissenschaft, hg. von G. Stephenson. Darmstadt (Wiss. Buchgesellschaft) 1976.

Riedel, I./Mildenberger, M.: Bhagwan Shree Rajneesh. Modell einer psychoreligiösen Bewegung. EZW 1980. = Information 78.

Robinsohn, S. B.: Ein Struktur-Konzept für die Curriculum-Entwicklung. In: Achtenhagen/Meyer, Curriculumrevision, 57–74.

Rodinson, M.: Mohammed, aus dem Französischen übertragen von G. Meister. Luzern/Frankfurt (Bucher) 1975 (erste franz. Ausgabe 1961).

Rondot, P.: Der *Islam* und die Mohammedaner von *heute.* Die islamische Gesellschaft: gestern – heute – morgen, aus dem Französischen von M. A. v. Franz. Stuttgart (Schwabenverlag) 1963.

– Die *Schiiten* im Iran. Der religiöse Hintergrund der iranischen »Revolution«. Materialdienst der EZW 4/1979, 84–93.

Rüschoff, S. I.: Da'wa unter Nichtmuslimen. München (Islam. Zentrum, Wallnerstr. 1–3, 8000 München 45) 1982.

Ryckmans, G.: Les Religions Arabes préislamiques. Louvain/Leuven (Publications Universitaires), 2. ed. 1951. = Bibliothèque du Museon, Vol 26.

Rzepkowski, H.: Buddhismus in geistiger Auseinandersetzung mit der modernen Welt. EZW 1973. = Arbeitstexte 12.

Sabra, A. I.: Philosophie und Naturwissenschaften. In: Lewis, Welt des Islam, 181–200.

Samartha, S. J.: Dialog als ständiges Anliegen der Christen. In: Margull/Samartha, Dialog 142–156.

Sartre, J.-P.: Die Mauer. Geschichte aus dem spanischen Bürgerkrieg. Lübeck/ Hamburg (Matthiesen) o. J. = Die Lesestunde 55.

Sauter, G.: Über die Brauchbarkeit des *Religionsbegriffes* für Kirche und Theologie heute. In: Religionskritik als theologische Herausforderung, hg. v. H. Breit u. K.-D. Nörenberg. München (Kaiser) 1972. = ThEx 170, 100–132.

– *Wahrheit und Toleranz.* Die Wurzeln der Toleranz im christlichen Glauben – und ihre Bestimmung in der christlichen Hoffnung. In: T. Rendtorff: Glaube und Toleranz, 128–137.

Schedl, C.: Muhammad und Jesus. Die christologisch relevanten Texte des Korans neu übersetzt und erklärt. Wien (Herder) 1978.

Schillebeeckx, E.: Jesus. Die Geschichte von einem Lebenden. Freiburg (Herder) 1974.

Schimmel, A.: Der Prophet Muhammad als Zentrum des religiösen Lebens im Islam. In: Falaturi/Strolz, Glauben an den einen Gott, 57–84.

– *Rumi.* Ich bin Wind und du bist Feuer. Leben und Werk des großen Mystikers. Köln (Diederichs) 1982[3].

Schlette, H. R.: Einführung in das *Studium der Religionen.* Freiburg (Rombach) 1971.

Schmalfuß, L.: Die Welt des Islam. Arbeitsheft für die Sekundarstufe I. 3., neubearb. Aufl. Göttingen (Vandenhoeck & Ruprecht) 1980. = Analysen und Projekte zum Religionsunterricht 7.

Schmidt, G. R.: Grundgedanken und Modelle der *Curriculum-Theorie.* In: Wegenast, K. (Hg.): Curriculumtheorie und Religionsunterricht. Gütersloh (G. Mohn) 1972. = HRU 12/13, 9–40.

– Die *theologische Propädeutik* auf der gymnasialen Oberstufe. Heidelberg (Quelle & Meyer) 1969.

Schmidt, H./Thierfelder, J.: 27 Unterrichtseinheiten für den Religionsunterricht im *7./8. Schuljahr.* Stuttgart (Calwer) 1978.

Schneider, N. (Hg.): *Religionsunterricht* – Konflikte und Konzepte. Beiträge zu einer neuen Praxis. Hamburg/München (Furche/Kösel) 1971.

Schrödter, H.: Die *Religion* der Religionspädagogik. Untersuchung zu einem vielgebrauchten Begriff und seiner Rolle für die Praxis. Zürich (Benziger) 1975. = Religionspädagogik – Theorie und Praxis 29.

Schultze, H.: Ev. Richtlinien und Lehrpläne. In: Schultze/Trutwin, Weltreligionen – Weltprobleme, 207–218.

– *Unterricht über Religionen* als Herausforderung des Religionunterrichts. In: *R. Lachmann* (Hg.): *Religionsunterricht* als religionspädagogische Herausforderung. Festschr. H. Angermeyer. Aachen 1982. = Religionspädagogik heute 9, 129–139.

Schultze, H./Trutwin, W. (Hg.): *Weltreligionen – Weltprobleme.* Ein Arbeitsbuch für Studium und Unterricht. Düsseldorf/Göttingen (Patmos/Vandenhoeck & Ruprecht) 1973.

Schumann, O. H.: Der Christus der Muslime. Christologische Aspekte in der arbisch-islamischen Literatur. Gütersloh (G. Mohn) 1975. = Missionswiss. Forschungen 10.

Sekundarstufe I – Gymnasium: Ev. Religionslehre. Unterrichtsempfehlungen, hg. v. Kultusminister des Landes Nordrhein-Westfalen. Düsseldorf 1973.

Seydlitz Bauer: Erdkunde für die 8. Jahrgangsstufe. Kiel/Hannover (Hirt/Schroedel) 1979 (Ausgabe Bayern).

Shepherd, J.: Religion in einer multikulturellen Schule – *Erfahrungen aus England.* In: Lähnemann, Kulturbegegnung, 171–182.

Shiloah, A.: Die islamische Musik. In: Lewis, Welt des Islam, 161–180.

Smart, N.: Kritische Anfragen zu D. Zilleßen. In: Tworuschka/Zilleßen, Thema Weltreligionen, 18–19.

Spiegel-Report Islam Nr. 17/1973: Islam und Sozialismus in Asien und Afrika. Spiegel Nr. 17/1973, 110–124.

Spuler, B.: Tradition und Moderne im Islam, in: Geschichte des Islam, 6–21. = Christentum und Islam, H. 2.

Steinbach, U.: Der *Islam* und die Krise des Nahen Ostens. Bonn (Bundeszentrale f. polit. Bildung, Berliner Freiheit 7, 5300 Bonn) 1982 = Informationen zur polit. Bildung 194.

– *Iran.* In: Islam in der Gegenwart, 220–236.
Steinwede, D./Ruprecht, S. (Hg.): *Vorlesebuch Religion 1* für Kinder von 5–12. Lahr (Kaufmann) 1971.
Stewart, D.: Islam. Die mohammedanische Staatenwelt. Aus dem Englischen von C. und H. Wiemken. Reinbek b. Hamburg (Rowohlt) 1972.
Stolz, F.: Christentum. Göttingen (Vandenhoeck & Ruprecht) 1985. = Religionen III.
Strebel, A.: Meditation in West und Ost. Wesen und Formen. EZW 1976. = Information 65.
Strolz, W.: Heilswege der Weltreligionen. Bd. 1: Christliche Begegnung mit Judentum und Islam. Freiburg (Herder) 1984.
Studienbrief 3 des Fernstudiums für Mitarbeiter in der Erwachsenenbildung: *Lernbedingungen im Erwachsenenalter,* v. G. Rückriem u.a. Hannover (Ev. Arbeitstelle Fernstudium) 1975.
Taylor, J. B.: Dialog von gleich zu gleich. Neue Möglichkeiten für Christen und Muslime. Ev. Kommentare 2/1975, 92–94.
Terra. Geographie für Bayern. 8. Schuljahr Gymnasien. Stuttgart (Klett) 1979.
Thomä-Venske, H.: Islam und Integration. Zur Bedeutung von Kultur und Religion im Integrationsprozess. Hamburg (eb-Verlag Rissen) 1981.
Tillich, P.: Das Neue Sein in Jesus dem Christus als die Überwindung der Entfremdung. In ders.: Auf der Grenze. Aus dem Lebenswerk Paul Tillichs. Stuttgart (Ev. Verlagswerk) 1962, 86–88.
– Was der *Glaube* ist. In: Glauben heute, hg. v. G. Otto. Hamburg (Furche) 1965. = Stundenbücher 48, 255–282.
– *Religion als eine Funktion des menschlichen Geistes?* In: Die Frage nach dem Unbedingten. Schriften zur Religionsphilosophie. *Ges. Werke Bd. V.* Stuttgart (Ev. Verlagswerk) 1964, 37–42.
– Die Bedeutung der *Religionsgeschichte* für den systematischen Theologen. In: Werk und Wirken Paul Tillichs. Ein Gedenkbuch. Stuttgart (Ev. Verlagswerk) 1967, 185–203.
– *Systematische Theologie Bd. I,* 3. Aufl., Stuttgart (Ev. Verlagswerk) 1956; *Bd. II* 3.Aufl. Stuttgart 1958; *Bd. III.* Stuttgart 1966.
– Das Christentum und die Begegnung der *Weltreligionen.* In: Die Frage nach dem Unbedingten. Schriften zur Religionsphilosophie. Ges. Werke Bd. V. Stuttgart (Ev. Verlagswerk) 1964, 51–98.
– Die Frage nach der *Zukunft der Religion.* In: Die Frage nach dem Unbedingten. Schriften zur Religionsphilosophie. Ges. Werke Bd. V. Stuttgart (Ev. Verlagswerk) 1964, 32–36.
Trutwin, W.: Licht vom Licht. Religionen in unserer Welt. Düsseldorf (Patmos) 8 43.
Tworuschka, M.: Allah ist groß. Religion, Politik und Gesellschaft im Islam. Gütersloh (G. Mohn) 1983. = GTB 1079.
– *Islam* (unter Mitarbeit von U. Tworuschka) Göttingen (Vandenhoeck & Ruprecht) 1982. = Religionen I.
– *»Re-Islamisierung«* eine vieldeutige Erscheinung. Muslimische Stimmen zum gegenwärtigen Islam. EZW 1981. = Arbeitstexte 21.

– *Revitalisierung islamischer Wertvorstellungen in modernen arabischen Staatsverfassungen.* In: Religionswandel unserer Zeit, 152–167.
Tworuschka U.: Die *Geschichte nichtchristlicher Religionen* im christlichen Religionsunterricht. Ein Abriß. Köln (Böhlau) 1983.
– Begegnung und Antwort. Gustav *Mensching* und die Religionswissenschaft. Anthropos 71/1976, 579–601.
– *Methodische Zugänge* zu den Religionen. Einführung für Unterricht und Studium, unter Mitarbeit von M. Tworuschka. Frankfurt/München (Diesterweg/Kösel) 1982.
–*Moderne Religionswissenschaft.* Ein Leitfaden für den Religionspädagogen. Ev. Erzieher 6/1974, 389–398.
– (Hg.): *Religionen heute.* Themen und Texte für Unterricht und Studium. München/Frankfurt (Kösel/Diesterweg) 1977.
– *Religionsbewertung* als Problem und Aufgabe. Die Haltung Gustav Menschings zur Religionsmessung. ZRGG XXVII/1975, 122–140.
– Einige *Unterschiede* und Gemeinsamkeiten in der Glaubenswelt von Christentum und Islam. Neue Zeitschrift f. Systematische Theologie u. Religionsphilosophie 1980/3, 268–281.
– *Was ist Religionswissenschaft?* In: Tworuschka/Zilleßen, Thema Weltreligionen, 31–43.
– Die Diskussion über das Thema *»Weltreligionen« in der modernen englischen Religionspädagogik.* Ev. Erzieher 1974/6, 424–428.
– *Die Weltreligionen im Religionsunterricht.* Forschungsbericht in Theologia Practica 1976/1, 51–61.
Tworuschka, U./Zilleßen, D. (Hg.): *Thema Weltreligonen.* Ein Diskussions- und Arbeitsbuch für Religionspädagogen und Religionswissenchaftler. Frankfurt/München (Diesterweg/Kösel) 1977.
Ule, W.: Der *arabische Sozialismus* und der *zeitgenössische Islam,* dargestellt am Beispiel Ägyptens und des Irak. Opladen (C. W. Leske) 1969.
Unterrichtsmappe Religion: *Judentum und Islam,* hg. v. religionspädagogischen Institut der Ev. Landeskirche in Baden, Karlsruhe. Lahr/Freiburg (Kaufmann/Christophorus) 1974.
Veit, B. und R.: Religion im dritten Schuljahr. Zürich/Lahr (Benziger/Kaufmann) 1980[2].
Verfassung der Islamischen Republik Iran, hg. v. Botschaft d. Islamischen Republik Iran. Bonn (Godesberger Allee 133–137) 1980.
Vierzig, S.: Das *Bedürfnis nach Religion.* In: Schneider, Religionsunterricht, 23–32.
Vöcking, H. (Hg.): *Christliche Stimmen zum Dialog I.* Frankfurt (Cibedo) 1983. = CIBEDO-Dokumentation 18/19.
– Die*Präsenz des Islam* in der Bundesrepublik Deutschland. *IV.* Frankfurt 1984. = CIBEDO-Dokumentation 23.
Vrijdaghs, B.: Liebet eure Feinde. Jesu Gebot der Feindesliebe als Herausforderung und Ermutigung, Ev. Erzieher 6/1976, 440–452.
Waldenfels, H.: Der *Gekreuzigte* und die Weltreligionen. Zürich (Benzinger) 1983. = Theologische Meditationen 61.
Watt, W. M.: Muhammad at Mecca. Oxford (Clarendon Press) 1953.

– *Muhammad at Medina.* Oxford (Clarendon Press) 1956.
Weber, W.: Christlich-islamische Begegnung. Eine Kirchengemeinde und ihre türkischen Mitbürger. Materialdienst der EZW 12/1981, 340–349.
Wegenast, K. (Hg.): *Curriculumtheorie und Religionsunterricht.* Gütersloh (G. Mohn) 1972. = HRU 12/13.
– (Hg.): *Religionsunterricht – wohin?* Neue Stimmen zum Religionsunterricht an den öffentlichen Schulen. Gütersloh (G. Mohn) 1971.
– *Theologie und Religionspädagogik,* Problemanszeigen und Lösungsversuche. Ev. Erzieher 3/1976, 156–177.
– *Religionsdidaktik Grundschule.* Voraussetzungen, Grundlagen, Materialien. Stuttgart (Kohlhammer) 1983.
– *Der Religionsunterricht in der Sekundarstufe I.* Grundsätze – Planungsformen – Beispiele. Gütersloh (G. Mohn) 1980.
Weiner, S.: Besmele. Religiöse Unterweisung in der Türkei. Eine Einführung in den Islam. Donauwörth (Auer) 1983.
Wellhausen, J.: Reste arabischen Heidentums, gesammelt und erläutert, 3. Aufl., Berlin (de Gruyter) 1961 (1. Aufl. 1887).
Weltmacht Islam: Lehrerheft v. H. Angermeyer u. a. (2. Aufl. 1982). *Schülerarbeitshefte für Sekundarstufe I* (Die Welt des Islam, L. Schmalfuß, 3. Aufl. 1980) und für *Sekundarstufe II* (Weltmacht Islam, H. Kuntz u. a.), hg. v. H. Angermeyer. Göttingen (Vandenhoeck & Ruprecht) 1974. = Analysen und Projekte zum Religionsunterricht, H. 7.
Welt und Umwelt 7/8. Braunschweig (Westermann) 1973.
Welt und Umwelt 7/8. Lehrerheft (1974).
Welt und Umwelt. Geographie für das 8. Schuljahr. Ausgabe Bayern – *Gymnasium.* München/Braunschweig (Oldenbourg/Westermann) 1980.
Weltreligionen: Hinduismus, Buddhismus, Islam, theologische Perspektiven. *Theologisches Forum,* Texte für den Religionsunterricht (hg. von W. Trutwin) 8. Düsseldorf (Patmos) 1973^3.
Wiethold, B.: Kadınlarımız. *Frauen in der Türkei.* Hamburg (eb-Verlag Rissen) 1981.
Wilms, R.-E.: Al-Ghazalis Schrift wider die Gottheit Jesu. Leiden (Brill) 1966.
Wilson, E.: Islam in the Primary School. Learning for Living, Jan. 1972, 40–43.
Zaiane, M./Brandt, H.-J.: Integration als Weg der Begegnung. – Aus der Arbeit der Gruppe 3. In: Lähnemann, Kulturgegnung, 160–161.
Zbinden, H.: Rückschau und Ausblick. In: Asad/Zbinden, Islam und Abendland, 203–236.
Zielfelderplan, Dialog mit den Wissenschaften, hg. v. R. Ott und G. Miller, München (Kösel) 1976.
Zielfelderplan für den katholischen Religionsunterricht in der *Grundschule,* Teil I: Grundlegung, hg. im Auftrag der Bischöflichen Kommission für Erziehung und Schule von der Zentralstelle für Bildung der Deutschen Bischofskonferenz (Auslieferung: Deutscher Katecheten-Verein, 8000 München 80, Preysingstr. 83 c). München 1977.
Zielfelderplan für den katholischen Religionsunterricht der Schuljahre 5–10 *(Sekundarstufe I).* Grundlegung. München 1973.

Zilleßen, D.: Theologie und Religionswissenschaft. Eine Problemstellung mit religionspädagogischen Konsequenzen. Ev. Erzieher 6/1974, 370–383.
Zum Thema Kopftuch, hg. v. Islamisches Zentrum München, Wallnerstr. 1–3, 8000 München 45, 1982.
Zusammenleben mit Muslimen. Eine Handreichung, hg. v. J. Micksch. Frankfurt (O. Lembeck) 1983[6].

Für Unterricht und Erwachsenenbildung

Sachwissen Religion

Ein Begleit-und Arbeitsbuch für den Religionsunterricht in der Sekundarstufe II und für die Erwachsenenbildung. Von Hans Freudenberg und Klaus Goßmann. Mit einem Beitrag von Karl Friedrich Haag. 4., überarbeitete Auflage 1995. 288 Seiten mit 25 Abbildungen und 10 Karten, kartoniert
ISBN 3-525-61267-2

Inhalt: Religion / Geschichte Israels und der Urgemeinde / Bibelkunde / Kirche / Jesus Christus / Gott / Anthropologie / Ethik / Weltreligionen / Zeitleisten und Karten.
Mit ausführlichem Lexikonteil.

Sachwissen Religion. Texte

Textband zum Begleit- und Arbeitsbuch Sachwissen Religion für den Religionsunterricht in der Sekundarstufe II. Hrsg. von Klaus Goßmann. 1989. 192 Seiten mit 12 Fotos, 2 Abbildungen, kartoniert. ISBN 3-525-61281-8

Unterrichtsrelevante Textbeispiele belegen exemplarisch die Themen von „Sachwissen Religion".

Sachwissen Ethik

Ein Begleit- und Arbeitsbuch für den Unterricht in Ethik, Werte und Normen, Philosophie, Lebensgestaltung und Religion – Sekundarstufe II – und für die Erwachsenenbildung. Hrsg. von Hans-Werner Dannowski, Irmgard Pickerodt und Jürgen Wolf. 1993. 248 Seiten, 25 Abbildungen, kartoniert. ISBN 3-525-61333-4

Ein Grundlagenwerk, das die wichtigsten Problemfelder der heutigen Moraldiskussion darstellt und auf ihre ethischen Grundlagen hin bearbeitet.

Johannes Lähnemann

Weltreligionen im Unterricht

Eine theologische Didaktik für Schule, Hochschule und Gemeinde
Teil I: Fernöstliche Religionen
2. Auflage 1994. 297 Seiten, mehrere Illustrationen, kartoniert
ISBN 3-525-61253-2

Dieses Grundlagenwerk enthält:
- gründliche inhaltliche Einführungen in die großen Weltreligionen,
- theologische und didaktische Überlegungen,
- Unterrichtsmodelle (einschließlich Kopiervorlagen)

Es bietet eine kritische Auseinandersetzung mit
- Lebensmodellen aus dem neuzeitlichen Indien (Aurobindo, Ghandi, Subba Rao u.a.),
- hinduistischen und buddhistischen Bewegungen im Westen wie Transzendentale Meditation, Bhagwan, Zen-Buddhismus,
- Umgang mit Medien zum Thema Weltreligionen.

V&R
Vandenhoeck & Ruprecht

Religionen und Religionswissenschaft

Hans-Werner Gensichen

Weltreligionen und Weltfriede

1985. 164 Seiten, kartoniert

ISBN 3-525-60620-6

Was haben die Weltreligionen zu Krieg und Frieden zu sagen? Welchen Beitrag können sie heute zur Herstellung und Erhaltung des Weltfriedens leisten, in einer Welt, die je länger je weniger bereit scheint, auf die Religionen zu hören? Die Friedensfrage ist offenbar in erster Linie an jede Religion selbst, an ihr Selbstverständnis und ihr eigenes historisches Bewußtsein zu richten.

Rosetta C. Musaph-Andriesse

Von der Tora bis zur Kabbala

Eine kurze Einführung in die religiösen Schriften des Judentums. Aus dem Niederländischen von Ida Piper.
(Kleine Vandenhoeck-Reihe 1509). 1986.
97 Seiten mit 1 Abbildung, kartoniert

ISBN 3-525-33509-1

Das Buch gibt elementare Auskunft über Hintergrund und Inhalt der jüdischen Schriften von der Tora, dem Grundstein des Judentums, bis zur Kabbala, in der vom 12. Jahrhundert ab die Mystik des Judentums kodifiziert worden ist. Das Buch informiert auch über Mischna und Talmud und erläutert Tosephta, Baraita, Gemara, Midrasch, Halacha und Haggada. Wo es notwendig erschien, illustrieren ausgewählte übersetzte Texte die Darstellung.

Fritz Stolz

Grundzüge der Religionswissenschaft

(Kleine Vandenhoeck-Reihe 1527). 1988.
260 Seiten mit 5 Abbildungen, kartoniert

ISBN 3-525-33535-0

Fritz Stolz führt in die wichtigsten religionswissenschaftlichen Fragestellungen ein. Diese werden historisch an Beispielen erläutert und in ihrem Zusammenhang bedacht. So kommen Methodenkonzepte und ausgewählte theoretische Positionen von Religionssoziologie, Religionspsychologie, Symbolik und Religionsgeschichte zur Sprache. Auch der Stellenwert der Religionswissenschaft gegenüber religiösem Leben und Theologie wird thematisiert.

Es ergibt sich das Konzept einer interdisziplinär verstandenen Wissenschaft, die mit historischen, sozialwissenschaftlichen und theologischen Disziplinen in Einklang zu bringen ist.